CRAINTE DE DIEU, SAGESSE ET LOI

Septuagint and Cognate Studies

Wolfgang Kraus, General Editor

Editorial Board:
Robert Hiebert
Arie van der Kooij
Siegfried Kreuzer
Philippe Le Moigne

Number 72

CRAINTE DE DIEU, SAGESSE ET LOI

Aspects théologiques à partir de Si 10,19–11,6

Katharina Lentz

SBL PRESS

Atlanta

Copyright © 2020 by Katharina Lentz

All rights reserved. No part of this work may be reproduced or transmitted in any form or by any means, electronic or mechanical, including photocopying and recording, or by means of any information storage or retrieval system, except as may be expressly permitted by the 1976 Copyright Act or in writing from the publisher. Requests for permission should be addressed in writing to the Rights and Permissions Office, SBL Press, 825 Houston Mill Road, Atlanta, GA 30329 USA.

Library of Congress Cataloging-in-Publication Data information is on file with the Library of Congress

Table des matières

Abréviations vii

Introduction 1
   Le livre de Ben Sira et quelques aspects de la recherche récente   1
   Le but de l'étude présente   8

1. Si 10,19–11,6 : Quatre versions de Si 10,19–11,6
   (H, G, Syr et *La*) et leurs orientations de fond 13
   1.1. Les quatre versions du texte et sa structure   13
      1.1.1. Les textes hébreux   13
         1.1.1.1. Les deux manuscrits du texte hébreu   13
         1.1.1.2. La structure du texte   15
         1.1.1.3. Analyse du texte verset par verset   15
      1.1.2. Le texte grec : plusieurs versions   53
      1.1.3. Le texte syriaque (Syr)   79
      1.1.4. Le texte latin (*La*)   93
   1.2. Les orientations de fond   99
      1.2.1. Si 10,19–11,6 H   99
      1.2.2. Si 10,19–11,6 LXX   100
      1.2.3. Si 10,19–11,6 Syr   101
      1.2.4. Si 10,19–11,6 *La*   102
   1.3. Conclusions intermédiaires   102

2. La crainte de Dieu, la sagesse et la Loi 105
   2.1. Qu'est-ce que la « crainte de Dieu » ?   105
      2.1.1. Dans l'Ancien Testament   105
         2.1.1.1. La crainte de Dieu dans le Deutéronome   107
         2.1.1.2. La crainte de Dieu dans le livre des Proverbes   115
         2.1.1.3. La crainte de Dieu dans les Psaumes, Job
             et Qohélet   120
      2.1.2. Dans le livre de Ben Sira   123

       2.1.2.1. Différents termes pour la crainte de Dieu   127
       2.1.2.2. La crainte de Dieu dans les différentes versions   130
       2.1.2.3. Excursus : L' « alliance éternelle » et les trois
            notions en Si 16,24–17,14   168
    2.1.3. Conclusions intermédiaires   217
       2.1.3.1. Crainte de Dieu et sagesse   218
       2.1.3.2. Crainte de Dieu et amour   220
       2.1.3.3. Crainte de Dieu et Loi   223
       2.1.3.4. La question de la rétribution ou les
            conséquences d'une vie dans la crainte de Dieu   224
       2.1.3.5. Honneur, gloire   225
       2.1.3.6. Valeur morale et religieuse   225
       2.1.3.7. La disposition intérieure   226
       2.1.3.8. Accents particuliers dans les versions syriaque
            et latine   226

3. Quel est le lien entre la crainte de Dieu, la sagesse et la Loi
   en Si 1 et Si 24 ?   229
   3.1. Si 1,1–30 (G)   230
       3.1.1. Si 1,1–10   231
       3.1.2. Si 1,11–30   237
   3.2. Si 24 (G)   249
       3.2.1. Si 1 et 24   271
       3.2.2. Conclusion   275

4. Synthèse: Trois aspects d'une même réalité ?   277
   Différents termes du champ sémantique de la sagesse   277
   La Loi et les commandements   278
   Crainte de Dieu, sagesse, Loi et leurs associations réciproques   278
   Les liens entre les trois notions   290
   Conclusion générale   293

Fear of God, Wisdom, and Law: Theological Aspects on the
Basis of Sir 10:19–11:6   303

Bibliographie   333
Index de certains textes dans le livre de Ben Sira/Siracide   345
Index des auteurs   349

Abréviations

A	Codex Alexandrinus
AB	Anchor Bible
A.J.	Flavius Josephe, *Antiquitates judaicae*
AnBib	Analecta Biblica
ATDA	Das Alte Testament Deutsch Apokryphen
B	Codex Vaticanus
BEATAJ	Beiträge zur Erforschung des Alten Testaments und des Antiken Judentums
BEHE.R	Bibliothèque de l'École des Hautes Études. Sciences Religieuses
BETL	Bibliotheca Ephemeridum Theologicarum Lovaniensium
Bib	*Biblica*
Bm	note marginale du manuscrit B
BWANT	Beiträge zur Wissenschaft vom Alten und Neuen Testament
BZ	*Biblische Zeitschrift*
BZAW	Beihefte zur Zeitschrift für die alttestamentliche Wissenschaft
BZNW	Beihefte zur Zeitschrift für die neutestamentliche Wissenschaft
C	Codex Ephraemi Syri rescriptus
CahRB	Cahiers de la Revue biblique
CBET	Contributions to Biblical Exegesis and Theology
CBQ	*Catholic Biblical Quarterly*
CurBS	*Currents in Research: Biblical Studies*
DBSup	*Dictionnaire de la Bible: Supplément*. Édité par Lous Pirot et André Robert. Paris: Letouzey & Ané, 1928-.
DCH	Clines, David J. A., éd. *Dictionary of Classical Hebrew*. 9 vols. Sheffield: Sheffield Phoenix Press, 1993–2014.

DCLS	Deuterocanonical and Cognate Literature Studies
EHAT	Exegetisches Handbuch zum Alten Testament
ENA	The Elkan Nathan Adler Collection, Jewish Theological Seminary Library
FRLANT	Forschungen zur Religion und Literatur des Alten und Neuen Testaments
G	texte grec
H	texte hébreu
H^A ou A	texte hébreu du manuscrit A
HAL	Koehler, Ludwig, Walter Baumgartner, et Johann J. Stamm. *Hebräisches und aramäisches Lexikon zum Alten Testament*. 3e éd. Leiden: Brill, 1995, 2004.
HALOT	Koehler, Ludwig, Walter Baumgartner, et Johann J. Stamm. *The Hebrew and Aramaic Lexicon of the Old Testament*. Traduit et édité sous la supervision de Mervyn E. J. Richardson. 4 vols. Leiden: Brill, 1994–1999.
H^B ou B	texte hébreu du manuscrit B
$H^{B1.2}$	texte hébreu du manuscrit $B^{1.2}$
HBCE	The Hebrew Bible: A Critical Edition
H^C ou C	texte hébreu du manuscrit C
H^E ou E	texte hébreu du manuscrit E
H^F ou F	texte hébreu du manuscrit F
Hist. an.	Aristote, *Historia animalium*
H^M ou M	texte hébreu du rouleau de Massada
JBL	*Journal of Biblical Literature*
JQR	*Jewish Quarterly Review*
JSHRZ	Jüdische Schriften aus hellenistisch-römischer Zeit
JSJ	*Journal for the Study of Judaism in the Persian, Hellenistic and Roman Period*
JSJSup	Journal for the Study of Judaism Supplements
KEH	Kurzgefasstes exegetisches Handbuch zu den Apokryphen des Alten Testaments
L	Recension lucianique (groupe principal)
l	Recension lucianique (sous-groupe)
L'	L + l
La	*Vetus Latina* (aussi *VL*)
LD	Lectio Divina
Liq.	Hippocrate, *De liquidorum usu*

ABRÉVIATIONS

LTNT	Spicq, Ceslas. *Lexique Théologique du Nouveau Testament*. Fribourg : Editions Universitaires ; Paris : Cerf, 1991.
MdB	Monde de la Bible
MS(S)	manuscrit(s)
NOV	*Nova Vulgata*
O	Recension origénienne
OBO	Orbis Biblicus et Orientalis
PG	Patrologia Graeca
PL	Patrologia Latina
Resp.	Platon, *Respublica*
RevQ	*Revue de Qumrân*
RSR	*Recherches de science religieuse*
RTL	*Revue Théologique de Louvain*
S	Codex Sinaiticus
SBAB	Stuttgarter Biblische Aufsatzbände
SubBi	Subsidia Biblica
s.v.	*sub voce*
Syh	Syrohexaplaire
Syr	texte syriaque
ThWAT	Theologisches Wörterbuch zum Alten Testament
TM	Texte massorétique
TWNT	Kittel, Gerhard, et Gerhard Friedrich, éds. *Theologisches Wörterbuch zum Neuen Testament*. 10 vols. Stuttgart : Kohlhammer, 1932-1979.
TRE	Krause, Gerhard, et Gerhard Müller, éds. *Theologische Realenzyklopädie*. 36 vols. Berlin : de Gruyter, 1976-2004.
V	Codex Venetus
Virt.	Philon, *De virtutibus*
VT	*Vetus Testamentum*
VTSup	Supplements to Vetus Testamentum
WUNT	Wissenschaftliche Untersuchungen zum Neuen Testament
ZAW	Zeitschrift für die alttestamentliche Wissenschaft

Introduction

Le livre de Ben Sira et quelques aspects de la recherche récente

L'auteur du livre s'appelle « Simon, fils de Jésus, fils d'Éléazar, fils de Sira » dans le texte hébreu (Si 50,27H, MS B) et « Jésus, fils de Sirach, Éléazar de Jérusalem » dans la traduction grecque (50,27).[1] Des parties de ces appellations ont été retenues ; le nom de Ben Sira (voir aussi 51,30 H^B) est communément employé en anglais et en français (ou Siracide), et « Jesus Sirach » en allemand. Celui-ci a dispensé « une instruction d'intelligence et de savoir » (voir le texte grec) à Jérusalem, en d'autres mots, il y était un maître de sagesse (16,24-25 ; 51,23 fait allusion à une « maison d'instruction »). Il donne des conseils à de jeunes hommes (voir les adresses « mon fils » ou « mes fils/enfants » ; 6,18.32-37 ; 31,22) et certainement aussi à un public plus large, afin que « ceux du dehors » (Prol. 5) puissent également entendre l'enseignement qu'il veut transmettre. Ben Sira s'adresse à ceux qui sont en recherche de connaissance et de sagesse, et lui-même se voit, dans la longue lignée des sages, comme un diffuseur de la sagesse qu'il transmet (24,30-34 ; 33,16-18), enrichi de ses propres efforts pour la connaître, de ses expériences et de ses recherches (51,13-28).

Afin de mieux cerner le message des textes et leurs différences, il est utile de s'interroger sur le contexte historique et culturel du temps du grand-père (Ben Sira) et de son petit-fils (le traducteur grec).[2] La rédac-

---

[1]. Concernant les différents noms de l'auteur selon d'autres manuscrits (syriaques et latins) et les traditions rabbiniques, on peut se référer à l'article « Siracide » de Maurice Gilbert, *DBSup* 12.1389-1437, particulièrement col. 1402.

[2]. Voir entre autres Jean-Sébastien Rey, « La conception de l'étranger dans les différentes versions du livre de Ben Sira », dans *Identité et altérité. La norme en question ? – Hommage à Pierre-Marie Beaude*, éd. Jacques Fantino (Paris : Cerf, 2010); Johannes Marböck, *Weisheit im Wandel. Untersuchungen zur Weisheitstheologie bei Ben Sira*, 2e éd., BZAW 272 (Berlin : de Gruyter, 1999); Georg Sauer, *Jesus Sirach*, JSHRZ 3.5 (Gütersloh : Mohn, 1981); Gilbert, « Siracide », col. 1403-4; Theophil Middendorp, *Die Stellung Jesu Ben Siras zwischen Judentum und Hellenismus* (Leiden : Brill, 1973).

tion de l'original hébreu est située par la plupart des chercheurs entre 200 et 175 avant J.-C. On estime aujourd'hui qu'il s'agit des alentours de 190 avant notre ère.[3] Il s'agit d'une période relativement stable entre la conquête séleucide de la Palestine (200 avant J.-C.) et les agissements connus sous Antiochus IV (175-164 avant J.-C.). Le livre de Bira Sira reflète une période de paix, avec de temps en temps des allusions à une période plus mouvementée qui s'annonce (voir aussi Si 10,8 qui fait référence au transfert du pouvoir en Palestine en 200 ; d'un autre côté, il n'y a aucune allusion au combat qui éclata à Jérusalem vers 175, entraînant la persécution antiochienne et la révolte hasmonéenne). Cette période connaît donc une certaine accalmie entre Juifs et Grecs, ce qui se reflète dans la littérature juive (voir Qohélet, Lettre d'Aristée).

La période entre 200 et 180 avant J.-C. connaît d'un côté une influence croissante de l'esprit hellénistique, et de l'autre côté une opposition grandissante contre cet esprit, avec un retour à l'héritage des Pères.[4] L'antagonisme entre l'hellénisme et le judaïsme se trouve au cœur de l'écrit de Ben Sira qui devient un témoin important de ce temps controversé. Les avis des chercheurs divergent quant au positionnement de Ben Sira et de ses emprunts de philosophes ou courants philosophiques grecs. Marko Marttila a publié la dernière monographie à ce sujet ; il résume les apports majeurs depuis le début du XXe siècle concernant l'arrière-fond historique et culturel.[5] Israel Lévi énumère toutes les allusions à la culture grecque

---

3. Thierry Legrand, « Siracide », dans *Introduction à l'Ancien Testament*, éd. Th. Römer, J.-D. Macchi, et Chr. Nihan, MdB 49 (Genève : Labor & Fides, 2009), 786.

4. Sauer, *Jesus Sirach*, 490-91. Voir aussi Th. Middendorp qui parle de tendances pro-hellénistiques et de tendances anti-hellénistiques, 138.

5. Voir Raymond Pautrel, « Ben Sira et le Stoïcisme », *RSR* 51 (1963) : 535-49; Martin Hengel, *Judentum und Hellenismus. Studien zu ihrer Begegnung unter besonderer Berücksichtigung Palästinas bis zur Mitte des 2. Jh. v. Chr.*, WUNT 10 (Tübingen : Mohr Siebeck, 1969); Victor Tcherikover, *Hellenistic Civilization and the Jews* (Philadelphia : Jewish Publication Society of America, 1961); Hans Volker Kieweler, *Ben Sira zwischen Judentum und Hellenismus. Eine kritische Auseinandersetzung mit Th. Middendorp*, BEATAJ 30 (Frankfurt am Main : Lang, 1992); John J. Collins, *Jewish Wisdom in the Hellenistic Age*, (Louisville : Westminster John Knox, 1997), 23-41; Sharon Mattila, « Ben Sira and the Stoics: A Reexamination of the Evidence », *JBL* 119 (2000) : 473-501; Ursel Wicke-Reuter, « Ben Sira und die Frühe Stoa. Zum Zusammenhang von Ethik und dem Glauben an eine Göttliche Providenz », dans *Ben Sira's God. Proceedings of the International Ben Sira Conference, Durham - Ushaw College 2001*, éd. Renate Egger-Wenzel, BZAW 321 (Berlin : de Gruyter, 2002), 268-81; Marko

qu'il trouve chez Ben Sira, contrairement à Rudolf Smend qui est persuadé que l'on ne trouve aucune trace d'une influence grecque dans cette œuvre. La majorité des spécialistes se distancient du point de vue de Smend selon lequel Ben Sira « haïssait » l'hellénisme et les Grecs, tout comme les nations étrangères avoisinantes. Martin Hengel et Victor Tcherikover ont cependant suivi la thèse de Smend.[6] Hengel, sans nier des marques hellénistiques, voit dans l'œuvre de Ben Sira une tendance « apologético-polémique », une étiquette que Samuel L. Adams essaie de nuancer, bien qu'il maintienne le caractère apologétique de cet écrit.[7]

La solution se trouve, comme souvent chez Ben Sira, au milieu. Appelé « le dernier sage d'Israël et le premier des scribes » par Jean Hadot,[8] Ben Sira se situe au carrefour de deux courants : attaché à l'enseignement de ses Pères – qu'il veut transmettre à son tour – et en même temps ouvert à l'hellénisme faisant son entrée au Proche-Orient. Ses écrits hébreux constituent une sorte de manuel de conseils sapientiaux et moraux ou un code de bonne conduite destinés aux jeunes Juifs de l'époque séleucide (voir Si 51,23-28).

Au moins depuis le IIIe siècle avant Jésus-Christ, la langue et la culture grecque avaient fait leur entrée au milieu de l'espace juif. Des renoncements à la foi juive afin d'adopter un mode de vie éventuellement plus attrayant étaient possibles. En sens inverse, parmi les non-Juifs des ouvertures à la culture juive étaient également fréquentes (voir la Lettre d'Aristée). Même s'il s'efforçait de préserver la tradition parmi les adhérents au judaïsme, il semble que Ben Sira s'adressait également à cette partie de la population attirée par la culture grecque pour leur proposer un chemin

---

Marttila, *Foreign Nations in the Wisdom of Ben Sira. A Jewish Sage between Opposition and Assimilation*, DCLS 13 (Berlin : de Gruyter, 2012), 25-39.

6. Voir Israel Lévi, *L'Ecclésiastique ou la Sagesse de Jésus, Fils de Sira. Texte original hébreu édité, traduit et commenté*, BEHE.R 10,2 (Paris : Leroux, 1901), lx-lxvii ; Edmond Jacob, « Wisdom and Religion in Sirach », dans *Israelite Wisdom. Theological and Literary Essays in Honor of Samuel Terrien*, éd. John G. Gammie et al. (Missoula : Scholars Press ; New York : Union Theological Seminary, 1978), 247; Rudolf Smend, *Die Weisheit des Jesus Sirach. Erklärt* (Berlin : Reimer, 1906), xxiii-xxiv; Hengel, *Judentum und Hellenismus*, 252 ; Tcherikover, *Hellenistic Civilization and the Jews*, 144.

7. Samuel L. Adams, *Wisdom in Transition. Act and Consequence in Second Temple Instructions*, JSJSup 125 (Leiden : Brill, 2008), 153-213; ici 200.

8. Jean Hadot, *Penchant mauvais et volonté libre dans la sagesse de Ben Sira (L'Ecclésiastique)* (Bruxelles : Presses Universitaires, 1970), 76.

idéal conjugant sagesse, crainte de Dieu et Loi (voir Si 51,23 où l'expression בית מדרש apparaît pour la première fois dans la Bible).

Le livre de Ben Sira nous offre des indications sur la vie d'avant l'épanouissement de l'hellénisme à Jérusalem.[9] Le petit-fils de Ben Sira arriva en Egypte en 132 avant J.-C. Sa traduction (entre 132 et 116 avant J.-C.) est faite durant le temps de la reconquête hasmonéenne et de la judaïsation forcée des vaincus. Ben Sira s'inspire quelquefois de la culture hellénistique (voir 32,1–13 qui évoque la pratique du *symposium*), mais il tient avant tout à montrer que le judaïsme n'a rien à envier à la culture grecque (voir e. a. le panégyrique Si 44,1–50,24, appelé communément « l'éloge des Pères ») : la véritable sagesse pour tout Juif s'acquiert par la crainte de Dieu qui va de pair avec le respect des commandements de la Loi. Il ne craint pas de soumettre les souverains hellénistiques à cette sagesse suprême. Si 10 en est un reflet : quand il évoque les « orgueilleux » (10,14–16), il fait probablement allusion aux souverains hellénistiques. Le texte grec s'attaque aux princes et aux nations étrangères.

Les voyages du grand-père (voir Si 51,13), ainsi que d'autres expériences ont certainement contribué à l'acquisition d'une certaine sagesse. Bien qu'il eût certaines réserves devant un hellénisme libre, Ben Sira ressentait le besoin de passer au-delà des frontières de la Judée pour voir d'autres pays. Mais il est retourné à Jérusalem, restant le Juif orthodoxe qu'il était auparavant, « et nous cherchons en vain dans son livre quelque trace d'une culture grecque » affirme Tcherikover, mais tous les chercheurs ne sont pas tout à fait de son avis. Nous ne continuons pas le débat sur cette question à cet endroit et laissons la parole aux spécialistes mentionnés ci-dessus. Il nous semble cependant, que nous ne trouvons pas de querelle ouverte dans l'œuvre de Ben Sira, ni dans la traduction du petit-fils. Ci et là nous apercevons des allusions à la philosophie et à la culture grecques, ce qui nous fait pencher vers une position médiane qui caractérise bien un sage. En résumé, nous pouvons affirmer que, sentant la menace de l'hellénisme pour le judaïsme, Ben Sira cherchait avant tout un terrain d'entente entre les deux cultures.

Dans le Prologue, le petit-fils écrit à propos de son grand-père qu'il s'est dédié à la lecture de la Loi, des prophètes et des autres livres des ancêtres, qu'il s'adresse à ceux qui désirent apprendre, afin qu'ils puissent

---

9. Voir Tcherikover, *Hellenistic Civilization and the Jews*, 142–51 (chap. 3: Jerusalem on the Eve of the Hellenistic Reform).

par l'instruction et la sagesse progresser dans la vie selon la Loi. Dans cet objectif, Ben Sira ne perd pas de vue « ceux du dehors » (Prol. 5-15). Son œuvre renvoie au Pentateuque, et plus particulièrement au Deutéronome, mais également aux Proverbes, Job et Qohélet.

Jusqu'à la fin du XIXe siècle, le Siracide n'était connu que par des versions, principalement grecques, latines et syriaques.[10] L'existence d'un texte hébreu est attestée par la traduction grecque du petit-fils dans le Prologue (v. 22), par Jérôme dans sa préface aux livres salomoniens,[11] affirmant l'avoir trouvé dans un volume où il précédait le Cantique des Cantiques et Qohélet, ainsi que par des citations dans la littérature rabbinique et chez Saadja Gaon (882-942). Depuis 1896, six manuscrits datant du Xe ou du XIe siècle ont été progressivement trouvés dans la guéniza (salle d'enfouissement)[12] de la synagogue caraïte du Vieux Caire. Au retour d'un voyage au Proche-Orient en 1896, les deux sœurs jumelles Agnes Smith Lewis et Margaret Dunlop Gibson remirent à Solomon Schechter (1850-1915), à cette époque académicien à l'Université de Cambridge, deux feuilles reçues au cours de ce voyage. Celui-ci reconnaît le texte de Si 39,15-40,8 (MS B). À partir de 1900 et jusqu'à nos jours on a retrouvé environ les deux tiers du texte hébreu (perdu depuis le IVe siècle). Jusqu'aux premiers mois de 2011 (un bifeuillet du MS C), des manuscrits ont été trouvés. À côté des manuscrits A à F, il y a ceux qui ont été localisés à Qumrân (en 1952) et à Massada (1964), et qui sont beaucoup plus anciens : ils datent du Ier siècle avant notre ère, et sont donc plus proches de l'original. La recherche et les découvertes continuent. De nouveaux fragments sont découverts et des folios de manuscrits hébreux existants sont réexaminés, révélant de nouvelles lectures ou faisant découvrir des fragments de textes que l'on croyait perdus.[13]

---

10. Voir Gilbert, « Siracide », col. 1390-1401 ; Maurice Gilbert, « Où en sont les études sur le Siracide ? », dans Gilbert, *Ben Sira. Recueil d'études – Collected Essays*, BETL 264 (Leuven : Peeters, 2014), 349-66 ; Émile Puech, « Le livre de Ben Sira et les manuscrits de la Mer Morte », dans *Treasures of Wisdom. Studies in Ben Sira and the Book of Wisdom ; Festschrift M. Gilbert*, éd. Nuria Calduch-Benages et Jacques Vermeylen, BETL 143 (Leuven : University Press/Peeters, 1999), 411-26.
11. PL 29,427-28.
12. Lévi, *L'Ecclésiastique ou la Sagesse de Jésus*, vii.
13. Voir Jean-Sébastien Rey, « Un nouveau feuillet du manuscrit D de Ben Sira. Notes de Philologie et de Critique Textuelle », *RevQ* 99 (2012) : 395-422 ; Rey, « Si 10,12-12,1 : Nouvelle édition du fragment d'Adler (ENA 2536-2) », *RevQ* 100 (2012) : 575-603 ; Eric D. Reymond, « New Hebrew Text of Ben Sira Chapter 1 in MS A (T-S

Jusqu'en 1896, les commentateurs partaient du texte grec basé sur les onciaux (GI). Il n'y avait pas encore beaucoup de commentaires vraiment scientifiques, à l'exception de celui de Otto Fridolin Fritzsche (1859). Dans le monde occidental, on utilise la version sixto-clémentine de la Vulgate. Et on appelle le livre « l'Ecclésiastique ». À côté de cette version, il y a la version syrohexaplaire, dans l'édition de Antonio Maria Ceriani (1873), ainsi que la version syriaque de la Peshitta (1884). Du texte hébreu, on ne connaissait que quelques citations des traditions rabbiniques.[14] Nous reviendrons aux différentes versions du texte de Ben Sira dans la première partie ci-dessous.

L'histoire de la transmission du texte ou des textes du livre de Ben Sira étant assez compliquée, nous essayons de la résumer.[15] Il semble avéré qu'au début du IIe siècle avant J.-C. Ben Sira publie son œuvre en hébreu à Jérusalem, probablement avant l'éclatement des conflits entre Juifs fidèles et Antiochus IV en 170 avant J.-C. Ce premier texte est appelé Hébreu I (HI). La traduction grecque du petit-fils de Ben Sira débuta autour de 132 avant J.-C. en Égypte, probablement à Alexandrie. Cette première mouture du texte grec représente Grec I (GI). Au début du Ier siècle avant J.-C., l'original hébreu HI est modifié et augmenté, et la nouvelle édition est appelée Hébreu II (HII). Avant la fin du IIe siècle après J.-C., ce texte augmenté HII est également reproduit en grec, contenant en plus des additions « d'origine purement grecque et alexandrine », appelé Grec II (GII). Avant le IIIe siècle de notre ère, un chrétien d'Afrique du Nord a traduit une bonne partie du texte GII (les chapitres 1–43 ; 51), le texte manquant sera traduit probablement au VIe siècle. Ce texte de la *Vetus Latina* a été intégré dans la Vulgate (peut-être avant la fin du Ve siècle), parce que Jérôme n'a pas traduit le Siracide du grec en latin.[16] La version syriaque *Peshitta*, d'origine discutée, date probablement des IIIe–IVe siècles ; elle semble s'être basée sur le texte HII.[17]

12.863) », *RevQ* 105 (2015) : 83–98 ; Gerhard Karner, « Ben Sira MS A Fol. I Recto and Fol. VI Verso (T-S 12.863) Revisited », *RevQ* 106 (2015) : 177–203.

14. Voir Solomon Schechter, « The Quotations from Ecclesiasticus in Rabbinic Literature », *JQR* 3 (1891) : 682–706.

15. Voir Maurice Gilbert, « L'Écclésiastique. Quel texte ? Quelle autorité ? » dans Gilbert, *Ben Sira. Recueil d'études*, 23–37.

16. Gilbert, « Siracide », col. 1398.

17. Gilbert, « L'écclésiastique. Quel texte ? Quelle autorité ? », 24. Pour de plus amples informations à propos de la version latine de Ben Sira : Maurice Gilbert, « The *Vetus Latina* of *Ecclesiasticus* », dans Gilbert, *Ben Sira. Recueil d'études*, 49–58 ;

Dans la critique textuelle, faut-il opter pour la reconstruction ou la rétroversion ?[18] La question de la rétroversion se posait à la fin du XIXe siècle lorsque les manuscrits du texte de Ben Sira avaient été trouvés. S'agissait-il d'un original ou d'une rétroversion du syriaque et/ou du grec ? Plusieurs chercheurs ont abordé ce sujet. Alexander A. Di Lella avait trouvé en tous cas dans certains textes des rétroversions du syriaque en hébreu (e. a. en Si 11,2). La rétroversion est aussi pratiquée dans les cas où des versets ou passages entiers manquent en hébreu : certains chercheurs rétablissent alors le texte hébreu par une traduction du grec ou du syriaque. Il faut se demander si c'est la meilleure façon d'approcher au plus près possible le texte de l'original hébreu. Une autre question vient alors : Est-ce que la traduction grecque est fiable ? Est-il souhaitable de faire des rétroversions par exemple de Si 1[19] et de Si 24 en hébreu à partir de G, de Syr ou de *La* ?

Certains chercheurs du XXe siècle ont basé leurs recherches sur des rétroversions. Nous n'en citons que quelques exemples. Antonino Minissale, dans sa monographie de 1995, a étudié plus particulièrement dix péricopes de la version grecque, en vue d'une comparaison avec le texte H. Il voulait analyser dans quelle mesure le traducteur grec a été influencé ou inspiré par une herméneutique basée sur des conventions midrashiques ou targumiques. Un autre spécialiste du Siracide, Di Lella, avait trouvé que Si 10,31 était une rétroversion du syriaque. Joseph Ziegler a démontré que Si 11,2b est une rétroversion du grec. Hans Peter Rüger parle d'une première et d'une seconde version du texte H. Les divergences entre ces deux versions expliqueraient les doublets et les autres variantes dans les manuscrits du Caire.

La reconstruction du texte pour essayer de s'approcher du soi-disant «texte original» est une pratique qui a été largement abandonnée. La tendance actuelle est de considérer chaque version pour elle-même (H, G, Syr, *La*), car chaque version porte ses propres tendances qu'on peut com-

---

Thierry Legrand, « La version latine de Ben Sira : État de la question, essai de classement thématique des ‚additions' », dans *The Texts and Versions of the Book of Ben Sira. Transmission and Interpretation*, éd. Jean-Sébastien Rey et Jan Joosten (Leiden : Brill, 2011), 215-34.

18. Voir Pancratius C. Beentjes, « Reconstructions and Retroversions : Chances and Challenges to the Hebrew Ben Sira Text », dans Rey et Joosten, *The Texts and Versions of the Book of Ben Sira*, 23-35.

19. Nous évoquons ci-dessous les découvertes d'une partie du texte hébreu de Si 1, décrites dans Reymond, « New Hebrew Text of Ben Sira Chapter 1 ».

parer. Il semble qu'il vaille mieux ne pas chercher à faire des rétroversions pour essayer de reconstruire un texte qui n'existe plus. L'illusion de la reconstruction du texte original a été reconnue en général, mais la tentation de vouloir remonter vers le texte H de la main de Ben Sira subsiste. Il y a des positions minimalistes (comme Pancratius C. Beentjes : pas de reconstruction du texte lacunaire et pas de rétroversion à partir de G et/ou Syr) ou des positions maximalistes (comme par exemple Minissale).

Le but de l'étude présente

Pour l'entrée en matière, nous avons choisi l'analyse d'un texte à notre connaissance guère étudié pour lui-même. Mis à part les commentaires, il existe jusqu'à présent peu de littérature sur Si 10,19–11,6.[20] Cette péricope existe dans les quatre versions majeures : hébreu (dans les manuscrits A et B), grec, syriaque et latin. Nous avons analysé le texte dans ces quatre versions, les deux premières de façon plus approfondie. Dans le Siracide, il n'est pas toujours évident de délimiter clairement les unités selon un thème bien défini ou une idée maîtresse chapeautant les divers thèmes juxtaposés. Si 10,19–11,6 évoque différents sujets courants dans l'œuvre de Ben Sira, comme l'honneur ou le mépris, l'humilité et l'orgueil, la vie du riche et celle du pauvre. Ce texte suit la péricope de Si 10,6–18 qui met en garde contre l'orgueil (10,7.9.12.13.15[G].16[H^A].18), synonyme de péché par excellence pour Ben Sira (10,12.13). Pour lui, le chemin des orgueilleux mène à la mort (10,14-18). Si 10,19–11,6 intègre le pendant positif, l'humilité. Cette péricope fait ressortir ce qui rend un homme honorable devant Dieu et devant les hommes, tout en pointant du doigt l'ambivalence des situations humaines. Ainsi, 10,19 et 11,6 forment une inclusion par les vocables נכבד (10,19aH^A), ἔντιμος (10,19a.b), et נכבד (11,6bH$^{A.B2}$), ἔνδοξος(11,6bG), comme par leurs contraires נקלה (10,19c.dH^B ; 19cH^A), ἄτιμος (10,19c.d) et קלה (11,6a H$^{A.B2}$), ἀτιμάζειν (11,6a). Le texte étudié

---

20. Les articles suivants se sont consacrés à la péricope entière: Alexander A. Di Lella, « Sirach 10:19–11:6: Textual Criticism, Poetic Analysis, and Exegesis », dans *The Word of the Lord Shall Go Forth. Essays in Honor of David Noel Freedman in Celebration of His Sixtieth Birthday*, éd. Carol L. Meyers and Michael O'Connor (Winona Lake, IN : Eisenbrauns, 1982), 157-64; Maurice Gilbert, « Wisdom of the Poor : Ben Sira 10,19–11,6 », dans *The Book of Ben Sira in Modern Research. Proceedings of the First International Ben Sira Conference, 28-31 July 1996, Soesterberg, Netherlands*, éd. Pancratius C. Beentjes, BZAW 255 (Berlin : de Gruyter, 1997), 153-69.

met en évidence ce qui constitue la vraie gloire de l'homme : celle-ci résulte de la crainte de Dieu (10,19.20.22.24) et de la sagesse (11,1). Ceux qui craignent le Seigneur constituent une « race » honorable, tandis que ceux qui transgressent les commandements font partie de la race méprisable (10,19). Ce parallélisme antithétique fait ressortir que la crainte de Dieu et l'observance des commandements vont ensemble et font honneur à l'homme. Partant de l'accent sur ces thèmes de « la crainte de Dieu », de « la sagesse » et de « la Loi » (pour utiliser des termes généraux) dans la péricope étudiée, nous nous sommes mis à la recherche de la pertinence de ces notions dans le livre de Ben Sira, à partir de « la crainte de Dieu », et dans leur lien mutuel.

Dans une première partie, nous avons étudié verset par verset Si 10,19-11,6 dans les versions H (MSS A et B), G (GI et GII), Syr et *La*. Après chaque version, quelques observations et considérations liées aux spécificités de cette version et aux différences de traduction par rapport au texte de référence supposé sont formulées. Dans le souci de considérer chaque version pour elle-même, nous avons essayé de dégager l'orientation de fond propre à chacune. À la fin de cette première partie, des conclusions intermédiaires reprennent les idées-maîtresses de l'étude du texte et introduisent la partie suivante. Dans la deuxième partie, nous avons cherché à mieux saisir la teneur des trois thèmes retenus (« la crainte de Dieu », « la sagesse », « la Loi ») dans l'œuvre du Siracide à partir de la notion de la « crainte de Dieu ». Tout d'abord, un retour vers les différentes acceptions de cette notion dans l'Ancien Testament s'est imposé étant donné qu'il s'agit d'un concept fondamental de la religion juive. Le Deutéronome et le psautier comptent le plus d'emplois de la racine ירא. Nous avons relevé les différentes occurrences dans le Deutéronome, dans le livre des Proverbes, ainsi que dans les Psaumes, Job et Qohélet afin de pouvoir faire des rapprochements ou dégager les différences avec le Siracide. Ensuite, nous avons examiné la notion de la « crainte » (de Dieu/du Seigneur) dans les quatre versions, et dans son association avec différents thèmes, notamment la sagesse et la Loi. Le texte de Si 16,24-17,14 apportant un éclairage supplémentaire quant aux trois notions « crainte », « sagesse » et « Loi », nous avons consacré un excursus à cette péricope. Après avoir relevé les spécificités de la notion de « crainte » (de Dieu/du Seigneur) dans le Siracide, nous avons essayé de dégager les particularités dans les versions syriaque et latine. Dans la troisième partie, la question du lien de la crainte de Dieu avec la sagesse et la Loi a été posée à partir de deux textes-clé dans le Siracide, Si 1 et Si 24 (dont nous n'avons pas de version en hébreu). En effet, dès le départ, le Siracide déclare ses idées essentielles à propos de la sagesse et de la crainte de Dieu, et il indique à celui qui désire la sagesse, quel chemin il faut emprunter : observer les commandements (1,26). Au milieu du livre, la Sagesse est mise en scène dans ses dimensions verticale et horizontale, révélant où elle réside. Le lien presque intrinsèque que certains qualifient d'« identification » entre sagesse et Torah en 24,23, constitue un point phare de la théologie du Siracide dans son enseignement sapientiel. Ceci nous amène au questionnement suivant : que signifie le lien entre ces trois notions « crainte de Dieu », « sagesse », « Loi » ? Sont-elles liées à tel point qu'elles pourraient se résumer en une seule notion, ou gardent-elles leur spécificité dans leur corrélation ? Dans la dernière partie, la synthèse, nous avons relevé les occurrences ou passages reliant les trois notions, pour pouvoir tirer des conclusions quant à leur lien et la signification pour la théologie du livre de Ben Sira. Le lien entre ces trois thèmes est mentionné par plusieurs chercheurs, mais ils n'ont pas encore été abordés jusqu'ici dans leur interaction et sous cette problématique. Jusqu'à présent, soit la crainte de Dieu, soit la sagesse, soit la sagesse et la Loi chez Ben Sira ont intéressées les chercheurs. Toutefois, à notre connaissance, l'intérêt pour la relation entre ces trois notions dans le Siracide n'a pas encore fait l'objet d'une étude approfondie.

Que ce soit avant ou après la monographie de Josef Haspecker publiée en 1967,[21] bien peu d'autres chercheurs ont abordé de façon large le sujet de la crainte de Dieu chez Ben Sira.[22] Des articles ont été publiés, et Greg Schmidt Goering y consacre même tout un chapitre,[23] mais jusqu'à ce jour, à notre connaissance, Haspecker reste le seul à lui avoir consacré une monographie. Aucune étude systématique n'a été effectuée depuis lors – encore une fois, à notre connaissance – sur la crainte de Dieu, en lien avec la sagesse et la Loi, dans les quatre versions H, G, Syr et *La*. Pour Haspecker, la crainte de Dieu représente le thème principal de l'œuvre, tandis que Gerhard von Rad et Johannes Marböck voient la sagesse au

---

21. Josef Haspecker, *Gottesfurcht bei Jesus Sirach. Ihre religiöse Struktur und ihre literarische und doktrinäre Bedeutung*, AnBib 30 (Rom : Päpstliches Bibelinstitut, 1967).

22. Joachim Becker, *Gottesfurcht im Alten Testament*, AnBib 25 (Rom : Päpstliches Bibelinstitut, 1965), 276–80 ; Louis Derousseaux, *La crainte de Dieu dans l'Ancien Testament*, LD 63 (Paris : Cerf, 1970), 349–57. Voir aussi sous la partie II.

23. Greg Schmidt Goering, *Wisdom's Root Revealed. Ben Sira and the Election of Israel*, JSJSup 139 (Leiden : Brill, 2009), 129–86.

centre de l'enseignement de Ben Sira.[24] Von Rad prend à l'appui de son assertion l'épilogue du livre (50,27-29), contre Haspecker.[25] La position de von Rad est justifiée pour l'édition de Alfred Rahlfs qui n'évoque pas encore la « crainte » du Seigneur, mais la « lumière » au v. 29. L'édition de Ziegler a intégré la variante φόβος au lieu de φῶς. Haspecker mentionnait déjà cette variante (73). Et l'addition grecque GII en 50,29c (qui ne figurait pas encore dans l'édition de Rahlfs) viendrait plutôt confirmer l'intuition de Haspecker : « et aux pieux, il donna la sagesse ». Il nous semble cependant que nous pouvons concilier les deux positions en affirmant que les deux notions sont capitales dans l'œuvre du Siracide, et qu'elles ne peuvent pas être totalement séparées. Goering parle d'une « asyndetic correlation of Wisdom and Fear of YHWH » (voir 1,27) qui aurait amené beaucoup de chercheurs à en déduire une identification entre ces deux termes.[26] C'est le cas de Di Lella, mais Haspecker avance des nuances, tout comme John J. Collins ; ils mettent également en garde contre une simple identification entre crainte de Dieu et observance des commandements.[27]

Même si certains des auteurs mentionnés, et en premier lieu Haspecker, voient dans la crainte de Dieu un, sinon le thème par excellence chez Ben Sira, davantage de chercheurs ont manifesté de l'intérêt dans le thème de la sagesse, plus particulièrement dans son lien avec la Loi.[28]

---

24. Gerhard von Rad, *Weisheit in Israel* (Neukirchen-Vluyn : Neukirchener Verlag, 1970), 311; Marböck, *Weisheit im Wandel*, 132.
25. Voir Haspecker, *Gottesfurcht bei Jesus Sirach*, 87-93.
26. Goering, *Wisdom's Root Revealed*, 131.
27. Patrick W. Skehan et Alexander A. Di Lella, *The Wisdom of Ben Sira*, AB 39 (New York : Doubleday, 1987), 75-76, 342; Alexander A. Di Lella, « Fear of the Lord as Wisdom: Ben Sira 1,11-30 », dans Beentjes, *The Book of Ben Sira in Modern Research*, 113-33; Haspecker, *Gottesfurcht bei Jesus Sirach*, 95-96, 329; Collins, *Jewish Wisdom in the Hellenistic Age*, 46-47; voir aussi Marböck, *Weisheit im Wandel*, 88.
28. Von Rad, *Weisheit in Israel*, 316-17; Marböck, *Weisheit im Wandel*, 93-96; Johannes Marböck, « Gesetz und Weisheit. Zum Verständnis des Gesetzes bei Jesus Ben Sira », *BZ* 20 (1976) : 1-21; Collins, *Jewish Wisdom in the Hellenistic Age*, 42-61; Ursel Wicke-Reuter, *Göttliche Providenz und menschliche Verantwortung bei Ben Sira und in der Frühen Stoa*, BZAW 298 (Berlin : de Gruyter, 2000), 188-223; plus particulièrement les pages 197-201 sont dédiées à la relation entre sagesse et Loi chez Ben Sira; Adams, *Wisdom in Transition*, 198-204; Friedrich Vinzenz Reiterer, « Das Verhältnis der חכמה zur תורה im Buch Ben Sira. Kriterien zur gegenseitigen Bestimmung », dans Reiterer, « *Die Vollendung der Gottesfurcht ist Weisheit* » *(Sir 21,11). Studien zum Buch Ben Sira (Jesus Sirach)*, SBAB AT 50 (Stuttgart : Katholisches Bibelwerk, 2011), 225-63. Voir aussi les relevés des auteurs avec leurs positions concernant la relation entre

Les uns affirment que dans le Siracide les notions de sagesse et de Loi se confondent, d'autres le nient formellement. La question continue à être débattue, et nous l'avons abordée également, notamment dans l'étude de Si 24. Nous examinerons les trois notions dans leurs relations mutuelles et les significations qui s'en dégagent.

---

la sagesse et la Loi: Eckhard J. Schnabel, *Law and Wisdom from Ben Sira to Paul. A Tradition Historical Enquiry into the Relation of Law, Wisdom and Ethics*, WUNT 2/16 (Tübingen : Mohr Siebeck, 1985), 10–15; Goering, *Wisdom's Root Revealed*, 3–9; Benjamin G. Wright III, « Torah and Sapiential Pedagogy in the Book of Ben Sira », dans *Wisdom and Torah. The Reception of 'Torah' in the Wisdom Literature of the Second Temple Period*, éd. Bernd U. Schipper et D. Andrew Teeter, JSJSup 163 (Leiden : Brill, 2013), 157–86.

1
Si 10,19-11,6 : Quatre versions de Si 10,19-11,6 (H, G, Syr et *La*) et leurs orientations de fond

1.1. Les quatre versions du texte et sa structure

1.1.1. Les textes hébreux

1.1.1.1. Les deux manuscrits du texte hébreu

Jusqu'en 1960, le texte de Si 10,19-11,6 était connu uniquement par le manuscrit A (MS A ou H^A). Il fait partie de six feuilles datant du XIe siècle, contenant Si 3,6-16,26. Chaque page contient 28 ou 29 lignes en écriture continue. Quelques mots ou même des versets entiers sont vocalisés (voir ici Si 11,4.6). Les textes annotés et les commentaires d'Israel Lévi (1898, 1901), de Norbert Peters (1902) et de Rudolf Smend (1906) se basaient donc uniquement sur ce manuscrit, ainsi que leurs manuels munis de notes publiés entre 1904-1906.[1] La transcription de nouveaux feuillets appartenant au MS B du livre de Ben Sira, identifiés par Jefim Schirmann (Hebrew University of Jerusalem),[2] ouvre de nouvelles perspectives de compréhension et d'interprétation. Ce manuscrit est moins bien conservé que le MS A, et ses lignes sont divisées en deux stiques. En examinant soigneusement les nouveaux feuillets publiés entre 1958 et 1960, Di Lella s'est rendu compte (en 1963) que dans la transcription des feuilles de ce nouveau manuscrit, Schirmann avait reconstitué des lettres ou des mots sur base du MS A. Mais, selon Di Lella, le MS B contenait lui-même les lettres ou les mots manquants, ou il était assez complet pour faire comprendre un peu mieux ce que le scribe médiéval avait écrit. Le premier feuillet du MS

---

1. Voir Gilbert, « Wisdom of the Poor », 153-69, ici 153-55.
2. Voir Jefim Schirmann, « Some Additional Leaves from Ecclesiasticus in Hebrew », *Tarbiz* 29 (1960) : 125-34.

B, publié en 1960, commence par 10,19cd et va jusqu'à 11,10 (au recto : 10,19-11,2 et au verso : 11,3-10).[3]

Des études sur les manuscrits A, B et C retrouvés à la guéniza du Caire ont montré que le texte hébreu avait – comme le texte grec – au moins deux recensions, HI et HII. Selon Heinz-Josef Fabry, la première version (HI) serait représentée par le MS B du Caire, et HII par le MS A. Pour Thierry Legrand, les MSS A et B (et C dans une moindre mesure) seraient proche de HII.[4] Certains ajouts dans la deuxième version grecque (GII) se seraient appuyés sur des manuscrits formant HII.[5]

Les chercheurs postérieurs à 1960 (Di Lella, Minissale, Rüger et d'autres) ont donc travaillé à partir des manuscrits A et B dans leur étude de Si 10,19-11,6. Rüger a comparé tous les témoins hébreux, grecs, syriaques et latins afin d'essayer d'en dégager le texte hébreu qu'il considérait comme la version originale (HI) ; il l'a distinguée d'une version secondaire plus tardive et élaborée (HII). Rüger intègre dans son étude également les leçons marginales du MS B (Bm).[6]

Notre étude de Si 10,19-11,6 s'est basée sur les éditions textuelles de Lévi, Peters, Moshe Tsvi Segal, Hermann L. Strack et Touzard pour le MS A, et de celles de Beentjes, Di Lella, Minissale, Rüger et Francesco Vattioni pour les manuscrits A et B (voir sous « Bibliographie »).

En 2012, Jean-Sébastien Rey a analysé le second feuillet de la nouvelle édition du fragment d'Elkan Natan Adler (ENA 2536-2 recto) comportant Si 10,12-12,1.[7] Nous intégrons ici les modifications qui s'imposent sur

---

3. Alexander A. Di Lella, « The Recently Identified Leaves of Sirach in Hebrew », *Bib* 45 (1964) : 153–56; facsimiles tableaux I et II.

4. Heinz-Josef Fabry, « Fehler, die es eigentlich nicht geben sollte. Anmerkungen zum Text des griechischen Sirach », in *Interpreting Translation. Festschrift Jan Lust, Studies on the LXX and Ezekiel in honour of Johan Lust*, éd. F. García Martínez et M. Vervenne, BETL 192 (Leuven: University Press/Peeters, 2005), 140; Legrand, « Siracide », 786.

5. Voir Joseph Ziegler, éd., *Sapientia Iesu Filii Sirach*, vol. 12.2 de *Septuaginta. Vetus Testamentum Graecum Auctoritate Societatis Litterarum Gottingensis editum* (Göttingen : Vandenhoeck & Ruprecht, 1965), 83–84; Gilbert, « Siracide », col. 1410; Skehan et Di Lella, *The Wisdom of Ben Sira*, 57–59.

6. Voir Hans Peter Rüger, *Text und Textform im hebräischen Sirach* (Berlin : de Gruyter, 1970).

7. Jean-Sébastien Rey, « Si 10,12–12,1 : Nouvelle édition du fragment d'Adler (ENA 2536-2) », *RevQ* 100 (2012) : 575–603.

1. Si 10,19–11,6

base de nouvelles photographies du bifeuillet (MS A) d'Adler publié en 1900, et en tenant compte des notes de Rey.

1.1.1.2. La structure du texte

Dans le livre de Ben Sira, il est quelquefois difficile de voir une structure, délimitant clairement les différentes parties autour d'un même sujet. Voici notre proposition pour Si 10,19–11,6 :

10,19–22 : quelle est la vraie gloire de la race humaine ?
10,23–25 : la sagesse et la crainte de Dieu élèvent l'homme
10,26–27 : le comportement d'un sage
10,28–29 : la bonne attitude envers soi-même
10,30–31 : honneur des pauvres et des riches
11,1–3 : ne pas juger selon les apparences,
11,4–6 : car Dieu peut renverser les situations

1.1.1.3. Analyse du texte verset par verset[8]

10,19

MS A   MS B

19a זרע נכבד מה זרע לאנוש

                                                    19c זרע נקלה מה זרע לאנוש
19d זרע נקלה / עובר מצוה: 19d זרע נקלה עובר מצוה:

Rüger fait remarquer que dans H[B], le premier stique du verset 19 manque par *homoiarkton* (זרע נכבד) ; pour la même raison, 19c ferait défaut dans

---

8. Texte de référence de Pancratius C. Beentjes, *The Book of Ben Sira in Hebrew. A Text Edition of All Extant Hebrew Manuscripts and A Synopsis of All Parallel Hebrew Ben Sira Texts*, VTSup 68 (Atlanta : Society of Biblical Literature, 2006), 137–40; nous l'avons comparé avec l'édition de Ze'ev Ben-Ḥayyim, *The Historical Dictionary of the Hebrew Language. The Book of Ben Sira, Text, Concordance and an Analysis of the Vocabulary* (Jerusalem : The Academy of the Hebrew Language and the Shrine of the Book, 1973). Nous ajoutons le texte de cette édition s'il est différent du texte de Beentjes.
Pour le texte hébreu, la traduction en italique est celle que nous avons privilégiée.

H^A.[9] Minissale ajoute que G et Syr, ayant conservé le deuxième stique, gardent la structure parallèle de quatre stiques dans tout le verset.[10] Les stiques 2 et 3 présents dans G, manquent dans le MS A. Pour George H. Box et W. O. E. Oesterley,[11] ces stiques ont été omis par *homoioteleuton*, ce qui supposerait qu'ils étaient présents dans une autre *Vorlage* dont aurait disposé G (מה זרע לאנוש). Dans son commentaire (1901),[12] Lévi estime également que le copiste a passé du premier au quatrième stique.

D'après Lévi (1901, 1904), il faudrait lire (suivant G) :

| זרע נכבד מה זרע אנוש | זרע נכבד מה ירא אלהים |
| זרע נקלה מה זרע אנוש | זרע נקלה מה עובר מצוה |

Pour Di Lella et Rüger (voir aussi Segal qui a lu אלהים au deuxième stique et a gardé – comme Lévi – dans chaque stique la particule interrogative מה [entre crochets au quatrième stique]), le texte original devait être légèrement différent :[13]

| זרע נכבד מה זרע לאנוש | [זרע נכבד ירא ייי] |
| זרע נקלה מה זרע לאנוש | זרע נקלה עובר מצוה |

Pour Rüger, il est impossible de savoir si le nom de Dieu employé ici était אל, אלהים ou ייי.[14] Avec la particule interrogative מה en fin de phrase, celle-ci peut être comprise comme une sorte de devinette.[15] La question est prise ici dans un sens absolu : « Une race honorée, qu'est-ce (que c'est) ? »

---

9. Rüger, *Text und Textform*, 54; voir aussi Smend, *Die Weisheit des Jesus Sirach. Erklärt*, 97; Peters, *Das Buch Jesus Sirach oder Ecclesiasticus*, 93; Skehan et Di Lella, *The Wisdom of Ben Sira*, 228; Antonino Minissale, *La versione greca del Siracide. Confronto con il testo ebraico alla luce dell'attività midrascica e del metodo targumico*, AnBib 133 (Rome : Editrice Pontificio Istituto Biblico, 1995), 59; Di Lella, « Sirach 10:19–11:6 », 160.

10. Voir son texte reconstruit, p. 57.

11. Voir George H. Box et W. O. E. Oesterley, « The Book of Sirach », dans *The Apocrypha and Pseudepigrapha of the Old Testament in English*, éd. R. H. Charles, 2 vols. (Oxford : Clarendon, 1913), 1.350.

12. Israel Lévi, *L'Ecclésiastique ou la Sagesse de Jésus, Fils de Sira. Texte original hébreu édité, traduit et commenté*, BEHE.R 10.1–2, 2 vols. (Paris : Leroux, 1898–1901), 2.68.

13. Voir Di Lella, « The Recently Identified Leaves of Sirach in Hebrew », 157; voir aussi Alexander A. Di Lella, « Authenticity of the Geniza Fragments of Sirach », *Bib* 44 (1963) : 184–87; Di Lella, « Sirach 10:19–11:6 », 157–60; Rüger, *Text und Textform*, 54.

14. Voir Rüger, *Text und Textform* : voir son tableau, 55.

15. Wilhelm Gesenius, *Hebräisches und Aramäisches Handwörterbuch über das Alte Testament*, 17e éd. (Berlin : Springer, 1962), 401.

ou « quelle est-elle ? ».[16] Ce questionnement est concevable dans le cadre d'une leçon où le maître de sagesse veut faire réfléchir ses élèves, tout en donnant lui-même la réponse. Placer la particule interrogative en fin de phrase était courant dans l'hébreu tardif (voir aussi למה en Si 39,21).[17]

אֱנוֹשׁ désigne un individu ou a un sens collectif (« les humains »).[18] Ce mot est fréquent dans le Siracide : 7,17b ; 8,6a ; 13,25a ; 14,1a ; 14,20a ; 15,19b (MS B ; MS A : איש) ; 15,20a ; 37,14a ; 37,25a (MS D ; MS B : איש) ; 38,5b ; avec la particule ל : 7,11a ; 10,18a ; 10,19a (MS A) ; 10,19c (MS B) ; 15,20a (MS B) ; 38,6a ; avec מן : 11,4d (MS B).[19] Il ne se trouve qu'une fois au Pentateuque (Dt 32,26), et pas du tout en Jos, Jg, S, R. Il est le plus fréquent en Jb (18 fois), dans les Ps (13 fois) et en Is (8 fois, à part 8,1 dans des versets tardifs) ; on le trouve aussi en Jr 20,10 et 2 Ch 14,10. Ce mot d'origine sémitique se trouve donc essentiellement dans des textes poétiques, et le plus fréquemment dans la littérature tardive.

Nous avons dans ce verset des parallélismes antithétiques (honoré – méprisé) qui annoncent un thème important dans l'unité 10,19–11,6. 19a[A] pourrait être traduit par « *Quelle race est honorée ? La race humaine.* ». Ou : « *Quelle [est] la race honorée ?* » Cette traduction de Touzard est intéressante puisqu'elle rend bien la tournure en forme de devinette à cause de l'accent sur מה en fin de phrase. Cependant, l'accent du texte est porté sur l'honneur ; nous traduisons donc par « *Quelle race est honorée ?* ».

Smend suppose que לאנוש pourrait avoir été introduit à partir du verset 18, et que la particule ל pourrait être supprimée si זרע devait être compris dans le sens d'une majorité, car dans ce cas זרע et אנוש seraient identiques au point de vue du contenu (voir le texte proposé par Lévi ci-dessus). Mais comme il s'agit d'individus dans le cas de זרע et pas d'un groupe, il faudrait traduire זרע לאנוש par « un descendant » (« ein Menschenspross »). Le terme זרע aurait été employé parce que les impies dont il est question ici seraient des nobles empreints de la culture hellénistique. D'après Smend, il faudrait donc traduire ainsi : « *Quel descendant est honoré ? Le descendant du genre humain* ».

---

16. Wilhelm Gesenius, *Hebräisches und Aramäisches Handwörterbuch über das Alte Testament*, 18e éd. (Berlin : Springer, 1987–2009), 635.

17. Voir Smend, *Die Weisheit des Jesus Sirach. Erklärt*, xlv.

18. F. Maass, « אֱנוֹשׁ », *ThWAT* 1.373–75, particulièrement col. 373.

19. Voir Dominique Barthélemy et Otto Rickenbacher, éds., *Konkordanz zum hebräischen Sirach. Mit syrisch-hebräischem Index* (Göttingen : Vandenhoeck & Ruprecht, 1973), 33–34.

Nous pensons cependant que cette option de traduction ne change pas fondamentalement le sens du verset. Nous maintenons la traduction moins individualiste de « la race humaine » faisant appel au sens communautaire : c'est à une communauté – bien que constituée d'individus – que s'adresse l'appel à craindre le Seigneur et à suivre ses commandements.

Dans *The Hebrew Text of Sirach*, Di Lella présume que le verset 19, provenant des manuscrits de la guéniza du Caire, ne peut en aucun cas avoir comme source le texte grec, que ce soit des onciaux ou des minuscules. L'arrangement des quatre questions avec les quatre réponses des onciaux grecs semble être une modification ultérieure (voir la version grecque ci-dessous). Comparé au texte grec, le texte hébreu développerait mieux sa pensée. Di Lella a reconstruit le deuxième stique à partir du parallélisme avec le quatrième et les versions. Selon lui, les deux questions du texte de la guéniza seraient presque certainement les seules que Ben Sira aurait écrites.[20]

Pour la traduction du texte, nous suivons en général la reconstitution de Di Lella, en intégrant les données qui découlent de l'article de Rey, cité ci-dessus.[21] Comme 10,19b est une reconstitution, nous ne reprenons pas ce stique dans la traduction finale du texte.

19a[A]	*Quelle race est honorée ? La race des humains.*
[19b	Une race honorée est celle qui craint le Seigneur.]
19c[B]	*Quelle race est méprisée ? La race des humains.*
19d[AB]	*Une race méprisée [est] celle qui transgresse le commandement.*

10,20

MS A	MS B
20a בין אחים ראשם נכבד	20a בין אחים ראשם נכבד
20b וירא אלהים בע [..]	20b וירא אלהים נכבד ממנו

Selon Rüger, H[A] donne la forme textuelle la plus ancienne.[22] La traduction grecque est plus proche du MS A. Nous pouvons constater qu'en A, il s'agit d'une comparaison d'égal à égal, tandis qu'en B, il y a une comparaison hiérarchisante.

---

20. Alexander A. Di Lella, *The Hebrew Text of Sirach. A Text-Critical and Historical Study* (London : Mouton, 1966), 60–62.

21. Di Lella, « Sirach 10:19–11:6 », 158. Voir aussi Rey, « Si 10,12–12,1 ».

22. Rüger, *Text und Textform*, 56.

1. Si 10,19–11,6

Minissale complète la lacune de H[A] sur base du texte grec (ἐν ὀφθαλμοῖς αὐτοῦ) : בע[יניו] (comme Peters, Segal, Patrick W. Skehan[23] entre autres, contre Smend, Box et Oesterley, Di Lella[24] : בע[מו], « dans/parmi son peuple »). L'option de Beentjes en faveur de בע[יניו] (Strack : ב[עינו]) est basée sur le fait qu'à l'intérieur de la partie 10,19-25, le texte fait explicitement référence à Dieu à trois reprises : 10,20b.22b.24b.[25] Pour Smend, la lecture de בע[מו] s'imposerait d'après le sens du texte (voir aussi Rey ; Box et Oesterley : « among his own people »).[26] בע[יניו] serait donc une mauvaise lecture se basant sur le texte grec. Rey (2012) distingue clairement les lettres *bet*, *ʿaïn* et « une base de lettre coudée ».[27] La variante de H[B] (נכבד ממנו) : « plus honoré que lui » ; Lévi [1901, 1904], Touzard, Vattioni : [ממנו] וירא אלהים) correspond à Syr qui représente une lecture plus tardive ; cette variante résulterait d'une recherche d'une plus grande clarté.[28] ממנו (H[B]) introduit en effet un comparatif par rapport au terme précédent (stique a). Cette variante viendrait étayer v. 24b[AB]. Pour Lévi (1901), la traduction grecque de ממנו serait un contre-sens.

בעמו introduit également une comparaison par rapport au premier stique : 10,20a évoque la communauté des frères, le clan. 10,20b élargit le cercle au peuple entier. Ainsi « parmi son peuple » peut être considéré comme un complément à 10,20a qui postule qu'au sein du clan, le chef est honoré (d'office) à cause de sa fonction de supérieur hiérarchique. Mais le craignant-Dieu serait honoré par une communauté plus grande : le peuple (d'Israël) tout entier. Ben Sira aurait-il voulu signifier ainsi l'ouverture à tous les craignant-Dieu, ayant le même statut que n'importe quel membre du peuple d'Israël ? Peut-être. H[A] aurait une ouverture du peuple d'Israël

---

23. Voir Skehan et Di Lella, *The Wisdom of Ben Sira*, 227s : « Au milieu des semblables, leur chef est honoré ; comme l'est, aux yeux de Dieu, celui qui le craint ».
24. Voir Di Lella, « The Recently Identified Leaves of Sirach in Hebrew », 157 ; Di Lella, « Sirach 10:19–11:6 », 160.
25. Pancratius C. Beentjes, *Happy the One Who Meditates on Wisdom (Sir 14,20). Collected Essays on the Book of Ben Sira*, CBET 43 (Leuven : Peeters, 2006), 256-57 ; voir aussi Hermann L. Strack, *Die Sprüche Jesus, des Sohnes Sirachs. Der jüngst gefundene hebräische Text mit Anmerkungen und Wörterbuch* (Leipzig : Deichert, 1903) ; et la traduction de Charles Mopsik, *La Sagesse de ben Sira*, Les dix paroles (Lagrasse : Verdier, 2003) ; Otto Rickenbacher, *Weisheitsperikopen bei Ben Sira*, OBO 1 (Fribourg : Universitätsverlag ; Göttingen : Vandenhoeck & Ruprecht, 1973), 132.
26. Rey, « La conception de l'étranger », 284.
27. Rey, « Si 10,12–12,1 », 581.
28. Voir Minissale, *La versione greca del Siracide*, 59.

aux craignant-Dieu ; H^B aurait mis l'accent sur la « supériorité » de celui qui craint Dieu, un des thèmes chers à Ben Sira et que notre texte souligne à plusieurs reprises. H^B aurait-il donc supprimé cette ouverture, tout comme G (voir la version grecque) ? Le MS A pourrait donc être considéré comme la forme textuelle la plus ancienne (Rüger).

Par ailleurs, nous pouvons constater avec Smend, que H emploie le singulier pour le verbe « craindre » (ירא), alors que G a le pluriel (φοβούμενοι). H se réfère au ראש, tandis que G revient au deuxième stique de 10,19.

20a^AB *Entre frères, leur chef est honoré,*
20b^A   *et celui qui craint Dieu (l'est) parmi son peuple.*
20b^B   *et celui qui craint Dieu est honoré plus que lui.*

Le verset 21 se trouve uniquement dans quelques témoins grecs (Syh, L-694–743), et ne fait pas partie du texte originel.[29]

10,22

MS A	MS B
22a גר וזר נכרי ורש	22a גר זר נכרי ורש
22b תפארתם י[...]את אלהים	22b תפארתם יראת ייי
B-H[30]	
22b תפארתם י[רא]ת אלהים	

Le mot גר en 10,22a est un *hapaxlegomenon* dans le livre de Ben Sira. Beentjes et Touzard proposent la correction suivante pour le MS A[31] : au lieu de וזר, il faudrait lire וזד : « et l'orgueilleux, et l'insolent » (voir aussi le texte de Segal).

En 10,22a, Minissale propose de prendre la particule conjonctive ו du MS A (וזד « et l'insolent ») ; voir aussi ci-dessus la correction proposée par

---

29. Voir Di Lella, « Sirach 10:19–11:6 », 160 ; voir aussi ci-dessous (texte grec).
30. B-H est l'abbréviation pour Ben-Hayyim. Son texte reconstitué se trouve chaque fois entre crochets.
31. Voir Renate Egger-Wenzel, éd., *Ben Sira's God. Proceedings of the International Ben Sira Conference, Durham – Ushaw College 2001*, BZAW 321 (Berlin : de Gruyter, 2002), 375 et 377 ; Fulcran Vigouroux, éd., *La Sainte Bible Polyglotte 5 : Ancien Testament, L'Ecclésiastique, Isaïe, Jérémie, Les Lamentations, Baruch* (Paris : Roger et Chernoviz, 1904) (= Jules Touzard pour le texte hébreu), 971 : Errata.

Beentjes et Touzard) et le substantif du MS B (זר) ; il faudrait donc lire וזר (voir les commentaires d'Lévi ; Strack ; Peters, p. 93 ; Smend, p. 97 ; pour Rüger, il s'agirait également d'une erreur de scribe qui aurait lu ד au lieu de ר),[32] contre Di Lella[33] (voir Beentjes et Touzard ci-dessus). Lévi traduit par « Aubain et étranger, étranger et pauvre » ; pour lui, זר et נכרי sont deux synonymes, et l'un des deux termes serait superflu (voir le texte grec de Ziegler).

L'option de lire וזד (« insolent », ou même « impie » selon Wilhelm Gesenius[18] : « Frevler » ; זד peut également signifier « présomptueux, arrogant », selon David J. A. Clines[34]) au lieu de וזר ne nous semble pas très pertinente, compte tenu de 23b[B]. En plus, avec זר, quatre groupes de personnes socialement déshéritées dans la Bible sont juxtaposées.

Pour Smend, les textes en hébreu et en syriaque ont raison en ce sens qu'ils regroupent quatre vocables, et l'hébreu (MS A) en particulier parce qu'il les divise deux par deux. Dans le cas des quatre substantifs accumulés au v. 22a, il s'agit d'un *casus pendens* (génitif). On pourrait l'introduire par « en ce qui concerne » ou « quant à », mais cela détruirait la symétrie de la juxtaposition de deux fois deux termes.

Pour Lévi (1901), la version grecque (de Henry Barclay Swete et de Rahlfs : « Le riche, l'homme honoré et le pauvre ») est plausible : quelle que soit sa condition, la gloire de chaque homme réside dans la crainte du Seigneur. Lévi évoque également la version copte : « le prosélyte et le riche, l'homme considéré et le pauvre » (une combinaison des versions grecques de Ziegler et de Rahlfs ; voir ci-dessous). Elle lui semble être la meilleure leçon : גר) גר ורש ועשיר נכבד est proche de נכרי).

Ze'ev Ben-Ḥayyim a reconstitué la lacune de 10,22b[A] d'après 22b[B]. En 10,22b Minissale propose de lire יראת en A (voir Strack, Peters), comme au MS B, tandis qu'une leçon marginale du MS B suggère ביראת (« dans la crainte »), ce qui donnerait une meilleure formulation, plus élégante.[35] Pour Rüger, 10,22b H[AB] représente la version la plus ancienne, tandis que H[Bm] est la forme textuelle la plus récente. יראת יי au MS B correspond à G, tandis que le MS A et Syr concordent (אלהים). Le MS A

---

32. Rüger, *Text und Textform*, 56. Voir également Rey, « Si 10,12–12,1 », 581.

33. Di Lella, *The Recently Identified*, 157 ; mais dans Di Lella, « Sirach 10:19–11:6 », 158 et 160: זר (B) est correct.

34. זד : Si 10,22[A] (Rüger, *Text und Textform*, 56); 11,9; 12,5; 35,18. David J. A. Clines, *DCH* 3.81; *HALOT*, sous זֵד : Sir 10,22 doit être lu זר (var[c]).

35. Vattioni signale qu'une note marginale du MS B a ביר ; voir Francesco Vattioni,

n'a plus le tétragramme, car les étrangers ne connaissent pas forcément יהוה. L'expression « crainte du Seigneur/de Dieu » (יראת הי) se trouve également en 6,37a^A (ביראת עליון) ; 9,16b^A ; 16,2b^{AB}, 32,12b^B, 40,26c^B ; 40,27a^B ; 50,29b^B.[36]

22a^A	Immigré et inconnu,[37] étranger et pauvre,
22a^B	*Immigré, inconnu, étranger et pauvre,*
22b^B	*leur fierté (c')est la crainte du Seigneur.*[38]
22b^A	leur fierté (c')est la crainte de Dieu.

10,23

MS A

23a אין לבזות דל משכיל
23b ואין לכבד [.]ל איש[..]כם

B-Ḥ

23a אין לבזות דל מ[שבי]ל
23b ואין לכבד[כ]ל איש [ח]כם

MS B

22a אין לבזות דל משכיל
22b ואין לכבד כל איש חמס

Au deuxième stique, nous avons constaté qu'il y a des divergences entre les MSS A et B, ainsi que le texte de Ben-Ḥayyim quant au qualificatif pour איש: Lévi et Vattioni ont lu [יו]רם au MS A, « élevé » (*hof.* inacc. de רום), ce qui serait à exclure d'après Rey (nous l'avons corrigé au MS A).[39] Pour Minissale, le contexte justifie la préférence de חמס « violent » (voir Strack,[40] Peters, contre Lévi [1901]), comme au MS B, au lieu de חכם (voir le texte de Ben-Ḥayyim ci-dessus).[41] Smend pense que איש חכם se trouvait dans le texte original, qui était une corruption de איש חמס.[42]

éd., *Ecclesiastico. Testo ebraico con apparato critico e versione greca, Latina e siriaca* (Napoli : Istituto Orientale di Napoli, 1968), 52 ; voir aussi Rüger, *Text und Textform*, 56 (il s'agit d'une abréviation) ; voir Di Lella, « Sirach 10:19–11:6 », 160.

36. Voir Rüger, *Text und Textform*, 57-58.
37. Voir Rey, « La conception de l'étranger », 284.
38. Ou « dans la crainte du Seigneur » (ביר) selon Bm.
39. Rey, « Si 10,12–12,1 », 582.
40. Pour Strack, la lettre finale de 23b est soit un ם, soit un ס.
41. Cf. Moshe Tsvi Segal, ספר בן סירא השלם (Jérusalem : מוסד ביאליק, 1972) ; voir aussi Di Lella, « The Recently Identified Leaves of Sirach in Hebrew », 157.
42. Voir Smend, *Die Weisheit des Jesus Sirach. Erklärt*, 98; voir aussi Box et Oesterley, « The Book of Sirach », 351; Di Lella, « Sirach 10:19–11:6 », 160. Rey a retenu חכם : « Si 10,12–12,1 », 582.

En effet, la variante חכם n'est pas vraiment plausible à l'intérieur de ce verset, la sagesse étant considérée parmi les « biens » les plus précieux (comme nous le verrons ci-dessous). Smend affirme que dans le cas de איש חמס, il s'agit évidemment d'un homme riche (voir *La*). Smend traduit le substantif חמס par « impiété » (voir G : ἄνδρα ἁμαρτωλόν ; Syr lit עשור [voir 30b] au lieu de איש : « le riche impie » ; *La* réunit les versions G et Syr : *virum peccatorem divitem*) ; mais souvent il est également traduit par « violence » ou « tort » (pour l'emploi du substantif ou de l'adjectif : voir 10,8 ; 15,12 ; 35,17 ; 40,15 ; 47,21 ; Gn 6,13). Ici, איש חמס pourrait correspondre à celui qui transgresse le commandement (voir 10,19d[AB]). Dans son article « In Search of the Meaning of Ḥamas : Studying an Old Testament Word in Context », Ignatius Swart fait remarquer que le mot חמס a trop souvent eu une connotation de violence physique uniquement. Or, il faudrait le considérer davantage dans son contexte qui peut également faire référence au péché ou à l'injustice, et donc à une forme de violence d'ordre moral. Les auteurs de tels actes peuvent être soit des individus, soit des groupes. Ainsi חמס en Jon 3,8 fait référence au mal ou à la méchanceté dont le Seigneur accuse les Ninivites (voir Jon 1,2 ; voir aussi Gn 6,11.13).[43] Dans notre texte, Si 10,23b[B] reprendrait en d'autres mots le verset 19 : l'impie ne fait pas partie de la race honorable, de ceux qui craignent le Seigneur et qui vivent selon ses commandements. La variante חמס en 23b nous paraît la plus convaincante de toutes les variantes évoquées ci-dessus. En supposant avec Smend que l'homme impie en question est un homme riche (voir ci-dessus ; voir aussi *La*), nous aurions implicitement un parallélisme antithétique, étant donné que l'impiété était considérée comme le contraire de la sagesse.

23a[AB]   *Il ne faut pas mépriser le pauvre qui est intelligent,*
23b[A]   *ni honorer tout homme sage.*
23b[B]   *ni honorer tout homme impie.*

B-Ḥ ni honorer tout homme sage.

---

43. Ignatius Swart, « In Search of the Meaning of Ḥamas: Studying an Old Testament Word in Context », *Journal for Semitics* 3/2 (1991) : 156–66, particulièrement 159 et 162-65. Voir aussi les différentes formes de violence dénoncées par les prophètes dans Edwin C. Hostetter, « Prophetic Attitude towards Violence in Ancient Israel », *Criswell Theological Review* 7.2 (1994) : 83–89.

10,24

MS A	MS B
24a ש[...]מ[ושל ושופט נכבדו	24a שר שופט ומושל נכבדו
24b ואי[.]ן גדול מ[.]רא אלהים	24b [..............]
B-Ḥ	
24b [ואי]ן גדול מ[י]רא אלהים	24b ואי[ן] ...

D'après Rüger, le MS B donne la forme la plus ancienne, et A la plus récente. Minissale a combiné 24a[B] et 24b[A]. Au premier stique du v. 24, le texte grec a gardé l'ordre des mots du MS B (voir ci-dessous) ; en A, le gouverneur précède le juge. La reconstitution du texte en 24b[A] est faite sur base du texte grec.

Au v. 24a[A], Peters a proposé : .... נדב ועמושל (« un noble et un gouverneur et un juge sont honorés »). Smend pense aussi que la lacune dans le MS A est trop grande pour le mot שר par exemple. En se référant à G (μεγιστάν), il propose de lire נדיב (« Fürst » ; voir 11,1 ; 38,3) qui serait le roi (voir le texte grec ci-dessous). Pour Rey, la nouvelle édition du fragment d'Adler ne laisse aucun doute pour le début du stique a : il y distingue clairement un ש (ligne 9). שר conviendrait parfaitement pour l'espace, en accord avec le MS B.

Nous pouvons comparer ce verset au v. 20 : parmi les frères ou les membres du même clan, leur chef (ראש) est honoré, mais pas autant que celui qui craint Dieu ; 10,24a[B] emploie un autre mot pour désigner « le chef » faisant partie des personnes honorables : שר. S'agirait-il d'un jeu de mots subtil par inversion : שר – ראש? Nous remarquons également une allitération (triple répétition du ש) au v. 24a[B].

Nous avons ici une reprise du thème de « la crainte de Dieu », thème annoncé au v. 19. En 10,20b comme en 10,24b celui qui craint Dieu est placé au plus haut de l'échelle des personnes honorables, indépendamment de leur position sur l'échelle sociale. Le texte de Ben-Ḥayyim nous semble donc convaincant : « Mais il n'y a personne qui soit plus grand que celui qui craint Dieu ».

24a[A] *Un chef, un juge et un gouverneur sont honorés,*
24a[B] *Un chef, un gouverneur et un juge sont honorés,*
24b[AB] *mais il n'y a personne qui soit plus grand que celui qui craint Dieu.*

10,25

MS A	MS B
25a עבד משכיל הורם ועבד	25a עבד משכיל חביב כנפש (B¹)
25b [..]ש [...] לא יתאונן	25b [............]
	7,21 עבד משכיל חביב כנפש (B²)
	[............]
	עבד משכיל הורים יעבדותו (B³)
	וג.[............]
	משכיל חביב כנפש עבד (B⁴)
	וגבר מ[............]

B-Ḥ

25a עבד משכיל הורם	25a עבד משכיל חביב כנפש
25b ועבד ..ס.. [ל]א יתאונן	25b ....
[...	[...ד משכיל חביב כנפש]
וג... ...	עבד משכיל חורים יעבדוהו
וגבר מ... ...	(עבד משכיל חביב כנפש

Ce verset pose un certain nombre de problèmes, car seulement les deux premiers mots correspondent en A et B. Lévi, Segal, Touzard, Peters et Vattioni ont lu ועב[ד חכם] לא יתאונן עבד משכיל הורם (MS A). Peters note que ועבד הורם serait une reconstruction sur base des textes G et Syr.[44] Rüger et Di Lella ont lu : עבד משכיל הורם ועבד [נו]ס[ר] לא יתאונן (MS A), « *un esclave intelligent est élevé, et un esclave éduqué ne se plaint pas* » (voir aussi le texte de Ben-Ḥayyim).[45] Lévi note sur base des versions que le texte a été corrompu : il faudrait lire חורים יעבדו (« les nobles servent » ; voir MS B) au lieu de הורם ועבד. Smend propose de lire הורים יעבדו sur base de G et Syr.[46] D'après Minissale, la variante הורם (A) serait une corruption de הורים. Mais selon Di Lella, tout le verset du MS A est corrompu. Concernant 25a^A, Lévi, Smend et Peters font référence à Pr 17,2H : « *L'esclave intelligent est élevé et l'esclave savant ne se plaint pas.* »

---

44. Norbert Peters, *Liber Iesu Filii Sirach sive Ecclesiasticus Hebraice* (Fribourg : Herder, 1905), 30.

45. Voir Di Lella, « The Recently Identified Leaves of Sirach in Hebrew », 157 ; Minissale a également lu נוסר – un synonyme de משכיל (*La versione greca del Siracide*, 60) ; pour Rudolf Smend, נוסר est également à considérer comme original (*Die Weisheit des Jesus Sirach. Erklärt*, 99).

46. Selon Peters (1905), il faudrait lire הורים au lieu de חורים.

Di Lella indique que la deuxième version du stique 25a du MS B (7,21) est écrite en petites lettres entre les lignes par une autre main. Pour lui עבד משכיל הורים יעבדוהו (voir Ben-Ḥayyim) [יתאונן לא משכיל ר]וגב (B³ : « *un esclave intelligent, des hommes libres le serviront ; et celui qui est intelligent ne s'en plaint pas* ») serait le verset original (sa propre reconstruction est écrite entre crochets), et toutes les autres variantes seraient corrompues.[47] Nous privilégions également ce texte. D'après Rüger, H[B3.4] témoignent de la version la plus ancienne, tandis que H[A] serait la plus récente.[48] Beentjes est le seul à avoir lu יעבדותו (H[B3]) au lieu de יעבדוהו.

Minissale affirme également qu'il faudrait opter pour la leçon de B³ (עבד משכיל הורים יעבדוהו) pour deux raisons : elle est plus plausible compte tenu du contexte (voir Di Lella ci-dessus), et elle est confirmée par G et Syr. Le v. 25 reprend le terme משכיל du v. 23 ; nous avons ici l'explication pourquoi il ne faut pas mépriser ni sous-estimer un esclave ou un pauvre doté d'une intelligence certaine, puisque même ceux qui sont d'un rang social plus élevé que lui se mettront à son service. L'intelligence ou la sagesse prime sur le statut social (voir aussi 11,1). Contrairement à Pr 19,10 ; 30,22, le texte de Ben Sira inverse les catégories sociales habituelles ; peut-être veut-il mettre en évidence que seules la sagesse et la crainte de Dieu sont capables de renverser des conditions humaines considérées habituellement comme inébranlables. Ainsi valorise-t-il la sagesse et la crainte de Dieu.

La variante du MS B[1.2.4], חביב כנפש (impératif *pi.*), littéralement « aime comme l'âme », est également présente en Si 7,21 (MS B). On pourrait la traduire aussi par « aime comme toi-même » (voir Lv 19,18).

D'après Minissale, la combinaison du début du stique 25b du MS B⁴ avec la finale du MS A (voir Di Lella ci-dessus), correspond aux textes de G et de Syr : (MS A) [ל]א יתאונן (MS B⁴) וגבר [משכיל]מ. La variante du MS A, ועבד (qui chez Beentjes fait encore partie du stique 25a), résulterait d'une corruption de וגבר : elle serait due à une influence du stique précédent.

Selon Lévi (1901), la version originale aurait porté ואיש חכם au deuxième stique du v. 25 (voir G et Syr). Syr ajoute « quand il est instruit »,

---

47. Di Lella, « The Recently Identified Leaves of Sirach in Hebrew », 157; Di Lella, « Sirach 10:19–11:6 », 161 ; voir aussi Skehan et Di Lella, *The Wisdom of Ben Sira*, 228: Cette variante se justifierait sur base de G.
48. Rüger, *Text und Textform*, 60.

comme *La* a « disciplinatus » après « prudens » (certains MSS grecs ont ajouté παιδευομενος ; voir l'apparat critique de l'édition de Ziegler).

25a^A	Un esclave intelligent est élevé,
25b^A	et l'esclave intelligent ne se plaint pas.
25a^B1.2.4	Un esclave intelligent, aime-le comme toi-même.
25a^B3	Un esclave intelligent, des hommes libres (ou : des nobles) le serviront ;
25b^B3.4	et celui qui est intelligent ne s'en plaint pas.

10,26

MS A	MS B
26a אל תתחכם לעבד חפצך	26a אל תתחכם לעשות חפצך
26b ואל תתכב[...]עת / צרכך	26b ואל תתכ [........]
B-Ḥ	
26b ואל תכ..[במו]עד צרכך	26b ואל תתכב[ד] ...

Selon Beentjes,[49] au lieu de תתכחם (26a^A), il faudrait lire תתחכם (nous l'avons déjà changé ci-dessus). Au *hitpa'el*, חכם a le sens « faire le sage » ; voir Qo 7, 16 : אל־תתחכם יותר למה תשומם אל־תהי (voir aussi Si 32,4 ; 6,32 par contre : « devenir sage »[50]) : « Ne sois pas juste à l'excès, ne te fais pas trop sage, pourquoi te détruire ? »[51]

Le MS A emploie le verbe עבד, tandis que B a עשה. עבד, « travailler », a en araméen le sens de faire, agir (comme עשה). Le scribe est peut-être influencé par l'araméen ou il ne connaît plus la forme en hébreu.

La préposition -ל est employée ici dans un sens temporel. L'usage de cette préposition avec un infinitif construit est rare en hébreu biblique (voir Jr 46,13), mais plus fréquente dans les textes qûmraniens.[52] חפץ est à

---

49. Voir Pancratius C. Beentjes, « Errata et Corrigenda », dans Egger-Wenzel, *Ben Sira's God*, 375.

50. Wilhelm Gesenius, *Hebräisches und Aramäisches Handwörterbuch über das Alte Testament*, 17e éd., 230. Paul Joüon et Takamitsu Muraoka, *A Grammar of Biblical Hebrew. Third Reprint of the Second Edition, with Corrections*, SubBi 27 (Rome : Gregorian & Biblical Press, 2011), §53i, 147-48 : le *hitpa'el* a parfois la nuance « se faire » ou « se montrer » (vraiment ou faussement), « tel » ou « tel ».

51. Voir *Traduction Oecuménique de la Bible*, 2010.

52. Voir Wido Th. van Peursen, *The Verbal System in the Hebrew Text of Ben Sira*, Studies in Semitic Languages and Linguistics 41 (Leiden : Brill, 2004), 337.

comprendre dans le sens d'« affaire » (voir aussi Is 58,13). חפצך correspond à G (ἔργον σου) et à Syr (עבדך). Lévi traduit en 26a : « Ne fais pas l'habile en accomplissant ta tâche ».

D'après Minissale, la leçon contenant le verbe עבד (10,26aH[A]) devrait être préférée à celle du MS B : cette dernière serait inspirée d'Is 58,13 (contre Di Lella).[53] Ainsi, la racine עבד revient dans chaque stique des versets 25-27. Pour Rüger,[54] לעשות (H[B]) et דרכך (Bm)[55] représentent la forme textuelle ancienne, et לעבד (H[A]) et חפצך (H[AB]) font partie du texte plus récent.

Minissale propose de combler la lacune en 10,26b[A] par [תתכ]בד במועד (comme Lévi [1901], Ben-Ḥayyim et Vattioni). Il opte donc pour le *hitpaʿel* (comme en 26a[AB] et 26b[B]) : תתכבד. במועד est une reconstitution basée sur G (ἐν καιρῷ) et Syr. En 26b[B], il faudrait suivre le MS A : ואל תתכ]בד במועד צרכך. Rey propose de lire ואל תתכב]ד ב[עת, ce qui serait tout à fait plausible (« ne te glorifie pas au temps de… »).

26a[AB]   *Ne fais pas le sage en accomplissant ton affaire,*
26b[AB]   *et ne te glorifie pas au temps de ta dèche (lorsque tu es dans le besoin).*

10,27

	MS A	MS B
27a	טוב עובד ויותר הון	טוב עובד ויותר הון
27b	ממתכבד [.]חס[.] מתן	ממתכבד[........]
B-Ḥ		
27b	מ[מת]כבד [וח]ס[ר] מתן	ממתכב[ד] …

Segal, Lévi, Peters et Vattioni ont reconstruit 10, 27b[A] de la manière suivante :

מ[מת]כבד [וח]ס[ר] מתן, mais Lévi (1904) donne en note une variante pour מתן: מזון. Pour Minissale (comme Smend, Peters [1913], Rüger ; voir aussi Box et Oesterley, Di Lella[56]), מתן (« don, cadeau » ; textes

---

53. Di Lella, « Sirach 10:19–11:6 », 161.
54. Rüger, *Text und Textform*, 60.
55. Beentjes a gardé חפץ dans les deux manuscrits, et nous suivons sa variante (MS B) parce qu'elle nous paraît plus cohérente.
56. Smend, *Die Weisheit des Jesus Sirach. Erklärt*, 99; Peters, *Das Buch Jesus Sirach oder Ecclesiasticus*, 94; Rüger, *Text und Textform*, 61; Box et Oesterley, « The Book of

de Lévi,[57] Segal, Beentjes, Vattioni ; Rey : « aumône »[58]) serait une corruption de מזון (« nourriture »). Peters fait remarquer que הון rime avec מזון, ce qui constitue un autre facteur de plausibilité.[59] Le mot מזון ne se trouve par ailleurs dans le canon vétérotestamentaire qu'en Gn 45,23 (une occurrence incertaine, selon Rüger) et 2 Ch 11,23.

Peters note que [ר]ס[חו] est une reconstitution à partir de G et Syr[60] (voir aussi 11,12b^A). Nous optons pour les propositions de Smend, Peters, Di Lella et Minissale pour 27b^AB (le texte du MS B est à reconstruire à partir du MS A) : ממתכבד וחסר מזון. Selon Rüger, le texte original de 10,27b aurait été conservé en G (La) : καὶ ἀπορῶν ἄρτων. En Pr 12,9 nous trouvons cette même expression à la fin du verset, également dans une construction comparative avec « mieux vaut » : ממתכבד וחסר לחם טוב נקלה ועבד לו: « Il vaut mieux être méprisé et avoir un serviteur que faire l'homme important quand on manque de pain » (voir aussi 2 S 3,29 ; Is 51,14 ; Am 4,6). En référence à Menahem Kister,[61] Rey suggère de partir de Pr 12,9 dans la Septante et la Peshitta, et de substituer עֶבֶד לוֹ par עֹבֵד לוֹ : « qui se sert lui-même », c'est-à-dire qui peut subvenir à ses propres besoins.[62]

27a^AB   *Mieux vaut celui qui travaille et a des biens en abondance*
27b^AB   *que celui qui fait l'important mais manque de nourriture* (MS A : « don »).

Sirach », 351 ; Di Lella, « The Recently Identified Leaves of Sirach in Hebrew », MS B Folio 1a, p. 156 ; Di Lella, « Sirach 10:19–11:6 », 161.

57. Lévi (1901) note cependant dans son commentaire que מתן serait l'altération de מזון (voir Syr).

58. Rey, « Si 10,12–12,1 », 587.

59. Voir aussi Di Lella, « Sirach 10:19–11:6 »,161.

60. Peters, *Liber Iesu Filii Sirach sive Ecclesiasticus Hebraice*, 30.

61. Menahem Kister, « Some Notes on Biblical Expressions and Allusions and the Lexicography of Ben Sira » in *Sirach, Scrolls and Sages. Proceedings of a Second International Symposium on the Hebrew of the Dead Sea Scrolls, Ben Sira, and the Mishnah, Held at Leiden University, 15–17 December 1997*, éd. Takamitsu Muraoka et John F. Elwolde ; STDJ 33 (Leiden : Brill, 1999), 160–87, ici 178 ; Rey, « Si 10,12–12,1 », 593.

62. Voir Wolfgang Kraus et Martin Karrer, éds., *Septuaginta Deutsch. Das griechische Alte Testament in deutscher Übersetzung* (Stuttgart : Deutsche Bibelgesellschaft, 2010), 950.

10,28

MS A	MS B
28a בני בענוה כבד נפשך	28a בני בענוה כבד נפשך
28b ויתן לך ט].[ם כיוצא בה	28b ותן לה טעם כ[......]
B-H	
28b ויתן לך ט.. כיוצא ב[הם]	28b ותן לה טעם כיוצ[א] ...

Pour Lévi (1901), il est impossible de restituer le deuxième stique du v. 28.[63] Au lieu de ויתן לך (28b) « et il (c'est-à-dire : Dieu) te donnera », avec Smend, Peters[64] propose de lire ותן לה, lecture qui s'impose d'après les textes G et Syr et le contexte. Avec Minissale, il nous semble que la leçon du MS B (ותן לה) s'intègrerait mieux dans le contexte que celle du MS A (... ויתן לך). Au MS A, il s'agirait d'une dittographie avec une erreur d'écriture (י au lieu de ו).[65] Nous aurions en 28b : ותן לה טעם כיוצא בה.

Pour Minissale, la leçon du MS A ט[עם], d'après la conjecture faite par Smend sur base du texte Syr (טעמה ; voir aussi Lévi, 1901), est confirmée par le MS B ; et la traduction d'après G (τιμή) est pertinente pour lui. En concordance avec le début du second stique, Minissale a remplacé la lacune du MS A par בה[66] (αὐτῆς) au lieu de בהם (voir Segal, Ben-Ḥayyim).[67] טַעַם signifie « goût » ou « bon sens, intelligence » ; טְעֵם en araméen peut, selon le contexte, signifier également « considération ; égard »,[68] sens qui conviendrait le mieux ici (voir aussi Dn 3,12 ; 6,14).

Il s'agirait donc de s'estimer soi-même, tout en étant humble. Ben Sira conseille en quelque sorte de bien comprendre l'humilité demandée au sage, de trouver le bon équilibre entre modestie et considération de

---

63. Il a lu .אבד. יריו. ויתן לך ט.. (voir son commentaire, 70).
64. Peters, *Das Buch Jesus Sirach oder Ecclesiasticus*, 94; voir aussi Smend, *Die Weisheit des Jesus Sirach. Erklärt*, 100; Di Lella, « Sirach 10:19-11:6 », 161.
65. Voir Rüger, *Text und Textform*, 61.
66. Voir également Rey, « Si 10,12-12,1 », 582.
67. Touzard a lu ויתן לך ט.... אבדת. Cette option est difficilement compréhensible. אבדת, état construit de אֲבֵדָה, (fém.), signifie « quelque chose de perdu » ; de la racine אבד: « errer, s'égarer », en parlant de nomades ; « se perdre » lorsqu'on parle d'exilés (hébreu moyen) ; voir Gesenius, *Hebräisches und Aramäisches Handwörterbuch über das Alte Testament*, 18e éd., 2-3.
68. Voir Gesenius, *Hebräisches und Aramäisches Handwörterbuch über das Alte Testament*, 18e éd., 1497 ; voir aussi Minissale, *La versione greca del Siracide*, 60.

sa personne. Ainsi, le Siracide rejoindrait ici une pensée des stoïciens : l'importance de la valeur de sa propre personnalité.[69]

28a[AB]   *Mon fils, honore-toi avec humilité,*
28b[AB]   *et accorde-toi la considération qui te revient.*[70]

10,29

MS A	MS B
29a מרשיע נפשו מי יצדיקנו	29a בני מרשיע נפשו מי יצדיקנו
29b ומי יכבד מקלה נפשו	29b ומי יכבד [........]

מרשיע נפשו (29a) suivi de la particule interrogative מי est un *casus pendens* qui pourrait dériver de l'influence araméenne.[71] Le MS B et Syr commencent par l'adresse בני « mon fils ». Minissale et Di Lella présument qu'il s'agit d'une dittographie verticale du verset précédent (voir 28a).[72]

29b[B] est probablement à reconstituer d'après le MS A (voir aussi Di Lella). Pour Rüger, le MS A présente la version la plus ancienne. La structure du deuxième stique est inversée : la question est introduite par la particule interrogative מי, suivie d'un verbe au *yiqtol* ; le participe au sens réfléchi se trouvant au début du premier stique est placé à la fin au deuxième stique.

Le verset 29 appuie et justifie l'importance de la considération personnelle (v. 28). Dans ce verset, nous avons dans chaque stique la juxtaposition de deux verbes opposés : רשע et צדק (29a), כבד et קלה (29b ; voir aussi v. 19). Ben Sira se sert ici de couples antinomiques enrobés dans deux questions pour appuyer l'assertion précédente (v.28).

29a[A]   *Celui qui s'accuse lui-même, qui le justifiera ?*
29a[B]   *Mon fils, celui qui s'accuse lui-même, qui le justifiera ?*

---

69. Voir Haspecker, *Gottesfurcht bei Jesus Sirach*, 323 ; Middendorp, *Die Stellung Jesu Ben Siras*, 29.

70. Box et Oesterley, « The Book of Sirach », 352 : « (My son, glorify thy soul) and give it discretion such as befitteth it » ; voir aussi יצא dans Gesenius, *Hebräisches und Aramäisches Handwörterbuch über das Alte Testament*, 18e éd., 481 ; HAL 1.407. Nous trouvons la meme expression ב- כיוצא en Si 38,17b (B). Voir aussi Smend, *Die Weisheit des Jesus Sirach. Erklärt*, 100.

71. Voir Van Peursen, *The Verbal System*, 229, 290.

72. Di Lella, « Sirach 10:19–11:6 », 161.

29b[AB]   *Et qui honorera celui qui se méprise lui-même ?*

10,30

MS A	MS B
30a יש דל נכבד בגלל שכלו	30a דל נכבד בגלל שכלו
30b ויש נכבד בגלל עשרו	30b ויש איש עשיר נכבד [....]
B-Ḥ	
	30b ויש איש עשיר נכבד בגלל ...

Le MS A commence par יש au premier stique du v. 30. Minissale et Di Lella suggèrent de l'omettre, comme au MS B ; de même, Di Lella estime que le deuxième stique du MS B est trop chargé et supprime יש איש.[73] Mais la littérature sapientielle emploie fréquemment l'expression יש ou אין suivie d'une proposition nominale pour affirmer ou nier par exemple l'existence d'une caractéristique ou d'une qualité particulière (voir 10,23 ; voir aussi 11,11.12). En 30a[A], יש est suivi d'un nom caractérisé par un attribut (participe : « tel pauvre est honoré »), et en 30b[A] d'un attribut (participe : « tel est honoré »).[74]

Pour Lévi (1901), « G supprime ou n'avait pas יש. » La formulation avec יש étant plutôt hébraïsante, le traducteur grec a peut-être préféré une tournure plus appropriée en grec, en omettant ἔστιν ὅς (voir texte grec ci-dessous).

La formulation de 10,30a[B] est plus générale que celle du MS A. Le MS B présenterait la version la plus ancienne ; dans le MS A, le mot איש aurait été omis par *homoioteleuton*.[75] Lévi (1901) fait remarquer que G et Syr ont עשיר au deuxième stique. Pour lui, il faudrait rétablir H selon *La* (« et est homo qui »), ce que nous avons au MS B. Minissale a commencé le stique b par ועשיר, omettant יש איש, ce qui correspond à G (καὶ πλούσιος). Di Lella les a également omis, estimant que 30b[B] est trop chargé : *et un riche est honoré pour sa richesse*.[76] Pour איש עשיר, comparer à 31,8a. Pour la même raison évoquée ci-dessus (30a[A]), nous maintenons יש en 30b[B].

---

73. Di Lella, « Sirach 10:19–11:6 », 161.
74. Voir Van Peursen, *The Verbal System*, 233.
75. Voir Rüger, *Text und Textform*, 62.
76. Di Lella, « Sirach 10:19–11:6 », 161; voir aussi Skehan et Di Lella, *The Wisdom of Ben Sira*, 228.

30a^A *Tel pauvre est honoré pour son intelligence,*
30a^B Un pauvre est honoré pour son intelligence,
30b^A *et tel est honoré pour sa richesse.*
30b^B et tel homme riche est honoré pour sa richesse.[77]

10,31

MS A^1	MS B^1
31a נכבד בעשרו איככה	31a הנכבד בעיניו בעשרו איככה
31b ונקלה בעניו איככה	31b ונקלה בעשרו בעיניו איככה
MS A^2	MS B^2
31a המתכבד בדלותו	31a המתכבד בדלותו
בעשרו מתכבד יתר	בעשרו מתכבד יותר
31b והנקלה בעשרו בדלותו נקלה יותר	31b והנקלה בעשרו בדלותו נקלה יותר
B-Ḥ A^2	
31a [המ]תכבד בדלותו	

En comparant les deux stiques de H^{A1} et de H^{B1}, nous constatons que dans chaque stique de H^{A1}, un mot manque (בעיניו au premier stique et בעשרו au deuxième). Pour Smend, le texte hébreu est tronqué, contenant par ailleurs une explication ; l'usage du passif (מתכבד) indiquerait que ce stique est un ajout (car d'une époque tardive).[78] Rüger affirme également que H$^{A1.B1}$ donnent la version la plus ancienne.[79]

Pour Minissale, 31ab$^{A2.B2}$ sont des ajouts qui présentent un commentaire au texte de base. Ben-Ḥayyim, Segal, Lévi, Peters, Fulcran Vigouroux et Vattioni comblent la lacune de 31a H^{A2} d'après le texte de H^{B2} (המתכבד), ce qui est confirmé par les photographies récentes du fragment d'Adler (ENA 2536-2).[80] Minissale n'a plus gardé ce « commentaire » dans son texte.[81]

---

77. Voir Vattioni, *Ecclesiastico*, 55; Di Lella, « The Recently Identified Leaves of Sirach in Hebrew », MS B Folio 1a.
78. L'hébreu biblique emploie généralement le *hitpaʿel* dans un sens réfléchi.
79. Rüger, *Text und Textform*, 63.
80. Voir Rey, « Si 10,12–12,1 », 576 et 583. Nous remarquons encore la différence orthographique entre A et B : יתר et יותר. (Alexander A. Di Lella a gardé יתר pour le MS B ; Segal [MS A] a gardé dans les deux stiques יותר.)
81. Voir Minissale, *La versione greca del Siracide*, 57 et 61.

La plupart des chercheurs semblent d'accord pour affirmer que ce distique n'est pas original.[82] Mais Di Lella ne se contente pas des essais d'explication de cet ajout.[83] Sa thèse est que 10,31cd (ce qui correspond à 10,31ab[A2.B2]) serait une rétroversion médiévale à partir du texte syriaque ; celle-ci serait due à un scribe de la tradition représentée par le MS A, et le scribe du MS B (plus récent) l'aurait copié.

Di Lella soutient sa thèse en faisant d'abord référence à la diction et à la syntaxe mishnique/talmudique de ce distique : par l'emploi du mot דלות et du *hitpa'el* pour le passif au lieu du *niphal* (נכבד ; voir 31a). Ensuite, il fait remarquer que 10,31cd a un sens déclaratif, alors que l'hébreu original (contenu dans le MS B[1]) avait une formulation interrogative (voir aussi G). La version syriaque de ce distique peut être à la fois interrogative et déclarative. Di Lella en conclut que 31cd ne peut pas être la version originale. Mais il ne peut s'agir ni d'une explication ni d'une correction de 31ab : le scribe ne pouvait expliquer que ce qu'il avait compris – or 31ab[A1] est incompréhensible, alors que 31cd était clair –, ou bien il pouvait corriger directement le texte 31ab. Le texte de H[B1] serait donc à retenir.

Minissale estime également que la version de H[B1] est la meilleure, avec quelques corrections (voir ci-dessous), de façon à maintenir la structure logique du parallélisme confirmé par G et Syr. Celui-ci n'est plus reconnaissable dans le MS A qui est peut-être le manuscrit le plus ancien, et B serait une « amélioration ». Pour Minissale, il faudrait éliminer l'article devant נכבד (31a[B1], comme A). Par ailleurs, בעיניו (MS B) devrait être corrigé dans les stiques a et b, en suivant G ($\dot{\varepsilon}\nu$ $\pi\tau\omega\chi\varepsilon\dot{\iota}\alpha$), en בעניו (MS A ; ce que proposait déjà Lévi dans son commentaire,[84] en s'appuyant sur M. Adler. Di Lella propose de lire בעוני ou בעני au lieu de בעיניו ; un scribe pouvait confondre le ו et le י. Au temps de Ben Sira, le ו était souvent utilisé comme *mater lectionis*.[85] בעשרו et בעיניו (ou plutôt בעוניו)

---

82. E. a. Box et Oesterley, « The Book of Sirach », 352; Smend, *Die Weisheit des Jesus Sirach. Erklärt*, 101; Peters, *Das Buch Jesus Sirach oder Ecclesiasticus*, 94.

83. Di Lella, *The Hebrew Text*, 117-19.

84. Dans le texte de Lévi, c'est le v. 29II, absent selon lui en G et Syr (p. 70).

85. Di Lella, « The Recently Identified Leaves of Sirach in Hebrew », 157 : On trouve le ו comme mater lectionis dans la littérature de Qumrân et dans le Siracide de la guéniza du Caire : Si 3,22 (MSS A et C) ; 11,6 (MS B) ; 13,24 (MS A) ; Alexander A. Di Lella, *The Hebrew Text of Sirach. A Text-Critical and Historical Study*, Studies in Classical Literature 1 (The Hague : Mouton, 1966), 116-17 ; Di Lella, « Sirach 10:19-11:6 », 161-62 ; voir aussi Alexander A. Di Lella, « Qumrân and the Geniza Fragments of Sirach », *CBQ* 24 (1962) : 245ss. à propos de la confusion du ו et du י.

ayant probablement disparus au MS A suite à une erreur de scribe, nous retenons le texte de H^Bl :

נכבד בעוניו בעשרו איככה
ונקלה בעשרו בעוניו איככה

בעוניו et איככה sont des termes de l'hébreu biblique, tandis que דלות et י(ו)תר, des synonymes des deux termes remplacés, sont propres à l'hébreu mishnique.[86] איככה (« how much more ») se trouve trois fois dans l'hébreu biblique tardif (deux fois en Ct 5,3 ; et une fois en Est 8,6 : « comment »).[87]

31a^A1   Honoré dans sa richesse, combien plus...
31b^A1   et méprisé dans sa pauvreté, combien plus...
31a^B1   *Celui qui est honoré dans sa pauvreté, combien plus (le serait-il) dans sa richesse,*
31b^B1   *mais méprisé dans sa richesse, dans sa pauvreté (il le serait) bien davantage.*
31a^A2 B2 Celui qui est honoré dans sa pauvreté, dans sa richesse, il sera honoré d'autant plus,
31b^A2 B2 et celui qui est méprisé dans sa richesse, dans sa pauvreté, il sera méprisé d'autant plus.

11,1

MS A		MS B	
חכמת דל תשא ראשו	1a	חכמת דל תשא ראשו	1a
ובין נדיבים תשיבנו	1b	שיבנו[............]	1b
B-Ḥ			
		ובין נד[י]ב[י]ם תושיבנו	1b

La lacune du MS B est probablement à combler d'après le MS A. Lévi[88] fait référence à Si 38,3 : דעת רופא תרים ראשו ולפני נדיבים יתיצב (« Le savoir

---

86. Rüger, *Text und Textform*, 63 ; voir aussi Peters, *Das Buch Jesus Sirach oder Ecclesiasticus*, 94 ; Smend, *Die Weisheit des Jesus Sirach. Erklärt*, 101; Van Peursen, *The Verbal System*, 20–21 : Concernant les mots en –ut, Van Peursen met en garde contre des conjectures de rétroversion hâtives.
87. Voir Van Peursen, *The Verbal System*, 388.
88. Lévi et Vattioni ont noté הכמת (?) au lieu de חכמת.

du médecin lui élève la tête, et devant des princes, il se tient droit »).[89] En Pr 4,7-9, la sagesse est un bien à chercher par tous les moyens.[90] Elle élève tout homme, indépendamment de son rang social. Pr 22,29 met en exergue l'habileté dans les actes permettant de se présenter devant les rois (« As-tu un homme habile dans son travail ? Il pourra se présenter devant les rois au lieu de rester parmi les gens obscurs. »). Il s'agit de personnes qui d'habitude ne côtoient pas des gens de haut rang. Ben Sira s'est peut-être servi de cette maxime, en la modifiant légèrement : il évoque la sagesse (probablement la sagesse pratique, le savoir-faire) de celui qui est pauvre (terme récurrent dans cette section) ; elle l'élève au plus haut rang parmi les hommes (le même constat est fait quant à la crainte de Dieu). Dans le cantique d'Anne (1 S 2,1-10 ; voir aussi Lc 1,46-55), c'est le Seigneur qui relève le faible et le fait asseoir avec les princes (1 S 2,8).

11,1a^{AB} *La sagesse du pauvre (re)lève sa tête,*
11,1b^{AB} *et elle le fait/fera asseoir parmi les princes.*

11,2

MS A	MS B
2a אל תהלל אדם בתארו	2a אל תהלל אדם בתארו
2b ואל תתעב אדם מכוער במראהו	2b ואל תתעב אדם מעזב ב[.....]
B-Ḥ	
2b ואל תתעב אדם מכ[וע]ר במראהו	2b ואל תתעב אדם מעזב/שבר *Bm*
	מכוע[ר] במראהו

En 11,2b Peters comble la lacune du MS A par מכ[ו]ער (« laid »), comme Vigouroux, Vattioni et Di Lella ([מכ[וער]).[91] Ce mot se retrouve encore uniquement en 13,22 et dans l'hébreu tardif ; il ne ferait fonction ici que

---

89. Voir aussi le commentaire de Mopsik, *La Sagesse de ben Sira*, 218 n. 4.
90. Voir A. E. Cowley et Adolf Neubauer, *The Original Hebrew of a Portion of Ecclesiasticus (XXXIX,15 to XLIX,11) Together with the Early Versions and an English Translation, Followed by the Quotations of Ben Sira in Rabbinical Literature* (Oxford : Clarendon, 1897), xxi : « So in J. T. Berakhoth, vii. 2, and in Midrashim: the B. T. Berakhoth, fol. 48ª, quotes Proverbs 4, 8, entire, omitting the last three words of the saying. See Reifmann's essay on Ben Sira in האסיף iii. p. 248, 3. *In the book of Ben Sira it is written: Exalt her and she shall lift thee up (Prov. 4, 8),and set thee among princes.* »
91. Di Lella, « The Recently Identified Leaves of Sirach in Hebrew », 157.

de glose explicative (omise par G).⁹² Pour Lévi (1901), l'adjectif מכוער, mot non biblique, serait inutile ici, et il n'aurait pas de pendant au premier stique. Bien que מכוער soit absent en G, il répondrait à סנא dans la version syriaque. Au premier stique (Syr), אדם est suivi de l'adjectif « beau » (יפה). Ceci donne un parallélisme antithétique parfait. Minissale omet מכוער avec cette justification : « Le qualificatif (מכוער) ajouté en A (et dans une leçon marginale de B, suivi par Syr, דסנא), ou en B (מעזב, « abandonné » ; Vattioni et Di Lella⁹³ ont lu משבר « cassé, brisé ; divisé, coupé »), doit être omis avec G, car il semble être une explication superflue qui perturbe le parallélisme ».⁹⁴ Ceci semble être confirmé par Rüger, selon lequel une des leçons marginales du MS B donne la variante la plus ancienne : (ו)אל תתעב אדם : « et n'abomine pas un homme » ou « n'abomine personne ».⁹⁵ Le MS A et Bm (ואל תתעב אדם מכוער) représenteraient la forme la plus récente, et ואל תתעב אדם מעזב (MS B) serait une élaboration à partir de la forme récente.⁹⁶ Il note par ailleurs que le ש lu par Di Lella (משבר, voir ci-dessus) est en réalité ע, et le ר serait le ם transparaissant à travers le verso de 11,10a (לא) א(ם)בני.⁹⁷

Pour Smend, la signification de תאר dépend de la question à savoir si מכוער est la variante originale ou pas (voir aussi Is 52,13 ; 53,2 : Le Serviteur souffrant méprisé, rejeté, ayant l'apparence peu attrayante d'un homme humilié, abaissé, est pourtant élevé par Dieu. Celui-ci ne tient pas compte de l'aspect extérieur d'une personne pour la choisir : 1 S 16,7). Ziegler se réfère à Smend pour affirmer qu'il est persuadé de l'originalité du mot מכוער qui n'est pas un *hapaxlegomenon* dans le Siracide, mais se trouve encore en 13,22 (voir ci-dessus). אדם מכוער serait un homme travaillant paisiblement, restant caché, loin du public, peu considéré et physiquement peu attrayant, petit et même laid,⁹⁸ contrairement à l'homme gratifié d'une belle apparence (תאר, « apparence, allure »), agissant en public, bénéficiant d'une haute renommée, grand et beau. Pour Ziegler, במראהו

---

92. Voir Peters, *Das Buch Jesus Sirach oder Ecclesiasticus*, 95.
93. Di Lella, « The Recently Identified Leaves of Sirach in Hebrew »,156; Di Lella, « Sirach 10:19–11:6 », 162.
94. Voir aussi Skehan et Di Lella, *The Wisdom of Ben Sira*, 228.
95. Vattioni, *Ecclesiastico*, 55 : אדם תתע[ב] אל.
96. Rüger, *Text und Textform*, 64.
97. Rüger, *Text und Textform*, 94 n. 52.
98. Voir aussi בער dans Wilhelm Gesenius, *Hebräisches und Aramäisches Handwörterbuch über das Alte Testament*, 18e éd., 564.

serait secondaire, car probablement reconstitué à partir du texte grec (ἐν ὁράσει αὐτοῦ), ce que Rüger conteste.[99] L'absence de במראהו permettrait en effet une compréhension plus ouverte de מכוער qui ne se limiterait plus au seul sens esthétique.

Il est difficile de trancher si מכוער est la variante originale ou pas ; la réponse à la question influe sur la compréhension de tout le verset. Ziegler fait référence à l'importance de la grandeur et de la beauté d'un homme dans la société ; מכוער pourrait être un ajout ultérieur destiné à faire passer un message à un public hellénistique sensible au côté esthétique des belles apparences,[100] ou bien מכוער peut avoir été ajouté avec במראהו, car la variante d'une des leçons marginales du MS B (ואל תתעב אדם), variante la plus ancienne selon Rüger (voir ci-dessus), était assez courte et demandait des explications. Nous pourrions ajouter que le qualificatif מכוער complète le parallélisme antithétique « vanter un homme pour sa beauté » et « abominer un homme laid ». Cette variante semble être plus cohérente. L'article de Rey (2012) a d'ailleurs confirmé la variante מכוער. En effet, l'ajout de מכוער a pu appuyer l'antithèse laid-beau, et mettre l'accent sur l'importance de l'aspect extérieur (avec במראהו), alors que la variante la plus ancienne voulait éventuellement apprendre au jeune à se méfier en général de jugements hâtifs (voir aussi les versets suivants). Tandis que dans la pensée hellénistique, la belle apparence d'une personne est mise à l'honneur, le Siracide suggère en 11,2 qu'une personne peut porter en elle des valeurs cachées qui se traduisent en actes, qualifiables de « bons et beaux » (voir verset 3).

11,2a[AB]   *Ne vante pas un homme pour son apparence (sa beauté),*
11,2b[A]   *et n'abomine pas un homme laid à cause de son aspect.*
11,2b[B]   *et n'abomine pas un homme abandonné pour son aspect.*

11,3

MS B[1]

3a קטנה בעוף דבורה
3ba וראש תנובות פריה

---

99. Voir Smend, *Die Weisheit des Jesus Sirach. Erklärt*, 102 ; Josef Ziegler, « Zwei Beiträge zu Sirach », *BZ* NF 8 (1964) : 282-83; Rüger, *Text und Textform*, 1-4.

100. Voir aussi Georg Sauer, *Jesus Sirach/Ben Sira*, ATDA 1 (Göttingen : Vandenhoeck & Ruprecht, 2000), 109.

1. Si 10,19–11,6

MS A	MS B²
3a אליל בעוף דברה	3a אליל בעוף דבורה
3b וראש תנובות פריה	3b וראש תנובות פריה

Pour 11,3a, Minissale note que « la leçon B⁽¹⁾ (קטנה, selon Rüger un terme de l'hébreu biblique[101]) correspond à G (μικρά), tandis que le terme mishnico-biblique utilisé en A et B² (אליל, « vain, futile » ; « méprisable ») représente une leçon plus récente.[102]

Peters fait remarquer que l'abeille était considérée comme laide.[103] Ceci pourrait expliquer l'enchaînement logique des vv. 2 (מבוער) et 3 (אליל בעוף דברה). Minissale et Di Lella[104] ont retenu la version de 11,3a^B1. אליל au singulier est en effet rare en hébreu biblique (voir Jb 13,4 ; Is 10,10 ; Jr 14,14 ; Za 11,17) où ce terme signifie « néant ; inepties ».

Le mot ראש est traduit en grec par ἀρχή et en latin par *initium*. Il semble que G et *La* ont fait une traduction littérale de leur *Vorlage* en hébreu, et qu'ils ont mal compris ראש que nous traduisons ici par « le meilleur » ; le miel est donc à la tête de tous les produits, il les dépasse.

De même que l'abeille a de l'importance par le fruit qu'elle produit (Si 11,3 ; comparer à Pr 30,24–31), ainsi un pauvre peut lever sa tête grâce à la sagesse qui l'habite (11,1). L'apparence extérieure ne compte pas (11,2), mais plutôt le fruit que produit le sage. Georg Sauer parle de l'importance de la pureté des actes (« Reinheit des Tuns ») ; nous pourrions l'appeler « les belles œuvres ».[105] Dans le fruit produit se trouve la véritable beauté.

Lévi (1901) fait remarquer que γλυκασμάτων dans le texte grec (pour תנובות) correspond plutôt à מתק (« douceur » ; voir Jg 9,11 où תנובה et מתק sont juxtaposés). G aurait une version libre. Syr utilise une paraphrase : « La plus haute qualité de tous les produits est son fruit ».

---

101. Voir Rüger, *Text und Textform*, 65.
102. Alexander A. Di Lella a lu אלול (nous pouvons aussi remarquer une différence orthographique entre les MSS A et B : דבורה et דברה). Il s'agirait d'une autre confusion entre ו et י (voir ci-dessus) ; voir aussi Friedrich Delitzsch, *Die Lese- und Schreibfehler im Alten Testament nebst den dem Schreibtexte einverleibten Randnoten klassifiziert* (Berlin : de Gruyter, 1920), 103, § 103a. Voir aussi Rüger, *Text und Textform*, 65, contre Skehan et Di Lella, *The Wisdom of Ben Sira*, 229.
103. Peters, *Das Buch Jesus Sirach oder Ecclesiasticus*, 95.
104. Di Lella, « Sirach 10:19–11:6 », 162.
105. Sauer, *Jesus Sirach/Ben Sira*, 109.

11,3a[A B2]   Sans importance parmi les volatiles est l'abeille,
11,3a[B1]   *Petite parmi les volatiles est l'abeille,*
11,3b[A B1 B2] *mais son fruit est le meilleur des produits.*

11,4

MS A	MS B¹
	במעוטף בגדים אל תתפאר 4a
	ואל תקלס במרירי יום 4b
	MS B²
בעטה א[.]ור אל תהתל 4a	בעוטה אזור אל תהתל 4b
ואל תקלס במרירי יום 4b	ואל תקלס במרירי יום 4b
כי פלאות מעשי י , , 4c	[............]י 4c
ונעלם מֵ[.]דָם פעלו 4d	ונעלם מאנוש פעלו 4d
B-Ḥ	
בעטה א[פ]ר אל תהתל 4a	
ונעלם מֵ[אָדָם] פעלו 4d	

עטף (11,4a[B1]) signifie « s'envelopper, se couvrir de quelque chose », et est un synonyme de עטה (11,4a[B2]). Pour Rüger, 11,4ab[B1] représenterait la forme la plus ancienne (au lieu de במרירי, Rüger a lu כמרירי, variante que Vattioni présente pour B, contre Minissale – pour lui, כמרירי pourrait être une erreur de scribe – et Skehan qui lisent avec Smend במרירי יום), et 11,4ab[A B2] la plus récente. Skehan estime par contre que les stiques communs à A et B sont à retenir, alors que l'alternative présente en B¹ serait une variante corrompue.[106] Il nous semble également que 11,4a[A B2] est plus cohérent que 11,4a[B1]. La version de G correspond au premier hémistique du verset 4 (a[B1]).

Pour combler la lacune en 11,4a du MS A (א[.]ור), il faudrait suivre B² (אזור, « pagne » ;[107] Rüger, voir aussi Di Lella, Skehan), ce qui correspond à Syr, contre la conjecture de Smend (בעטה אפר signifierait « de quelqu'un qui se couvre de cendre » : il s'agirait ici d'un rite de deuil).

---

106. Skehan et Di Lella, *The Wisdom of Ben Sira*, 229 ; voir aussi Di Lella, « Sirach 10:19–11:6 », 162.

107. En Is 11,5 אזור (deux fois) est une métaphore pour la justice et ensuite pour la fidélité.

Peters se demande si אדר («splendeur»[108]) n'était pas le mot traduisant le grec ἱμάτιον. Pour le MS A, Strack, Lévi, Touzard, Peters, Box et Oesterley, Vattioni ont lu אבד מעטה. אבד peut signifier «misérable, malheureux ; découragé» ou «misère». מעטה est une sorte de vêtement ample, un manteau; voir Is 61,3†[109]). Avec ces variantes, il faudrait traduire ainsi : «du manteau du misérable ne te moque pas» (voir aussi Si 11,12 : Il ne faut pas se moquer du misérable qui n'a pas les moyens de se vêtir correctement, car le Seigneur porte sur lui un regard différent : celui de la bienveillance). Beentjes et Segal ont lu בעטה: «en portant, en te couvrant de…».

Pour Lévi (1901), אבד serait confirmé par Syr, mais absent en G. Il estime que G s'est trompé en considérant מעטה comme un «nom d'action» (ἐν περιβολῇ). Par ailleurs, G se serait trompé deux fois : en confondant אבד avec בגד et תהתל avec תתהלל, «se louer». Ainsi, le deuxième stique serait une conséquence de l'erreur au premier hémistique : «et au jour de gloire ne te vante pas». Une autre erreur de G résulterait de la mauvaise compréhension de קלס : «glorifier», sens donné dans l'hébreu post-biblique.[110]

Selon Minissale, תהתל (11,4a^{A B2}) devrait être lu תהלל sous l'influence de 11,2. Contrairement à Rüger (voir ci-dessus), Minissale estime que בעוטה אזור אל תהתל était la version originale, traduite par ἐν περιβολῇ ἱματίων μὴ καυχήσῃ; pour suivre une logique interne au texte, אזור aurait été traduit par בגדים.[111] Il nous semble cependant que le texte de 11,4a du MS B² est le plus cohérent, car il vient étayer le conseil sous-jacent en 11,2 : ne pas se laisser influencer dans ses jugements par la face apparente des personnes ou des choses. Car il y a une face non apparente, invisible à l'homme, mais connue du Seigneur (11,4cd).

11,4c^{B2} n'a qu'une lacune avec un י à la fin. Di Lella, comme Vattioni et Rüger l'ont reconstruit selon le MS A.[112]

Le MS B² a lu אנוש, tandis que Lévi, Segal, Peters et Minissale ont comblé la lacune du MS A par son synonyme אדם.

---

108. אֲדֶרֶת est traduit plutôt par «splendeur» et «manteau», et אֶדֶר uniquement par «splendeur». Voir Gesenius, *Hebräisches und Aramäisches Handwörterbuch über das Alte Testament*, 18e éd., 18.
109. Voir *HAL* 1.578.
110. Ou bien, G avait comme *Vorlage* le texte de 11,4a du MS B¹.
111. Voir Minissale, *La versione greca del Siracide*, «Lettura diversa», 62.
112. Di Lella, «The Recently Identified Leaves of Sirach in Hebrew», 158.

Les stiques 11,4cd[A B2] donnent la raison de l'injonction négative des stiques précédents : il ne faut juger personne car l'homme n'est pas en mesure de bien juger (4d). Seul Dieu peut le faire car il est le maître de toutes ses œuvres, et toutes ses œuvres sont merveilleuses ou étonnantes, même celles que l'homme pourrait déprécier (11,2.3.4[A B1]).

11,4a[B1]   Lorsque tu portes des vêtements (litt. : lorsque tu es enveloppé de vêtements), ne te vante pas,
11,4b[A B1 B2]   et ne dédaigne pas celui qui a une vie difficile.[113]
11,4a[A B2]   Ne te moque pas de celui qui porte un pagne.[114]
11,4b[B2]   voir ci-dessus.
11,4c[AB]   Car les œuvres du Seigneur sont des merveilles.
11,4d[AB]   Et son œuvre est cachée à l'homme.[115]

11,5

MS A		MS B¹	
רבים נדכאים ישבו על כסא	5a	[.............] על כסא	5a
ובל על לב עטו צניף	5b	ובל על לב עטו צניף	5b
		MS B²	
		[.............] כסא	5a
		ושפלי לב יעטו צניף	5b

Le stique a[B1] est reconstruit d'après le premier stique du MS A dans le texte de Di Lella.[116] D'après Rüger, 11,5ab[A B1] représentent la version la plus ancienne (comme Skehan ; B² serait une variante secondaire).[117]

Selon Minissale, la leçon du MS A (נדכאים) est cohérente dans son contexte ; elle est suivie par Syr (voir aussi Smend, Box et Oesterley).

---

113. Voir *HAL*, מרירי, 1.601.

114. Nous pouvons remarquer de nouveau la différence orthographique entre A (בעטה) et B (בעוטה).

115. Voir Gesenius, *Hebräisches und Aramäisches Handwörterbuch über das Alte Testament*, 18e éd. : פעל פועל : « *figura etymologica* » avec פעל; voir aussi GK §117p-r (autre nom: „schema etymologicum").

116. Di Lella, « The Recently Identified Leaves of Sirach in Hebrew », 158 ; Skehan et Di Lella, *The Wisdom of Ben Sira*, 229.

117. Rüger, *Text und Textform*, 67.

Strack, Segal et Touzard ont lu תבל au lieu de ובל.[118] Touzard a traduit כסא תבל par « le trône du monde ».[119] Serait-ce תֵבֵל (« la terre » ; voir aussi la version grecque)? Touzard note à propos de ce verset : « C'est l'histoire de David remplaçant Saül sur le trône » (voir 47,6 ; 2 S 5,1-3).[120]

Pour Minissale, 11,5a^A serait devenu πολλοὶ τύραννοι ἐκάθισαν ἐπὶ ἐδάφους. Contrairement au texte hébreu qui parle de l'élévation des humiliés, G parle de l'humiliation des puissants, lisant נדבאים au lieu de נדכאים[121] et de « terre, sol », là où l'hébreu emploie le mot « trône » (כסא ; La suit H : in throno). Lévi préfère la leçon de 11,5a du texte hébreu (MS A) qui est corroborée par le verset suivant, formant ainsi un parallélisme antithétique. נדכאים nous semble en effet préférable : les deux stiques soulignent l'idée qu'il ne faut pas se tromper dans ses jugements, et que le sort habituellement attribué à une personne de rang inférieur peut tourner. Ben Sira renverse ici l'ordre habituel des rétributions (comme le livre de Job).

Pour Lévi (1901), il faudrait rétablir le texte corrompu en ובל עלו על לב (à traduire par « et ceux auxquels on ne pensait pas » ; ceci correspond à G et Syr). Peters note que עלו se trouve en G et Syr, tandis que pour Smend, על עלים (« hauteur ») est plus probable que עלו.

B² présenterait une variante plus édifiante (ושפלי לב), influencée par Is 57,15 (voir Si 11,6b) כי כה אמר רם ונשא שכן עד וקדוש שמו מרום וקדוש אשכון ואת־דכא ושפל־רוח להחיות שפלים ולהחיות לב נדכאים (« Car ainsi parle celui qui est haut et élevé, demeurant éternellement et dont le nom est saint : Élevé et saint je demeure, tout en étant avec celui qui est broyé et qui en son esprit se sent rabaissé, pour rendre vie à l'esprit des gens rabaissés, pour rendre vie au cœur des opprimés »).[122] Pour כסא et שפלים, voir aussi Si 10,14^A : כסא גאים הפך אלהים וישב עניים תחתם (« Dieu renverse le trône des orgueilleux, et y fait asseoir les humbles ». Pour le renversement des valeurs, voir aussi Qo 4,13-15.). 10,14^A a employé le

---

118. Selon Peters (*Liber Iesu Filii Sirach sive Ecclesiasticus Hebraice*, 31) et Box et Oesterley, « The Book of Sirach », 353, תבל est une erreur de lecture.

119. Touzard dans Vigouroux, *La Sainte Bible Polyglotte 5*, 904. Voir aussi sa traduction peu convaincante de tout le verset 5.

120. Touzard dans Vigouroux, *La Sainte Bible Polyglotte 5*, 55.

121. Voir Minissale, *La versione greca del Siracide*, 63 (« Lettura diversa ») ; voir aussi Lévi, *Ecclésiastique*, 72 (« G s'est complètement fourvoyé pour avoir avoir lu נדבאים ou נכבדים au lieu de נדכאים ») ; Box et Oesterley, « The Book of Sirach », 353 ; et Smend, *Die Weisheit des Jesus Sirach. Erklärt*, 103.

122. Voir Minissale, *La versione greca del Siracide*, 61.

mot עניים à la place de שפלים (voir aussi Qo 10,6-7 ; 1 S 2,4-8 ; Lc 1,51-52 ; pour le texte grec, comparer à Ps 113,7.8.). Si 11,5ab^{B2} est un doublet qui voulait peut-être reprendre l'idée exprimée en 10,14^A. Le verbe au *yiqtol* du deuxième stique de ce doublet constitue une incohérence de temps dans le verset.

11,5a^A	*Beaucoup d'opprimés ont siégé sur un trône,*
11,5b$^{A\ B1}$	*et ceux auxquels on ne pense pas ont porté un turban (royal).*
11,5a$^{B1\ B2}$	[................] *sur*[123] *un trône,*
11,5b^{B2}	*et les humbles de cœur porteront un turban (royal).*

11,6

MS A	MS B^1
	[................] 6a
	ונכבדים נתנו ביד זעירים 6b
	MS B^2
רבים נשאים נקלו מאד 6a	[.......]לו מאד והושפלו יחד 6a
והשפלו יחד וגם נכבדים נתנו ביד 6b	ונכבדים נתנו ביד 6b
	[..........]אול[124] 6a
	ובקהל טעם שפוט 6b
	[..............] אל תשיב 6a
	ובתוך שיחה אל תדבר 6b
B-Ḥ	**MS B^2**
	נק]לו מאד והושפלו יחד 6a

Selon Rüger, 11,6a^{B1} livrerait la version la plus ancienne, et 11,6a^{AB2} présenteraient une addition de la forme textuelle la plus ancienne et de celle qui est plus récente. Pour 11,6b, H^{B1} donnerait la forme textuelle la plus ancienne et H^A (et Bm, identique à H^A) la plus récente. H^{B2} représenterait

---

123. MS B^1.

124. Vattioni ne mentionne pas ces deux stiques ; Hans Peter Rüger note que ces deux stiques viennent après 11,6a^{B2} (voir aussi l'édition de Ben-Ḥayyim, où ce distique figure encore en-dessous de 11,6) ; dans son texte, ils correspondent à 11,7ab^{B1} : voir p. 68 et 95 ; les deux derniers stiques de 11,6^B (dans l'édition de Beentjes) correspondent à 11,8^B dans l'édition de Ben-Ḥayyim ainsi que dans la version de Rüger (B^1) ; voir aussi la reconstitution de ce verset par Di Lella (différente de celle de Rüger), « The Recently Identified Leaves of Sirach in Hebrew », 158.

un stade intermédiaire entre les deux. יחד והושפלו semble être une glose.[125] Lévi (1901 et 1904) avait déjà signalé que les deux mots (glose) se trouvent uniquement en H, et qu'ils ne font pas partie de la version originale. Pour Smend נקלו מאד והשפלו יחד forme un doublet. Minissale signale qu'en 11,6a, G (δυνάσται) et Syr ont lu נְשִׂיאִים (נָשִׂיא signifie « chef ») au lieu de נְשָׂאִים (MS A).[126] נקלו et מאד sont des termes de l'hébreu biblique, tandis que וה(ו)שפלו et יחד viennent de l'hébreu mishnique. זערים (B1) aurait été mal lu, au lieu de זרים (ἑτέρων; G [La]), signifiant « étrangers » ou « autres » ou « ennemis » ou « inattendus ».[127] Minissale garde זערים de B[1]. Pour lui, A et B[2] l'auraient omis, comprenant implicitement ביד comme « au pouvoir ([des ennemis] ».[128] Skehan estime que ἑτέρων ou « des ennemis » sont déjà des interprétations ; il a gardé cette dernière.[129] Peters (1904) a ajouté [אֲחֵרִים] ;[130] il note que cet ajout s'oriente sur les textes grec (ἑτέρων) et syriaque. Touzard ajoute également dans sa traduction « d'autrui » en italique (p. 904).

זעיר (« petit » ; voir aussi Is 28,10) au pluriel en 11,6b[B1] pourrait être compris dans le sens de « ceux qui sont de peu d'importance » ou « ceux qui sont peu considérés ». Ainsi, 11,6a[A] et b[B1] constituent un parallélisme antithétique parfait, insistant sur le fait que la situation des « grands » peut tourner. Cette idée est déjà exprimée en 11,5. Ce parallélisme a-t-il été construit ultérieurement étant donné la situation inconfortable d'un arrêt abrupt sur ביד dans les autres manuscrits – ce qui semble être la *lectio difficilior* ?

Di Lella conjecture que le v. 6 original a dû être lu de cette façon : רבים נשאים נקלו מאד ונכבדים נתנו ביד, donc 11,6a[A] et b[B2] (sans la glose והושפלו יחד).[131] Nous suivons cette option.

---

125. Voir entre autres Skehan et Di Lella, *The Wisdom of Ben Sira*, 229.
126. Voir Minissale, *La versione greca del Siracide*, 61 et 63 (*Lettura diversa*) ; Smend, *Die Weisheit des Jesus Sirach. Erklärt*, 103
127. Voir Rüger, *Text und Textform*, 67–68 ; Minissale, *La versione greca del Siracide*, 61 et 63 ; Di Lella, « The Recently Identified Leaves of Sirach in Hebrew », 158 ; Skehan et Di Lella, *The Wisdom of Ben Sira*, 234.
128. Voir Minissale, *La versione greca del Siracide*, 61.
129. Skehan et Di Lella, *The Wisdom of Ben Sira*, 229. Sa traduction (228) : « the honored are given into enemy hands ».
130. Peters, *Liber Iesu Filii Sirach sive Ecclesiasticus Hebraice*, 30 et 31.
131. Di Lella, « The Recently Identified Leaves of Sirach in Hebrew », 159; Di Lella, « Sirach 10:19–11:6 » ; voir aussi Skehan et Di Lella, *The Wisdom of Ben Sira*, 229 notes.

11,6a^(A B2)	*Beaucoup d'éminents sont grandement méprisés*, B² : *et ils ont été abaissés ensemble,*
11,6b^A	*et ils ont été abaissés ensemble,* *et aussi ceux qui sont honorés ont été livrés au pouvoir* [...].
11,6b^(B2)	*et ceux qui sont honorés ont été livrés au pouvoir* [...].
11,6a^(B1)	est illisible. Voir 6a^A (aussi Di Lella).
11,6b^(B1)	et ceux qui sont honorés ont été livrés au pouvoir de ceux qui sont peu considérés.

Puisque les quatre derniers stiques de 11,6^B dans l'édition de Beentjes ne sont pas repris au même endroit (voir note 124 ci-dessus), nous ne les développons pas ici. Par ailleurs, nous considérons qu'ils font partie d'une autre unité thématique que celle de Si 10,19–11,6ab^(B2) qui développe en quoi consiste la vraie gloire ou l'honneur véritable de l'homme. En plus, 11,6ab (MSS A et B1, B2) reprend l'antithèse de l'honneur et du mépris rencontrée déjà en 10,19 ; il s'agirait ici d'une inclusion qui justifie la coupure.

Si 10,19–11,6 MS A		Si 10,19–11,6 MS B	
זרע נכבד מה זרע לאנוש	19a	זרע נקלה מה זרע לאנוש	19c
זרע נקלה / עובר מצוה:	19d	זרע נקלה עובר מצוה:	19d
בין אחים ראשם נכבד	20a	בין אחים ראשם נכבד	20a
וירא אלהים בע[מו]	20b	וירא אלהים נכבד ממנו	20b
גר וזר נכרי ורש	22a	גר זר נכרי ורש	22a
תפארתם י[ר]את אלהים	22b	תפארתם יראת ייי	22b
אין לבזות דל מ[שכי]ל	23a	אין לבזות דל משכיל	23a
ואין לכבד [כ]ל איש [ ]כם	23b	ואין לכבד כל איש חמס	23b
ש[...] מושל ושופט נכבדו	24a	שר שופט ומושל נכבדו	24a
וא[.]ן גדול מ[י]רא אלהים	24b	[ואין גדול מירא אלהים]	24b
עבד משכיל הורם ועבד	25a	עבד משכיל הורים יעבדוהו B3	25a
ש[..] [...] לא יתאונן	25b	וג[ב]ר משכיל לא יתאונן B3	25b
אל תתחכם לעבד חפצך	26a	אל תתחכם לעשות חפצך	26a
ואל תתכב[ד במועד] / צרכך	26b	ואל תתכ[בד במועד צרכך]	26b
טוב עובד ויותר הון	27a	טוב עובד ויותר הון	27a
ממתכבד [.]חס[.] מתן	27b	ממתכב[ד וחסר מזון]	27b

בני בענוה כבד נפשך	28a	בני בענוה כבד נפשך	28a
ויתן לך ט[.]ם כיוצא בה	28b	ותן לה טעם כ[יוצא בה]	28b
מרשיע נפשו מי יצדיקנו	29a	בני מרשיע נפשו מי יצדיקנו	29a
ומי יכבד מקלה נפשו	29b	ומי יכבד [מקלה נפשו]	29b
יש דל נכבד בגלל שכלו	30a	דל נכבד בגלל שכלו	30a
ויש נכבד בגלל עשרו	30b	ויש איש עשיר נכבד [בגלל עשרו]	30b
נכבד בעשרו איככה	31a	הנכבד בעיניו בעשרו איככה	31a
ונקלה בעניו איככה	31b	ונקלה בעשרו בעיניו איככה	31b
חכמת דל תשא ראשו	1a	חכמת דל תשא ראשו	1a
ובין נדיבים תשיבנו	1b	[ובין נדיבים ת]שיבנו	1b
אל תהלל אדם בתארו	2a	אל תהלל אדם בתארו	2a
ואל תתעב אדם מכוער במראהו	2b	ואל תתעב אדם מעזב ב[מראהו]	2b
אליל בעוף דברה	3a	קטנה בעוף דבורה	3a
וראש תנובות פריה	3b	וראש תנובות פריה	3b
בעטה א[.]ור אל תהתל	4a	בעוטה אזור אל תהתל	4a
ואל תקלס במרירי יום	4b	ואל תקלס במרירי יום	4b
כי פלאות מעשי י ,,	4c	[כי פלאות מעשי יי]י	4c
ונעלם מֵ[.]דָם פעלו	4d	ונעלם מאנוש פעלו	4d
רבים נדכאים ישבו על כסא	5a	[רבים נדכאים ישבו] על כסא	5a
ובל על לב עטו צניף	5b	ובל על לב עטו צניף	5b
רַבִים נְשָׂאִים נְקַלוּ מְאֹד	6a	[רבים נשאים נקלו מאד] B¹	6a
וְהָשְׁפָּלוּ יַחַד וְגַם נִכְבָּדִים נִתְּנוּ בְיָד	6b	ונכבדים נתנו ביד זעירים	6b
		[רבים נשאים נק]לו מאד B²	6a
		והושפלו יחד	
		ונכבדים נתנו ביד	6b

MS A

19a[A]	*Quelle race est honorée ? La race des humains.*
[19b	*Une race honorée est celle qui craint le Seigneur.]*
19d[AB]	*Une race méprisée [est] celle qui transgresse le commandement.*
20a[AB]	*Entre frères, leur chef est honoré,*
20b[A]	*et celui qui craint Dieu (l'est) parmi son peuple.*
22a[A]	*Immigré et inconnu, étranger et pauvre,*

22b[A]	leur fierté (c')est la crainte de Dieu.
23a[AB]	*Il ne faut pas mépriser le pauvre qui est intelligent,*
23b[A]	ni honorer tout homme sage.
24a[A]	Un chef, un juge et un gouverneur sont honorés,
24b[AB]	*mais il n'y a personne qui soit plus grand que celui qui craint Dieu.*
25a[A]	Un esclave intelligent est élevé,
25b[A]	et l'esclave intelligent ne se plaint pas.
26a[AB]	*Ne fais pas le sage en accomplissant ton affaire,*
26b[AB]	*et ne te glorifie pas au temps de ta dèche (lorsque tu es dans le besoin).*
27a[AB]	*Mieux vaut celui qui travaille et a des biens en abondance*
27b[AB]	*que celui qui fait l'important mais manque de nourriture* (MS A : « don »).
28a[AB]	*Mon fils, honore-toi avec humilité,*
28b[AB]	*et accorde-toi la considération qui te revient.*
29a[A]	Celui qui s'accuse lui-même, qui le justifiera ?
29b[AB]	*Et qui honorera celui qui se méprise lui-même ?*
30a[A]	Tel pauvre est honoré pour son intelligence,
30b[A]	et tel est honoré pour sa richesse.
31a[A]	Honoré est-il d'autant plus dans sa richesse,
31b[A]	et méprisé combien plus dans sa pauvreté.
31a[A2 B2]	Celui qui est honoré dans sa pauvreté, combien plus l'est-il (litt. : est-il honoré) dans la richesse,
31b[A2 B2]	et celui qui est méprisé dans sa richesse, combien plus l'est-il (litt. : est-il méprisé) dans sa pauvreté.
11,1a[AB]	*La sagesse du pauvre re/lève sa tête,*
11,1b[AB]	*et elle le fait/fera asseoir parmi les princes.*
11,2a[AB]	*Ne vante pas un homme pour sa beauté,*
11,2b[A]	et n'abomine pas un homme laid à cause de son aspect.
11,3a[A B2]	Sans importance parmi les volatiles est l'abeille,
11,3b[A B1 B2]	mais *son fruit est le meilleur des produits.*
11,4a[A B2]	Ne te moque pas de celui qui porte un pagne.
11,4a[B1]	Lorsque tu portes des vêtements (litt. : lorsque tu es enveloppé de vêtements), ne te vante pas,
11,4b[A B1 B2]	et ne dédaigne pas celui qui a une vie difficile.
11,4c[AB]	*Car les œuvres du Seigneur sont des merveilles.*
11,4d[AB]	*Et son œuvre est cachée à l'homme.*
11,5a[A]	Beaucoup d'opprimés ont siégé sur un trône,

11,5b[A B1]	et ceux auxquels on ne pense pas ont porté un turban (royal).
11,6a[A B1 B2]	Beaucoup d'éminents sont grandement méprisés, B² : et ils ont été abaissés ensemble,
11,6b[A]	et ils ont été abaissés ensemble, et aussi ceux qui sont honorés ont été livrés au pouvoir [...].

MS B

[19b	Une race honorée est celle qui craint le Seigneur.]
19c[B]	Quelle race est méprisée ? La race des humains.
19d[AB]	Une race méprisée [est] celle qui transgresse le commandement.
20a[AB]	Entre frères, leur chef est honoré,
20b[B]	et celui qui craint Dieu (est honoré) plus que lui.
22a[B]	Immigré, inconnu, étranger et pauvre,
22b[B]	leur fierté (c')est la crainte du Seigneur.
23a[AB]	Il ne faut pas mépriser le pauvre qui est intelligent,
23b[B]	ni honorer tout homme impie.
24a[B]	Un chef, un gouverneur et un juge sont honorés,
24b[AB]	mais il n'y a personne qui soit plus important/grand que celui qui craint Dieu.
25a[B1.2.4]	Un esclave intelligent, aime-le comme toi-même.
25a[B3]	Un esclave intelligent, des hommes libres (ou : des nobles) le serviront ;
25b[B3.4]	et celui qui est intelligent ne s'en plaint pas.
26a[AB]	Ne fais pas le sage en accomplissant ton affaire,
26b[AB]	et ne te glorifie pas au temps de ta dèche (lorsque tu es dans le besoin).
27a[AB]	Mieux vaut celui qui travaille et a des biens en abondance
27b[AB]	que celui qui fait l'important mais manque de nourriture.
28a[AB]	Mon fils, honore-toi avec humilité,
28b[AB]	et accorde-toi la considération qui te revient.
29a[B]	Mon fils, celui qui s'accuse lui-même, qui le justifiera ?
29b[AB]	Et qui honorera celui qui se méprise lui-même ?
30a[B]	Un pauvre est honoré pour son intelligence,
30b[B]	et tel homme riche est honoré pour sa richesse.
31a[B1]	Celui qui est honoré dans sa pauvreté, combien plus (le serait-il) dans sa richesse,

31b^{B1}	*mais méprisé dans sa richesse, dans sa pauvreté (il le serait) bien davantage.*
31a^{A2B2}	Celui qui est honoré dans sa pauvreté, dans sa richesse, il sera honoré d'autant plus.
31b$^{A2\ B2}$	et celui qui est méprisé dans sa richesse, dans sa pauvreté, il sera méprisé d'autant plus.
11,1a^{AB}	*La sagesse du pauvre re/lève sa tête,*
11,1b^{AB}	*et elle le fait/fera asseoir parmi les princes.*
11,2a^{AB}	*Ne vante pas un homme pour sa beauté,*
11,2b^{B}	*et n'abomine pas un homme abandonné pour son aspect.*
11,3a$^{A\ B2}$	Sans importance parmi les volatiles est l'abeille,
11,3a^{B1}	*Petite parmi les volatiles est l'abeille,*
11,3b$^{A\ B1\ B2}$	*mais son fruit est le meilleur des produits.*
11,4a^{B1}	*Lorsque tu portes des vêtements (litt. : lorsque tu es enveloppé de vêtements), ne te vante pas,*
11,4b$^{A\ B1\ B2}$	*et ne dédaigne pas celui qui a une vie difficile.*
11,4a^{B2}	Ne te moque pas de celui qui porte un pagne.
11,4b^{B2}	voir ci-dessus.
11,4c^{AB}	*Car les œuvres du Seigneur sont des merveilles.*
11,4d^{AB}	*Et son œuvre est cachée à l'homme.*
11,5a$^{A\ B1\ B2}$	*Beaucoup d'opprimés ont siégé sur un trône,*
11,5b$^{A\ B1}$	*et ceux auxquels on ne pense pas ont porté un turban (royal).*
11,5b^{B2}	et les humbles de cœur porteront un turban (royal).
11,6a^{AB2}	Beaucoup d'éminents sont grandement méprisés, B^2 : et ils ont été abaissés ensemble,
11,6b^{A}	*et aussi ceux qui sont honorés ont été livrés au pouvoir [...].*
11,6b^{B1}	et ceux qui sont honorés ont été livrés au pouvoir de ceux qui sont peu considérés(ou : d'un petit nombre).
11,6b^{B2}	*et ceux qui sont honorés ont été livrés au pouvoir [...].*

Si 10,19-11,6 (H^A et H^B)

À partir de la comparaison des textes H des manuscrits A et B, nous relevons quelques observations et considérations. La section 10,19-11,6 commence positivement au MS A (10,19a : « race honorée ») et négativement au MS B (10,19d : « race méprisée » ou « race déshonorée »). Dans les deux cas, l'attention est tournée vers la cause de l'honneur ou du mépris de la race humaine : elle mérite l'honneur par la crainte du Seigneur, tandis que le non-respect du commandement, de la Loi lui vaut le mépris. Tout homme se trouve donc devant un choix qu'il peut faire librement : craindre le Seigneur et vivre selon la Loi – ou son contraire (voir aussi Si 15,14-17 ; Dt 11,26-28 ; 30, 15-20). Concernant l'honneur et le déshonneur, Collins constate que ces deux valeurs fondamentales de la culture grecque sont intégrées plus fréquemment dans l'œuvre de Ben Sira que dans les écrits bibliques antérieurs (Si 3,1-16 [3,1-6a manquent en H] ; voir surtout 3,7aGII ; 4,20-28 ; 10,19-11,6 ; 20,21-23 ; 41,14-42,8).[132]

Les deux manuscrits donnent ensuite (à partir de 10,20) des exemples de personnes honorées ou honorables. Au MS A, celui qui craint Dieu est honoré au sein de son peuple au même titre que celui qui occupe le premier rang parmi les frères (c'est-à-dire ceux qui appartiennent au même clan). Le MS B par contre le place encore au-dessus du chef d'un clan, et lui confère le rang le plus haut sur l'échelle humaine. Mais cet honneur est d'un autre ordre que le respect dû à un chef en raison de sa position sociale. L'honneur dont il est question en 10,20[B] peut être conféré à tout être humain, indépendamment de son rang social ou de son appartenance au même peuple (voir 10,22). Le MS B présente déjà cette possibilité d'une ouverture universelle au v. 20 : celui qui craint le Seigneur est honoré plus que celui qui a droit à tous les honneurs au milieu de son peuple.

Ainsi, le cercle des frères est élargi aux immigrés, aux inconnus et aux étrangers (22a[AB]). Le MS B regroupe les trois catégories d'étrangers et y ajoute le pauvre. Le MS B poursuit ainsi plus clairement son idée d'ouverture (voir v. 20 ; voir ci-dessus) à ceux qui sont déshérités socialement : d'un côté ceux qui ne font pas partie du peuple d'Israël, et de l'autre côté les pauvres. Ils sont tous élevés par leur crainte du Seigneur. Donc, ceux qui généralement sont exclus des honneurs en raison de leur appartenance ethnique, religieuse ou sociale, font partie de la « race honorable ».

Le MS A revient ensuite à l'honneur ou au mépris d'un homme selon son rang social (v. 23), tandis qu'au MS B, ce verset peut être compris davantage en fonction de la piété d'un pauvre et d'un riche (surtout si on comprend משכיל dans le sens de συνετός [voir Fritzsche, sous « le texte grec »], et si l'on traduit איש חמס par « un homme impie »). Le MS B est à nouveau plus cohérent ici : la grandeur d'une personne dépend de son attachement au Seigneur, plus que de son importance dans la société. Le verset suivant (v. 24) le confirme dans l'un et l'autre manuscrit.

---

132. Collins, *Jewish Wisdom in the Hellenistic Age*, 34.

10,25a reprend l'idée de l'honorabilité de toute personne intelligente ou instruite, fût-elle de condition sociale inférieure (v. 23). Le MS B^3 va encore plus loin que le MS A pour faire ressortir davantage l'importance d'un esclave intelligent : il y aura une inversion des statuts et des rôles en ce sens que cet esclave est ennobli par son intelligence, son instruction de sorte que des nobles deviendront ses serviteurs (voir l'exemple de Joseph d'Égypte).

Après ces considérations autour de l'honneur et du déshonneur, formulées à la manière de sentences en se servant de termes antithétiques, Ben Sira donne maintenant des conseils. Les versets 26–29 sont (presque) identiques dans les deux manuscrits. Ben Sira dispense son enseignement alternativement par des impératifs et une tournure proverbiale. 10,26 commence par des impératifs négatifs : il s'agit d'apprendre en quoi consiste la vraie sagesse. L'apprentissage continue par une comparaison (v. 27) : « Mieux vaut… », une tournure proverbiale bien connue dans la littérature sapientielle. Cette comparaison introduit une hiérarchie de valeurs. La vraie sagesse est ancrée dans le concret de la vie qui a ses propres exigences. Il faut les reconnaître et les suivre avec intelligence et humilité. 10,28 est un conseil du sage à son « fils ». La vraie humilité n'est pas synonyme de mépris de soi-même, au contraire : Ben Sira veut enseigner la saine considération de soi-même. L'enseignement est poursuivi par deux questions auxquelles l'élève trouvera lui-même la réponse (10,29).

Le v. 30 reprend le fil du v. 23 (surtout du MS A), adressé à une jeunesse d'élite : le statut social indiquant le degré de respectabilité. Au premier stique, le texte est encore plus catégorique, formulé comme une vérité générale infaillible, surtout au MS B : un pauvre est honoré (uniquement) pour son intelligence, tandis qu'un riche l'est généralement pour sa richesse. Y a-t-il ici un brin d'ironie à l'endroit des riches ?

Au MS A, le v. 31 est incompréhensible, comme s'il était mutilé. Le MS B^1 par contre (comme le texte grec) souligne que la pauvreté augmente le déshonneur et que la richesse fait croître l'honneur d'une personne.

Tout comme la crainte de Dieu, la sagesse élève le pauvre (11,1^{AB}), de sorte qu'il occupe le même rang qu'un prince. Et si la vraie sagesse consiste dans la crainte de Dieu (voir Si 1,14.16.18.20.27 entre autres), nous pouvons dire que 11,1 reprend en d'autres mots 10,20ab^B et 10,24.

11,2 conseille d'aiguiser son regard, de ne pas juger selon les apparences et de dépasser la mentalité ambiante. Le MS A opère avec les parallèles antithétiques « vanter un homme beau » et « dédaigner un homme laid », tandis que le deuxième stique du MS B reste plus général : dédaigner quelqu'un « pour son apparence ». Mais le conseil sous-jacent au v. 2 est commun aux deux manuscrits : il ne faut pas se fier aux apparences. Cette idée est poursuivie aux versets suivants.

11,3 ressemble au début d'une fable : Ben Sira prend l'exemple de l'abeille pour montrer que celui qui a l'air d'être petit, sans importance ne l'est pas forcément, car c'est le fruit qu'il produit qui importe ; le résultat compte.[133]

Les MSS A et B^2 (texte retenu) concordent dans leur injonction de ne pas se moquer du pauvre qui ne peut mener une vie aisée (11,4ab). 11,4cd donne l'explication : car Dieu seul connaît son œuvre, c'est-à-dire tout ce qu'il a créé. Et le plan de Dieu pour sa création n'est pas accessible à l'homme. Dieu seul est donc en mesure de juger avec justesse.

L'homme ignore donc le plan de Dieu pour sa création, tout comme il ignore la destinée de chaque être humain. Les situations humaines sont en effet imprévisibles ; elles peuvent même se renverser : Beaucoup d'opprimés et de ceux qui ne bénéficiaient pas d'un statut social élevé ont été établis comme rois (11,5$^{A\,B1}$), et beaucoup d'éminents, honorés et dotés de puissance, ont été méprisés et déchus de leur pouvoir (11,6).

« L'honneur » traverse le texte comme un fil rouge. À qui revient l'honneur ? À l'homme qui craint le Seigneur et qui garde les commandements. À l'homme intelligent, fût-il de condition inférieure. À l'homme qui connaît sa valeur et qui s'estime lui-même. Un homme peut être honoré pour ses richesses, mais la sagesse du pauvre fait de lui un prince. Selon Ben Sira, la crainte de Dieu élève l'être humain de condition modeste au-dessus des grands de la société, tout comme elle réunit les êtres humains d'horizons différents. Ainsi, la crainte de Dieu et la sagesse font disparaître les différences sociales.

1.1.2. Le texte grec : plusieurs versions

Le texte grec du Siracide existe au moins sous deux formes : une forme brève, GI, assez « fiable »,[134] et une forme longue, GII. GI, la première traduction du texte hébreu original perdu (voir prologue du livre de Ben Sira), est représentée par les onciaux B, S et A. Dans l'introduction de

---

133. Voir Gilbert, « Siracide », col. 1421.
134. Voir Skehan et Di Lella, *The Wisdom of Ben Sira*, 59; Gilbert, « Siracide », col. 1396 et 1408.

l'édition *Sapientia Iesu Filii Sirach* de Göttingen (1965),[135] Joseph Ziegler affirme que le consensus à propos des onciaux B, S, A et des nombreux minuscules (dont les groupes *a*, *b* et *c* ressortent particulièrement) forment la base du texte. Par ailleurs, dans les livres sapientiaux on trouve les recensions antiques les plus importantes : celles d'Origène (*O*) et de Lucien d'Antioche (*L*).

La seconde version, GII, une révision de GI, contient des ajouts basés sur un texte hébreu (*Vorlage*).[136] Ces ajouts se trouvent dans les manuscrits importants des recensions origénienne (*O*) – contenant le minuscule 253 et la Syrohexaplaire (Syh) – et lucianique (*L*, avec le minuscule 248, un témoin important de GII), ainsi que dans la *Vetus Latina* (*La*).[137] Aucun manuscrit grec n'est le témoin fidèle de GII ; quelques manuscrits sont seulement influencés plus que d'autres par ce texte.[138] Mais la *Vorlage* du texte latin était certainement plus influencée par GII que n'importe quel manuscrit grec. Dans l'édition de Ziegler, le texte GII est écrit en lettres plus petites.

Selon Smend,[139] la plupart des ajouts, les grands ou les petits (avec quelques exceptions) viennent de la deuxième traduction grecque. Ils se basent sur un texte hébreu souvent élargi et plus récent. Pour Smend, beaucoup d'ajouts ont clairement des origines juives et plusieurs d'entre eux ne peuvent s'expliquer que par la supposition d'une traduction de l'hébreu (voir les variantes pour 10,19). Ziegler affirme que GII n'est pas une nouvelle traduction indépendante. Le deuxième traducteur a utilisé les manuscrits grecs présents en GI, et a changé la traduction s'il estimait que c'était nécessaire. Le minuscule 248 a conservé des leçons basées sur

---

135. Ziegler, *Sapientia Iesu Filii Sirach*, 70.
136. On parle de HTII (Hebrew Text II : Skehan et Di Lella, *The Wisdom of Ben Sira*, 55, 59) ou de Hb II (Gilbert, « Siracide », col. 1408 ; Rüger, *Text und Textform*, 115). Sa datation s'étend entre 80 avant J.-C., ou simplement le 1er s. avant J.-C. et 150 après J.-C. (voir Gilbert, « Siracide », col. 1408).
137. Voir Ziegler, *Sapientia Iesu Filii Sirach*, 70, 73–75.
138. Smend, *Die Weisheit des Jesus Sirach. Erklärt*, xcvii–xcviii; Otto Fridolin Fritzsche, *Die Weisheit Jesus-Sirach's*, KEH 5 (Leipzig : Hirzel, 1859), xxi; voir aussi Heinz-Josef Fabry, « Fehler, die es eigentlich nicht geben sollte. Anmerkungen zum Text des griechischen Sirach », in *Interpreting Translation. Studies on the LXX and Ezekiel in Honour of Johan Lust*, éd. García Martínez Florentino et Vervenne Marc, BETL 192 (Leuven : Leuven University Press and Peeters, 2005), 140.
139. Voir Smend, *Die Weisheit des Jesus Sirach. Erklärt*, cxiv.

un ancien texte hébreu, que GI n'a pas gardées, mais bien présentes en GII.[140] Selon Ziegler, il ne faudrait pas parler seulement d'une seconde traduction grecque ; on peut supposer que plusieurs versions circulaient, dont une bonne partie sont conservées dans les recensions *O* et *L*, et surtout dans *La*. Swete et Rahlfs partent du texte grec I (version courte). Ziegler se base sur GII.

Ziegler se base sur les onciaux A, B (Codex Vaticanus), C (Codex Ephraemi Rescriptus), S (Codex Sinaiticus ; ℵ chez Swete), V (Codex Venetus), et il a en outre recensé plus de soixante manuscrits.[141] Partant de l'édition de Robert Holmes et James Parsons[142] contenant des variantes du Codex Vaticanus et de quatorze manuscrits (dont le Codex Alexandrinus ainsi que les manuscrits importants 248 de la recension lucianique, et 253 de la recension origénienne), Otto Fridolin Fritzsche (dont nous avons consulté le commentaire, voir ci-dessous) ajoute les variantes des onciaux C et H (Codex Augustanus).[143] Parmi tous les livres de la Septante, le Siracide est le livre contenant le plus d'émendations et de conjectures.[144]

Tous les manuscrits grecs du Siracide inversent Si 30,25-33,16a et 33,16b-36,13a, ce que ne font ni le texte hébreu ni la *Vetus Latina*-Vulgate, ni le texte syriaque. Or la *Vetus Latina* dépend d'une version grecque qui est perdue.

Si 10,19-11,6 (G)[145]

10,19

Σπέρμα ἔντιμον ποῖον;	Quelle race est honorée?
σπέρμα ἀνθρώπου.	La race de l'homme.
Σπέρμα ἔντιμον ποῖον;	Quelle race est honorée?
οἱ φοβούμενοι κύριον.	Ceux qui craignent le Seigneur.

---

140. Voir Ziegler, *Sapientia Iesu Filii Sirach*, 74-75.
141. Voir Gilbert, « Siracide », col. 1396; voir aussi Ziegler, *Sapientia Iesu Filii Sirach*, 7-13.
142. Robert Holmes et James Parsons, *Vetus Testamentum Graecum cum variis lectionibus*, 5 vols. (Oxford : Clarendon, 1827), vol. 4.
143. Voir Fritzsche, *Die Weisheit Jesus-Sirach's*, xxi.
144. Voir Skehan et Di Lella, *The Wisdom of Ben Sira*, 55.
145. Voir Ziegler, *Sapientia Iesu Filii Sirach*, 171-74.

Σπέρμα ἄτιμον ποῖον;   Quelle race est méprisée?
σπέρμα ἀνθρώπου.   La race de l'homme.
Σπέρμα ἄτιμον ποῖον;   Quelle race est méprisée?
οἱ παραβαίνοντες ἐντολάς.   Ceux qui transgressent les commandements.

Minissale suppose que le stique 19b (manquant en H^A et H^B par *homoioarcton*) a été conservé dans les textes grec et syriaque pour récupérer la structure parallèle des quatre stiques du v. 19.[146]

Le texte des onciaux ayant quatre questions et quatre réponses, chacune d'elles en un demi stique, présente un arrangement qui, selon Di Lella, ne semble pas être original.[147] Mais dans son commentaire, Di Lella ne revient plus à cette hypothèse.

Il est intéressant d'observer les variantes de la recension lucianique (groupe principal *L* : MSS 248-493-637 ; sous-groupe *l* : MSS 106-130-545-705) ou « texte antiochien », et les variantes de la recension origénienne ci-dessous :[148]

10,19

Dans le groupe principal de la recension lucianique *L* (contenant les trois minuscules 248-493-637) à laquelle sont associés les minuscules 672-694-743,[149] le verset 19 est précédé (ou, dans le cas du minuscule 248, remplacé) par :

σπερμα ασφαλειας οι φοβουμενοι (+ τον 672-694-743) κυριον,
και εντιμον φυτευμα οι αγαπωντες αυτον.
σπερμα ατιμιας οι μη προσεχοντες τω νομω (τον νομον 743),
και (omis par 248-672) σπερμα πλανησεως οι παραβαινοντες εντολας (τον νομον 672).

---

146. Voir Minissale, *La versione greca del Siracide*, 59.
147. Voir Alexander A. Di Lella, « Authenticity of the Geniza Fragments of Sirach », 185-86 (voir la suite 185-86 dans les traductions des autres versions).
148. Voir Gilles Dorival, Marguerite Harl, et Olivier Munnich, *La Bible Grecque des Septante*, Initiations au christianisme ancien (Paris : Cerf, 1994), 170 et 185-86.
149. 694-743 se trouvent souvent associés au groupe principal de la recension lucianique *L*, surtout à son manuscrit le plus important, 248 : Voir Ziegler, *Sapientia Iesu Filii Sirach*, 64-65.

1. Si 10,19–11,6

« *Un germe solide* (littéralement « *un germe de solidité* ») *sont ceux qui craignent le Seigneur,*
et un plant estimé sont ceux qui l'aiment.
Un germe méprisé sont ceux qui ne font pas attention à la Loi,
(et) un germe errant (littéralement « *un germe d'erreur* ») *sont ceux qui transgressent les commandements* ».

Nous pouvons dire que le minuscule 248 n'a pas le v. 19 de la version de Rahlfs et de Ziegler, ou que ce minuscule (tout comme 672 et 743) a omis le stique 19a – ce qui correspond au texte hébreu du MS B dont nous n'avons pas les stiques a et b – et a modifié les autres stiques. D'après Ziegler, la variante de *L*-672-694-743 est un doublet.

Nous constatons un changement de style par rapport à 10,19G : σπέρμα est qualifié trois fois par un substantif au génitif, et une fois par un adjectif épithète, tandis que G a apposé quatre fois un adjectif au vocable σπέρμα. Au deuxième stique, le terme σπέρμα (G) est substitué par φυτευμα. En plus, *L* introduit l'importance d'aimer le Seigneur. C'est l'amour de Dieu qui honore la race humaine ; il précède ici l'importance de suivre la Loi, exprimée à travers une double négation au troisième stique (ατιμια - μη προσεχοντες ; voir aussi 2,15.16). Si 44,10 évoque la pérennité de la postérité et de la gloire des hommes « de pitié » (אנשי חסד ; ἄνδρες ἐλέους. Si 44,11–13G mentionnent trois fois « la postérité »). Si 47,22 assure que la postérité (σπέρμα) de celui qui aime le Seigneur est solide, elle ne sera pas supprimée. Aurions-nous ici une allusion à Dt 6,1–3.5 ? Celui qui vit selon les commandements se trouve sur la bonne voie ; c'est ce qu'exprime 19d, de nouveau au moyen de deux termes négatifs : σπερμα πλανησεως (antithèse de σπερμα ασφαλειας) et παραβαινω (voir aussi sous « recension origénienne »).

Dans ce verset de la recension lucianique, il y a une plus grande insistance sur l'importance de la Loi, associée à la crainte du Seigneur, qui fait partie de la sagesse de l'homme. Ceux qui cherchent le Seigneur sont appelés « un germe de solidité ». Le terme ἀσφάλεια (ἀσφαλής, ἀσφαλίζομαι, ἀσφαλῶς) dérive du verbe σφάλλω (avec ἀ- privatif), signifiant d'abord « trébucher, tomber », et selon le contexte « échouer, être trompé ».[150] Ces termes du monde médical[151] ont été si fréquemment utilisés que leurs

---

150. Platon, *Resp.* 3.396d, 404a. Voir Ceslas Spicq, « ἀσφάλεια κτλ », *LTNT*, 220-27.
151. Ceci pourrait expliquer leur usage fréquent dans l'évangile de Luc (huit occurrences ; en tout quinze emplois dans le Nouveau Testament).

acceptions se sont ensuite diversifiées dans le grec classique et dans le grec hellénistique. Ἀσφάλεια signifie d'abord « la stabilité » ; dans la Septante prévalent les acceptions de sécurité et de solidité. En Pr 8,14, la Sagesse dit : ἐμὴ βουλὴ καὶ ἀσφάλεια ἐμὴ φρόνησις ἐμὴ δὲ ἰσχύς : « À moi sont le conseil et la fiabilité, l'intelligence et la puissance ». La Sagesse est qualifiée de « sûre, solide » (ἀσφαλής) en Sg 7,23. Nous trouvons en Sg 4,3 la version négative de Si 10,19 (L et O) par l'affirmation de l'inconstance des impies. Sg 4,3 est la seule occurrence qui va dans le même sens que Si 10,19 dans les recensions mentionnées.

Le terme φύτευμα est extrêmement rare dans la Septante. La concordance de Hatch-Redpath n'a recensé que trois occurrences : Is 17,10 (φύτευμα et σπέρμα sont juxtaposés, tous deux qualifiés de ἄπιστον); 60,21 ; 61,3. Ces deux dernières occurrences du Trito-Isaïe évoquent la plantation du Seigneur, et ont donc la même consonance que dans Si 10,19 L et O où il est question d'une plantation estimable que constituent tous ceux qui aiment le Seigneur (voir aussi les autres endroits où crainte et amour du Seigneur sont juxtaposés).

Le deuxième σπέρμα ἔντιμον ποῖον, comme le deuxième σπέρμα ἄτιμον ποῖον (19bd) ont été omis dans L. Dans le minuscule 637 (comme dans l'oncial V), κύριον (19b) n'a pas d'article. Ziegler a repris cette variante[152] (contrairement à Rahlfs).

Comme Peters, Di Lella[153] note que le minuscule 70 a le même texte que le MS 248 au premier stique du verset remplaçant 10,19G : σπερμα ασφαλειας οι φοβουμενοι κυριον.

Di Lella remarque qu'il y a des différences non négligeables entre les onciaux (texte de Rahlfs) et 248. Le texte des onciaux a quatre questions et quatre réponses, chacune d'elles en un demi stique. Les cursives 248

---

152. Voir Joseph Ziegler, « Ursprüngliche Lesarten im griechischen Sirach », dans *Écriture Sainte-Ancien Orient*, vol. 1 de *Mélanges Eugène Tisserant*, Studi e Testi 231 (Città del Vaticano : Biblioteca apostolica vaticana, 1964), 481–82: L'article a souvent été inséré plus tard, surtout quand il détermine le nom de Dieu (κύριος). La question de l'article se pose d'autant plus que même les onciaux ne sont pas unanimes à ce sujet. Dans le livre du Siracide, l'expression οἱ φοβούμενοι (τὸν) κύριον se trouve douze fois au pluriel et onze fois au singulier. L'omission de l'article en 10,19 serait à considérer comme originelle.

153. Di Lella, « Authenticity of the Geniza Fragments of Sirach », 185–86.

et 70 ne contiennent pas de question du tout ; les onciaux par contre en auraient trop. Cet arrangement, selon lui, ne semble pas être originel.[154]

10,19 : Les variantes de la recension origénienne O (= 253-Syh)

En 10,19b, Syh a omis le deuxième ποῖον (voir aussi Smend, Box et Oesterley). Au quatrième stique, le deuxième σπέρμα ἄτιμον ποῖον est traduit par « et semen erroris », ce qui correspondrait (selon Ziegler, voir apparat critique) à καὶ σπερμα πλανησεως (voir aussi sous recension lucianique).

Le mot πλάνησις (« erreur, égarement ») est inexistant dans le Siracide et rare dans la Septante. Ce vocable est employé avant tout par les prophètes Is (19,14 ; 22,5 ; 30,10.28 ; 32,6), Jr (4,11), Ez (44,13 ; 48,11). En Ez (voir aussi 44,10 : le verbe πλανάω ; le double emploi de ce verbe et du substantif en Ez 48,11 renforce cette idée d'égarement presque inexcusable pour Israël et pour les lévites) il signifie l'erreur de suivre les dieux des nations. Après l'exil, Dieu amènera les déportés sur la terre d'Israël. Ils craindront Dieu et abandonneront leurs idoles qui les faisaient s'égarer dans leur erreur. Donc, celui qui craint Dieu n'est pas dans l'erreur.

10,20

ἐν μέσῳ ἀδελφῶν ὁ ἡγούμενος αὐτῶν ἔντιμος,	Au milieu des frères, leur chef est honoré,
καὶ οἱ φοβούμενοι κύριον ἐν ὀφθαλμοῖς αὐτοῦ.	et ceux qui craignent le Seigneur (le sont) à ses yeux.

Pour Fritzsche, les deux stiques du verset 20 sont à considérer comme des comparaisons : de même que, parmi des frères ou des membres d'un même clan, leur chef est honoré, ainsi ceux qui craignent Dieu sont honorés à ses yeux (texte grec et H^A).[155] Pour Peters, « à ses yeux » (20b) concerne le souverain parmi les frères, c'est-à-dire le chef du clan.[156] Les

---

154. Di Lella, « Authenticity of the Geniza Fragments of Sirach » : voir la suite 185-86 dans les traductions des autres versions.
155. Fritzsche, *Die Weisheit Jesus-Sirach's*, 55 et 332.
156. Peters, *Das Buch Jesus Sirach oder Ecclesiasticus*, 93.

« frères » sont souvent ceux qui appartiennent à la même communauté ou au même peuple (voir 7,12).[157]

10,21

| προσλήψεως ἀρχὴ φόβος κυρίου, | Le commencement de l'acceptation est la crainte du Seigneur, |
| ἐκβολῆς δὲ ἀρχὴ σκληρυσμὸς καὶ ὑπερηφανία. | mais le commencement du rejet est l'endurcissement et l'orgueil. |

Ce verset est absent dans les versions H, Syr et *La*. Étant également absent dans les onciaux, il ne figure pas dans l'édition de Rahlfs (se basant essentiellement sur les onciaux B, S, A) ; il se trouve cependant dans l'édition de Ziegler, comme ajout de GII. Celui-ci atteste que Syh, la recension *L* avec les MSS 694-743 ont ce verset. Le MS 694 et Syh ont προσλήψεως (προσλημψις ou -ληψις signifie « réintégration », « acceptation »), les deux recensions de Lucien (*L'*) sans le minuscule 248 ont lu προληψεως. Les variantes πρόλεψις – un terme utilisé dans des cercles philosophiques, ne figurant pas dans la Septante – et πρὸ λήξεως apparaissent comme *lectio facilior*.[158]

« Le commencement de l'acceptation (sous-entendu : par Dieu [Peters]) est la crainte du Seigneur,
mais le commencement du rejet est l'endurcissement et l'orgueil. »

Ce verset ajouté pose question à plusieurs égards : pourquoi a-t-il été ajouté ici ? Il amène de nouvelles composantes, dont il n'est pas question dans toute la partie de Si 10,19–11,6, à savoir l'acceptation ou le rejet par Dieu avec la question sous-jacente : Peut-on dire que Dieu rejette ou condamne quelqu'un ? Pour Christian Wagner, πρόσλημψις signifie l'intégration de ceux qui craignent le Seigneur dans la communion avec Dieu.[159] Il retient ce vocable parmi les *hapaxlegomena* du Siracide. Cependant, Si 19,18a

---

157. Voir aussi Beentjes, *Happy the One Who Meditates on Wisdom*, 257.

158. Voir Severino Bussino, *The Greek Additions in the Book of Ben Sira*, traduit de l'italien par Michael Tait, AnBib 203 (Rome : Gregorian & Biblical Press, 2013), 113.

159. Christian Wagner, *Die Septuaginta – Hapaxlegomena im Buch Jesus Sirach. Untersuchungen zu Wortwahl und Wortbildung unter besonderer Berücksichtigung des textkritischen und übersetzungstechnischen Aspekts* (Berlin : de Gruyter, 1999), 344.

correspond, à une inversion de mots près, à 10,21a : φόβος κυρίου ἀρχὴ προσλήψεως. Si 19,18.19 n'est toutefois attesté qu'en L et dans le MS 672. Par ailleurs, πρόσληψις n'apparaît ni en GI, ni dans la Septante. Le verbe προσλαμβάνω se trouve dans une autre addition grecque du Siracide, en Si 23,28b (L, MSS 672, 743 et La [23,38]) avec la même acception qu'en 10,21a et 19,18a : l'acceptation par Dieu.[160]

Si 23,28ab

δόξα μεγάλη ἀκολουθεῖν θεῷ,
μακρότης δὲ ἡμερῶν τὸ προσληφθῆναί σε ὑπ' αὐτοῦ

C'est un grand honneur que de suivre Dieu,
et longueur de jours est que tu sois accepté par lui.

Si 23,28b reprend l'idée de Dt 30,20. La fin de Dt 30 propose un choix entre la vie et la mort (idée que nous retrouvons à plusieurs reprises dans le Siracide), selon que l'on suive ou non les préceptes du Seigneur ; aimer le Seigneur, l'écouter et s'attacher à lui représentent vie et longueur de jours sur terre.

Dans la Septante, nous trouvons huit occurrences utilisant la forme verbale προσλαμβάνω,[161] mais uniquement Ps 26(27),10 a le sens de l'acceptation par Dieu. En 1 S 12,22 et Ps 64(65),5 ce verbe comporte l'idée de l'élection. Deux emplois dans la Septante comportent le sens d'ajouter ou adjoindre (Sg 17,10 ; 2 M 8,1), un autre celui de recevoir, accueillir (2 M 10,15). Les cinq restants ont une signification théologique où Dieu est le sujet.[162]

Notons que 10,21 contient un autre *hapaxlegomenon* du Siracide : σκληρυσμός.[163] Il est question d'endurcissement et d'orgueil comme facteurs de rejet. L'adjectif σκληρός, « dur, sec, raide », peut caractériser une pierre (voir aussi Sg 11,4), des métaux ou des végétaux ; il peut aussi s'appliquer au bois, au vent (voir aussi Is 27,8 : « souffle violent »), à l'air

---

160. Voir Bussino, *The Greek Additions*, 361.
161. 1 S 12,22 ; 2 M 8,1 ; 10,15 ; Ps 17(18),17 ; 26(27),10 ; 64(65),5 ; 72(73),24 ; Sg 17,10
162. Voir Ceslas Spicq, « προσλαμβάνομαι », *LTNT*, 1331-36, ici 1331-32.
163. Wagner, *Die Septuaginta – Hapaxlegomena*, 344-46.

(en Is 5,30 il est question d'un « épais brouillard ») ou au climat.[164] Avec Hippocrate et Aristote, nous passons au domaine médical, où différentes parties du corps peuvent être concernées. Le grec classique donne à σκληρός encore d'autres acceptions, celle de la rusticité (des hommes) ou de la cruauté (les rois, les divinités).

Le premier emploi de σκληρός dans la Septante concerne des paroles (Gn 21,11-12 ; mais voir aussi Jn 6,60) ou des travaux durs (Ex 1,14 ; 6,9 ; Dt 26,6 ; Is 14,3). Le Siracide fait plutôt référence à la sclérose intérieure, la dureté de cœur (Si 3,26.27 ; 30,8 ; voir aussi Pr 28,14), source de malheurs. Il emploie encore d'autres adjectifs exprimant la même idée : σκληροκάρδιος (dans l'addition GII Si 16,9c – à rapprocher du « germe errant » en 10,19 L O ?) ou ἐν σκληροκαρδίᾳ (« à la nuque raide », Si 16,10[165]). Σκληρυσμός en Si 10,21b est proche du sens de σκληροκαρδία.

En Si 10,21, σκληρυσμὸς καὶ ὑπερηφανία caractérisent deux attitudes par lesquelles l'homme s'exclut lui-même de la communion avec le Seigneur. Donc, la question posée ci-dessus, « Peut-on dire que Dieu rejette ou condamne quelqu'un ? », ne se pose plus. Le contraire de 21b est exprimé en 21a : la crainte de Dieu ouvre le chemin vers l'acceptation du Seigneur. Le parallélisme antithétique fait ressortir le choix à opérer par l'homme. Nous retrouvons ici Dt 30 : le choix entre la vie et la mort. À la crainte de Dieu s'opposent l'endurcissement du cœur et l'orgueil.

Le verbe σκληρύνω est peu utilisé dans le langage profane ;[166] c'est d'abord un terme médical (Hippocrate, Aristote ; voir ci-dessus pour σκληρυσμός). Philon l'ignore tandis que la Septante en fait fréquemment usage. L'acception y est généralement d'ordre moral et religieux : l'homme se ferme à la volonté divine, il raidit sa nuque ou il endurcit son cœur. Comme dans le langage profane, l'endurcissement se porte sur différentes parties du corps, mais dans un sens figuré : il est question du cœur du Pharaon (Ex 7,22 ; 8,15 ; 9,35 ; voir aussi Ps 94[95],8) ou de la nuque raide (Dt 10,16 ; 2 R 17,14 ; 2 Ch 30,8 ; 36,13 [nuque et cœur] ; 1 Esd 1,46LXX ; Ne 9,16.17.29, PsSal 8,29 ; Jr 7,26 ; 17,23 ; 19,15). Par ailleurs, plusieurs textes dans la Septante évoquent le Seigneur comme auteur de l'endurcissement : Ex 4,21 ; 7,3 ; 9,12 ; 10,1.20.27 ; 11,10 ; 14,4.8.17 ; Dt 2,30 ; Is 63,17 (voir

---

164. Voir Ceslas Spicq, « σκληροκαρδία, σκληρός κτλ », LTNT, 1394-98.
165. Voir aussi Dt 10,16.
166. Voir Karl Ludwig Schmidt et Martin Anton Schmidt, « σκληρύνω », TWNT 5:1031-32 ; Hippocrate, Liq. 2.7 : « le corps séché se durcit » ; Aristote, Hist. an. V, 16, 7 : « le vent et le mauvais temps les durcissent (les éponges) ».

aussi Rm 9,18). Le seul emploi de σκληρύνω dans les livres sapientiaux se trouve en Si 30,12[167] où σκληρυνθεὶς désigne l'attitude d'un enfant qui par son endurcissement, pourrait ne plus obéir à ses parents. Nous retrouvons ici la compréhension du cœur endurci, de la nuque raide, s'opposant à la parole du père.

Par ailleurs, le terme ἐκβολή n'apparaît qu'en GII du Siracide (10,21b ; traduit par « rejet », ayant un sens métaphorique).[168] Nous n'en trouvons que deux occurrences dans la Septante : en Ex 11,1 (גרש) où l'auteur est également le Seigneur, et en Jonas 1,5 (טול) où les matelots jettent par-dessus bord (ἐκβολὴν ποῖειν) toute la cargaison. Le verbe ἐκβάλλειν (dans le sens de « chasser » ou « exclure ») par contre est plus fréquent dans la Septante, et le Siracide a deux occurrences (7,26 ; 28,15). En Si 7,26 ; 28,15 ἐκβάλλειν signifie répudier ou divorcer (voir aussi Lv 21,7a.14 ; 22,13 ; Ez 44,22). Gn 3,24 a le sens de « jeter dehors » : Dieu expulse (גרש) l'homme (אדם) du jardin d'Eden. Cette image peut être transposée sur Si 10,21 (voir aussi Jr 12,14 ; Gn 4,14). Pour Wagner, les deux hapaxlegomena πρόσληψις et ἐκβολή signifient au plan théologique « le salut » ou « la damnation » (« Heil und Unheil »).[169] Et σκληρυσμός caractérise l'attitude intérieure de celui qui se ferme à la possibilité de salut.

Ὑπερηφανία est plus fréquent dans le Siracide (9 fois en GI ;[170] 2 fois en GII : en 10,21b et en 26,26b). Ὑπερήφανος est l'opposé de ταπεινός (voir Si 13,20 ; Pr 3,34 ; voir aussi Si 11,1). À ce propos, il est intéressant de comparer les versions G et H^A de Si 10,14-16 (Si 10,15H est absent).

14 θρόνους ἀρχόντων καθεῖλεν κύριος   14 כסא גאים הפך אלהים
    καὶ ἐκάθισεν πραεῖς ἀντ' αὐτῶν   וישב עניים תחתם
15 ῥίζας ἐθνῶν ἐξέτιλεν κύριος
    καὶ ἐφύτευσεν ταπεινοὺς ἀντ' αὐτῶν
16 χώρας ἐθνῶν κατέστρεψεν κύριος   16 עקבת גוים טמטם אלהים
    καὶ ἀπώλεσεν αὐτὰς ἕως θεμελίων γῆς[171]   ושרשם עד ארץ קעקע

---

167. Du moins pour ce qui concerne le texte grec (voir aussi Bussino, *The Greek Additions*, 116).
168. Voir Takamitsu Muraoka, *A Greek-English Lexicon of the Septuagint* (Leuven : Peeters, 2009), 204.
169. Wagner, *Die Septuaginta – Hapaxlegomena*, 346.
170. Si 10,7.12.13.18 ; 15,8 ; 16,8 ; 22,22 ; 48,18 ; 51,10.
171. Texte de la Septante de Ziegler qui n'a plus d'article devant κύριος.

H^A
v. 14 : Dieu renversa le trône des orgueilleux
et fit asseoir les humbles/les pauvres à leur place.
v. 16 : Dieu ensevelit les traces des nations
et il les déracina jusqu'au fond de la terre.

G
v. 14 Le Seigneur a renversé les trônes des princes
et a établi les doux à leur place.
v. 15 Le Seigneur a arraché les racines des nations
et a planté les humbles à leur place.
v. 16 Le Seigneur a anéanti les territoires des nations
et il les a détruits jusqu'aux fondements de la terre.

La
¹⁷ sedes ducum superborum destruxit Deus
et sedere fecit mites pro illis
¹⁸ radices gentium superbarum arefecit Deus
et plantavit humiles ex ipsis gentibus
¹⁹ terras gentium evertit Dominus
et perdidit eas usque ad fundamentum

En Si 10,14 le texte hébreu (MS A) emploie le terme גאה au pluriel, l'équivalent de ὑπερήφανος, alors que le traducteur grec a mis ἄρχων (« prince »). Ziegler note que les témoins O-V L⁻²⁴⁸⁻694 *La* ont ajouté υπερηφανων. En effet, en général, *La* suit G dans ces trois versets, mais en Si 10,17 (14), le texte latin combine les variantes de H et de G en traduisant par « *duces superbi* » (voir ci-dessus). Les deux stiques du v. 14 (17 *La*) forment un parallélisme antithétique, tout comme le verset suivant (G et *La*). Le texte hébreu emploie comme terme opposé à גאים l'expression עניים (« humbles » ou « pauvres »), que G et *La* traduisent par « doux ».

Si 10,15H manque probablement par *homoioteleuton*. En 10,16a, Skehan propose de lire גאים à la place de גוים.¹⁷² L'extrait de la nouvelle édition du fragment d'Adler (ENA 2536-2) va pourtant dans le sens de l'édition de Beentjes (texte ci-dessus).¹⁷³ Se basant sur Smend, Rey propose

---
172. Skehan et Di Lella, *The Wisdom of Ben Sira*, 222.
173. Voir Rey, « Si 10,12–12,1 », 576 et 577.

de voir en גוים, qui peut être vocalisé גֵּוִים, l'écriture défective de גאים.[174] Ceci est plausible, car au chapitre 10, l'orgueil est fustigé (10,7.9.12.13.18), et d'autre part, l'insistance sur la souveraineté du Seigneur sur toute la terre en 10,4 remet en cause toute autre souveraineté exercée à sa place. Le traducteur grec a l'équivalent de גוים. La combine à nouveau les deux par *gentium superbarum*. Les questions seraient : le texte hébreu aurait-il été mal lu ou changé ? Ou bien : le traducteur grec aurait-il eu une autre *Vorlage*, ou aurait-il volontairement opté pour une autre traduction (celle de ἔθνη, déjà présent au v. 15) ? Dans ce dernier cas, les nations étrangères auraient-elles été considérées comme orgueilleuses, refusant de se soumettre au Seigneur ?

Au premier stique du v. 16 encore, Skehan suggère de remplacer טמטם par טאטא (« balayer »), ce qui ne change guère le sens du verset, ni l'idée générale : celle de l'anéantissement par la main du Seigneur. טמטם semble être plus approprié par la force de ce terme (qui s'inscrit dans cette idée générale exprimée ci-dessus) d'une part, et par son intégration dans le champ sémantique de la terre (« déraciner » et « fond de la terre » dans le texte hébreu ; voir aussi 10,15(18) en G et *La* ; et 10,4.10). 10,15aG et *La* reprennent l'image de 10,16bH, celle du déracinement des nations. Pour Peters, les vv. 15–17 feraient référence aux peuples de Canaan, et éventuellement à la fin de l'hégémonie ptoléméenne.[175] Nous pouvons comparer Si 10,16 où les nations sont anéanties jusqu'aux fondements de la terre, à Si 1,15 où la sagesse s'établit parmi les hommes comme fondement (θεμέλιον) éternel.

Ταπεινός peut également être opposé à πλούσιος (Si 13,21.22). Pour le Siracide ὑπερηφανία est synonyme de péché, éloignant du Seigneur et des hommes : 10,7.12.13 ; 16,8 ; 22,22 (voir aussi Ez 16,49–50). Le rédacteur de Si 10,21 a-t-il été influencé par Si 10,7.12 ?[176] Orgueil et sagesse s'opposent également (Si 15,8 ; comparer Si 1,14 et 10,12 qui sont presque des antithèses ; voir aussi Si 1,20), ce qui signifie implicitement que la sagesse et l'humilité vont de pair. En Pr 8,13, la Sagesse elle-même met en garde contre l'orgueil (comparer aussi à 10,21a). L'orgueil n'est d'aucun profit pour l'homme (Sg 5,8 : ὑπερηφανία est mis en parallèle avec ἀλαζονεία).

---

174. Smend, *Die Weisheit des Jesus Sirach. Erklärt*, 95; Rey, « La conception de l'étranger », 282.
175. Peters, *Das Buch Jesus Sirach oder Ecclesiasticus*, 90.
176. Voir Bussino, *The Greek Additions*, 117.

Ὑπερηφανία comme obstacle d'une bonne relation à Dieu est déjà présente dans d'autres livres vétérotestamentaires (Ex 18,21 : θεοσεβεία vs. ὑπερηφανία ; Nb 15,30 : ὑπερηφανία comme motif de provocation du Seigneur et d'expulsion hors du peuple, indépendamment de l'origine de cette personne, que ce soit un indigent ou un prosélyte ; voir aussi Dt 17,12 ; Ps 30,24 ; Ps 100,7 ; Pr 8,13). La littérature grecque profane considérait ὑπερηφανία comme un sacrilège punissable (voir Diodore de Sicile, 23.11,1 ; et 13.21,4 ; voir aussi Flavius Josephe, A.J. 1.195 ; Philon, Virt. 171), bien que ce terme pouvait également avoir un sens positif. Pour les Stoïciens, l'orgueil est catalogué parmi les vices.[177] La Septante surtout a donné à l'orgueil une connotation exclusivement morale et religieuse (voir e. a. Ex 18,21 ; Lv 26,19 ; Is 16,6 ; Jr 31,29 ; Ne 9,10). Pr 3,34 résume l'ampleur morale de cette attitude.

D'après Si 10,19, c'est surtout la transgression des commandements qui ôte l'honneur à la race humaine. Dans Si 10,19-11,6, il est question d'honneur ou de déshonneur (au sens large ; voir 10,19.20.23.24.26 .27.28.29.30.31 ; 11,6), plutôt que d'acceptation et de rejet qui sont plus catégoriques, car ils ont un impact direct sur la vie dans la communauté ; ils ont quelque chose d'irréversible. Dans l'idée d'honneur et de déshonneur, l'homme peut se « racheter » en quelque sorte.

Selon Di Lella, cet ajout de GII (inconnu de H, Syr et La), introduit la pensée des versets 12.13.18 (voir aussi Dt 8,14) dans la nouvelle section 10,19-24. Di Lella présume que l'auteur du verset ajouté connaissait 10,12-18^A (texte hébreu du manuscrit A).[178]

10,22

προσήλυτος καὶ ξένος καὶ πτωχός,	Le prosélyte et l'étranger et le mendiant,
τὸ καύχημα αὐτῶν φόβος κυρίου.	leur fierté (gloire), c'est la crainte du Seigneur.

---

177. Voir Ceslas Spicq, « ὑπερηφανία, ὑπερήφανος », *LTNT*, 1529-34, ici 1531-32.
178. Skehan et Di Lella, *The Wisdom of Ben Sira*, 228; 10,12.13.18 : voir aussi Dt 8,14.

Au premier stique, Rahlfs et Swete ont πλούσιος καὶ ἔνδοξος καὶ πτωχός («riche et notable et mendiant»). Προσήλυτος correspond à H (voir Ziegler, Smend), tout comme ξένος.[179]

Smend tranche nettement : par rapport au texte grec (GI, texte de Rahlfs), H et Syr ont raison («sind im Recht»), car ils ont quatre noms ; il faudrait préférer H parce que ce texte les partage en deux groupes et que גר et נכרי ne se suivent pas immédiatement, comme dans Syr. Le texte grec lisait probablement également גר, car au lieu de πλούσιος, la Syh a lu προσληπτὸς ἐκ λαῶν sous l'influence du v. 21 (voir J. Ziegler ci-dessus). Προσήλυτος καί pourrait avoir été omis dans le texte vulgaire («Vulgärtext», selon une théorie de Paul E. Kahle, 1915, 1941), tout comme καὶ πλούσιος pourrait correspondre à זד («et l'insolent», voir texte hébreu ci-dessus), et καὶ ἔνδοξος à נכרי, lu à tort נכבד. Toujours selon Smend, G aurait également pu avoir omis זד, et πλούσιος pourrait être une variante corrompue à la place de πσηλυτος (s'agit-il d'une abréviation pour προσήλυτος ?). De même, ἔνδοξος pourrait avoir été écrit à la place de ἄδοξος («sans gloire, méprisé» ; voir v. 31).

Smend estime qu'au premier stique du v. 22, l'oncial C rétablit la symétrie avec les quatre substantifs (qui se trouvent en H et Syr) en ajoutant à la fin και πενης (πλούσιος καὶ ἔνδοξος καὶ πτωχός καὶ πένης ; il n'y a presque pas de différences entre πτωχός et πένης).[180]

En Si 10,22b (τὸ καύχημα αὐτῶν ; voir aussi 1,11 ; 9,16 ; 25,6), il s'agirait, d'après Smend, de Juifs pauvres qui vivent parmi les païens. Peters signale que la fierté du Juif quant à sa religion, c'est l'équivalent de la crainte du Seigneur.[181]

Pour Fritzsche (suivant ici le texte de l'oncial C), la seule fierté de toutes ces personnes corporatives citées réside dans la crainte du Seigneur ;[182] toutes les autres composantes de la vie humaine semblent être sans importance. Ceci expliquerait la suite du texte.

---

179. Voir Joseph Ziegler, «Ursprüngliche Lesarten im griechischen Sirach», 475: „Die von Rahlfs in den Text aufgenommene Lesart muss in den Apparat verwiesen werden; die hebräische (und syrische) Vorlage fordert die von Ziegler."

180. Voir aussi Henry Barclay Swete, *I Chronicles–Tobit*, vol. 2 de *The Old Testament in Greek according to the Septuagint* (Cambridge : Cambridge University Press, 1896), 664.

181. Smend, *Die Weisheit des Jesus Sirach. Erklärt*, 97–98.

182. Voir aussi les considerations de Benjamin G. Wright III dans *Praise Israel for Wisdom and Instruction. Essays on Ben Sira and Wisdom, the Letter of Aristeas and the Septuagint*, JSJSup 131 (Leiden : Brill, 2008), 89–96.

10,23

οὐ δίκαιον ἀτιμάσαι πτωχὸν συνετόν,
καὶ οὐ καθήκει δοξάσαι ἄνδρα ἁμαρτωλόν.

Il n'est pas juste de déshonorer un pauvre (qui est) intelligent,
et on ne doit pas honorer un homme pécheur.

Συνετόν a été omis par L⁻²⁴⁸ (*La* a traduit librement par « iustum pauperem »).[183] Le pauvre n'y est pas qualifié ; il s'agit de tout pauvre, on ne tient pas compte de ses origines (religieuses ou ethniques).

Selon Fritzsche, le mot συνετός contient l'idée de la piété (משכיל).[184] Ceci nous paraît plausible, car ainsi l'équilibre par les antagonismes dans le texte serait maintenu. L'adjectif συνετός qualifie celui qui a une certaine intelligence des choses au plan religieux et moral.[185] Il pourrait s'agir de celui qui connaît la Loi et qui vit selon elle. Ainsi, l'idée de l'honneur en raison de la crainte de Dieu serait reprise ici.

Ziegler indique que οὐ καθήκει au deuxième stique est attesté par S, O, L-694-743 (et quelques autres témoins), et Swete (qui a lu καθῆκεν) ajoute comme autre témoin le Codex Vaticanus (troisième main).

Pour Fritzsche, il faudrait lire la fin de ce verset dans ce sens : « *un pécheur, même s'il est riche* ». Ceci correspondrait aux versions syriaque et latine (*La* a ajouté à ἁμαρτωλόν le mot *divitem*).

10,24

μεγιστᾶν καὶ κριτὴς καὶ δυνάστης δοξασθήσεται,

Un grand personnage et un juge et un personnage puissant seront honorés,

καὶ οὐκ ἔστιν αὐτῶν τις μείζων τοῦ φοβουμένου τὸν κύριον.

mais personne parmi eux n'est plus grand que celui qui craint le Seigneur.

---

183. Voir Ziegler, *Sapientia Iesu Filii Sirach*, apparat critique.

184. Voir aussi Gesenius, *Hebräisches und Aramäisches Handwörterbuch über das Alte Testament*, 17e éd., 786 : שכל hiphil part. : sensé („verständig" voir aussi Sir 40,23; voir Smend); au sens religieux: « pieux » (voir aussi Si 7,19).

185. Voir « σύνεσις » dans Walter Bauer, *Griechisch-deutsches Wörterbuch zu den Schriften des Neuen Testaments und der frühchristlichen Literatur*, 6e éd. (Berlin : de Gruyter, 1988), col. 1572.

Au début du chapitre 10 (vv. 1-3), il est déjà question du juge et du roi (donc de personnages importants évoqués au v. 24a). Le Seigneur suscite pour un temps déterminé un homme à qui le gouvernement est confié, et dont la gloire n'est qu'un reflet de la gloire divine (10,4-5). Mais celui qui craint le Seigneur est élevé au-dessus de toute créature, si puissante soit-elle (10,24b).

Smend estime que μεγισταν désigne le roi (voir 11,1 ; 38,3 et voir au sujet de 7,6) ; 24a évoquerait trois sortes de souverains parmi lesquels doit figurer le roi. Au premier stique, le texte grec suit le même ordre dans lequel les notables honorables sont présentés en H^A.

10,25

οἰκέτῃ σοφῷ ἐλεύθεροι	À l'esclave sage, des hommes libres
λειτουργήσουσιν,	apporteront leur soutien,
καὶ ἀνὴρ ἐπιστήμων οὐ γογγύσει.	et un homme instruit ne murmurera pas.

Au lieu de σοφῷ, beaucoup de témoins importants (leçon originelle de l'oncial S, O avec l'oncial V, L' avec le minuscule 694, La et d'autres témoins) ont lu συνετω (voir aussi v. 23) ; cela correspond au texte hébreu. Pourquoi G a retenu σοφῷ ? Peut-être parce que « sage » convient mieux dans le contexte : il s'agit avant tout de la sagesse du pauvre, de l'esclave, plutôt que de son intelligence ou de sa piété. Pour Fritzsche, les versets 25 et 26 sont liés par la mention de οἰκέτης σοφός (v. 25). Il place cette variante dans le contexte : l'esclave fait le lien entre la sagesse et la piété (voir aussi v. 23).

Pour Fritzsche, l'homme sensé ou instruit (ἐπιστήμων) ne murmure pas du fait apparemment incongru que des hommes libres servent des esclaves parce qu'au fond, il est d'accord avec ce fait (25b). Peut-être avons-nous ici une allusion à l'expérience de l'exode où le peuple murmura contre Moïse et Aaron (voir Ex 15,24 ; 16,2 ; 17,3), et donc implicitement contre Dieu (voir Nb 11,1 ; 14,2.27). Un homme sensé qui craint Dieu est censé ne pas protester contre Dieu. O et L avec les minuscules 672-694-743, Syr, La et d'autres minuscules ont ajouté παιδευομενος après γογγύσει. Fritzsche estime que cet ajout ne convient pas ici car le qualificatif ἐπιστήμων le rend inutile.[186]

---

186. Voir Fritzsche, *Die Weisheit Jesus-Sirach's*, 55.

10,26

| μὴ σοφίζου ποιῆσαι τὸ ἔργον σου | Ne pose pas au sage lorsque tu fais ton travail, |
| καὶ μὴ δοξάζου ἐν καιρῷ στενοχωρίας σου. | et ne te glorifie pas au moment de ta gêne. |

Smend se réfère à la signification de σοφίζειν en 35,4 (= 32,4) : « faire étalage de sagesse ». En Qo 7,16ss, faire trop le sage mène à l'autodestruction. Il s'agit de se comporter raisonnablement, d'être juste et sage, mais pas trop (voir aussi Si 7,5). Par deux injonctions négatives, Si 10,26 conseille de ne pas se faire valoir devant les autres ni par sa sagesse, ni au moment inopportun, et d'accomplir simplement sa tâche (voir aussi v. 27). Box et Oesterley traduisent μὴ σοφίζου par « ne joue pas à l'homme sage ». Pour eux, les versets 26–29 passent de la fausse à la bonne estime de soi (deux fois deux distiques). 10,26 est lié au verset suivant à la fois par τὸ ἔργον (26a) et ἐργαζόμενος (27a) et par l'antithèse ἐν καιρῷ στενοχωρίας (26b ; voir aussi 1 Ma 2,53), signifiant un manque, et περισσεύων ἐν πᾶσιν (27a). 10,27 donne une explication aux conseils donnés au v. 26.

10,27

| κρείσσων ἐργαζόμενος καὶ περισσεύων ἐν πᾶσιν ἢ περιπατῶν δοξαζόμενος καὶ ἀπορῶν ἄρτων. | Mieux vaut celui qui travaille et est dans l'abondance en toutes choses que celui qui se promène en étant glorifié, mais manquant de pains (nourriture). |

Selon Fritzsche, και περισσευων (omis par B et C) dans G serait un simple ajout.[187] « L'abondance » (V, A) fait le lien par antithèse avec απορων αρτων au deuxième stique; G rétablit le schéma d'un parallélisme antithétique : (a) étant dans l'abondance en tout contre (b) manquant de pains, c'est-à-dire de ce qui est nécessaire pour vivre.

Fritzsche explique que περιπατῶν (10,27b) réfèrerait à quelqu'un qui se promène sans rien faire, et pourtant se vante sans avoir assez à manger (voir aussi Pr 12,9 : κρείσσων ἀνὴρ ἐν ἀτιμίᾳ δουλεύων ἑαυτῷ ἢ

---

187. Voir Fritzsche, *Die Weisheit Jesus-Sirach's*, 56.

τιμὴν ἑαυτῷ περιτιθεὶς καὶ προσδεόμενος ἄρτου, « Mieux vaut l'homme qui [bien qu'] étant méprisé, a un serviteur, que celui qui s'est entouré d'honneur, mais manque de pain ».). Les versets 26 et 27 parlent de la vaine gloire qui n'est d'aucun secours lorsqu'on vit dans la précarité ou lorsqu'on est en difficultés. Box et Oesterley donnent une autre interprétation des versets 26-27, accentuant plutôt la supériorité de l'homme dont il est question ici : il vaut mieux travailler simplement et honorablement sans se glorifier de sa sagesse supérieure ; elle ne serait qu'un prétexte à l'oisiveté. Celui qui travaille ainsi est supérieur à celui qui se vante sans remuer le doigt, et de ce fait manquerait des moyens de subsistance nécessaires. Pour Peters également, δοξάζω au v. 27 (comme au v. 26) réfère à la sagesse : il s'agit de celui qui est honoré pour sa sagesse. Le traducteur grec a introduit le verbe περιπατεῖν (absent en H, La et Syr). Peut-être s'agit-il d'une pointe ironique en référence aux περίπατοι, qui échangent des propos intellectuels en se promenant, à l'exemple du philosophe Aristote qui enseignait en déambulant dans le promenoir (περίπατος) du Lycée. Les philosophes grecs seraient vénérés pour leur sagesse sans vraiment le mériter. Pour le sage Ben Sira, il y a plus de sagesse et d'honneur dans le travail honnête qui procure un salaire mérité, que dans les propos « sages » proférés par les philosophes dans les déambulatoires, sans remuer le doigt. Peut-être le Siracide fait-il référence aux vains discours des philosophes qui ne rapportent rien, ou bien il promeut une sagesse qui garde les pieds sur terre : il vaut mieux avoir les moyens de subsistance nécessaires avant de se lancer dans des discours sages plutôt que l'inverse.

10,28

τέκνον ἐν πραΰτητι δόξασον τὴν ψυχήν σου	Fils, honore ton âme (honore-toi) avec humilité,
καὶ δὸς αὐτῇ τιμὴν κατὰ τὴν ἀξίαν αὐτῆς.	et accorde-lui (accorde-toi) l'estime qu'elle mérite (que tu mérites).

Fritzsche traduit τὴν ψυχήν σου par « toi-même » (comme Box et Oesterley ; voir aussi 37,27) : « Fils, dans l'humilité honore-toi toi-même, et accorde-toi l'estime que tu mérites ». Il faudrait comprendre ce verset comme un conseil à ne pas se déshonorer, se sous-estimer soi-même. Y aurait-il ici une influence du stoïcisme qui encourage l'estime de soi-même ? Πραΰτης peut être traduit par « douceur » ou par « humilité ». Nous estimons que cette dernière acception correspond mieux dans le contexte des conseils donnés aux vv. 26-27. Il s'agirait de s'estimer soi-même, tout en restant humble. Pour κατὰ τὴν ἀξίαν αὐτῆς (28b), Fritzsche renvoie à Si 38,17.

10,29

| τὸν ἁμαρτάνοντα εἰς τὴν ψυχὴν αὐτοῦ τίς δικαιώσει ; | Qui justifiera celui qui pèche envers son âme ? |
| καὶ τίς δοξάσει τὸν ἀτιμάζοντα τὴν ζωὴν αὐτοῦ ; | Et qui honorera celui qui déshonore sa vie ? |

Comme au verset 28, Fritzsche traduit την ψυχην αυτου par « soi-même » : « Qui déclarera juste celui qui pèche contre lui-même ? » Ζωη serait l'équivalent de ψυχη. Box et Oesterley se demandent si την ζωην αυτου n'est pas une erreur (au lieu de την ψυχην αυτου). Le texte hébreu a deux fois נפשו. Smend émet également un doute quant à l'originalité de cette expression.[188]

Smend et Peters estiment que ἁμαρτάνοντα traduit mal מרשיע. En effet, nous constatons qu'il y a une divergence de sens : en G, il s'agit de la difficile justification du pécheur, alors qu'en H, celui qui s'accuse lui-même est concerné (voir texte hébreu ci-dessus).

Au deuxième stique, les onciaux S et V (avec quelques minuscules) lisent δοξαζει (indicatif présent). Δοξασει est peut-être une correction par souci de concordance des temps (le verbe principal du premier stique se trouvant au futur).

10,30

| πτωχὸς δοξάζεται δι' ἐπιστήμην αὐτοῦ, | Un pauvre est honoré pour son savoir, |
| καὶ πλούσιος δοξάζεται διὰ τὸν πλοῦτον αὐτοῦ. | et un riche est honoré pour ses richesses. |

Pour Smend, Si 10,30-11,1 montrent que la sagesse est le chemin qui mène vers l'honneur.

---

188. Smend, *Die Weisheit des Jesus Sirach. Erklärt*, chap. 14 : « Die Rekonstruktion des Urtextes », cliv-clv.

וׁש signifiant « il y a » (voir aussi 4,21) aurait été omis à tort par le texte grec. Box et Oesterley se demandent si καὶ πλούσιος a été mis à la place de καὶ ἐστιν ὅς pour וׁשי.[189]

10,31

ὁ δεδοξασμένος ἐν πτωχείᾳ, καὶ ἐν πλούτῳ ποσαχῶς ;	Celui qui a été honoré dans la pauvreté, et combien plus (le sera-t-il/le serait-il) dans la richesse ?
καὶ ὁ ἄδοξος ἐν πλούτῳ, ἐν πτωχείᾳ ποσαχῶς ;	Et celui qui est méprisé dans la richesse, combien plus dans la pauvreté ?

Rahlfs et Ziegler ont retenu la variante des onciaux A et C.[190]

Selon Smend, la richesse augmente l'honneur du sage, et la pauvreté le déshonneur de l'insensé. Il s'agirait avant tout de rechercher la sagesse (voir verset suivant) qu'on peut acquérir, car le gain d'argent et de biens, souvent dû à la chance, joue un trop grand rôle dans le monde. En effet, en regardant de plus près Si 10,30-11,1, il paraît que Ben Sira préconise la sagesse comme « valeur sûre » (en 10,30 : ἐπιστήμη est un des vocables du champ sémantique de la sagesse) ; entre les deux versets, le parallélisme antithétique de 10,31a.b semble souligner que la situation humaine (liée à la pauvreté ou à la richesse) et l'appréciation de tout homme sont souvent soumises aux aléas de la vie. Le pauvre qui est déjà honoré pour son ἐπιστήμη (v. 30) le serait encore davantage en étant riche.

11,1

Σοφία ταπεινοῦ ἀνυψώσει κεφαλὴν αὐτοῦ	La sagesse de l'humble élèvera sa tête,
καὶ ἐν μέσῳ μεγιστάνων καθίσει αὐτόν.	et elle le fera asseoir/l'installera au milieu des grands.

---

189. Box et Oesterley, « The Book of Sirach », 352. Voir aussi Smend, *Die Weisheit des Jesus Sirach. Erklärt*, 101.

190. Voir apparat critique de Swete, *The Old Testament in Greek*, 664; Box et Oesterley, « The Book of Sirach », y ajoutent le MS 248.

Comme en 10,30, l'honneur se mérite par des qualités ou des capacités particulières, greffées sur ou associées à la sagesse.

Les onciaux B et C ont le verbe ἀνυψόω à l'aoriste (voir texte de Swete) ; S et A lisent ce verbe au futur (texte Rahlfs et Ziegler). Fritzsche y ajoute le MS 248. Le verbe du deuxième stique se trouve également au futur ; on peut donc estimer que dans le texte retenu, le verbe du premier stique a été mis au futur par souci de concordance (verbale ou littéraire ou plutôt pour garder la logique du texte ?). Mais Fritzsche estime qu'il n'y a pas de doute quant à l'originalité de ἀνυψώσει κεφαλὴν αὐτοῦ. Voir aussi Pr 4,8 : La sagesse « élèvera » et « honorera » celui qui l'acquiert.

Fritzsche renvoie à Si 11,13 ; 38,3 ; Ps 3,4 ; en Si 11,13 c'est le Seigneur qui a relevé la tête de l'humble, de celui qui est « riche de dénuement » (11,12-13). En 38,3, la science du médecin lui fait relever la tête. Elle lui vaut l'admiration des grands. En 11,1.13 et 38,3 les sujets de l'élévation sont différents : la sagesse de l'humble, le Seigneur et la science ou le savoir-faire du médecin. Au Ps 3,4, le psalmiste dit sa confiance en Dieu qui lui relève la tête face à ses adversaires.

Nous pouvons également établir des liens avec Jb 5,11 ; Ps 113,7-8 (voir aussi Si 11,5) ; 1 S 2,8 (du Cantique d'Anne, voir Smend) ; Lc 1,52-53 qui contiennent l'idée que Dieu élève les petits, les humbles.

11,2

μὴ αἰνέσῃς ἄνδρα ἐν κάλλει αὐτοῦ	Ne loue pas un homme pour sa beauté,
καὶ μὴ βδελύξῃ ἄνθρωπον ἐν ὁράσει αὐτοῦ.	et n'éprouve pas de dégoût pour un homme d'après son apparence.

Par deux injonctions négatives, Ben Sira conseille au jeune de ne pas juger selon les apparences. La justification suit dans une sorte de fable (11,3). Contrairement au texte hébreu, G spécifie la nature de l'apparence au premier stique et pas au deuxième. Dans les deux versions, la nature de cette apparence est comprise implicitement là où elle n'est pas spécifiée.

11,3

μικρὰ ἐν πετεινοῖς μέλισσα,	L'abeille est petite parmi les volatiles,

καὶ ἀρχὴ γλυκασμάτων ὁ καρπὸς αὐτῆς. | mais son fruit est le début des saveurs douces.

Peters compare le sage à l'abeille, et la sagesse au miel. Dans cette optique, le sage serait petit, sans importance apparente, humble, mais le fruit qu'il produit n'est pas à sous-estimer : la sagesse donne la saveur à tout ce que l'homme produit. Il faudrait comprendre ראש comme « le premier », c'est-à-dire le plus important au niveau de la qualité ou de la saveur (voir aussi le texte hébreu ci-dessus). Fritzsche fait référence à Ct 4,14 (« de première qualité ») ; Ez 27,22 (« le meilleur [de tous les aromates] »).[191] Le traducteur grec a compris ראש comme « début, commencement » et l'a traduit littéralement.

11,4

ἐν περιβολῇ ἱματίων μὴ καυχήσῃ | Des vêtements que tu portes, ne te vante pas,

καὶ ἐν ἡμέρᾳ δόξης μὴ ἐπαίρου· | et aux jours de gloire, ne sois pas exalté,

ὅτι θαυμαστὰ τὰ ἔργα κυρίου, | car les œuvres du Seigneur sont étonnantes,

καὶ κρυπτὰ τὰ ἔργα αὐτοῦ ἐν ἀνθρώποις. | et ses œuvres sont cachées aux hommes.

Au premier stique, G a suivi H[B1] (voir texte hébreu). Le deuxième stique présente des différences entre G et H. D'après Smend, G serait corrompu. G aurait lu תתהלל au lieu de תהתל, et במרומי au lieu de במרירי (מרום signifie « hauteur » ou « les grands », à l'état construit du pluriel, ici au sens de « haut rang d'honneur » ; voir Qo 10,6 ;[192] מרירי signifie « amer »). Par ailleurs, le traducteur grec aurait compris קלס dans le sens de l'hébreu tardif « vanter » ; c'est-à-dire : lorsque tu bénéficies d'un rang social élevé, ne te vante pas.[193]

---

191. Fritzsche, *Die Weisheit Jesus-Sirach's*, 57.

192. Voir Smend, *Die Weisheit des Jesus Sirach. Erklärt*, 102 ; voir Gesenius, *Hebräisches und Aramäisches Handwörterbuch über das Alte Testament*, 18e éd., sous « מרום », 737–38.

193. Smend, *Die Weisheit des Jesus Sirach. Erklärt*, 102.

Peters fait remarquer que μη ἐπαίρου serait à comprendre dans le sens de « se glorifier » (proche de κληίζω : « vanter, célébrer »). Le troisième ἐν (v. 4d : καὶ κρυπτὰ τὰ ἔργα αὐτοῦ ἐν ἀνθρώποις) est l'équivalent de בּ.[194] Selon Peters, les troisième et quatrième stique du v. 4 trouvent leur interprétation par 16,21 et 43,32 qui expriment également l'idée que les œuvres du Seigneur restent cachées. L'idée que les œuvres de Dieu sont insondables est commune aux trois textes : 11,4 ; 16,21 (texte grec !) ; 43,32. Mais les contextes sont différents : en 16,21 (G), il s'agit de l'omniprésence et de la toute-puissance de Dieu qui rétribue selon sa justice. Si 43,32 s'inscrit dans le contexte de la création dont Dieu est le maître. Dans ce dernier texte, sa toute-puissance domine toute la création, tandis que dans les deux occurrences précédentes (11,4 ; 16,21G), elle s'exerce sur la destinée humaine.

Le Siracide veut donner des conseils à son disciple pour qu'il puisse mieux discerner où réside la vraie gloire, l'honneur véritable de l'homme. Les stiques c et d pourraient faire allusion au fait que Dieu peut renverser les situations (comme en 10,14) ; 11,5.6 donnent des exemples. Fritzsche commente ce verset: « In deinem Glücke, wenn du in schönen Kleidern und Glanz und Herrlichkeit bist, überhebe dich nicht, denn nach dem wunderbaren, verborgenen Wirken Gottes tritt ein Wechsel des Schicksals gar leicht ein ; die Strafe der Überhebung möchte nicht ausbleiben. »[195]

11,5

πολλοὶ τύραννοι ἐκάθισαν ἐπὶ ἐδάφους,	Beaucoup de princes siégèrent sur le sol,
ὁ δὲ ἀνυπονόητος ἐφόρεσεν διάδημα.	mais celui auquel on ne pensait pas a porté un diadème.

Smend corrige ἐπ' ἐδάφους qui serait une faute ou une correction de ἐπι δίφρου (voir 38,33 ; *in throno* en *La*). Pour ἐπὶ ἐδάφους, Box et Oesterley

---

194. Voir Ziegler, « Ursprüngliche Lesarten im griechischen Sirach », 485.

195. Voir Fritzsche, *Die Weisheit Jesus-Sirach's*, 57: « Aux jours de bonheur, lorsque tu portes de beaux vêtements et que tu es dans la splendeur et la gloire, ne t'enorgueillis pas, car après l'action secrète et merveilleuse de Dieu, un changement de destin pourrait intervenir ; la punition pour l'orgueil ne tardera pas ».

posent également la question de la corruption ou d'une correction de ἐπὶ δίφρου.

Pour Peters, les versets 5 et 6 sont formulés de façon trop générale pour y voir une allusion historique. Τύραννοι viendrait d'une erreur de scribe : נדיבים (« nobles, princes »; voir aussi נְשֹׂאִים, 11,6a^A;) au lieu de נדכים (« opprimés », H^A; voir sous texte hébreu). Le parallélisme aurait exigé l'expression d'abaissement ; ceci aurait amené le changement de ἐπὶ δίφρου en ἐπὶ ἐδάφους, ce qui paraît plausible. Cette formulation n'a cependant pas beaucoup de sens. L'expression « siégèrent sur un trône » est plus probable. Fritzsche fait ici référence à Ps 113,7.8 (voir aussi sous Si 11,1 ci-dessus).

11,6

πολλοὶ δυνάσται ἠτιμάσθησαν σφόδρα,
καὶ ἔνδοξοι παρεδόθησαν εἰς χεῖρας ἑτέρων.

Beaucoup de souverains ont été fortement méprisés,
et des hommes renommés furent livrés aux mains des autres.

Pour Smend, les textes grec (δυνάσται) et syriaque (ܟ̈ܐܢܐ) auraient compris נשים au lieu de נשאים au participe *niphal*[196] (voir Is 57,15).

Au lieu de ἑτέρων, le Codex Vaticanus (la leçon originelle), le Codex Sinaiticus et quelques minuscules ont lu ἑταίρων (ἑταίρος signifie « compagnon ») ; voir aussi 42,3. Ἑτέρων se trouve dans le Codex Vaticanus de 2ᵉ et de 3ᵉ main, ainsi que dans les onciaux A et C. La divergence entre les témoins pourrait résulter d'un glissement qui s'est opéré de la diphtongue αι prononcée ε à partir du 1ᵉʳ siècle de notre ère. On a retrouvé des témoins de ce glissement dans des inscriptions attiques et des papyrus de ce temps ; mais la pratique de ce changement dans la langue vulgaire remonterait au IIᵉ siècle avant Jésus-Christ.[197] La variante ἑταίρων serait-elle originelle ? Le texte hébreu (H^AB1, la version probablement originelle ; voir ci-dessus) n'est d'aucun secours pour répondre à cette question. Nous estimons que le traducteur grec a ajouté ἑτέρων ou ἑταίρων, puisque H^AB1 s'arrête à בְיָד.

---

196. Voir aussi Gesenius, *Hebräisches und Aramäisches Handwörterbuch über das Alte Testament*, 18e éd., sous « נשא », 852.
197. Voir Henry St. John Thackeray, *A Grammar of the Old Testament in Greek. Introduction, Orthography and Accidence* (Cambridge : Cambridge University Press, 1909), 77–78.

Si 10,19-11,6 (G) : Quelques observations et considérations

10,19 : Ce verset montre la dualité, le double côté de l'homme (comme d'une médaille ; voir aussi sous Si 10,19-11,6 H^A et H^B ci-dessus) : l'homme est soit honoré ou honorable, soit méprisé ou méprisable selon son attitude intérieure et extérieure. Il se trouve donc devant un choix : celui de « craindre le Seigneur » ou pas, de vivre selon ses commandements ou pas (voir aussi Si 15,13-20 ; Dt 11,26-28 ; 30,15-20). En fonction de ce choix, l'homme (en général) est honoré ou pas. Le critère de séparation est la fidélité ou l'infidélité à l'enseignement des pères (voir aussi Dt 6,1-3) ; ce critère est donc d'ordre religieux et moral[198].

10,21 est absent dans les versions H, Syr et La. Ce verset contient plusieurs *hapaxlegomena* du Siracide. 10,21b fait allusion à des attitudes intérieures par lesquelles l'homme s'exclut lui-même de la communion avec le Seigneur, « l'endurcissement » et « l'orgueil ». Ces attitudes produisent l'effet contraire de « la crainte du Seigneur » (10,21a).

10,22 (Ziegler) : Ce texte (GII) est-il plus tourné vers les Juifs hellénisés ? Le mot προσήλυτος (גר) désigne d'abord l'étranger vivant en Israël sans faire partie de la communauté juive. Plus tard, ce terme englobe également les païens entrés dans la communauté par la circoncision et l'observance de la Loi. En plus, il y a peut-être eu les « craignant-Dieu ». Ces deux groupes, les prosélytes et les « craignant-Dieu », ont-ils été accueillis dans les communautés juives d'Égypte ? Il semble que le prosélytisme juif y était plutôt une affaire sporadique. Collins affirme même : « Evidence of proselytism in Egypt is remarkable by its absence ».[199]

10,30 : La connaissance ou le savoir(-faire) honore le pauvre. Celui-ci est élevé d'abord par Dieu qui est l'auteur de ce don[200] (voir aussi 17,7 : ἐπιστήμη va de pair avec σύνεσις, l'intelligence). Le pauvre n'est pas délaissé par le Seigneur : il bénéficie d'autres richesses – non matérielles. Le texte donne l'impression qu'il s'agit d'une vérité générale.

10,31 : Ce verset semble démentir en quelque sorte la maxime du verset précédent, en tout cas en ce qui concerne le deuxième stique du verset : un riche n'est pas toujours honoré, malgré ses richesses. Mais le v. 31 montre à quel point la pauvreté ou la richesse influent sur l'honneur

---

198. Voir aussi Hadot, *Penchant mauvais et volonté libre*, 127, 166-67.

199. John J. Collins, *Between Athens and Jerusalem. Jewish Identity in Hellenistic Diaspora*, 2e éd., Biblical Resource Series (Grand Rapids : Eerdmans, 2000), 264.

200. Voir Muraoka, *A Greek-English Lexicon of the Septuagint*, 281.

ou le mépris d'un homme. 10,31 se trouve entre deux versets qui mettent l'accent sur une autre source d'honneur : la sagesse (exprimée par les termes ἐπιστήμη et σοφία).

11,5.6 : Voir aussi Si 10,14 : θρόνους ἀρχόντων καθεῖλεν ὁ κύριος καὶ ἐκάθισεν πραεῖς ἀντ' αὐτῶν, « le Seigneur a renversé les trônes des princes et y a établi les humbles ».

1.1.3. Le texte syriaque (Syr)

Smend, Peters et également des chercheurs plus récents partent de l'hypothèse que le traducteur syriaque s'est basé essentiellement sur une version en hébreu et une version secondaire du texte grec. D'après Di Lella, la traduction syriaque résulterait d'une *Vorlage* en hébreu ; celle-ci constituerait la fusion des deux recensions en hébreu HI et HII. En même temps, le traducteur syriaque se serait souvent laissé guider par les variantes de GII.[201] Pour Wido Th. van Peursen, Syr est une traduction libre du texte hébreu. Quant à l'emprunt de variantes de G, Van Peursen ne se prononce pas avec certitude.[202]

Les sources de la version syriaque du livre de Ben Sira (Bar Sira en syriaque) sont multiples ;[203] nous ne mentionnons ici que des manuscrits de la Peshitta et de la Syro-Hexaplaire,[204] des Pères de l'Église, des commentaires ou des lectionnaires citant Bar Sira. Ce livre a été conservé dans soixante-cinq manuscrits datant du VIe ou du VIIe (la datation est controversée) au XIXe siècle. Mais déjà à partir du Ve siècle, nous trouvons des citations de Bar Sira, par exemple dans les œuvres d'Ephrem, du Pseudo-Ephrem ou d'Aphrahat. Comparé à d'autres écrits bibliques, le livre de Bar Sira a été peu commenté.[205]

---

201. Smend, *Die Weisheit des Jesus Sirach. Erklärt*, cxlv; Norbert Peters, *Das Buch Jesus Sirach*, lxxvi; Skehan et Di Lella, *The Wisdom of Ben Sira*, 57. Voir aussi Michael M. Winter, « Peshitta Institute Communication XII: The Origins of Ben Sira in Syriac (Part I) », *VT* 27 (1977) : 237.

202. Van Peursen, *Language and Interpretation in the Syriac Text of Ben Sira. A Comparative Linguistic and Literary Study*, Monographs of the Peshitta Institute Leiden 16 (Leiden : Brill, 2007), 16-18, 418-19.

203. Voir Van Peursen, « Ben Sira in the Syriac Tradition », dans Rey et Joosten, *The Texts and Versions of the Book of Ben Sira*, 143-65.

204. Pour un résumé de la situation complexe des textes syriaques, voir Gilbert, « Siracide », col. 1400; voir aussi l'apparat critique de l'édition de Ziegler.

205. Pour les commentaires de la tradition syriaque occidentale et orientale, voir

Nous trouvons le texte syriaque de Si 10,19-11,6 dans le Codex Ambrosianus. Celui-ci fait partie des anciens manuscrits de la Peshitta.[206] Pour les textes du livre de Ben Sira dans la Syrohexaplaire, le Codex Ambrosianus représente le manuscrit le plus important.[207] Theodor Nöldeke est le premier à dater le Codex Ambrosianus au VIIe siècle. Il base son hypothèse sur l'influence de la Syrohexaplaire (achevée en 617).

Ceriani est convaincu que ce codex date du VIe siècle ; Van Peursen le situe à la fin du VIIIe ou au début du IXe siècle. D'après Van Peursen, les manuscrits les plus anciens contenant le texte de Bar Sira datent du VIIe ou peut-être du VIe siècle.[208] Le Codex Ambrosianus comprend la littérature sapientielle et les Prophètes, mais le chapitre 51 de Bar Sira manque. Étant donné que la Syrohexaplaire était considérée comme « la traduction de la Septante »,[209] l'explication de Ziegler concernant ce folio manquant paraît plausible : « In Syh fehlt Kapitel 51, wohl nicht 'in Folge einer Verstümmelung der Handschrift',[210] sondern weil es in der griechischen Vorlage nicht stand ».[211] Malgré l'importance de la version syrohexaplaire du livre de Ben Sira pour les chercheurs, elle ne remplaça jamais la Peshitta. Le texte de Ben Sira de la Peshitta daterait du IIIe ou IVe siècle.[212]

Smend considère que la traduction syriaque du livre de Ben Sira est la plus mauvaise de toute la Bible syriaque. Les raisons en sont multiples, mais nous ne pouvons pas déployer ce point ici.[213] Smend déplore que le traducteur ait trop fréquemment opté pour des solutions de compromis entre les textes hébreu et grec. Il considère néanmoins que la traduction

---

Van Peursen, « Ben Sira in the Syriac Tradition », 147-52 ; Nuria Calduch-Benages, Joan Ferrer, et Jan Liesen, *La Sabiduría del Escriba. Edición diplomática de la version siriaca del libro de Ben Sira según el Códice Ambrosiano, con traducción española e inglesa ; Wisdom of the Scribe. Diplomatic Edition of the Syriac Version of the Book of Ben Sira according to Codex Ambrosianus, with Translations in Spanish and English*, Biblioteca Midrásica 26 (Estella, Navarra : Editorial Verbo Divino, 2003), 60-62.

206. Calduch-Benages, Ferrer, et Liesen, *La Sabiduría del Escriba*, 51.
207. Van Peursen, « Ben Sira in the Syriac Tradition », 158.
208. Van Peursen, *Language and Interpretation*, 418.
209. Van Peursen, « Ben Sira in the Syriac Tradition », 156.
210. Smend, *Die Weisheit des Jesus Sirach. Erklärt*, lxxii.
211. Ziegler, *Sapientia Iesu Filii Sirach*, 58.
212. Calduch-Benages, Ferrer, et Liesen, *La Sabiduría del Escriba*, 40 ; pour les manuscrits et les éditions de la Peshitta de Ben Sira, 42-47.
213. Smend donne des explications sur base d'exemples à *Die Weisheit des Jesus Sirach. Erklärt*, cxxxvii-cxl ; voir aussi Box et Oesterley, « The Book of Sirach », 288.

syriaque a son importance car elle transmet des stiques contenus uniquement dans les textes hébreux ou latins ou dans quelques manuscrits grecs ; quelquefois, les fragments de textes dont nous disposons seraient même à émender d'après la traduction syriaque.[214]

Giovanni Rizzi souligne les divergences entre le texte de Ben Sira dans les versions H, G et *La* et la traduction dans la Peshitta (Pesh Sir), ainsi qu'un manque de rigueur et de fiabilité dû entre autres à des commentaires, des paraphrases, des traductions fantaisistes (« fanciful translations »), des résumés, des additions et des développements. Tout ceci diminuerait la valeur de ce texte. Lorsque Pesh Sir a un matériau commun avec H et G, la traduction syriaque contient des différences au niveau de la formulation et de la signification. Certains chercheurs attribuent ces divergences au fait d'une mauvaise compréhension de l'hébreu, d'autres y voient des altérations délibérées. Cette question est d'autant plus complexe qu'il y a plusieurs versions du texte hébreu. Cette complexité s'applique également à la relation de Syr avec GII.[215]

Michael M. Winter a un regard plus positif que ceux qui ne voient dans les altérations du texte hébreu que des paraphrases ou des traductions mauvaises. Il y voit plutôt des options prises par le traducteur syriaque pour adapter le texte à ses préférences théologiques, à la manière des auteurs des Targoumims.[216] Mais qui sont les auteurs de ces « altérations » ? S'agit-il de traducteurs ébionites[217] ou esséniens ? Dans son article « Theological Alterations in the Syriac Translation of Ben Sira »,[218] Winter rejette la probabilité d'une intervention purement essénienne, même si des influences esséniennes sont décelables. En effet, le monastère de Qumrân

---

214. Smend, *Die Weisheit des Jesus Sirach. Erklärt*, cxl-cxli. Voir aussi Calduch-Benages, Ferrer, et Liesen, *La Sabiduría del Escriba*, 38.

215. Voir Giovanni Rizzi, « Christian Interpretation in the Syriac Version of Sirach », dans *The Wisdom of Ben Sira. Studies on Tradition, Redaction and Theology*, éd. Angelo Passaro et Giuseppe Bellia, DCLS 1 (Berlin : de Gruyter, 2008), 277-308 ; ici 285-86.

216. Winter, « Peshitta Institute Communication XII », 238-51 (avec exemples à l'appui).

217. La dénomination « Ébionite » est un topos pour les judéo-chrétiens dans les hérésiologies du IIIe, IVe siècle. Ils se comprenaient comme des pauvres (אֶבְיוֹנִים) devant Dieu, c'est-à-dire comme des pieux. Voir Georg Strecker, « Judenchristentum », TRE 17 : 310-25, ici 312.

218. Michael M. Winter, « Theological Alterations in the Syriac Translation of Ben Sira », *CBQ* 70 (2008) : 300-312.

fut détruit pendant la guerre juive de 66–70 après J.-C., et la communauté des Esséniens n'a pas survécu à cette destruction.

Une explication plausible semble venir de Oscar Cullmann qui souligne le fait que les Ébionites étaient des Esséniens convertis.[219] Partant de l'hypothèse de Winter qu'une première traduction fut réalisée par un Ébionite, une influence essénienne dans le texte syriaque peut s'expliquer. Après cette première étape, un chrétien orthodoxe (« a mainstream orthodox Christian ») aurait révisé le texte, afin de pouvoir l'intégrer dans la Peshitta.[220] Cette analyse a été confirmée entre autres par Di Lella, mais démentie par Van Peursen.[221] Robert J. Owens a essayé de montrer par la proximité avec des textes du Nouveau Testament que le traducteur syriaque était issu du milieu chrétien.[222] Michael P. Weitzmann est d'accord avec certaines caractéristiques ébionites détectées par Winter dans la Peshitta de Ben Sira, à savoir le rejet du sacrifice et de la Loi (Winter semble affirmer le contraire concernant la Loi ; voir ci-dessous) et la haute estime de la prière et de la pauvreté. En revanche, Weitzmann a retrouvé ces mêmes caractéristiques également dans les Chroniques et dans d'autres livres vétérotestamentaires.[223] Partant de cette base, il en déduit que la traduction syriaque provient non pas de la chrétienté ébionite, mais d'un mouvement issu d'une forme de judaïsme non rabbinique et anti-cultuelle qui, à un stade ultérieur, pourrait s'être tourné vers la foi chrétienne. Weitzmann voit dans ce mouvement une tendance présente et perpétuée dans le judaïsme considérant la prière – et non le sacrifice – comme un

---

219. Oscar Cullmann, « Die neuentdeckten Qumrantexte und das Judenchristentum der Pseudoklementinen », dans *Neutestamentliche Studien für Rudolf Bultmann zu seinem siebzigsten Geburtstag am 20. August 1954*, éd. Walther Eltester, BZNW 21 (Berlin : Töpelmann, 1954), 47–51.

220. Winter, « Theological Alterations in the Syriac Translation », 301, 312.

221. Skehan et Di Lella, *The Wisdom of Ben Sira*, 57 ; Van Peursen, *Language and Interpretation*, 13, 419 ; voir aussi 77–96 et 126–33 pour des analyses plus approfondies à ce sujet.

222. Robert J. Owens, « Christian Features in the Peshitta Text of Ben Sira: The Question of Dependency on the Syriac New Testament », dans *The Texts and Versions of the Book of Ben Sira. Transmission and Interpretation*, éd. Jean-Sébastien Rey et Jan Joosten, JSJSup 150 (Leiden : Brill, 2011), 177–96.

223. Voir Michael P. Weitzmann, *The Syriac Version of the Old Testament. An Introduction*, University of Cambridge Oriental Publications 56 (Cambridge : Cambridge University Press, 1999), 206–66 ; Calduch-Benages, Ferrer, et Liesen, *La Sabiduría del Escriba*, 43–45.

des piliers de sa religion (voir aussi le Nouveau Testament). Étant donné que des altérations délibérées ont été repérées dans le texte syriaque, il serait plus adéquat de parler de traductions interprétatives, et donc d'un réel travail herméneutique.[224]

Dans un article récent, Jan Joosten affirme qu'une partie de la communauté juive à laquelle on attribue la traduction syriaque à partir de l'hébreu a également accepté jusqu'à un certain point le message chrétien et emporta leurs écrits dans l'Église syriaque.[225] Dans la Peshitta, le livre de Ben Sira se distingue des autres écrits vétérotestamentaires par la présence d'allusions au Nouveau Testament. Ceci fait de la traduction syriaque de Ben Sira une « création hybride ». Ben Sira a d'abord été traduit en milieu juif de l'hébreu en araméen targoumique, puis la version araméenne a été adaptée au contexte syriaque par une « main » chrétienne qui n'avait plus accès au texte hébreu. Ceci explique aussi un profil théologique mixte contenant des traits typiquement juifs se référant à la première étape de la version, et des traits plutôt chrétiens attribuables à la seconde étape.[226] La première étape pourrait se situer au IIe ou IIIe siècle de notre ère. La seconde étape, la traduction en syriaque (le dialecte local) sans référence à une *Vorlage* en hébreu ou à la Septante, contenant des allusions au Nouveau Testament et peut-être aussi des réflexions personnelles, pourrait être attribuée à une ou plusieurs mains, ayant modifié le texte dans un laps de temps plus ou moins long. Cette adaptation textuelle aurait été faite à Édesse ou dans les environs à une époque où le Nouveau Testament avait déjà pris racine dans la communauté locale. La version finale n'aurait pas été rédigée avant le IIIe siècle, mais plutôt après. Elle a considérablement modifié le texte source de la première mouture, et donc probablement aussi « l'original » hébreu de Ben Sira.

---

224. Voir Calduch-Benages, Ferrer, et Liesen, *La Sabiduría del Escriba*, 52.

225. Jan Joosten, « Language and Textual History of Syriac Ben Sira », dans *Texts and Contexts of the Book of Sirach. Texte und Kontexte des Sirachbuches*, éd. Gerhard Karner, Frank Ueberschaer, et Burkard M. Zapff, SCS 66 (Atlanta : SBL Press, 2017), 189-98; ici 190. Voir aussi Weitzmann, *The Syriac Version*, 258-62.

226. Voir aussi Joosten, « Language and Textual History », 196-97 quant à l'histoire des différentes étapes de la traduction.

10,19

ܙܪܥܐ ܡܝܩܪܐ ܡܐ ܕܐܕܡ ܠܐܢܫܐ.	19a Quelle race est honorable ? La race humaine.
ܙܪܥܐ ܡܝܩܪܐ ܡܢ ܕܕܚܠ ܠܐܠܗܐ.	19b Quelle race est honorable ? Celle qui craint Dieu.
ܙܪܥܐ ܡܝܩܪܐ ܡܢ ܕܢܛܪ ܦܘܩܕܢܐ.	19c Quelle race est honorable ? Celle qui observe les commandements.
ܙܪܥܐ ܐܟܝܠܐ ܡܐ ܕܐܕܡ ܠܐܢܫܐ.	19d Quelle race est méprisable ? La race humaine.
ܙܪܥܐ ܐܟܝܠܐ ܡܢ ܕܠܐ ܢܛܪ ܦܘܩܕܢܐ.	19e Quelle race est méprisable ? Celle qui n'observe pas les commandements.

Comparé à G, Syr a inséré un stique entre le deuxième et le troisième : « Quelle descendance est honorable ? Celle qui observe les commandements ». Ce stique manque également dans les autres versions (H et *La*). S'agirait-il ici d'une altération (par un ajout) de la main d'un traducteur ébionite ? Winter compte en effet parmi les caractéristiques des Ébionites celle d'une stricte observance de la Loi de Moïse (voir aussi les exemples de Si 32[35],1–6 ; 46,10).[227]

L'honneur de l'homme vient de sa crainte de Dieu ; et ne pas observer les commandements déshonore l'homme (voir Dt 6,1–6). Syr l'exprime d'abord positivement : l'honneur de l'homme vient de son observance des commandements. Nous retrouvons ici le lien entre la crainte de Dieu et l'observance des commandements, associées toutes les deux à la sagesse en Si 1 (seulement en G, Syr, *La*).

10,20

ܒܝܬ ܐܚܐ ܩܫܝܫܐ ܡܝܩܪ.	20a Parmi les frères, l'aîné est honoré,
ܘܕܕܚܠ ܠܐܠܗܐ ܡܝܩܪ ܗܘ ܡܢܗ.	20b Et celui qui craint Dieu est honoré plus que lui.

227. Winter, « Peshitta Institute Communication XII », 238–39; Winter, « Theological Alterations in the Syriac Translation of Ben Sira », 301–2.

Au premier stique, Syr a traduit ראש par ܩܫܝܫܐ, l'équivalent de πρεσβύτερος (plutôt que ἡγούμενος en G), selon Smend en guise d'explication de ראשם. Ou avons-nous déjà une allusion à la fonction particulière du presbytre dans la communauté chrétienne ? *La* fait également plutôt allusion à une fonction dans la communauté (*rector*). Le deuxième stique en syriaque correspond à H^B (« plus que lui »), variante non retenue car nous la considérons comme étant la moins bonne, tandis que G et *La* ont suivi une variante mal comprise de H^A (le texte étant corrompu).

10,21

Ce verset est absent en Syr, comme en H et *La*. Ceci semble confirmer la thèse selon laquelle le traducteur syriaque s'est basé sur une *Vorlage* en hébreu. Syr omet donc le distique présent en GII.[228]

10,22

ܐܘܪܚܐ ܐܚܣܢܐ ܘܡܣܟܢܐ ܘܟܪܝܗܐ ܠܗ.	22a Un immigrant étranger qui est pauvre et affligé,
ܐܚܕܘܗܝ ܒܣܕܪܘܗܝ ܕܕܚܠܬܗ.	22b sa gloire consiste dans sa crainte de Dieu.

Du point de vue de la symétrie, Syr se rapproche le plus de H (quatre termes pour qualifier différentes positions sociales faisant ressortir la précarité de la personne en question). Au niveau du contenu, le premier stique du v. 22 en Syr est un mélange entre H, G de l'édition de Ziegler et l'oncial C (le premier stique termine par καὶ πτωχός καὶ πένης; voir sous version grecque).

10,23

ܠܐ ܠܡܒܣܪ ܥܠ ܡܣܟܢܐ ܐܙܕܩܐ.	23a Il ne faut pas mépriser un pauvre juste,
ܐܦܠܐ ܠܡܝܩܪ ܥܠ ܥܬܝܪܐ ܥܘܠܐ.	23b ni honorer le riche impie.

---

228. Voir aussi Winter, « Peshitta Institute Communication XII », 237; Gilbert, « Siracide », col. 1400.

Syr correspond à *La* qui a deux noms porteurs des mêmes qualificatifs, sauf qu'au premier stique ils sont inversés : en *La*, il ne faut pas mépriser un juste qui est pauvre ou même s'il est pauvre, et en Syr, l'accent est mis sur le pauvre d'abord – comme en H et G, sauf qu'ici, il s'agit du pauvre « intelligent ». Dans ce verset, Syr reste dans le registre éthique.

10,24

    ܐܟܐ ܡܟܒܕܗܐ ܘܪܫܢܐ ܥܡܐ.   24a Honore un grand et un gouverneur et un juge,

ܘܠܟܐ ܐܕ ܗܘ ܡܢ ܕܡܟܒܕ ܠܡܢ ܕܪܚܠ ܠܐܠܗܐ.   24b mais il n'y a pas de plus grand que celui qui honore celui qui craint Dieu.

Au premier stique, Syr suit H^B. Le deuxième stique est différent de H, G et *La* en ce sens qu'il précise que le personnage le plus important parmi ceux qui sont nommés est celui qui honore un craignant-Dieu. Celui qui craint Dieu n'est pas directement visé comme personne la plus honorable (comme dans les autres versions), mais il l'est indirectement à travers une tierce personne.

Pourquoi ce texte a-t-il été modifié ? En H^A nous avons גדול [.]וא מ[.]רא אלהים. Smend suggère que נכבד ait pu être une variante pour גדול et aurait ensuite été ajouté à côté de גדול, pour être modifié à la fin en ממכבד. Cette explication ne nous convainc pas. Nous en voyons une autre : étant donné qu'au premier stique, Syr suit H^B, ne serait-il pas possible qu'en 24b il ait également suivi cette *Vorlage*, avec un texte lisible, puisque la copie dont nous disposons est lacunaire à cet endroit ? Smend ne disposait pas encore du texte du MS B et ne pouvait donc pas y faire référence.

10,25

    ܥܒܕܐ ܚܟܝܡܐ ܒܢܝ ܚܐܪܐ ܢܫܡܫܘܢܗ.   25a Un serviteur sage, des hommes libres le serviront,

ܘܓܒܪܐ ܣܟܘܠܬܢܐ ܟܕ ܡܬܪܕܐ ܠܐ ܡܬܪܥܡ.   25b et un homme intelligent, lorsqu'il est instruit, ne murmure pas.

Le premier stique correspond plus ou moins aux autres versions (seul H a employé le qualificatif « intelligent » (משכיל) au lieu de « sage » ; peut-être s'agit-il plutôt de la sagesse pratique que H voulait mettre en évidence.

Au deuxième stique, Syr a ajouté « lorsqu'il est instruit » ou « discipliné », comme *O, L*-672-694-743 et d'autres minuscules (παιδευομενος), ainsi que *La* (*disciplinatus*). Παιδεύω peut prendre l'acception d'instruire par la punition, la discipline.[229] En 10,25b Syr suit H^B3.4 et G, et *La* seul a ajouté *correptus* à la fin.

10,26

ܘܠܐ ܬܬܒܛܠ ܒܥܒܕܟ ܕܟܝܪ.	26a Ne sois pas paresseux en faisant ton travail ;
ܘܠܐ ܬܫܬܒܗܪ ܒܙܒܢܐ ܕܐܘܠܨܢܟ.	26b et ne te glorifie pas au temps de ta dèche.

Par rapport à *La*, le texte syriaque a inversé les deux injonctions négatives au début de chaque stique : L'idée de la lenteur d'aller en besogne en 10,29b*La* se retrouve en 10,26aSyr, prise ici dans le sens de paresse. Syr conseille d'être appliqué dans son travail (26a) – en somme de bien faire son travail, tandis que *La* conseille de s'activer quand les temps sont difficiles (29b), en fait pour mieux s'en sortir. Le deuxième stique du v. 26Syr correspond aux versions H et G. Compte tenu du verset suivant, 10,26Syr est la version la plus plausible ; en Syr, le v. 26 introduit le verset suivant qui contient la formule connue dans la littérature sapientielle « mieux vaut... » (comme les autres versions) : le v. 27 de la version syriaque reprend l'idée exprimée au verset précédent, à savoir l'importance du travail et le conseil de ne pas se glorifier (comme en H et G) lorsqu'il n'y a pas lieu de le faire.

10,27

ܛܒ ܗܘ ܓܒܪܐ ܕܦܠܚ ܘܩܢܐ ܡܕܡ ܡܢ ܗܘ.	27a Mieux vaut en effet celui qui travaille et gagne de l'argent
ܡܢ ܗܘ ܕܡܫܬܒܗܪ ܘܚܣܝܪ ܡܐܟܘܠܬܐ.	27b que celui qui se glorifie tout en manquant de moyen de subsistance.

Syr suit H au premier stique, comme au deuxième stique si nous optons pour la variante מזון (ܡܐܟܘܠܬܐ), variante qui nous semblait originale (voir ci-dessus). En syriaque, ce mot signifie également « nourriture ; moyen de

---

229. Voir Muraoka, *A Greek-English Lexicon of the Septuagint*, 519.

subsistance ». Nous constatons en Syr une consonance des deux derniers mots à la fin de chaque stique.

10,28

ܒܪܝ ܒܡܟܝܟܘܬܐ ܝܩܪ ܢܦܫܟ.

28a Mon fils, dans l'humilité honore-toi toi-même,

ܘܗܒ ܠܗ ܠܚܟܐ ܐܝܟܐ ܕܡܚܬܡܬ ܒܗ.

28b et accorde-toi la perception par laquelle tu as été signée.

Au deuxième stique, Nuria Calduch-Benages, Joan Ferrer, et Jan Liesen ont traduit ܛܥܡܐ par « (common) sense ». Louis Costaz propose « saveur ; connaissance ; prudence ; signification ». Dans le dictionnaire de Jessie Payne Smith, nous trouvons « taste, perception, discernment, sapience, sense ».[230] Nous traduisons plutôt par « et accorde-toi la perception », comprenant « perception » dans le sens positif de « considération », comme en araméen (voir sous 10,28H ; voir aussi 10,31La). Ainsi, Si 10,28Syr suivrait H et G (*La* n'a pas gardé la notion d'humilité au premier stique).

La racine ܚܬܡ en 10,28b peut signifier à la fois « signer, marquer, sceller » et « submerger ; être immergé ». Est-ce ici dans le sens baptismal « signer du sceau » ou « être immergé » dans l'eau du baptême ? Dans ce cas, nous aurions ici une empreinte chrétienne, et la version syriaque se démarquerait des autres versions dans le sens que l'estime, la considération résulte du fait d'avoir été marqué par le sceau du baptême.

10,29

ܒܪܝ ܡܢ ܕܡܚܝܒ ܢܦܫܗ ܡܢܘ ܢܙܟܝܘܗܝ.

29a Mon fils, celui qui se condamne lui-même, qui l'acquittera ?

ܐܘ ܡܢܘ ܢܝܩܪ ܠܗܘ ܕܡܨܥܪ ܢܦܫܗ.

29b Ou qui honorera celui qui se méprise lui-même ?

Syr suit H (en 29a, Syr a comme H[B] l'adresse « mon fils »). Nous ne trouvons pas ici de notion de péché comme motif d'accusation comme en G (τὸν

---

230. Calduch-Benages, Ferrer, et Liesen, *La Sabiduría del Escriba*, 112; Louis Costaz, *Dictionnaire Syriaque-Français. Syriac-English Dictionary*, 3e éd. (Beyrouth : Dar El-Machreq, 2002), 130; Jessie Payne Smith, éd., *A Compendious Syriac Dictionary. Founded upon the Thesaurus Syriacus of R. Payne Smith* (Oxford : Clarendon, 1903), 179.

ἁμαρτάνοντα) et *La* (*peccantem*), ce qui, d'après Peters, est une mauvaise compréhension de מרשיע.[231] H et Syr restent plus ouverts en ne donnant pas de motif de condamnation. En même temps, ces deux versions suivent plus logiquement l'idée du verset précédent, à savoir que chacun contribue lui-même à la perception que d'autres ont de lui. La considération de sa propre personne aura un impact sur le respect des autres à son égard.

10,30

ܐܝܬ ܡܣܟܢܐ ܕܡܝܩܪ܆ ܡܛܠ ܣܘܟܠܗ.	30a Un pauvre est honoré à cause de sa sagesse,
ܘܐܝܬ ܥܬܝܪܐ ܕܡܝܩܪ܆ ܡܛܠ ܥܘܬܪܗ.	30b et un riche est honoré à cause de sa richesse.

Syr suit H et G, sauf qu'au premier stique, nous avons trois termes différents pour « la sagesse » dans ces trois versions : Syr traduit שכלו (« son intelligence ») par ܣܘܟܠܗ, et G emploie ἐπιστήμη (« savoir ») ; *La* traduit par *per disciplinam* (« par sa science »), et ajoute *et timorem suum*.

10,31

ܕܡܝܩܪ܆ ܒܡܣܟܢܘܬܗ ܒܥܘܬܪܗ ܚܕ ܟܡܐ.	31a Celui qui est honoré dans sa pauvreté, combien plus dans sa richesse !
ܘܕܐܣܠ ܒܥܘܬܪܗ ܒܡܣܟܢܘܬܗ ܚܕ ܟܡܐ.	31b Et celui qui est méprisé dans sa richesse, combien plus dans sa pauvreté !

Ce verset correspond à H[B1] et à G.[232] Les idées d'honneur et de déshonneur sont poursuivies ici. Elles concernent le pauvre et le riche, non pas exclusivement pour leur place dans la société, mais pour leur degré de sagesse. L'honneur du riche qui n'est honoré que pour ses richesses, n'est pas très stable ; on peut dire que cet honneur est conjoncturel. Nous pourrions presque commencer 10,31b par « malheur à ».

---

231. Peters, *Das Buch Jesus Sirach*, 94; voir aussi Smend, *Die Weisheit des Jesus Sirach. Erklärt*, 100.

232. D'après Di Lella (*The Hebrew Text*, 117–19), 10,31ab[A2.B2] du texte hébreu serait une rétroversion médiévale à partir du texte syriaque (voir ci-dessus, p. 34).

11,1

ܬܚܟܡܬܗ ܕܡܣܟܢܐ ܐܪܝܡ ܪܫܗ.   11,1a La sagesse du pauvre élève sa tête

ܘܒܝܢ ܚܟܝ̈ܡܐ ܐܘܬܒܗ.   11,1b et elle l'établit parmi les souverains.

Syr suit H, tandis que *La* est plus proche de G : Comme H, Syr évoque la sagesse du pauvre, que G et *La* ont substitué par « l'humble » ou encore « l'humilié ». La version syriaque met donc également le pauvre à l'honneur, ce qui constitue une des caractéristiques attribuées aux Ébionites par Winter.[233] Si 11,1 développe ce qui a été exprimé aux versets précédents : d'une part l'idée de l'honneur qui revient au pauvre qui est sage, et d'autre part celle de la stabilité de cet honneur (contrairement à l'honneur conjoncturel du riche) par l'emploi du verbe « établir » qui a une connotation de permanence.

11,2

ܠܐ ܬܫܒܚ ܓܒܪ ܡܛܠ ܕܫܦܝܪ ܚܙܘܗ.   11,2a Ne loue pas un homme pour sa belle apparence,

ܘܠܐ ܐܢܫ ܬܟܐܐ ܡܛܠ ܕܣܢܐ ܚܙܘܗ.   11,2b et ne réprimande personne pour son apparence laide.

Nous retrouvons ici la même idée que dans les textes hébreux (MSS A et B au premier stique, et MS A au deuxième) et grec (pour les différences, voir sous version grecque). Contrairement aux autres versions, Syr qualifie explicitement l'apparence de la personne mentionnée aux stiques a et b (*La* n'a pas de qualificatif du tout ici). Nous pourrions dire que Syr combine le premier stique de la version grecque avec le deuxième stique de H^A, tandis que *La* combine le stique a de H^{AB} avec le stique b de G. Nous constatons qu'en 11,2b, Syr a adouci אל תתעב (« n'abomine pas ») en ܠܐ ܬܟܐܐ (« ne réprimande pas »), peut-être par souci de construire une antithèse parfaite avec le premier stique,[234] ou pour enlever la violence dans l'expression du texte hébreu. 11,2Syr est la version la plus explicite de toutes.

---

233. Winter, « Theological Alterations in the Syriac Translation of Ben Sira », 301.
234. Voir Smend, *Die Weisheit des Jesus Sirach. Erklärt*, 102.

Nous passons ici du motif de l'honneur dû à une personne pour ses qualités intérieures liées à la sagesse (11,1), à ses qualités extérieures (11,2) qui, elles, ne peuvent servir de motif ni à la louange ni au mépris. De la gloire qui va de soi, car elle est liée à l'être en Si 11,1, nous avons un glissement vers la gloire liée au paraître en 11,2a, dépendante de jugements aléatoires. La beauté ou l'apparence agréable et leur contraire dépendent en effet de l'œil de celui qui regarde. De plus, le pauvre n'a pas les mêmes moyens que le riche pour mieux « arranger » son apparence.

11,3

ܡܛܠ ܕܫܝܛܐ ܗܝ ܕܒܘܪܐ ܕܦܪܚܬܐ	11,3a Car l'abeille est méprisée parmi les créatures ailées,
ܘܪܝܫ ܛܒܐ ܕܟܠ ܥܠܠܬܐ ܐܒܗ.	11,3b mais son fruit est le meilleur de tous les produits.

Syr correspond plutôt à H^{AB2} au premier stique. Contrairement à G et *La* qui qualifient l'abeille d'après sa taille (ici : « petite »), Syr et H la décrivent d'après son degré de considération (H : « sans importance »). La valeur attribuée à un être est un thème important dans notre unité textuelle. Syr est plus catégorique encore que H, et peut-être plus conséquent en employant le qualificatif « méprisé » (voir aussi ci-dessous). Le deuxième stique suit les MSS A et B du texte hébreu. La comparaison avec l'abeille constitue une justification pour l'abstention de jugement envers une personne en raison de son apparence, car les apparences peuvent être trompeuses et ne rien dire des capacités et des vraies valeurs d'une personne. 11,3b peut faire référence à la sagesse mise en exergue en 11,1, comme « le meilleur de tous les produits ».

11,4

ܠܡܢ ܕܠܒܝܫ ܪܘܩܥܐ ܠܐ ܬܒܙܚ.	11,4a De celui qui est vêtu de loques ne te moque pas,
ܘܠܐ ܬܫܛ ܠܒܪܢܫܐ ܕܡܪܝܪܝܢ ܚܝܘܗܝ.	11,4b et ne méprise pas l'homme aigri,
ܡܛܠ ܕܬܡܝܗܝܢ ܐܢܘܢ ܐܪ̈ܙܘܗܝ ܕܐܠܗܐ.	11,4c car étonnants sont les mystères de Dieu,
ܘܡܛܫܝܢ ܡܢ ܒܢܝܢܫܐ ܥܒ̈ܕܘܗܝ.	11,4d et ses œuvres sont cachées aux hommes.

Aux stiques ab, Syr suit plus ou moins H^{AB2}, sauf que Syr traduit le mot « pagne » en H (אזור) par « haillons, loques » (ܢܘܚܬܐ), mettant ainsi davantage en évidence l'estime due aux nécessiteux, confirmant une des caractéristiques des Ébionites mise en évidence par Winter (voir ci-dessus, sous Si 11,1). Les textes grecs et latins sont différents. D'après Smend, le texte grec serait corrompu à cet endroit (voir ci-dessus). 11,4cSyr est seul à avoir traduit « œuvres » par « mystères », et 11,4d correspond à H^{AB}, sauf que Syr a employé le pluriel (comme G et *La*).

11,5

ܣܓܝܐܝܢ ܫܝܛܐ ܕܝܬܒܘ ܥܠ ܟܘܪܣܝܐ ܕܡܠܟܘܬܐ.	11,5a Nombreux sont les méprisés qui étaient assis sur un trône royal,
ܘܕܠܐ ܡܬܚܫܒ ܗܘܐ ܥܠ ܟܠ ܐܢܫ ܠܒܫܘ ܢܚܬܐ ܕܐܝܩܪܐ.	11,5b et sans qu'il ne vienne à l'esprit[235] de quelqu'un, ils se sont vêtus de vêtements de gloire.

La traduction syriaque suit H^{AB1} avec quelques variantes : au premier stique, Syr reprend la notion du mépris des deux versets précédents (11,3a.4b) en employant trois fois le même verbe (ܫܛ, contrairement à 10,19d.e.29b.31b et à 10,23a) et au deuxième stique, il transpose « le turban royal » (« diadème » en G et *La*) en « vêtements de gloire ». Ainsi, la traduction syriaque est plus conséquente en poursuivant l'idée du mépris (jugement négatif venant de l'extérieur). Van Peursen soulève en Si 11,5a l'expression targoumique (« targumic feature ») de « trône royal » (littéralement « trône du royaume ») ; il parle de quelques arrangements intéressants entre Syr et les targoums (« interesting agreements between Syr and the Targums »).[236] Smend considère que l'expression « vêtements de gloire » est une traduction libre. Le traducteur reprend ici l'image de la tenue vestimentaire de Si 11,4, en renversant le côté misérable en apparence glorieuse. En ceci, le traducteur syriaque est conséquent dans la tendance aux antithèses présente dans le livre de Bar Sira, et il améliore ainsi le texte.

---

235. Littéralement « au cœur ».
236. Van Peursen, *Language and Interpretation*, 73, 201, 425. Pour les différences des versions G et *La*, voir ci-dessus, respectivement ci-dessous.

11,6

ܗܟܢܐ ܣܓܝܐܐ ܡܠܟܐ ܐܬܩܠܠܘ.   11,6a De même, beaucoup de rois ont été traités avec mépris,

ܘܡܝܩܪܐ ܒܝܩܪܗܘܢ ܐܫܬܠܚܘ.   11,6b et ceux qui étaient honorés furent privés de leur honneur.

Le premier stique du texte syriaque suit G, tandis que 11,6b semble être une traduction libre des autres versions. Mais par cette altération, le parallélisme entre les deux stiques du verset 6 d'une part, et le parallélisme antithétique des versets 5 et 6 d'autre part est parfait. Ici aussi, le texte syriaque est amélioré en suivant une logique interne au texte due aux nombreux parallélismes. Comme le texte hébreu, 11,6Syr reprend les antithèses « honneur » - « mépris » de 10,19.

Différences de Syr par rapport à H (et G)

Comme les différences par rapport aux autres versions ont déjà été signalées au fil de la lecture ci-dessus, nous résumons les constats majeurs :
Des tendances ébionites ont été décelées en Si 10,19c ; 11,1.4.
La traduction syriaque suit le plus souvent H, mais elle peut aussi combiner les textes H et G.
Des « améliorations » du texte sont repérables par des constructions de parallélismes antithétiques plus conséquentes (11,2.6), par un souci de cohérence (10,26.27), par la répétition du thème du mépris (11,3-6) ou par un arrangement targoumique (11,5).
Nous soupçonnons la trace d'une « main » chrétienne en 10,28 par une allusion possible au baptême.

1.1.4. Le texte latin (*La*)

Le texte de l'Écclésiastique dans la *Vetus Latina* vient de la version longue du texte grec (Gr II ; voir ci-dessus) et est probablement antérieur à la fin du IIe siècle. Plus tard, le texte latin est revu à partir de la forme brève de Gr I.[237] De toutes les traductions secondaires (« Tochterübersetzungen ») du Siracide grec, celle de *La* est fondamentale.[238]

---

237. Voir Gilbert, « Siracide », col. 1398-99, 1410.
238. Voir Ziegler, *Sapientia Iesu Filii Sirach*, 75.

La traduction de l'Ecclésiastique est donc établie sur une version GII que nous n'avons plus. Mais quelquefois, *La* se base sur H (voir Ziegler). Est-ce que G perdu était plus fidèle à H que le texte que nous avons actuellement ? *VL*-Vulgate semble être le meilleur témoin de GII (perdu) car il intègre des modifications significatives que nous n'avons plus dans GII actuellement. Quelques additions supposent, paraît-il, des substrats juifs plutôt qu'une origine chrétienne.

10,23 Semen hominum honorabitur hoc quod timet Dominum	10,23 La race des hommes qui sera honorée est celle qui craint le Seigneur,
semen autem hoc exhonorabitur hominum quod praeterit mandata Domini	mais la race des hommes qui sera déshonorée est celle qui transgresse les commandements du Seigneur.
10,24 In medio fratrum rector illorum in honore	10,24 Au milieu des frères, leur guide est à l'honneur,
et qui timent Deum erunt in oculis illius	et ceux qui craignent Dieu le seront aux yeux de celui-là.
10,25 Gloria divitum honoratorum et pauperum timor Dei est	10,25 La gloire des riches, de ceux qui sont honorés et des pauvres, c'est la crainte de Dieu.
10,26 Non despicere hominem iustum pauperem	10,26 Ne méprise pas un homme juste (même s'il est) pauvre,
et non magnificare virum peccatorem divitem	et ne vante pas un homme pécheur (même s'il est) riche.
10,27 Magnus est iudex et potens est in honore	10,27 Le juge est important et le souverain est honoré,
et non est maior illo qui timet Deum	et (pourtant) nul n'est plus grand que celui qui craint Dieu.
10,28 Servo sensato liberi servient	10,28 Des hommes libres se mettront au service de l'esclave sage,
et vir prudens disciplinatus non murmurabit correptus	et l'homme prudent bien instruit ne murmurera pas lorsqu'il est blâmé,
et inscius non honorabitur	mais l'ignorant ne sera pas honoré.
10,29 Noli te extollere in faciendo opere tuo	10,29 Ne te vante pas en faisant ton travail,

et noli cunctari in tempore
angustiae

10,30 Melior est qui operatur et
abundat in omnibus
quam qui gloriatur et eget panem

10,31 Fili in mansuetudine serva
animam tuam
et da illi honorem secundum
meritum suum

10,32 Peccantem in animam suam
quis iustificabit
et quis honorificabit exhonorantem
animam suam

10,33 Pauper gloriatur per
disciplinam et timorem suum
et est homo qui honorificatur
propter substantiam suam

10,34 Qui gloriatur in paupertate
quanto magis in substantia

et qui gloriatur in substantia
paupertatem vereatur

11,1 Sapientia humiliati exaltabit
caput illius
et in medio magnatorum consedere
illum faciet

11,2 Non laudes virum in specie
sua
neque spernas hominem in visu
suo

11,3 Brevis in volatilibus est apis

et initium dulcoris habet fructus
illius

et ne tarde pas au temps de la
difficulté.

10,30 Mieux vaut celui qui travaille
et est dans l'abondance en tout
que celui qui est glorifié, mais
manque de pain.

10,31 Mon fils, garde ton âme dans
la bienveillance,
et accorde-lui l'honneur qu'elle
mérite.

10,32 Celui qui pèche en son âme,
qui le justifiera,
et qui honorera celui qui déshonore
son âme ?

10,33 Un pauvre est glorifié par sa
science et sa crainte (de Dieu),
et tel est honoré à cause de sa
fortune.

10,34 Celui qui est glorifié dans la
pauvreté, combien plus (le serait-il)
dans la richesse ;

mais celui qui est glorifié étant
fortuné, qu'il redoute la pauvreté.

11,1 La sagesse de l'humilié relèvera
sa tête,
et elle le fera asseoir au milieu de
personnages éminents.

11,2 Ne loue pas un homme d'après
son apparence,
et ne dédaigne pas un être humain
pour son aspect.

11,3 Petite est l'abeille entre les
volatiles,
mais son fruit contient l'origine
d'une saveur douce.

11,4 In vestitu ne glorieris umquam	11,4 Ne te glorifie jamais par ton vêtement,
nec in die honoris tui extollaris	et ne te vante pas au jour de ton honneur,
quoniam mirabilia opera Altissimi solius	parce que merveilleuses sont les œuvres du Très-Haut seul,
et gloriosa et absconsa et invisa opera illius	et glorieuses et cachées et invisibles sont ses œuvres.
11,5 Multi tyranni sederunt in throno	11,5 Beaucoup de souverains ont siégé sur le trône,
et insuspicabilis portavit diadema	et l'inattendu a porté le diadème.
11,6 Multi potentes pressi sunt valide	11,6 Beaucoup de puissants ont été fortement rabaissés,
et gloriosi traditi sunt in manus alterorum	et ceux qui aimaient la gloire ont été livrés entre les mains des autres.

En 10,23 *quod timet Deum* (entre autres dans la Sixto-Clémentine[239]) a été substitué par *quod timet Dominum* ; à l'inverse *Dominum* au verset 24 a été changé en *Deum*. La *Vieille Latine* a omis 23c ; = H^A. Οἱ παραβαίνοντες ἐντολάς a été traduit par *quod praeterit mandata*; ceci correspond également au texte H.

10,27 : La Sixto-Clémentine ainsi que le texte grec avaient « magnus *et* judex ».

11,6 : Certains témoins, dont la Sixto-Clémentine, ont *oppressi* (« opprimés ») au lieu de *pressi*.

Différences de *La* (*VL*) par rapport à G

10,23 (19) : Le texte latin n'a plus de questions. Il omet non seulement les questions, mais également les stiques entre le premier et le quatrième (voir version G).

10,24 (20) : Ceux qui craignent Dieu sont honorés par le chef d'un peuple plutôt que par Dieu lui-même. Κύριός est traduit par « Dieu ».

Le verset 21 de GII n'a pas été repris dans *VL*.

---

239. Voir Robert Weber, éd., *Sacra Biblia Iuxta Vulgatam Versionem* (Stuttgart : Württembergische Bibelanstalt, 1975), 2.1041.

10,25 (22) : « Prosélyte » et « étranger » ont été substitués par « les riches » et « ceux qui sont honorés ». *VL* a traduit la version de Rahlfs (GI).

10,26 (23) : À l'inverse du texte grec, *VL* a mis l'accent sur « pauvre » et « riche » comme qualificatifs de personnes qui méritent ou non – d'être honorées. G affirme qu'il ne faut pas mépriser un homme pauvre, mais (ou : lorsqu'il est) intelligent. *La* conseille de ne pas mépriser un homme juste (différent d'« intelligent »), quoique pauvre. Au deuxième stique de ce verset, *VL* ajoute le qualificatif « riche » ; ainsi nous avons un double contraste : juste-pécheur et pauvre-riche.

10,28b (25b): « (lorsqu'il est) blâmé » : *La* a ajouté *correptus*, ce qui correspond à l'ajout de παιδευομενος dans les recensions *O* et *L* (voir G ci-dessus). Pour Peters, *et disciplinatus* est un doublet de *prudens* ou *correptus* (παιδευομενος).[240]

10,28bc : Le troisième stique de 10,28 est une glose explicative du stique précédent et est absent en H et G : « et l'ignorant ne sera pas honoré ». Cet ajout remet à nouveau l'accent sur l'importance de la connaissance, de la sagesse.

10,29a (26b): Le verbe de 10,26b (H, G, Syr: « ne te glorifie pas ») a été déplacé au premier stique en *La* (*Noli te extollere*). À la place de μὴ σοφίζου (10,26a G), le verbe au deuxième stique en *La* est davantage axé sur le travail (*noli cunctari* ; voir aussi Syr) : il s'agit de ne pas perdre de temps, de s'activer maintenant, afin de prévenir la pénurie dans le futur[241]. Le texte latin a inversé les verbes (du moins leur sens) des deux stiques de 10,26Syr. 10,29b prépare 10,30a.

10,30 (27) : *La* suit le texte grec, sans mentionner περιπατεῖν.

10,31a (28a) : Le texte latin omet la notion d'humilité. Le traducteur a compris πραΰτης dans le sens de « douceur », d'où la traduction de δόξασον par « *serva* ».[242]

10,32 (29) : *La* suit G, sauf qu'au deuxième stique, *La* ainsi que H ont l'équivalent de ψυχὴν au lieu de ζωὴν (dans la version grecque). *La* et G mentionnent le péché comme motif de rejet, tandis que H et Syr parlent d'auto-condamnation sans donner de motif.

---

240. Peters, *Das Buch Jesus Sirach oder Ecclesiasticus*, 93.
241. Smend préfère H et G (10,27) (*Die Weisheit des Jesus Sirach. Erklärt*, 99).
242. Qui est une mauvaise traduction pour Smend (*Die Weisheit des Jesus Sirach. Erklärt*, 100).

10,33a (30a) : *La* ajoute *et timorem* (*per disciplinam et timorem suum*), ce qui représente une doublette pour Peters.[243]

10,33b (30b) : καὶ πλούσιος a été traduit par « *et est homo qui* » (H : ויש).
Pour Peters, la *Vieille Latine* aurait mal compris δοξάζεται, dans le sens « médial », c'est-à-dire « par le moyen de, grâce à » (διά avec le génitif signifie « par ») : *gloriatur per disciplinam et timorem suum*. Peut-être est-ce à cause des manuscrits à sa disposition, peut-être des corrections ultérieures du Codex Sinaiticus (S^c).[244] *La* est seul à avoir introduit « la crainte » comme moyen pour acquérir l'honneur.

10,34b (31b) est modifié : « mais celui qui est glorifié dans la richesse, qu'il redoute la pauvreté » sous-entend qu'il sera méprisé dans sa pauvreté. 10,34b sort du style de la sentence proverbiale et sonne plutôt comme un avertissement. Ce deuxième stique sort également du parallélisme antithétique.

11,1 : *VL* a traduit ταπεινός par « l'humilié ». Il s'agirait ici de quelqu'un qui aurait subi une humiliation plutôt que de quelqu'un qui vit humblement par son propre choix (texte grec).

11,2 suit plutôt H au premier stique et G au deuxième. Contrairement aux autres versions, *La* ne précise pas la nature de l'apparence de l'être humain en question.

11,3 suit la traduction grecque.

11,4ab suivent le texte grec, sauf que *La* est plus catégorique : « Ne te glorifie *jamais* par ton vêtement ». Au troisième stique, *VL* ajoute aux œuvres du « Très-Haut », au lieu de « Seigneur », l'indication qu'il est le seul. *La* souligne la distance révérentielle entre Dieu et l'homme, et mentionne le Dieu unique (« les œuvres du Très-Haut seul » ; voir aussi Si 36*La*). Par rapport à H et G, au quatrième stique deux qualificatifs sont ajoutés aux œuvres de Dieu : elles sont « glorieuses » et « invisibles ». Le texte latin insiste sur la grandeur des œuvres du créateur et inspire un certain respect devant les œuvres invisibles de Dieu. Ceci rappelle que la sagesse qui s'inscrit dans la création, est connue par le Seigneur seul.[245] Cette sagesse est cachée. Nous y reviendrons dans les textes ci-dessous.

11,5a : *La* suit l'erreur du texte grec au début du stique (« beaucoup de souverains » au lieu de « beaucoup d'opprimés »), mais a bien lu על כסא.

---

243. Voir Peters, *Das Buch Jesus Sirach*, 94 ; voir aussi apparat critique de Ziegler. Antonius Melissa avait déjà ajouté και ευλαβειαν après δι επιστημην (PG 136.889).

244. Voir apparat critique de Ziegler.

245. Legrand, « La version latine de Ben Sira », 225–26.

Le texte latin perd ici toute la vigueur de l'image du renversement des situations humaines décrit en Si 10,14 (H), renversement opéré ici par le Seigneur.

11,6a est plus proche du texte hébreu, tandis que 11,6b suit le texte grec (avec l'ajout « des autres »).

La suit donc tantôt H, et tantôt G.

1.2. Les orientations de fond

1.2.1. Si 10,19–11,6 H

À partir d'un questionnement, Ben Sira attire l'attention de ses élèves et de ses lecteurs sur différents sujets qui lui sont chers, surtout en tant que membre de la communauté juive, fière de sa tradition, mais également en tant que sage : l'importance de la tradition, de la transmission des vraies valeurs, des bonnes valeurs qui font honneur à la communauté et aux générations futures. Tout d'abord, il parle de la race humaine qui mérite le respect ou même l'honneur (10,19a). Cette même race ou descendance peut tout aussi bien être méprisée. Ben Sira donne les critères de sélection : l'observance ou la transgression des commandements. Le deuxième stique (non conservé en H) peut être considéré comme l'opposé du quatrième. Même si 19b est absent dans le texte hébreu, ce stique est sous-entendu par certains chercheurs, comme Lévi (1901, 1904), ainsi que Box et Oesterley.[246] Nous constatons seulement que dans les textes existants en H, la « crainte de Dieu » n'y est pas encore mentionnée.

Dans cette différenciation entre « race honorable » et « race méprisable », il y a aussi l'idée du libre choix, que nous retrouvons en Si 15,15–17 (sur base de Dt 30). L'honneur ou le déshonneur dépendent donc aussi d'une option prise ou à prendre. Chaque individu ou chaque communauté a devant soi le choix entre la vie ou la mort (voir Dt 30). La question est : que voulons-nous transmettre aux générations futures ? Ben Sira avait fait son choix. Ce choix, il voulait le transmettre à ses élèves et aux générations suivantes : préserver l'honneur en gardant les commandements, en observant la Loi, et en vivant sagement. Ben Sira donne des conseils pour la vie pratique montrant en quoi consiste un comportement sage.

---

246. Voir sous Si 10,19H ci-dessus.

Si 10,20 insiste une première fois dans ce texte sur l'importance de la crainte de Dieu qui procure la gloire. Il s'agit là d'un des fruits résultant de la crainte de Dieu (voir aussi Si 1 ci-dessous). Cette gloire est attribuée à tout être humain, indépendamment de son rang social ou de sa provenance culturelle. Ben Sira élargit le cercle des honorables au-delà du cercle des frères, c'est-à-dire de la communauté juive, et des personnes de haut rang social (voir 10,20, et surtout 10,22.24) par leur attitude commune, celle de la crainte du Seigneur. Ben Sira veut peut-être ouvrir ici la porte aux non-Juifs ; dans ce sens, le changement de אלהים au MS A en יי‎י au MS B en 10,22b ne serait pas innocent.

Parmi les thèmes favoris de Ben Sira figurent la richesse et la pauvreté ainsi que la relation entre les riches et les pauvres (voir 10,23.30.31 ; 11,1.4.5.6). La particularité de Ben Sira est de relier la description des deux groupes à la vie publique de l'époque. Il dépasse donc le cadre conventionnel dans lequel évoluent normalement ces personnes dans la littérature biblique.

Un autre thème important, auquel nous nous consacrerons davantage dans les pages suivantes, est la sagesse. En Si 10, elle est liée à des personnes, de bas rang social en l'occurrence ; la sagesse – il peut s'agir de la sagesse pratique, du savoir-faire – leur confère une certaine valeur, une noblesse même (10,23a.25.30a; 11,1). 11,3 le dit à travers un langage imagé, une métaphore.

1.2.2. Si 10,19–11,6 LXX

La différence majeure du texte de la Septante dans l'édition de Ziegler par rapport à H^A et H^B est l'ajout de Si 10,21 avec ses *hapaxlegomena*. Ce verset présente de nouveaux accents : tout d'abord, la crainte du Seigneur est nommée comme facteur d'« acceptation » ou « d'intégration ». On pense tout naturellement à une communauté qui vit sur des bases communes qui déterminent si on fait partie du cercle ou si on est dehors. La crainte de Dieu devient la base pour accepter éventuellement de nouveaux membres dans la communauté (on peut penser à Ac 10–11). Ceci devenait certainement important à préciser en diaspora. La dureté de cœur et l'orgueil constituent des facteurs de rejet, car ils vont à l'encontre de la crainte de Dieu. Wagner voit des allusions au salut et à la damnation dans les *hapaxlegomena* πρόσληψις et ἐκβολή.

Il faut lire le verset 21 (GII) en combinaison avec le verset suivant qui confirme qu'il s'agit d'un membre à la périphérie de la communauté juive

(« prosélyte »). Le texte hébreu insiste davantage sur l'exclusion sociale (comparer aussi 11,1H et 11,1G), tandis que le texte grec (GII) met en avant l'exclusion religieuse (du moins en 10,21, en combinaison avec 10,22).

Le texte G part de l'importance de la crainte de Dieu, qui va de pair avec l'observance de la Loi, comme facteur important dans la transmission de valeurs chères au peuple d'Israël. L'importance de la crainte de Dieu au sein de la communauté était déjà exprimée en 10,20b (H^A). La crainte de Dieu élève (10,24b), donne de la hauteur à tout pratiquant juif. En GII, la crainte du Seigneur (φόβος κυρίου, pas φόβος θεοῦ qui est plus rare dans la Septante, mais présent en Pr 1,7 ; 15,33) devient un facteur d'intégration. Ceci témoigne d'un ajout probablement effectué en raison d'un changement dans le paysage religieux, où une ouverture vers les non-Juifs était à l'ordre du jour.

Tout en faisant preuve d'ouverture, le texte sous-entend une notion chère à Ben Sira et basée sur Dt 30 : celle de la liberté du choix, personnel ou communautaire. Elle est décelable en Si 10,21 par un parallélisme antithétique. Le choix se trouve ici plutôt du côté de celui qui veut être accepté. La crainte du Seigneur se propose comme base de l'acceptation. L'endurcissement et l'orgueil sont des critères d'exclusion, car il s'agit d'attitudes qui empêchent toute relation de confiance avec le Seigneur et les autres. Si 10,21 (GII) reprend la trame de 10,7.12-18 qui mettent fortement en garde contre l'orgueil (les vv. 12 et 13 débutent par « le commencement de l'orgueil »). L'humilité est une qualité à rechercher (10,28 ; 11,1) ; le texte grec le fait ressortir davantage : 11,1H mentionne la sagesse du pauvre, tandis que 11,1G a substitué « l'humble » au « pauvre ». Nous pouvons aussi comparer 11,4abG à 11,4abH. Peut-être l'orgueil guettait certains qui se sentaient attirés par la culture hellénistique.

Comme Peters l'avait signalé à propos de Si 10,22 : la fierté du Juif quant à sa religion correspond à la crainte du Seigneur. Cette fierté-là n'est pas le synonyme de l'orgueil ; elle est basée sur la reconnaissance des dons qui viennent du Seigneur-même : le don de pouvoir le vénérer, et le don de la Loi pour pouvoir vivre selon sa volonté. La crainte de Dieu a donc un impact non seulement sur la relation à Dieu, mais également sur la relation aux autres (voir 10,23).

1.2.3. Si 10,19-11,6 Syr

Plutôt que de chercher des orientations de fond dans cette version, ne faudrait-il pas parler de tendances ? Si nous suivons l'hypothèse de Winter, selon laquelle la traduction syriaque du Siracide contiendrait des altérations de provenance ébionite, il nous semble que le stique ajouté en Syr 10,19c (« Quelle race est honorable ? Celle qui observe les commandements. »), évoquant l'estime réservée à ceux qui suivent la Loi, porte une telle marque. De même, l'honneur du pauvre est davantage souligné que dans les autres versions (voir 11,1.4).

Si l'empreinte chrétienne est avérée pour 10,28 par l'allusion au sceau du baptême, Syr relèverait ici le baptême comme signe donnant à l'homme la considération nécessaire.

1.2.4. Si 10,19-11,6 *La*

Cette version introduit comme différences par rapport à H, G et Syr celle de l'image d'un Dieu plus distant (bien que l'appellation « Très-Haut » pour le Seigneur soit fréquente dans le Siracide), la mention du Dieu unique, et une plus grande insistance sur le mystère de la sagesse cachée (11,4).

Par ailleurs, la question de la rétribution est suggérée par les verbes au futur au début du texte. Dans la version latine, nous trouvons également l'antagonisme « juste » - « pécheur ». Le qualificatif « juste » est attribué au pauvre, tandis que le riche est associé au péché (10,26).

1.3. Conclusions intermédiaires

La question initiale en Si 10,19a (H, G, Syr), à savoir quelle race est honorée, est formulée assez généralement. Elle est ouverte. La mention de la « race humaine » signale que le texte s'adresse à l'humanité dans sa totalité. La suite du questionnement (G, Syr) semble déjà cibler des parties de la population, les divisant en deux : d'un côté, il y a ceux qui sont honorés ou honorables, ceux qui craignent le Seigneur, de l'autre côté se trouvent ceux qui sont déshonorés ou méprisables, ceux qui transgressent les commandements. Nous avons ici les thèmes de l'« honneur » et du « déshonneur » qui reviennent à plusieurs reprises dans le Siracide (voir Si 3,1-16 [3,1-6a manquent en H] ; surtout 3,7aGII ; 4,20-28 ; 20,21-23 ; 41,16-42,8).

La crainte de Dieu apparaît comme un facteur qui procure l'honneur et la gloire (voir aussi Si 1 ci-dessous). Elle est une composante essentielle de la vie religieuse. Le texte répète que la crainte de Dieu élève l'homme (10,20.22.24). Dans le Siracide, elle a une fonction médiatrice entre des hommes et des femmes d'horizons culturels et sociaux différents (10,22).

Le distique ajouté 10,21GII mentionne la crainte de Dieu comme base d'acceptation par Dieu, à laquelle s'opposent la dureté de cœur et l'orgueil.

Ben Sira insiste sur la crainte de Dieu comme moyen pour pouvoir maintenir la tradition juive à une époque de transition vers une hellénisation accrue. En effet, le souci de la transmission de cette tradition se manifeste déjà dans les questions en 10,19. Il s'agit de sauvegarder l'honneur de la « race humaine », ce qui vaut également pour les générations futures, par la crainte de Dieu, en mettant en pratique les commandements.

La sagesse procure l'honneur au pauvre ; la fortune glorifie le riche (10,30), dit le texte de façon marquante. Contrairement à la fortune, la sagesse n'est pas sujette aux aléas de la conjoncture. Elle est une valeur sûre. Si 11,3 peut être considéré comme une métaphore où l'abeille est comparée au sage, et le miel à la sagesse. Le sage, bien qu'il soit petit et sans apparence notable, produit une nourriture essentielle, vitale, adoucissant la vie – et les mœurs. Il ne s'agit pas de vouloir jouer dans la cour des grands (11,4-6), car les situations humaines peuvent être renversées. Ainsi la crainte de Dieu, l'observance des commandements et la sagesse constituent les véritables sources d'honneur pour l'être humain.

Le texte Si 10,19-11,6 met à l'honneur l'homme qui craint Dieu et qui observe la Loi, ainsi que celui qui se distingue par sa sagesse, et relie de ce fait les trois notions de « crainte de Dieu », « sagesse » et « Loi ». Ceci nous amène à nous intéresser à ces thèmes, plus particulièrement aux liens établis entre eux dans le livre de Ben Sira et aux éventuelles significations qui en découlent. Le texte mentionné mettant l'accent surtout sur la crainte de Dieu comme source d'honneur, notre intérêt porte d'abord sur cette notion. Nous regarderons d'abord les différentes acceptions de cette notion dans les livres du Deutéronome, des Psaumes, des Proverbes, de Job et du Qohélet, avant de nous tourner vers le livre de Ben Sira. Les occurrences de la « crainte de Dieu » (les formes nominales ou verbales) sont examinées seules ou reliées aux différents termes recouvrant la sagesse ou la Loi, dans les quatre versions H, G, Syr et *La*.

2
La crainte de Dieu, la sagesse et la Loi

2.1. Qu'est-ce que la « crainte de Dieu » ?

2.1.1. Dans l'Ancien Testament

Dans l'Ancien Testament, la « crainte de Dieu » ou la « crainte du Seigneur » est un des thèmes majeurs, un concept fondamental de la religion.[1] Cette crainte résume l'attitude de l'homme qui, face à une auto-révélation de Dieu, à une épiphanie ou toute manifestation de la puissance divine, fait l'expérience de sa propre impuissance, de sa petitesse, de sa faiblesse devant le Tout-Puissant. La réaction humaine devant le numineux peut être empreinte de peur, de terreur ou d'étonnement. Andreas Nissen fait la différence entre cette crainte devant une manifestation instantanée du *numen tremendum* – sans conséquences à long terme sur l'attitude du craignant vis-à-vis de Dieu et du prochain – et la crainte issue de l'expérience du numineux qui a des répercussions à long terme sur l'histoire et la vie du croyant qui s'implique dans cette relation. Dans ce cas, on peut parler de « crainte du Seigneur ». Cette crainte ne peut être séparée de la révélation de Dieu dans le cadre vétérotestamentaire, révélation qui engage la relation entre Dieu et l'homme qui peut répondre librement par la soumission à la volonté divine en mettant en pratique les commandements.

À l'époque de la rédaction du Siracide, il n'est plus explicitement question de révélations (mais voir Si 17,8-14), mais bien de crainte du Seigneur. Celle-ci peut prendre des acceptions ou fonctions adaptées à un environnement différent, sans pour autant renier le passé. La sagesse qui dépasse le cadre national d'Israël et qui ne dépend pas de révélations, sera associée à la crainte. Le Seigneur ne se manifeste pas seulement par des

---

1. Voir Andreas Nissen, *Gott und der Nächste im antiken Judentum. Untersuchungen zum Doppelgebot der Liebe*, WUNT 15 (Tübingen : Mohr Siebeck, 1974), 182–84.

révélations à Israël, mais également universellement à travers la création. Et la crainte du Seigneur se redéfinit en fonction de ces nouveaux paramètres de la présence divine dans le monde. La sagesse, tout comme la création, dépassent les limites temporelles et spatiales pour inviter à une nouvelle possibilité de relation à Dieu, accessible au « tout-venant ». La crainte devant le numineux perd en importance, bien que Ben Sira ait conservé des allusions à la crainte-peur (פחד). Nous y revenons dans la partie 2.1.2. (« Dans le livre de Ben Sira »).

La crainte de Dieu peut donc prendre différentes acceptions.[2] Derousseaux affirme que le substantif יראה, même sans état construit יראת יי ou יראת אלהים, sous-entend généralement un rapport direct à Dieu. Il constate que c'est également presque toujours le cas avec le participe, comme d'ailleurs avec les dérivés de cette racine verbale. La racine ירא fait rarement allusion à la crainte sacrée (à l'exception de מורא et נורא), et ses dérivés servent le plus souvent à désigner la crainte de Dieu. ירא est utilisé le plus souvent sous forme adjectivale, surtout dans les psaumes. Becker analyse la crainte de Dieu selon trois acceptions : « cultuelle » (chap. 4 et 5 ; Derousseaux l'appelle « crainte d'alliance »), « morale » (chap. 7 et 8) et « nomiste » (chap. 9). Nous nous référons à ces appellations pour qualifier la crainte.[3]

La majorité des occurrences avec le verbe ירא ayant le complément יי se trouve dans le Deutéronome et dans les textes qu'il a influencés.[4] Le Deutéronome et le psautier comptent le plus d'emplois de la racine ירא. Le Deutéronome fait même de la « crainte de Dieu » une notion-clé de sa vision religieuse (Becker examine cette notion sous le prisme du « formulaire de l'alliance », surtout chap. 4).[5] Nous regardons de plus près les

---

2. Voir Derousseaux, *La crainte de Dieu*, 5–11 et surtout le chap. 2, (67–105) ; voir aussi Becker, *Gottesfurcht im Alten Testament*, 1–18.

3. Derousseaux, *La crainte de Dieu*, 69–70, 98–101 ; voir aussi Becker, *Gottesfurcht im Alten Testament*, chap. 5 (125–61).

4. Derousseaux, *La crainte de Dieu*, 102–3. Pour la question de la réception de l'héritage deutéronomique chez Ben Sira, voir Pancratius C. Beentjes, « The Book of Ben Sira and Deuteronomistic Heritage : A Critical Approach », dans *Changes in Scripture. Rewriting and Interpreting Authoritative Traditions in Second Temple Period*, éd. Hanne von Weissenberg, Juha Pakkala, et Marko Marttila, BZAW 149 (Berlin : de Gruyter, 2011), 275–97, particulièrement 277–80.

5. Voir aussi Derousseaux, *La crainte de Dieu*, 205–8 ; Siegfried Plath, *Furcht Gottes. Der Begriff* ירא *im Alten Testament*, Arbeiten zur Theologie 2/2 (Stuttgart : Calwer, 1963), 32–54.

occurrences de la racine ירא ayant une des trois acceptions mentionnées ci-dessus surtout dans le Deutéronome, dans les livres des Proverbes, des Psaumes, de Job et du Qohélet.

2.1.1.1. La crainte de Dieu dans le Deutéronome

Une même notion peut donc prendre différentes acceptions, même à l'intérieur d'un livre. Les cadres historique et culturel ont un impact sur la signification et sur l'évolution des termes – bibliques en l'occurrence. Dans le livre du Deutéronome, nous sommes placés dans le cadre de l'alliance entre le Seigneur et son peuple. La relation entre ce peuple et son Dieu s'exprime entre autres par la « crainte de Dieu ». Cette notion est souvent liée à d'autres verbes ou substantifs dans le Deutéronome, ce qui élargit l'horizon de compréhension de ce thème.

La crainte du Seigneur se trouve exclusivement sous forme verbale dans le Deutéronome. L'expression « craindre le Seigneur » contient toujours l'apposition « ton Dieu » ou « votre Dieu », faisant référence au Dieu de l'alliance. D'après Becker, le sens de cette expression est le même dans toutes les occurrences deutéronomiques : « être fidèle » au Dieu de l'alliance. Dans le cadre de notre étude, nous nous limitons au Deutéronome, sans entrer dans les considérations concernant les différentes couches deutéronomistes. Cette fidélité au Dieu de l'alliance s'enracine dans le culte exclusif du Seigneur Dieu et l'observance du code de l'alliance.[6] Derousseaux constate que « craindre Dieu » dans le Deutéronome est lié à l'observance de la Loi, sans pour autant avoir l'acception « purement 'nomiste' de certaines œuvres du judaïsme tardif, comme les Psaumes et Ben Sirach ». Becker affirme que la fidélité à Dieu se traduit par l'observance des commandements. Pour lui, la relation étroite entre les notions de la crainte du Seigneur (selon l'acception « cultuelle » ou « de l'alliance », voir ci-dessus) et de l'observance des lois résulte de « la structure de l'alliance ». Ici, ces deux notions ne sont pas identiques, contrairement au cas de l'acception « nomiste » de la crainte du Seigneur où celle-ci ne signifie plus la fidélité à Dieu dans le cadre de l'alliance, mais correspond plutôt formellement à l'observance des commandements. Au cœur de l'alliance et de la relation de fidélité qui la constitue se trouve toujours la Loi.[7]

---

6. Voir Becker, *Gottesfurcht im Alten Testament*, 85–124, ici 85 et 87.

7. Derousseaux, *La crainte de Dieu*, 208 ; Becker, *Gottesfurcht im Alten Testament*, 87–88.

Derousseaux décèle une autre différence par rapport aux livres de sagesse : les bénédictions (voir par exemple Dt 5,29 ; 6,24) ou les menaces pour ceux qui vivent ou ne vivent pas dans cette crainte sont adressées à tout un peuple, en tant que parties du formulaire de l'alliance, et pas à des individus. Pour Plath, trois caractéristiques importantes de la compréhension de la « crainte de Dieu » dans l'œuvre du deutéronomiste sont inclues en Dt 6,1-5 : il s'agit de la possibilité d'apprendre la crainte par l'observance des commandements, de la promesse d'une longue vie pour le craignant-Dieu et de l'adresse « le Seigneur, ton/votre Dieu » (sauf en Dt 4,10 ; 5,29) indiquant le lien particulier qui s'est créé entre Israël et le Seigneur au cours de l'histoire.[8]

Nous trouvons en Dt 4,10 une injonction à craindre le Seigneur. Israël est appelé à se souvenir de l'alliance conclue, à ne pas oublier ses paroles et à les transmettre aux générations futures. La crainte est liée ici à l'observance des commandements, en souvenir de l'alliance. Dans le contexte du don des dix Paroles à l'Horeb, Dt 5,29 formule en un seul vœu l'espoir du Seigneur qu'Israël le craigne et observe ses commandements, pour son propre bonheur et celui de ses descendants. La crainte du Seigneur est également liée à l'observance de ses commandements en Dt 6,2.13.24 (au début, au milieu et à la fin du chap. 6) ; 8,6 ; 10,12-13.20 (ici, nous avons un mélange entre crainte révérencielle et crainte « d'alliance » car il est question de Dieu qui est « grand, puissant et redoutable » en 10,17) ; 13,5 (en lien avec l'amour du Seigneur, 13,4) ; 28,58 (mise en garde pour ceux qui transgressent les commandements, car ils subiront le malheur sous différentes formes) et en 31,12.13. En Dt 14,23, la crainte de Dieu est liée à une série de prescriptions à respecter en tant que peuple de l'alliance (14,2.21). Dt 17,19 relie la crainte à la fidélité à l'alliance. Notons en Dt 25,18 l'expression inhabituelle au Dt, ירא אלהים. Ici, l'alliance n'est pas évoquée directement, mais il est question du Dieu de l'alliance que les Amalécites n'ont pas craint ou respecté en attaquant son peuple.

La seule forme nominale dans le Dt (2,25) ne concerne pas la crainte du Seigneur, mais elle est juxtaposée à פחד et, ayant la même acception (« terreur »), יראה porte sur la peur infligée par le Seigneur aux peuples étrangers pour faciliter l'entrée du peuple Israël en Terre promise.

Au Deutéronome nous avons un certain nombre de cas où « craindre le Seigneur » est exprimé sous forme apodictique (à la deuxième personne

---

8. Plath, *Furcht Gottes*, 34.

2. La crainte de Dieu, la sagesse et la Loi 109

du futur jussif).[9] Dt 6,13 exhorte à craindre l'unique Seigneur (rappel de Dt 6,4 : « Écoute, Israël ! Le Seigneur, notre Dieu, est l'unique Seigneur ») et évoque la fidélité au Dieu de l'alliance : « C'est le Seigneur, ton Dieu que tu craindras, et c'est lui que tu serviras, et par son nom tu jureras ». « Craindre » est ici accompagné d'autres verbes qui complètent cet appel à la crainte du Dieu unique. En même temps, la fidélité à l'unique Seigneur d'Israël exprimée à travers les verbes « craindre », « servir » (עבד traduit par λατρεύω), « jurer par son nom », est liée également à l'exhortation à garder ses commandements et les statuts de son alliance (6,17). Les versets 10-12 et 20-23 du chapitre 6 rappellent le cadre de l'alliance entre le Seigneur et son peuple, et constituent en même temps l'introduction à l'appel à la crainte « d'alliance » en 6,13 et 6,24.

Dt 10,20 a presque la même formulation que Dt 6,13, avec l'ajout « et à lui tu t'attacheras » (וּבוֹ תִדְבָּק), ce qui rappelle le premier commandement de Dt 6,5 (« et tu aimeras le Seigneur, ton Dieu, de tout ton cœur, de toute ton âme et de toute ta force »[10]). Cet attachement exclusif au Seigneur demandé au peuple (Dt 10,20 ; voir aussi 11,22 ; 13,5) découle de l'attachement de Dieu à ce peuple qu'il a choisi (10,15 ; voir aussi 7,6-7). La notion d'élection est liée à l'exhortation à craindre le Seigneur (10,12). Dt 13,5 allie dans un même verset les exhortations à craindre le Seigneur et à observer ses commandements, ainsi qu'à écouter sa voix, à le servir et à s'attacher à lui. Toutes ces attitudes ne font qu'un pour exprimer ce que signifie « marcher à la suite du Seigneur [...] Dieu », et donc pour manifester la fidélité au Dieu de l'alliance.

Derousseaux regroupe un certain nombre d'occurrences invitant à la crainte de Dieu et à l'observance de ses commandements par des formulations indirectes (Dt 8,6 ; 6,24 ; 5,29 ; 10,12 ; 6,2).[11] En Dt 8,6, craindre le Seigneur et marcher dans ses voies sont des conséquences de la fidélité aux commandements. Dt 8,5 utilise l'image de la relation paternelle pour qualifier le cheminement de Dieu avec son peuple qu'il discipline ou éduque, en vue de le faire croître, dans tous les sens du terme, et pour une vie meilleure (voir Dt 8,2-4.7-9 ; Dt 8,6a est une reprise de 8,1a). En Dt 6,24, le Seigneur ordonne de mettre en pratique tous les préceptes (אֶת־כָּל־הַחֻקִּים)

---

9. Voir Derousseaux, *La crainte de Dieu*, 209-10.

10. L'expression « de tout ton/votre cœur, de toute ton/votre âme » se trouve également en Dt 4,29 (chercher le Seigneur); 11,13 (servir le Seigneur); 13,4 (aimer le Seigneur).

11. Derousseaux, *La crainte de Dieu*, 210-13.

et de craindre (לְיִרְאָה) ainsi le Seigneur. Il s'agit d'un commandement reliant directement l'observance de la Loi à la crainte. Celle-ci vient en deuxième lieu, ne signifiant pas une subordination, mais la visée, accompagnée de la promesse d'une vie heureuse. Dt 6,24 reprend en un verset Dt 6,1.2.3, avant שְׁמַע יִשְׂרָאֵל et le premier commandement (6,4.5), et se situe dans le cadre d'une transmission de père à fils (6,7), de génération en génération (voir aussi 8,6 ci-dessus). Dt 5,29 relie également la crainte et l'observance des commandements (מִצְוֹת), mentionnant le « cœur » qui décide si le peuple va écouter la voix du Seigneur et suivre son vœu, car ici, il ne s'agit plus d'un « commandement » comme en 6,24. Le cœur décide également si le fidèle veut entrer et rester dans une relation privilégiée proposée par le Seigneur (6,5 ; voir aussi Dt 10,12 ; 11,13). Nous trouvons ici la question de la volonté engagée dans le choix pour ou contre cette proposition qui entraînera soit la bénédiction, soit la malédiction (voir Dt 11,26–28 ; 30,14–20).

En Dt 10,12–13, Moïse transmet à Israël l'attente du Seigneur à son égard, indiquant comment il faut craindre le Seigneur : « … en suivant tous ses chemins, en aimant et en servant le Seigneur ton Dieu de tout ton cœur, de tout ton être, en gardant les commandements du Seigneur et les lois… ». Dt 10,12–13 associe donc également la mise en pratique des commandements et des lois du Seigneur à la crainte (l'expression « marcher dans toutes ses voies » au v. 12 signifie également la fidélité à l'alliance), en faisant un lien plus explicite encore à Dt 6,5. Pour Veijola, la théologie de l'alliance en Dt 10,12–22 (même si le terme est absent) reprend l'essentiel de Dt 6–8 en ce sens qu'après l'épisode du veau d'or (Dt 9), il fallait rappeler à Israël l'alliance conclue entre le Seigneur et son peuple (Dt 5) et les obligations que cela implique.

Bien que Dt 28,58 mentionne l'appel à l'observance des paroles de la Loi et à la crainte, nous estimons avec Derousseaux (contre Becker), qu'avec l'expression « craindre le nom glorieux et redoutable, le Seigneur ton Dieu » nous nous trouvons ici dans la sphère du numineux et pas directement dans le domaine de l'alliance.[12]

Cinq textes allient les verbes ירא et למד (« apprendre », « enseigner » au *piel*) : Dt 4,10 ; 14,23 ; 17,19 ; 31,12.13.[13] En Dt 4,10, Derousseaux

---

12. Derousseaux, *La crainte de Dieu*, 211 et 226 ; Becker, *Gottesfurcht im Alten Testament*, 106–7.

13. Voir Derousseaux, *La crainte de Dieu*, 213–17 ; Becker, *Gottesfurcht im Alten Testament*, 102–7.

estime que le verbe « craindre » a plutôt le sens de « redouter » le Seigneur. Il s'agirait d'une crainte sacrée éprouvée dans le cadre de la théophanie sur le mont Horeb, où les « dix paroles » sont communiquées (voir Dt 4,13 ; voir aussi Ex 20,20). Même si des allusions à cet événement sont exprimées en 4,11-15, avec Becker, nous voyons en 4,10 plutôt le lien qui s'est établi entre les paroles de l'alliance entre le Seigneur et son peuple (voir l'introduction de Dt 4,1-9 mettant au centre l'observation des commandements de cette Loi, révélation de la sagesse d'Israël parmi les nations). Dt 4,6.8 mettent en exergue la sagesse et la grandeur du peuple qui suit les lois et les commandements que contient « toute la Loi ». Suivre le Seigneur Dieu garantit la vie, la poursuite des idoles mène à la mort (Dt 4,3-4 ; voir aussi Dt 30,16-20). Les paroles du Seigneur s'inscrivent dans le pacte de l'alliance et sont censées contribuer à inculquer la crainte qui est un processus d'apprentissage à poursuivre pendant toute la vie, afin de pouvoir la transmettre à son tour à ceux qui suivront (4,10). Une crainte-peur à transmettre aux générations futures n'aurait pas de sens ici ; il s'agit plutôt de la crainte « d'alliance ». Nous pourrions également paraphraser וְאֶת־בְּנֵיהֶם יְלַמֵּדוּן comme Becker, substituant « et pour qu'ils l'apprennent (c'est-à-dire la crainte) à leurs fils » par « et pour qu'ils apprennent (ces préceptes) à leurs fils (afin qu'ils m'honorent fidèlement) ».[14] Étant donné que la crainte résulte ici de la connaissance des préceptes, une paraphrase est justifiée. Mais nous maintenons l'idée de la transmission de la crainte qui résulte d'un apprentissage. Le double emploi du verbe למד, une fois au *qal* et une fois au *piel*, exprimant l'importance à la fois de connaître et de transmettre une loi empreinte de sagesse, corrobore cette acception. Ainsi, Dt 4,6-10 relient déjà les notions de sagesse, de Loi et de crainte du Seigneur.

Dt 31,12.13 relient également la crainte à la mise en pratique de la Loi lue régulièrement au peuple, dans le cadre du rituel de l'alliance.[15] À la fin de sa vie, Moïse donne l'ordre aux prêtres, fils de Lévi, de lire la Loi lors de la fête des Tentes devant tout le peuple. Les hommes, les femmes, les enfants et l'émigré (גֵּר) qui séjourne dans l'enceinte de ses villes pourront ainsi, en écoutant ces paroles, apprendre la Loi, craindre le Seigneur et mettre en pratique les commandements (Dt 31,10-12). La crainte devra donc se traduire par la fidélité concrète à l'alliance par l'observance de la

---

14. Becker, *Gottesfurcht im Alten Testament*, 104. Becker traduit ici ירא par « verehren » (voir aussi 96).

15. Voir Derousseaux, *La crainte de Dieu*, 216.

Loi. Dt 31,13 concerne la transmission des paroles de la Loi à la génération suivante qui devra apprendre à craindre le Seigneur (וְלָמְדוּ לְיִרְאָה אֶת־יְהוָה).

En Dt 14,23, le peuple doit « apprendre à craindre » le Seigneur. Il est plutôt question de réapprendre la crainte, c'est-à-dire la fidélité au Dieu de l'alliance après le retour au sanctuaire, en gardant tous les commandements reçus (voir Dt 13,1.19). Cette parole s'adresse au « peuple consacré » au Seigneur (Dt 14,2 : עַם קָדוֹשׁ), choisi par lui pour être sa part personnelle (עַם סְגֻלָּה). L'appel à réapprendre à craindre le Seigneur se situe dans le cadre du rituel de l'alliance, mais également dans le cadre de l'élection.

De même la lecture répétée de la Loi par un nouveau roi, choisi par le Seigneur, doit lui apprendre à craindre le Seigneur et à observer les commandements en vue d'un long règne pour lui et ses descendants (Dt 17,19). Ici, comme en Dt 31,12.13, la proclamation ou la lecture régulière des paroles de la Loi doit introduire progressivement à la crainte du Seigneur par l'observance de ses préceptes, et donc à la fidélité au Dieu de l'alliance.

De toutes ces occurrences combinant ירא et למד résulte le constat que soit la crainte de Dieu (Dt 14,23 ; 17,19), soit la Loi peut être apprise, mais dans ce dernier cas en vue de la crainte (Dt 31,12.13). Les commandements doivent être transmis aux générations suivantes, afin d'être pérennisées, et en vue de la crainte du Seigneur. Cette crainte peut donc consister dans le fait de suivre les commandements (Dt 31,12), ou elle peut en résulter.[16]

Différents verbes sont employés parallèlement avec « craindre » le Seigneur, comme « servir », « garder les commandements », « aimer », « s'attacher à » (équivalent à « aimer » dans la relation à Dieu). Cette association semble être propre aux écrits deutéronomiques et deutéronomistes (voir Dt 10,20 ; 11,22 ; 13,5 ; 30,20 et Jos 22,5 ; 2 R 18,6).[17] « Craindre » et « aimer » constituent des parallèles synonymiques en Dt 10,12. Au Deutéronome, le verbe « aimer » avec le complément « le Seigneur » exprime, comme et en combinaison avec le verbe « craindre », des attitudes fondamentales et peut-être complémentaires de l'alliance. Le verbe אהב dans le Deutéronome évoque la notion de loyauté d'un sujet envers son seigneur dans les traités de vassalité, et fait donc référence à son acception juri-

---

16. Voir Plath, *Furcht Gottes*, 43.

17. Voir Derousseaux, *La crainte de Dieu*, 217–21 ; Becker, *Gottesfurcht im Alten Testament*, 107–11.

2. La crainte de Dieu, la sagesse et la Loi

dique. « Aimer » est un « terme technique du vocabulaire de l'alliance » dans le Deutéronome.[18] Comme nous l'avons vu pour la notion de crainte, « aimer » signifie donc également « être fidèle au Dieu de l'alliance ». Dans le Deutéronome, « aimer » et « craindre » expriment au même titre l'attachement au Seigneur dans le cadre de l'alliance (voir Dt 6,5.13). Reinhold Sander constate qu'en Dt 6,5.13 ; 10,12 les invitations à craindre et à aimer sont exprimées sous forme de commandements.[19] Les deux termes se confondent, non seulement en Dt 10,12, mais dans tout le Deutéronome. Sander a par ailleurs décelé deux tendances dans toutes ces occurrences (en prenant en compte à quels termes ces deux verbes sont associés) : elles peuvent exprimer soit une attitude intérieure (une attitude du cœur), soit une action concrète (« observer les commandements », « marcher dans les chemins du Seigneur »). Ainsi l'action (c'est-à-dire l'expression active de l'amour de Dieu) est associée à l'adhésion intérieure (« de tout ton cœur, … » : Dt 10,12 ; 26,16 ; voir aussi Dt 11,13 ; 30, 2 ; et aussi 4,29 ; 6,5 ; 30,6.10). La motivation d'Israël pour aimer (et pour craindre) son Dieu est liée aux œuvres du Seigneur qui a accompagné et guidé son peuple à travers les divers périples de son histoire.[20] L'amour et la crainte ne sont dissociables ni de l'élection de ce peuple par Dieu, ni de l'alliance entre ces deux partenaires.

Nous constatons par ailleurs que l'exhortation à aimer le Seigneur au Deutéronome va généralement de pair avec l'observance des commandements, soit au même verset (Dt 5,10 ; 7,9 ; 11,1.13.22 ; 19,9 ; 30,16 ; voir aussi Jos 22,5), soit au verset suivant (Dt 6,5.6 ; 10,12.13 ; 13,4.5) ou deux versets plus loin (Dt 30,6.8).[21] Cet attachement au Dieu de l'alliance se traduit par le fait de garder les lois et les commandements et de marcher sur ses chemins (Dt 8,6 ; 19,9 ; 26,17 ; 30,16). Cette dernière expression peut

---

18. Voir Derousseaux, *La crainte de Dieu*, 219 ; Becker, *Gottesfurcht im Alten Testament*, 108–9 ; Timo Veijola, « Bundestheologie in Dtn 10,12–11,30 » dans *Leben nach der Weisung. Exegetisch-historische Studien zum Alten Testament*, éd. Walter Dietrich avec Marko Marttila, FRLANT 224 (Göttingen : Vandenhoeck & Ruprecht, 2008), 34.

19. Reinhold Sander, *Furcht und Liebe im palästinischen Judentum*, BWANT 4/16 (Stuttgart : Kohlhammer, 1935), 3–5.

20. Voir aussi Nissen, *Gott und der Nächste*, 192–205.

21. Pour la signification des différents termes hébreux pour la loi, souvent aussi associés en termes parallèles, voir Friedrich V. Reiterer, « Die Vollendung der Gottesfurcht ist Weisheit » (Sir 21,11). *Studien zum Buch Ben Sira (Jesus Sirach)*, SBAB AT 50 (Stuttgart : Katholisches Bibelwerk, 2011), 212–20.

être liée, comme en Dt 10,12, à la crainte (Dt 8,6) ou à l'amour du Seigneur (Dt 19,9 ; 30,16). Par l'observance des commandements, Israël connaîtra bonheur, prospérité, soutien et bénédiction de la part du Seigneur (voir Dt 10,13 ; 11,8-9.14-15.23-26).[22]

Conclusion

À partir de tous ces textes deutéronomiques autour de la crainte du Seigneur, nous pouvons retenir plusieurs constats que nous résumons ici. La crainte du Seigneur et la Loi vont de pair, dans le cadre d'un engagement réciproque de deux partenaires. Cette crainte traduit la fidélité à l'alliance par l'observance de la Loi. Ceci concerne Israël dans le cadre de son élection par le Seigneur, ayant pour conséquence une relation privilégiée et expliquant des liens particuliers entre ces deux partenaires.

La forme verbale ירא peut avoir une forme apodictique au Deutéronome, ce qui range ces cas presque parmi les commandements. Le cadre est celui de l'appel à la fidélité au Dieu de l'alliance. Dans le Siracide, nous ne trouvons plus cette forme apodictique, parce que le cadre des invitations à la crainte n'est plus le même. Ces invitations sont « enveloppées » dans des conseils sapientiaux. Au Deutéronome, Dieu lui-même endosse un rôle pédagogique envers son peuple, en l'éduquant comme un homme éduque son fils (Dt 8,5-6), tandis que dans le Siracide, ce rôle est repris par le sage s'adressant à de jeunes hommes (« mon fils »).

Différents verbes sont associés au verbe « craindre », surtout le verbe « aimer » – ces verbes peuvent même être quasiment synonymes – pour mettre en exergue la relation privilégiée à Dieu dans le cadre de l'alliance et pour inviter à maintenir la fidélité au Dieu de l'alliance. Mais cet amour d'Israël, c'est-à-dire du vassal envers son Seigneur, est lié à l'élection et à l'amour initial du Seigneur (voir Dt 4,37 ; 7,6-13 ; 10,15). La crainte est donc un mouvement de retour du peuple envers son Seigneur qui l'a choisi, aimé en premier et appelé à le suivre.

La crainte de Dieu est liée à la Loi par le fait que la crainte se traduit par l'observance des commandements ou, inversement, par le fait que la connaissance et la pratique des commandements sont censées mener à la crainte. La transmission de la Loi et l'apprentissage de la crainte du Sei-

---

22. Nous ne nous attardons pas ici aux considérations divergentes autour des couches rédactionnelles de Dt et plus précisément de l'entité Dt 10,12-11,30/32 ; voir aussi entre autres Veijola, « Bundestheologie in Dtn 10,12-11,30 », 31-33.

gneur sont capitales. Il s'agit d'un apprentissage à long terme et à répéter aux générations suivantes (Dt 31,13). Toutes les couches sociales sont concernées, le roi (Dt 17,19) tout comme l'émigré (Dt 31,11-12).

2.1.1.2. La crainte de Dieu dans le livre des Proverbes

Surtout après l'exil, la sagesse commence à gagner en importance dans la littérature religieuse d'Israël.[23] Le centre de cette sagesse religieuse (dans les traditions des nabis et les traditions élohistes) constitue une vie dans la « crainte de Dieu », c'est-à-dire suivant les fondements posés pour la morale par le Dieu de l'alliance. Au tournant de l'exil, cette religion basée sur l'alliance devient plus personnelle, l'implication de toute la personne humaine prend de l'importance (voir l'expression « aimer de tout son cœur, de toute son âme », Dt 6,5) et la loi devient le gage de la sagesse du peuple Israël (voir Dt 4,1-8 ; 30,11-14).

Les exemples d'étrangers vivant dans cette crainte de Dieu montrent qu'elle est accessible à tous, même au-delà des frontières d'Israël : Joseph (pris pour un égyptien ; Gn 42,18), Abimélek (Gn 20,10.11), les sages-femmes égyptiennes (Ex 1,11-27), Job (Jb 1,1). Le modèle du craignant-Dieu dans l'Ancien Testament reste Abraham (Gn 22,12). Désormais, la décision d'adhérer au Seigneur est un choix personnel partant du cœur de l'homme où la loi est inscrite (voir Dt 30,11-14 ; Jr 31,33). Cet engagement personnel envers le Seigneur constitue la vraie sagesse.

La notion de « crainte de Dieu » est largement répandue dans la littérature sapientielle, plus que dans les autres écrits vétérotestamentaires. Le livre des Proverbes utilise généralement la locution יראת יהוה, et donc une forme nominale de ירא, surtout dans ses textes plus récents. En Pr 10-30, la crainte du Seigneur suggère un comportement moral (Pr 10,27 ; 16,6 ; 23,17 [voir aussi v. 19] ; au Deutéronome, c'était la fidélité à l'alliance ; voir ci-dessus), souvent accompagné de l'idée de rétribution (Pr 10,27 ; 14,26.27 ; 19,23 ; 22,4 ; 23,17-18 ; voir aussi Pr 16,6).[24] Il s'agit d'une rétribution individuelle, contrairement aux rétributions collectives annoncées par les prophètes. Dans la partie la plus ancienne des Proverbes (Pr 10-30), seul Pr 15,33 relie la crainte du Seigneur à la sagesse (mais voir aussi Pr 31,30 en lien avec 31,26). En général, la « crainte du Seigneur » en

---

23. Voir Derousseaux, *La crainte de Dieu*, 315-20. Il se base pour une bonne part sur des articles d'Henri Cazelles (voir 315 n. 45).
24. Voir Plath, *Furcht Gottes*, 54-62 ; Derousseaux, *La crainte de Dieu*, 320-22.

Pr 10–30 exprime donc plutôt un comportement moral sans faille, avec la perspective d'une récompense.

En Pr 1–9, le lien crainte-sagesse est plus présent que dans le reste de ce livre, surtout en 1,7.29 ; 2,5 (Pr 2,1–10 relient « commandements », « sagesse » et « crainte du Seigneur ») et 9,10.[25] D'après Pr 1,7, la crainte du Seigneur est soit le début, soit l'essentiel de la connaissance, le mot ראשית pouvant signifier les deux.

יִרְאַת יְהוָה רֵאשִׁית דָּעַת
חָכְמָה וּמוּסָר אֱוִילִים בָּזוּ׃

« La crainte du Seigneur est le principe de la connaissance ;
la sagesse et l'éducation, les insensés s'en moquent. »

Même si Pr 1,7a emploie le terme דעת (« la connaissance »), celui-ci provient, avec deux autres termes au deuxième stique (חכמה ומוסר ; voir aussi Pr 1,2), du champ sémantique de la sagesse. Les deux stiques constituant un parallélisme antithétique, les « insensés » s'opposent à ceux qui craignent le Seigneur et ils désignent plutôt ceux qui ignorent la crainte d'une manière « active », c'est-à-dire qu'elle n'a pas de place dans leur vie ; ils « s'en moquent » comme ils se moquent de la sagesse et de l'éducation (1,7b). Le terme « insensé » est ici l'antithèse du sage comme de celui qui craint le Seigneur en suivant ses voies. Ps 111,10a inverse les termes pour affirmer la même chose, mentionnant ici la sagesse au lieu de la connaissance (ראשית חכמה יראת יהוה), tout comme Pr 9,10 (תחלת חכמה יראת יהוה), affirmant que « le début de la sagesse, c'est la crainte du Seigneur ».[26]

תְּחִלַּת חָכְמָה יִרְאַת יְהוָה
וְדַעַת קְדֹשִׁים בִּינָה׃

La structure chiastique de Pr 9,10ab fait ressortir que דעת קדשים correspond à יראת יהוה.[27] Pr 9,7–10 semble être un ajout. Il interrompt le discours de la Sagesse, et est inséré entre l'injonction au v. 6 et sa justification au v. 11 (introduite par כי). Pr 9,10 apparaît comme une maxime ajoutée

---

25. Voir Derousseaux, *La crainte de Dieu*, 322-28 ; Becker, *Gottesfurcht im Alten Testament*, 214-24.

26. Voir aussi Si 1,14 (G, *La*).16.18.20.27 ; 19,20 (G) ; 21,11.

27. Becker parle de « Quasisynonymität » dans *Gottesfurcht im Alten Testament*, 217.

après les versets 7-9.²⁸ D'après Pr 1,7 et 9,10, la crainte du Seigneur mène donc à la connaissance ou à la sagesse (voir aussi Pr 15,33).

Pr 1,29 met en parallèle « la connaissance » et la « crainte du Seigneur ». Ce verset fait partie de la section où la Sagesse s'exprime à la première personne (1,22-33), déplorant le fait que ses conseils n'ont pas été entendus et l'absence de crainte du Seigneur. Ceux qui n'ont pas « choisi » la crainte de Dieu et ceux qui ont refusé tout ce que la Sagesse leur a proposé, ils la cherchent en vain.

Pr 2,5ab nomment parallèlement la compréhension de la crainte du Seigneur et la connaissance de Dieu, révélées à l'homme qui s'adonne à la recherche de la sagesse. La conjonction « car » en 2,6a attire l'attention sur le fait que Dieu donne accès à la sagesse et à toutes les facultés apparentées à la sagesse. L'expression « comprendre la crainte du Seigneur » semble être unique ; elle suggère qu'une faculté intellectuelle donne accès à la crainte, faculté reçue de Dieu.²⁹

Pr 3,7 réunit dans un même verset le fait d'être sage et de craindre le Seigneur, avec le point commun qu'en tout, il s'agit de se fier en Dieu seul (voir le parallélisme entre les versets 5 et 7).

Par rapport au Dt, nous trouvons un accent nouveau de la crainte du Seigneur en Pr 1-9 qui la présente plutôt comme une composante de la sagesse accordée par Dieu aux hommes (voir Pr 2,5.6 ; 1,7a ; 9,10a), une sagesse différente de celle des hommes (voir Pr 3,1-12). Becker et d'autres chercheurs parlent d'« intellectualisation » de la crainte du Seigneur en Pr 1-9.³⁰ Pr 8,13a (comparer à Pr 3,7) peut être considéré comme une glose, interrompant le discours direct de la sagesse depuis Pr 8,4.

Ernst Günter Bauckmann fait remarquer que dans les Proverbes les injonctions concernant les commandements sont moins dures que les impératifs apodictiques, même dans les parties utilisant la forme impérative (Pr 1-9).³¹ Contrairement aux parties législatives où la Loi demande une obéissance inconditionnelle à la volonté divine (voir surtout le déca-

---

28. Michael V. Fox, *Proverbs. An Eclectic Edition with Introduction and Textual Commentary*, HBCE (Atlanta : SBL Press, 2015), 164.

29. Pour l'association de la notion de crainte avec des termes de sagesse, voir aussi Is 11,2 ; 33,6.

30. Voir Becker, *Gottesfurcht im Alten Testament*, 217-22.

31. Ernst Günter Bauckmann, « Die Proverbien und die Sprüche des Jesus Sirach. Eine Untersuchung zum Strukturwandel der israelitischen Weisheitslehre », *ZAW* 72 (1960) : 33-63, ici 39-47.

logue en Ex 20), l'enseignement sapientiel veut faire appel au bon sens, au discernement pour reconnaître le bien fondé d'une loi, afin de pouvoir y consentir et la mettre en pratique en connaissance de cause.[32] La question de la singularité d'Israël et de sa recherche de la volonté du Seigneur est absente dans les écrits sapientiaux. Au centre des préoccupations des sages se trouvait surtout ce souci : que doit faire l'homme pour être heureux, pour réussir sa vie (voir Pr 8,32-34 ; voir aussi 10,8) ? Les lois et préceptes s'adressent au peuple élu Israël qui est mentionné dans le Deutéronome (incluant le שמע en Dt 4,1 ; 5,1 ; 6,4 ; 9,1 ; 20,3), tandis que dans le livre des Proverbes, le sage ou la Sagesse s'adressent à אדם (voir entre autres Pr 3,13.30 ; 8,34 ; 16,9) ou aux בני אדם (Pr 8,4.31).[33]

Le livre des Proverbes emploie les mots תורה et מצוה pour désigner l'enseignement et les préceptes du sage, du père ou de la mère (Pr 2,1 ; 3,1 ; 6,20 ; 7,1.2). Même si nous pouvons constater des analogies entre certaines expressions dans Pr et Dt ou Ex, le contexte est différent. Dans le livre des Proverbes, le « fils » est invité à garder l'enseignement et les préceptes du sage, du père ou de la mère (voir ci-dessus), à les « attacher » à son cou, à son coeur ou à ses doigts (Pr 3,3 ; 6,21 ; 7,3 ; « attache-les » se rapporte aux préceptes, mentionnés auparavant), et à les écrire sur la « table » de son cœur (Pr 3,3 ; 7,3 ; comparer à Dt 6,6-8 ; 4,13 ; 9,11.15 ; Ex 24,12 ; 31,18 e.a.). De même que l'observance des commandements assure un prolongement des jours en Dt 5,33 ; 6,2 ; 11,9 ; 32,47, l'observance des préceptes signifie « longueur des jours » en Pr 3,2, ou promesse de vie en Pr 4,4 et 7,2. Malgré des emprunts d'un vocabulaire lié au contexte de l'alliance, les « préceptes » dont il est question dans le livre des Proverbes ne se situent pas dans ce cadre, mais ce sont des enseignements de sagesse.

Les proverbes qui incluent le nom du Seigneur ont une certaine importance théologique. Bauckmann repère certains proverbes faisant référence à un commandement, sans que le nom du Seigneur soit évoqué.[34] En Pr 3,5-10 trois injonctions concernant la relation au Seigneur se suivent (vv. 5-7). La deuxième recommande de craindre le Seigneur et de s'abstenir du mal (voir aussi Pr 8,13a, considéré comme une glose). La crainte est liée ici à un comportement éthique. À ces trois injonctions suivent trois explications (vv. 8-10) qui montrent les bienfaits que l'homme en tirera. Ceci montre que la recherche de la volonté du Seigneur ne semble pas être

---

32. Avec quelques exceptions: Pr 22,28 ; 23,12 ; 24,27.28.29 ; 31,8-9.
33. Voir Bauckmann, « Die Proverbien und die Sprüche des Jesus Sirach », 35.
34. Comparer Pr 6,32 ; 18,5 ; 25,18 ; 22,28 à Ex 20,14 ; 23,1-3 ; 20,16 et Dt 19,14.

au centre des recommandations du sage, mais plutôt les bénéfices assurés.[35] Pr 10,27 ; 14,26.27 ; 19,23 ; 22,4 montrent également le « profit » à tirer de la crainte du Seigneur.

Bauckmann insiste sur le fait que la volonté de l'homme se trouve au centre des proverbes, plutôt que celle du Seigneur. Ceci expliquerait le fait que Pr ne fait pas mémoire de la sortie d'Égypte comme fondement de la loyauté d'Israël due au Seigneur. La Loi cherche à orienter l'homme vers la volonté divine, tandis que les sages lui proposent le chemin vers une longue vie, la sécurité et le bonheur. Nous verrons par contre comment Ben Sira a su faire le lien entre ces deux tendances.[36]

Nous pouvons trouver des réinterprétations nomistes de la crainte de Dieu dans PrG. « La crainte » (du Seigneur ou du Très-Haut) a été substituée par πρόσταγμα en Pr 14,27. Pour Becker, ceci est dû au fait que pour G, יראת יהוה signifiait probablement « la Loi » en Pr 14,27.[37] Si 6,37H^A utilise l'expression « la crainte du Très-Haut », traduit par προστάγμασιν κυρίου, une traduction adéquate selon certains chercheurs qui lisent en H plutôt « Loi » que « crainte ».[38] Il ne s'agirait donc pas d'une réinterprétation ici. Nous avons un exemple inverse en Si 2,10G, où nous trouvons ταις εντολαις αυτου comme variante de τῷ φόβῳ αὐτοῦ, correspondant à la traduction latine *in mandatis eius*.

Conclusion

En Pr 10–30, la crainte du Seigneur a généralement une acception morale, liée à la possibilité d'être récompensé. Pr 1–9 se rapproche déjà plus de Si en reliant la crainte à la sagesse. Avec Becker, nous pouvons constater une certaine « intellectualisation »[39] de la crainte de Dieu. La mention de la connaissance (Pr 1,7.29 ; 9,10) ou la compréhension (Pr 2,5) comme éléments faisant partie de la crainte ou comme ses compléments nécessaires, indique que la sagesse à laquelle ces textes font référence, semble être avant tout une sagesse théorique, spéculative.

---

35. Bauckmann, « Die Proverbien und die Sprüche des Jesus Sirach », 45.
36. Voir Bauckmann, « Die Proverbien und die Sprüche des Jesus Sirach », 47–51. Voir aussi Shane Berg, « Ben Sira, the Genesis Creation Accounts, and the Knowledge of God's Will », *JBL* 132 (2013) : 139–57, ici 140.
37. Voir Becker, *Gottesfurcht im Alten Testament*, 238–41; voir aussi 267–68.
38. E.a. Rudolf Smend ; voir sous §2.1.2.2 : Si 6,37.
39. Voir ci-dessus.

La crainte de Dieu est généralement exprimée sous forme nominale dans les Proverbes. Les rares formes verbales y ont une formulation apodictique (ירא את־יהוה ; φοβοῦ τὸν θεόν en Pr 3,7 ; 24,21). La vie dans la crainte du Seigneur est sagesse en ce sens que cette crainte amène certains profits. Il est donc sage de craindre le Seigneur.

2.1.1.3. La crainte de Dieu dans les Psaumes, Job et Qohélet

Dans les Psaumes, « ceux qui craignent le Seigneur » représentent ceux qui sont fidèles à Dieu.[40] Ceci correspond à l'acception souvent qualifiée de deutéronomiste, développée ci-dessus. Cependant, les Psaumes soulignent davantage que le Deutéronome les bienfaits que le Seigneur accordera à ceux qui le craignent ; ils peuvent compter sur sa bonté, sa protection, son soutien, son salut, son amour ou sa fidélité, sa pitié, sa bénédiction (voir Ps 31,20 ; 33,18 ; 34,8.10 ; 85,10 ; 103,11.13.17 ; 112,1 ; 115,11.13 ; 128,1.4 ; 145,19 ; 147,11). Ainsi, deux fidélités se rencontrent ou se répondent : celle du Seigneur et celle de ceux qui le craignent, à cause de son alliance avec eux (voir Ps 25,14 ; 111,5).

Dans plusieurs psaumes, nous trouvons des parallélismes entre ceux qui craignent le Seigneur et ceux qui aiment ou gardent ses commandements (Ps 112,1 ; 119,63 ; 128,1). Malgré une base commune entre Ps et Dt, Becker constate que les Psaumes évoquent davantage ceux qui craignent le Seigneur que l'acte de la crainte. Comme au Deutéronome, dans certains Psaumes, le peuple Israël avec qui Dieu conclut une alliance se trouve au centre (par exemple Ps 44,18 ; 106,45). D'autres Psaumes mettent en avant des individus, fidèles à l'alliance, craignant Dieu et observant ses préceptes (Ps 25,4–14 ; 112,1 ; 128,1.4). Les Psaumes 103 et 111 réunissent les deux cas de figure.

Nous retrouvons l'expression יראת יהוה en Ps 19,10 ; 34,12 ; 111,10. Ps 19,10 est la troisième des formulations stéréotypées aux versets 8.9.10, assurant que « la Loi du Seigneur est parfaite » (v. 8), que « les préceptes du Seigneur sont droits » (v. 9), que « la crainte du Seigneur est pure » (v. 10), associant ainsi crainte du Seigneur et Loi. Pour Becker, יראת יהוה désigne

---

40. Becker, *Gottesfurcht im Alten Testament*, 126; voir Gerhard Lisowsky, *Konkordanz zum Hebräischen Alten Testament* (Stuttgart : Württembergische Bibelanstalt, 1958), 632-635: la racine ירא (les formes verbales et nominales) ayant comme complément « le Seigneur ».

2. La crainte de Dieu, la sagesse et la Loi

la Loi en Ps 19,10.[41] Dans le Ps 19, nous constatons une parallélisation du commandement et de la crainte du Seigneur dans la construction chiastique des versets 9 et 10 (voir aussi Ps 119,63). La qualification de chaque terme est de connotation éthique (« parfait », « droit », « pur »), indiquant l'importance d'un certain état d'esprit de la part de ceux qui adoptent la Loi, les préceptes et la crainte du Seigneur. D'après 34,12, la crainte du Seigneur est susceptible d'être enseignée (verbe למד au *piel* ; voir aussi pour Dt). Ici aussi, la crainte peut être comprise dans un sens éthique (voir 34,13-16). Ps 111,10 est une des rares (la seule ?) occurrences dans les psaumes où la crainte du Seigneur est associée à la sagesse, affirmant que le début ou le principe de la sagesse, c'est la crainte du Seigneur (ראשית חכמה יראת יהוה ; voir aussi Pr 1,7 ; 9,10 et Si 1,14G). Dans ce même psaume, la crainte du Seigneur est associée à l'alliance (Ps 111,5 ; voir aussi v. 9), ce qui situe ce psaume, selon Becker, dans le cadre de la sagesse nomiste (voir aussi Ps 112,1 ; 119, 63 ; 128,1). Ainsi, la crainte du Seigneur correspondrait ici à l'observance de la Loi.[42]

À part Pr 1,7 ; 2,5 ; [8,13] ; 9,10 ; 10,27 ; 14,27 ; 15,33 ; 19,23 ; 22,4 ; 31,30 et les trois occurrences mentionnées des Psaumes (19,10 ; 34,12 ; 111,10), יראת יהוה se trouve dans l'Ancien Testament uniquement en Is 33,6, où « la crainte du Seigneur » côtoie « la connaissance » et « la sagesse » comme « valeurs sûres » pour le croyant. En Pr [8,13] ; 10,27 ; 14,27 ; 19,23, la crainte du Seigneur est intégrée dans une réflexion sapientielle, même si la sagesse n'est pas mentionnée directement dans ces versets.

Dans le livre de Job, ce dernier est décrit comme un homme « intègre et droit », qui craint Dieu (ירא אלהים) et s'écarte du mal (Jb 1,1.8 ; 2,3 ; voir aussi Jb 28,28 affirmant que se détourner du mal est בינה). Dans cette association de qualificatifs pour Job en 1,1.8, « craindre Dieu » peut prendre à la fois une acception morale et religieuse, car il s'agit d'un homme d'une conduite irréprochable, « s'écartant du mal », ce qui exprime implicitement qu'il vivait selon la Loi (Ps 37,37 associe également « intègre » à « droit »). En Jb 1,9 l'Adversaire suggère le côté intéressé de Job qui ne craint Dieu que parce que celui-ci l'a comblé de bonheur, ce qui introduit la question de la rétribution développée à nouveaux frais dans tout le livre (voir aussi la réplique du Seigneur en Jb 2,3). Nous pouvons voir ici une allusion critique aux conseils de suivre le Seigneur pour en tirer un certain

---

41. Voir Becker, *Gottesfurcht im Alten Testament*, 267-69.
42. Becker, *Gottesfurcht im Alten Testament*, 270.

profit (voir e. a. Pr 3), d'être en quelque sorte un « craignant-Dieu intéressé » par les bienfaits à attendre.

Tandis que l'expression יראת אלהים ne figure pas dans la littérature sapientielle, le livre de Job évoque la crainte de Dieu sous יראת שדי (6,14) et dans l'expression יראת אדני (28,28). Selon Jb 6,14 l'homme découragé qui craint Dieu (c'est-à-dire Job lui-même) devrait avoir droit à la pitié de son prochain. La fin de Jb 28 énonce l'équation crainte de Dieu et sagesse : « la crainte de Dieu, voilà la sagesse » (28,28a), et le parallélisme des deux stiques fait allusion au caractère éthique de cette crainte (« et se détourner du mal, voilà l'intelligence » ; 28,28b).

La crainte de Dieu est essentiellement une notion éthique dans le livre de Job. L'alliance entre Dieu et son peuple n'y est jamais évoqué. Le personnage central de l'œuvre est décrit comme un homme « intègre et droit », qui a pitié de son prochain. Mais nous voyons également une amorce nomiste dans l'expression « s'écartant du mal », associée au fait que Job craint Dieu. La finale du chapitre 28 répond en point d'orgue aux questions posées aux versets 12 et 20, que la sagesse réside dans la crainte de Dieu, et l'intelligence, c'est se détourner du mal. Jb 28,23–28 suggère que Dieu a la clé de la sagesse, et l'homme peut y accéder par la crainte de Dieu (28,28a), de même l'intelligence (que nous associons à la sagesse pratique) s'acquiert par l'abstention du mal ou, exprimé positivement, en faisant le bien, c'est-à-dire en suivant la Loi. Nous trouvons ici un plaidoyer pour la crainte de Dieu (θεοσέβεια). En même temps est soulignée l'origine divine de la sagesse, à laquelle l'homme ne peut accéder par lui-même. Et 28,28b reconnaît l'intelligence inhérente à la pratique du bien, qui au-delà d'une conception morale fait allusion à la Loi. Ainsi, nous voyons les trois notions réunies en ce verset capital du livre de Job.

Dans la finale du livre du Qohélet, le rédacteur a juxtaposé les deux notions de « craindre Dieu » et « garder ses commandements », sous forme impérative, comme une sorte de conclusion ou de résumé de l'essentiel (Qo 12,13). C'est le seul endroit dans le livre du Qohélet, où « craindre Dieu » et observer les commandements sont associés de façon évidente. Qo 8,13 peut aussi être considéré comme ayant une acception nomiste (voir 8,5). Le livre du Qohélet s'achève sur un plaidoyer en faveur de la crainte de Dieu (voir aussi Qo 8,12.13) et l'observance des commandements. C'est la tâche de l'homme sur terre (voir 12,13b), tandis que Dieu qui est au ciel (Qo 5,1), jugera à la fin sur le bien et le mal (12,14). Dieu est loin dans le livre du Qohélet (5,1 ; voir aussi les expressions « crainte devant sa face » en 3,14 ; 8,12 ou « crainte devant la face de Dieu » en 8,13).

Becker décrit l'évolution de la notion de la crainte du Seigneur à l'intérieur du courant sapientiel.[43] Elle passe d'une acception plutôt éthique dans les écrits plus anciens à une acception nomiste. Sagesse et Loi ne sont plus des entités séparées. Elles se confondent, comme dans certains psaumes, dans le livre de Ben Sira (24,23) et dans Baruch (4,1). Nous examinerons la notion de « crainte de Dieu/du Seigneur » dans le livre de Ben Sira, et plus particulièrement dans ses relations à la sagesse et à la Loi.

Conclusion

Comme au Deutéronome, craindre le Seigneur signifie dans les Psaumes être fidèle à Dieu. Ceux qui craignent le Seigneur sont associés à ceux qui restent fidèle à l'alliance (voir Ps 103,17-18). En retour, le Seigneur garantit aux fidèles tous ses bienfaits (Ps 111). Craindre le Seigneur peut également être associé au fait de garder ou d'aimer ses commandements.

Dans les Psaumes, la crainte du Seigneur et la Loi peuvent se confondre, tout comme la crainte et la sagesse sont associées. Ps 111,10 affirme, comme Pr 1,7 ; 9,10 ; Si 1,14G, que la crainte du Seigneur est le commencement de la sagesse.

Dans les livres de Job et du Qohélet, le thème de la crainte de Dieu est beaucoup moins présent qu'au Siracide, bien que celui-ci peut s'être inspiré de l'une ou l'autre assertion des deux livres mentionnés (voir p. ex. Jb 28,28 ; Qo 12,13). En Jb 28,28, nous trouvons déjà les notions de crainte de Dieu, de sagesse et de Loi réunies si nous voyons dans l'expression « s'abstenir du mal » une allusion aux commandements.

2.1.2. Dans le livre de Ben Sira

Comme nous l'avons déjà évoqué dans l'introduction, à notre connaissance, il n'existe jusqu'à présent qu'une seule monographie traitant spécifiquement de la crainte de Dieu dans le Siracide (Haspecker). Certains auteurs ont réservé une partie de leur livre sur la crainte de Dieu dans l'Ancien Testament au Siracide (Becker, Derousseaux, Plath). D'autres encore ont traité brièvement de ce thème dans leur commentaire du livre de Ben Sira (Skehan) ou dans un article (Di Lella ;[44] Otto Kaiser combine

---

43. Voir Becker, *Gottesfurcht im Alten Testament*, 262-68.
44. Di Lella, « Fear of the Lord as Wisdom », 113-33.

la crainte avec l'amour de Dieu[45]). Hormis ces quelques articles, d'une part ces écrits commencent à dater et, d'autre part, l'association de la crainte du Seigneur avec la sagesse et la Loi y est rarement considérée, sinon plutôt brièvement. Dans une œuvre plus récente, Goering consacre un chapitre à la crainte du Seigneur, sous le prisme de l'élection, où il inclut le rôle de la Loi et de la sagesse (« Election and Piety : The 'Fear of YHWE' »).[46] Pour notre part, étant donné que le Siracide relie souvent ces notions, il nous a paru intéressant de considérer avant tout la crainte dans sa connection à ces autres termes.

Pour Haspecker, la crainte de Dieu constitue le thème général du livre de Ben Sira.[47] Nous essayons de résumer ici ses arguments étayant cette thèse. L'introduction et la souscription du Siracide (Si 1,1-2,18 et 50,27-29) indiquent le thème central et le but de son œuvre. La partie introductive (Si 1,1-2,18) forme une entité dédiée à la crainte de Dieu. Le Siracide y expose la condition absolument nécessaire de cette crainte pour avoir accès à la sagesse, ainsi que les éléments essentiels à sa réalisation. Si 1,1-10 développe la théorie selon laquelle la crainte de Dieu serait le seul moyen d'accéder à la vraie sagesse. Dieu seul l'accorderait, et uniquement à celui qui le craint. En comparaison à Pr, Qo, Sg ou Jb (28), qui partent de l'homme pour aboutir à Dieu, le Siracide est le seul à fonder son enseignement sapientiel sur une source théocentrique. Ceci montre l'orientation résolument théologique de son écrit, ce qui est une option inhabituelle qui le distingue des autres maîtres de sagesse.[48] Même si Haspecker reconnaît le lien entre sagesse et crainte de Dieu en Si 1,1-2,18, et même une certaine identification des deux termes, il affirme qu'ils se complètent en vue de souligner davantage l'importance de la crainte de Dieu qui revient au devant du récit en 1,28 (jusqu'à 2,18).

Goering s'est intéressé à la relation entre la crainte du Seigneur et la sagesse. Pour lui, considérer ces deux notions comme identiques suscite deux problèmes. D'abord, cela transformerait un passage comme Si

---

45. Otto Kaiser, « Die Furcht und die Liebe Gottes. Ein Versuch, die Ethik Ben Siras mit der des Apostels Paulus zu vergleichen », dans *Ben Sira's God. Proceedings of the International Ben Sira Conference, Durham, Ushaw College 2001*, éd. Renate Egger-Wenzel, BZAW 321 (Berlin : de Gruyter, 2002), 39-75.

46. Goering, *Wisdom's Root Revealed*, 129-86.

47. Voir surtout le chapitre 2, « Gottesfurcht als Gesamtthema », dans Haspecker, *Gottesfurcht bei Jesus Sirach*, 87-105.

48. Voir Haspecker, *Gottesfurcht bei Jesus Sirach*, 95 n. 19.

1,27aG (voir les autres versions aussi) en tautologie, dès le départ de son oeuvre. Il estime, et nous le rejoignons dans son assertion, que Ben Sira avait certainement davantage à en dire. Ensuite, l'équation de la crainte de Dieu et de la sagesse suggèrerait d'une part que si la sagesse est un terme universel, alors la crainte de Dieu le serait également. Ainsi 1,27 s'adresserait à l'humanité entière. Si par contre la crainte de Dieu concerne un nombre restreint, c'est-à-dire les élus, comme Goering le montre, alors la sagesse aussi est destinée à Israël seul en tant que peuple élu.[49] Or, dans le Siracide, la sagesse est accessible à l'humanité entière à travers la création, comme nous le verrons.

Nous nous en tenons à la racine ירא (et ses équivalents dans les différentes versions) étant donné que surtout des dérivés de cette racine sont employés dans le livre de Ben Sira, plutôt que celle de פחד signifiant généralement plutôt la peur.

Les deux premiers chapitres du livre de Ben Sira contiennent deux tiers des occurrences sur la crainte de Dieu. Les chapitres 10, 25-27 et 32-34 contiennent également plusieurs allusions à ce thème ; la référence à cette crainte peut se trouver à des endroits charnière du livre (p. ex. en Si 23,27G ; Syr ; 23,37La). Nous relevons les différentes occurrences concernant la crainte du Seigneur ci-dessous.

Que représente la « crainte de Dieu » pour Ben Sira ? Quelle est la différence avec la tradition des anciens ? L'expression « crainte de Dieu »[50] signifiait probablement pour les sages l'obéissance à la volonté divine.[51] La racine ירא fait rarement allusion à la crainte sacrée ou à la terreur divine.[52] Pour Ben Sira, la crainte de Dieu s'oriente à la Loi (2,15-16G ; 2,18-19.21aLa) ; il s'agit d'une attitude de loyauté envers les termes de l'alliance. Ceci était considéré comme la ligne de démarcation entre le livre de Ben Sira et la sagesse des anciens.

Kaiser pour sa part reconnaît l'originalité de l'enseignement sapientiel du Siracide dans le fait que celui-ci intègre la Loi comme facteur de

---

49. Goering, *Wisdom's Root Revealed*, 132.
50. Voir aussi Becker, « Überblick über den Begriff der Gottesfurcht im Buche Sirach », dans *Gottesfurcht im Alten Testament*, 276-80.
51. Voir von Rad, *Weisheit in Israel*, 313-14.
52. Voir Derousseaux, *La crainte de Dieu*, 82-100. Pour le vocabulaire : Derousseaux, *La crainte de Dieu*, 347 ; Becker, *Gottesfurcht im Alten Testament*, 277 ; Haspecker, *Gottesfurcht bei Jesus Sirach*, 77 ; pour le tableau des occurrences (grec, syriaque, hébreu) : Haspecker, *Gottesfurcht bei Jesus Sirach*, 48-50.

référence essentiel. Dans un contexte hellénisant, celui-ci voyait la nécessité de faire référence à toute la tradition en transmettant son caractère toujours actuel. Ceci était possible en reliant la sagesse à la tradition, et à l'intérieur de celle-ci, à la Loi. Tout ceci devait servir à maintenir la foi des Pères.[53]

Dans ce contexte se situe la question de la signification de la notion de « Loi » : est-ce que celle-ci est déjà considérée dans sa valeur absolue dans le Siracide, ou bien les commandements sont-ils considérés comme expression de la volonté divine indiquant le chemin à suivre ?[54] Nous reviendrons sur ces perspectives au cours de notre étude.

Le terme de « piété » utilisé par certains chercheurs pour désigner la crainte de Dieu, ne nous semble pas être le terme approprié étant donné que « la crainte du Seigneur » dans le Siracide dépasse cette acception.[55] Le terme θεοσέβεια serait plus adéquat pour désigner la « piété », même si ce terme, rare dans la Septante (voir Gn 20,11 ; Jb 28,28 ; Si 1,25 ; Ba 5,4), peut aussi être traduit par « crainte du Seigneur ».[56]

Dans sa monographie, Haspecker qualifie la notion de crainte de Dieu dans le Siracide d'attitude religieuse et éthique fondamentale (« religiös-sittliche Grundhaltung »).[57] Il n'analyse pas cette notion chez Ben Sira, mais il s'intéresse plutôt à la signification de la piété dans ce contexte. Pour lui, la religion et l'éthique sont inséparables chez Ben Sira. La crainte de Dieu désignerait l'agir éthique qui trouve en Dieu son point de référence (« wesentlich an Gott orientiert »), et elle se situe donc dans la sphère religieuse.

---

53. « Der erste, bei dem wir das Gesetz und die Weiheitslehre in ein deutlich erkennbares Zueinander gebracht finden, ist Jesus Sirach. » Voir Otto Kaiser, « Die Begründung der Sittlichkeit im Buche Jesus Sirach », dans Kaiser, *Der Mensch unter dem Schicksal. Studien zur Geschichte, Theologie und Gegenwartsbedeutung der Weisheit*, BZAW 116 (Berlin : de Gruyter, 1985), 112; voir aussi Peters, *Das Buch Jesus Sirach oder Ecclesiasticus*, xxxi–xxxix; Smend, *Die Weisheit des Jesus Sirach. Erklärt*, xviv–xxviii.

54. Haspecker, *Gottesfurcht bei Jesus Sirach*, 33–34.

55. Von Rad, *Weisheit in Israel*, 314–15. Voir aussi Goering, *Wisdom's Root Revealed*, 138.

56. Voir aussi Skehan et Di Lella, *The Wisdom of Ben Sira*, 145 ; Goering, *Wisdom's Root Revealed*, 140 n. 33.

57. Haspecker, *Gottesfurcht bei Jesus Sirach*, 46; voir aussi 76–82.

2. La crainte de Dieu, la sagesse et la Loi

Mis à part les Psaumes,[58] le livre de Ben Sira est celui qui contient le plus d'allusions à la crainte de Dieu, un sujet de prédilection de son éducation religieuse et éthique. La crainte de Dieu est présentée comme une valeur absolue dans le système éducatif de Ben Sira, même supérieure à la sagesse : Si 25,10–11 (voir aussi les chants en l'honneur de la sagesse aux chapitres 4 ; 6 ; 14 ; 24). Nous ne considérons cependant pas la crainte de Dieu de façon isolée, mais avec ses différentes associations, notamment la sagesse et la Loi.

2.1.2.1. Différents termes pour la crainte de Dieu

En hébreu

Ben Sira emploie généralement l'expression יראת ייי ou יראת אלהים ; plus rarement יראת עליון ou יראת אל, et une fois la forme brève יר avec la préposition ב (ביר) dans une note marginale du MS B (Si 10,22b).

Concernant Si 10,22b, nous avons déjà évoqué la différence d'expression constatée dans les manuscrits A (יראת אלהים) et B (יראת ייי), témoignant d'une distance non seulement temporelle, mais probablement aussi culturelle des copistes. Nous trouvons également l'expression יראת ייי en 16,2b[AB] ; 33,1a[BEH] ; 40,26c[BM] ; 50,29b[B] et יראת אלהים en 9,16b[A] ; 40,26b.27a[BM]. Les seules occurrences de יראת אל et de יראת עליון se trouvent en Si 6,15 ; 32,12b[BF], et en Si 6,37a[A].

Les formes verbales avec ירא employées dans le sens de « craindre Dieu/le Seigneur » sont rares.[59] Nous ne considérons que les occurrences ayant cette acception: Si 6,16(15)[A] ; 10,20b[AB].24b[A(B)].

En grec

L'expression φόβος κυρίου se trouve, en dehors du Siracide, en 2 Chr 19,7 (la crainte de Dieu doit habiter les juges pour qu'ils pratiquent la justice et l'impartialité et qu'ils soient incorruptibles, à l'image de Dieu) ; Ps 18,10 (les versets 8–10 du Ps 18 font également le lien entre Loi, sagesse et crainte

---

58. Plath (*Die Furcht Gottes*, 32) compte soixante-dix-neuf occurrences dans les Psaumes. Haspecker, *Gottesfurcht bei Jesus Sirach*, 50 : Le Siracide – dépendant de la critique textuelle – en compte entre cinquante-cinq et soixante, et quelques cas dans l'annexe (« Anhang »).

59. Voir Barthélemy et Rickenbacher, *Konkordanz zum hebräischen Sirach*, 165.

du Seigneur) ; 110,10 (ἀρχὴ σοφίας φόβος κυρίου ; voir aussi Ps 110,5) ; Pr 8,13 (faisant partie des caractéristiques de la sagesse qui se présente elle-même en Pr 8) ; 9,10 (ἀρχὴ σοφίας φόβος κυρίου) ; 10,27 (elle est garante d'une vie longue) ; 19,23 (la crainte du Seigneur est un garant de vie) ; 22,4 (dans le texte massorétique, la crainte du Seigneur est le fruit de l'humilité ; dans la Septante, la crainte du Seigneur est engendrée par la sagesse).

GI emploie dix-neuf fois cette expression φόβος κυρίου dans le Siracide, dont notamment six fois au premier chapitre (1,11a.12a.18a.27a.28a.30e ; 9,16b ; 10,22b ; 16,2b ; 19,20a ; 21,11b ; 23,27a ; 25,6b.11a ; 27,3a ; 40,26bc.27a ; 45,23b). Le texte long (GII) présente cinq autres occurrences avec φόβος κυρίου : 1,12c.21a ; 10,21a ; 19,18a ; 24,18a ; 25,12a. Nous avons un certain nombre d'emplois du verbe φοβέομαι avec le complément κύριον (avec ou sans article ; sauf en 15,13.19 qui ont comme complément le pronom αὐτόν, signifiant κύριον) en GI : 1,13a.14a.16a.20a ; 2,7a.8a.9a.15a.16a.17a ; 6,16b ; 7,31a ; 10,19b.20b.24b ; 15,1a.13b.19a ; 21,6b ; 25,10b ; 26,3b ; 31,14.16a.17a ; 35,14a.16a ; 36,1a ; et dans la version longue GII en 3,7a ; 26,23b.25b.

Concernant le mot θεοσέβεια (voir ci-dessous, sous Si 1,25), Ceslas Spicq fait remarquer que ce terme qui, dans la Septante, signifie la « crainte de Dieu » ou du Seigneur, revêt à la fois un sens moral et religieux (voir Gn 20,11 ;[60] Ex 18,21 ; voir aussi Joseph et Aséneth 8,5.7 ; 20,8 ; 23,9 ; 28,4 ; 29,3 ; Jn 9,31 ; 1 Tm 2,10). Selon les cas, il peut aussi être traduit par « piété » (voir Si 1,25b). Jb 28,28 associe θεοσέβεια à la sagesse (voir aussi Philon, *Virt.* 186).[61] Jean-Marie Auwers fait également référence aux *Sacra Parallela* (*SP*) 30,22a+, c'est-à-dire au stique suivant Si 30,22a (voir aussi *La* 30,23b) : θησαυρὸς ἀδιάπτωτος ἡ θεοσέβεια (« la crainte de Dieu est un trésor indéfectible » ; voir aussi Sg 3,15b : « indéfectible est la racine de l'intelligence »).[62]

Philon d'Alexandrie fait allusion à la crainte de Dieu dans *De migratione Abrahami* (§ 215.3), en référence à Ex 1,21, ainsi que dans *Quaestiones in Genesim* (2.48), en relation avec Noé qui, comme il est entré dans l'arche sur ordre divin, la quittera aussi de la sorte (voir Gn 8,15-17). La crainte de Dieu est mise en relation ici avec la soumission à la volonté de Dieu.

---

60. Le TM a ici יִרְאַת אֱלֹהִים.
61. Ceslas Spicq, « θεοσέβαια, θεοσεβής », *LTNT*, 707–10.
62. Jean-Marie Auwers, *Concordance du Siracide (GII et Sacra Parallela)*, CahRB 58 (Paris : Gabalda, 2005), 44.

2. La crainte de Dieu, la sagesse et la Loi 129

En Syriaque

La forme verbale de la racine ܕܚܠ, « craindre » (Dieu ou le Seigneur),[63] se trouve en Si 1,10b.13a.20o.20v.30e ; 2,7a.8a.9a.15a.16a.17a ; 6,16b.17a ; 7,29a ; 9,15a ; 10,5b.19b.20b.24b ; 11,17a ; 15,1a ; 16,4a ; 21,6a.11b ; 22,22a ; 26,3a.5b.23b.25b ; 29,7b ; 31(34),14a.17a ; 35(32),20 ; 36(33),1a ; 38,35a.[64]

La forme nominale ܕܚܠܬܐ, « la crainte » (de Dieu ou du Seigneur), est mentionnée en Si 1,11a.12a.14a.16a.18a.20u.28a ; 2,1a ; 6,37a ; 9,16b ; 16,2b ; 17,3b.8c ; 19,20a.b ; 23,27c ; 25,6b.11.12a ; 26,28e ; 27,1a.3a ; 28,23a ; 35(32),16a ; 39,1a ; 40,26b.c.e.27a ; 50,28c.

Des renvois à la crainte de Dieu se trouvent en Si 1,28b (si l'on considère que le verbe se rapporte à la crainte du Seigneur plutôt qu'au Seigneur : « ne l'approche pas avec un cœur double ») ; 2,3a (deux fois) ; 25,12c ; 40,26d.f.g.27b ; 50,28d.

En latin

Pour la forme nominale, nous trouvons trois locutions dans la Vulgate, *timor Domini, timor Dei* et une fois *timor Altissimi* (Si 19,18). L'expression *timor Domini* est présente douze fois dans *La* (Si 1,11.12.16.17.22.34.36 ; 27,4 ; 40,26.27.28; 45,28), et trois fois la forme verbale : 1,13.25 ; 33,1.

Timor Dei est employé dix-sept fois (1,27 ; 7,21 ; 9,22 ; 10,25 ; 16,1 ; 19,18 ; 21,13 ; 23, 27.31.37 ; 25,8.14.15.16 ; 28,8 ; 37,15 ; 49,6), et la forme verbale *timere Deum* quatre fois : 1,19.20 ; 16,3 ; 19,18. Nous trouvons un certain nombre d'emplois du vocable *timor* seul, faisant allusion à la crainte de Dieu ou du Seigneur, comme en 1,28 ; 2,1 ; 10,33 ; 19,21 ; 24,24.[65] Le traducteur latin emploie les verbes *timeo* et, plus rarement, *metuo* qui signifie « craindre » et « redouter » (voir Si 2,7a ; 6,16b).

---

63. Voir aussi Michael M. Winter, *A Concordance to the Peshiṭta Version of Ben Sira*, Monographs of the Peshiṭta Institute 2 (Leiden, Brill : 1976), 144–48.

64. Dans la Peshitta de Leiden ; dans le Codex Ambrosianus, cette référence correspond à Si 39,1.

65. Nous ne mentionnons ici que les cas où *timor* désigne la crainte de Dieu (en Si 4,19 ; 22,22 ; 23,27 ils ont l'acception de crainte-frayeur ou de peur. En Si 36,2a*La*, comme dans les trois autres versions, la « crainte » signifie la terreur [36,2H[B] a le terme פחד]. Dans cette prière, l'auteur supplie Dieu d'envoyer sa terreur sur les nations, « qui ne te cherchent pas », ajoute *La*, et Syr traduit « qui ne te connaissent pas »).

2.1.2.2. La crainte de Dieu dans les différentes versions

Si 1[66]

Si 1,11-14.16.18-21.25-28.30G[67]

1,11a	φόβος κυρίου δόξα καὶ καύχημα	La crainte du Seigneur est gloire et fierté,
1,11b	καὶ εὐφροσύνη καὶ στέφανος ἀγαλλιάματος	et joie et couronne d'allégresse.
1,12a	φόβος κυρίου τέρψει καρδίαν	La crainte du Seigneur réjouira le coeur
1,12b	καὶ δώσει εὐφροσύνην καὶ χαρὰν καὶ μακροημέρευσιν	et donnera joie, gaieté et longue vie.
1,12c	φόβος κυρίου δόσις παρὰ κυρίου	La crainte du Seigneur est un don de la part du Seigneur,
1,12d	καὶ γὰρ ἐπ' ἀγαπήσεως τρίβους καθίστησιν	et en effet, il établit sur des chemins d'amour.
1,13a	τῷ φοβουμένῳ τὸν κύριον εὖ ἔσται ἐπ' ἐσχάτων	Pour celui qui craint le Seigneur tout ira bien à la fin,
1,13b	καὶ ἐν ἡμέρᾳ τελευτῆς αὐτοῦ εὐλογηθήσεται	et au jour de sa mort, il sera béni.
1,14a	ἀρχὴ σοφίας φοβεῖσθαι τὸν κύριον	Le commencement de la Sagesse, c'est de craindre le Seigneur,
1,14b	καὶ μετὰ πιστῶν ἐν μήτρᾳ συνεκτίσθη αὐτοῖς	et avec les fidèles, elle fut créée pour eux dans le sein maternel.
1,16a	πλησμονὴ σοφίας φοβεῖσθαι τὸν κύριον	La plénitude[68] de la sagesse, c'est de craindre le Seigneur,
1,16b	καὶ μεθύσκει αὐτοὺς ἀπὸ τῶν καρπῶν αὐτῆς	et elle les enivre de ses fruits.

---

66. Dans les éditions existantes, ce texte manque en H.

67. Les traductions des textes H, G et *La* viennent de l'auteure ; pour Syr, les traductions sont essentiellement faites sur base des traductions anglaises de Calduch-Benages, Ferrer, et Liesen, *La Sabiduría del Escriba*. Les ajouts grecs GII sont en italique, ainsi que des ajouts en *La*. Les différences majeures des traductions par rapport aux textes H ou G ont été surlignées.

68. Littéralement « la satiété », ce qui constitue avec le stique suivant un parallélisme.

2. La crainte de Dieu, la sagesse et la Loi

1,18a	στέφανος σοφίας φόβος κυρίου	La couronne de la sagesse, c'est la crainte du Seigneur,
1,18b	ἀναθάλλων εἰρήνην καὶ ὑγίειαν ἰάσεως	faisant revivre la paix et rendant la bonne santé ;[69]
1,18c	ἀμφότερα δέ ἐστιν δῶρα θεοῦ εἰς εἰρήνην[70]	car les deux sont des dons de Dieu pour la paix.
1,18d	πλατύνει δὲ καύχησις τοῖς ἀγαπῶσιν αὐτόν	*La splendeur augmente pour ceux qui l'aiment.*
1,19a	[καὶ εἶδεν καὶ ἐξηρίθμησεν αὐτήν][71]	[Et Il la vit et la dénombra.]
1,20a	ῥίζα σοφίας φοβεῖσθαι τὸν κύριον	La racine de la sagesse, c'est de craindre le Seigneur,
1,20b	καὶ οἱ κλάδοι αὐτῆς μακροημέρευσις	et ses rameaux sont une longue vie.
1,21a	φόβος κυρίου ἀπωθεῖται ἁμαρτήματα	*La crainte du Seigneur repousse les péchés ;*
1,21b	παραμένων δὲ ἀποστρέψει πᾶσαν ὀργήν	*qui persévère[72] détournera toute colère.*
1,25a	ἐν θησαυροῖς σοφίας παραβολὴ ἐπιστήμης	Parmi les trésors de la sagesse se trouve le proverbe du savoir,
1,25b	βδέλυγμα δὲ ἁμαρτωλῷ θεοσέβεια	mais pour le pécheur, la crainte de Dieu est une abomination.
1,26a	ἐπιθυμήσας σοφίαν διατήρησον ἐντολάς	Désirant la sagesse, garde les préceptes,
1,26b	καὶ κύριος χορηγήσει σοι αὐτήν	et le Seigneur te l'accordera en abondance.

---

69. Littéralement « et une bonne santé du rétablissement ». Cette expression est unique dans la Septante.

70. Les recensions origéniennes et lucianique (*O* et *L*), ainsi que *La* ont 1,18cd (avec quelques variantes) : voir l'apparat critique de Ziegler.

71. Des témoins importants ont omis 1,19a : *O* 248-694 (*L*). Il s'agit probablement d'un doublet de 1,9a.

72. Voir Maurice Gilbert, « L'addition de Siracide 1,21 : Une énigme », dans Gilbert, *Ben Sira. Recueil d'études – Collected Essays*, BEThL 264 (Leuven : Peeters, 2014), 223-32, ici 225-26.

1,27a	σοφία γὰρ καὶ παιδεία φόβος κυρίου	Car sagesse et instruction est la crainte du Seigneur,
1,27b	καὶ ἡ εὐδοκία αὐτοῦ πίστις καὶ πραΰτης	et son bon plaisir est fidélité et douceur.
1,28a	μὴ ἀπειθήσῃς φόβῳ κυρίου	Ne sois pas indocile à la crainte du Seigneur,
1,28b	καὶ μὴ προσέλθῃς αὐτῷ ἐν καρδίᾳ δισσῇ	et ne l'approche pas avec un cœur double.
1,30a	μὴ ἐξύψου σεαυτόν ἵνα μὴ πέσῃς	Ne t'élève pas toi-même, afin de ne pas tomber
1,30b	καὶ ἐπαγάγῃς τῇ ψυχῇ σου ἀτιμίαν	et d'attirer sur toi le déshonneur ;
1,30c	καὶ ἀποκαλύψει κύριος τὰ κρυπτά σου	et le Seigneur dévoilerait tes secrets,
1,30d	καὶ ἐν μέσῳ συναγωγῆς καταβαλεῖ σε	et au milieu de l'assemblée, il t'humilierait,
1,30e	ὅτι οὐ προσῆλθες φόβῳ κυρίου	car tu ne t'es pas avancé dans la crainte du Seigneur,
1,30f	καὶ ἡ καρδία σου πλήρης δόλου	et ton cœur était plein de ruse.

1,10–14.16.18.20.27.29–30Syr

1,10a	ܥܡ ܟܠ ܒܣܪ ܐܝܟ ܨܒܝܢܗ ܝܗܒܗ	À toute chair, selon sa volonté, il la[73] donna,
1,10b	ܘܐܣܓܝܗ ܠܟܠ ܕܕܚܠܘܗܝ	et il la multiplia pour tous ceux qui le craignent.
1,11a	ܕܚܠܬܗ ܕܡܪܝܐ ܗܕܪܐ ܘܐܝܩܪ	La crainte du Seigneur est honneur et gloire,
1,11b	ܘܪܒܘܬܐ ܘܟܠܝܠܐ ܕܬܫܒܘܚܬܐ	et grandeur et une couronne de splendeur.
1,12a	ܕܚܠܬܗ ܕܡܪܝܐ ܡܚܕܝܐ ܠܒܐ	La crainte du Seigneur réjouit le cœur ;
1,12b	ܚܕܘܬܐ ܘܪܘܙܐ ܘܚܝܐ ܕܠܥܠܡ	elle est joie et allégresse et vie éternelle.

73. Il s'agit de la sagesse.

2. La crainte de Dieu, la sagesse et la Loi

1,13a	ܪܝܫ ܕܚܠ̈ܘܗܝ ܕܡܪܝܐ ܫܘܦܪܐ	Celui qui craint le Seigneur aura une bonne fin,
1,13b	ܘܒܝܘܡܐ ܕܡܘܬܗ ܢܬܒܪܟ	et à la fin de ses jours, il sera béni.
1,14a	ܪܝܫ ܚܟܡܬܐ ܕܚܠܬܗ ܕܡܪܝܐ	Le début de la sagesse est la crainte du Seigneur,
1,14b	ܘܥܡ ܡܗܝܡ̈ܢܐ ܡܢ ܟܪܣܐ ܕܐܡܗܘܢ ܐܬܒܪܝܬ	et avec les fidèles, elle est créée dès le sein de leur mère.
1,16a	ܪܝܫ ܚܟܡܬܐ ܕܚܠܬܗ ܕܡܪܝܐ	Le début de la sagesse est la crainte du Seigneur,
1,16b	ܘܛܘܒܘܗܝ ܕܪܘܐ ܡܢ ܣܘܓܐܐ ܕܦܐܪ̈ܘܗܝ	et heureux est celui qui est intoxiqué par l'abondance de ses fruits.
1,18a	ܪܝܫ ܚܟܡܬܐ ܕܚܠܬܗ ܕܡܪܝܐ	Le début de la sagesse est la crainte du Seigneur,
1,18b	ܘܡܣܓܝܐ ܫܠܡܐ ܘܚܝ̈ܐ ܘܐܣܝܘܬܐ	et (elle) propage la paix et la vie et la guérison.
1,20*7a [o]	ܫܡܥܘܢܝ ܕܚܠܘ̈ܗܝ ܕܐܠܗܐ	Écoutez-moi, vous qui craignez Dieu,
1,20*7b [p]	ܘܛܪܘ ܘܐܬܒܝܢܘ ܡܠܬܝ	et gardez et considérez mes paroles.
1,20*10a [u]	ܪܚܡ ܕܚܠܬܗ ܕܡܪܝܐ	Aime la crainte du Seigneur,
1,20*10b [v]	ܘܢܐܚܘܕ ܒܗ ܠܒܟ ܘܠܐ ܬܕܚܠ	que ton cœur s'attache à elle, et tu ne craindras pas.
1,27a	ܒܪܝ ܠܐ ܬܕܓܠ ܒܕܚܠܬܗ ܕܡܪܝܐ	Mon fils, ne déçois pas la crainte du Seigneur,
1,27b	ܘܠܐ ܬܩܪܘܒ ܠܗ ܒܠܒܐ ܬܪܝܢ	et ne l'approche pas avec un cœur double.
1,29a	ܘܠܐ ܬܫܬܒܗܪ ܒܗ ܠܥܝܢ ܒܢܝ̈ ܐܢܫܐ	Ne te glorifie pas avec elle aux yeux des hommes.
1,30a	ܠܐ ܬܣܢܐ ܡܠ̈ܘܗܝ ܘܠܐ ܬܙܘܥ	Ne hais pas son discours et ne tremble pas
1,30e	ܡܛܠ ܕܐܬܕܟܪܬ ܒܕܚܠܘܗ̈ܝ ܕܡܪܝܐ	puisque tu as été mentionné parmi ceux qui craignent le Seigneur,

1,30f	ࡁ ܘܪܚܡ ܡܠܐ ܢܟܠܐ	tandis que l'intérieur de ton cœur est plein de ruse.

1,11-13.16-17.19-20.22-23.25.27-28.33-36*La*

1,11a	timor Domini gloria et gloriatio	La crainte du Seigneur est une gloire et un sujet de fierté,
1,11b	et laetitia et corona exultationis	(et) une allégresse et une couronne de jubilation.
1,12a	timor Domini delectabit cor	La crainte du Seigneur réjouira le coeur
1,12b	et dabit laetitiam et gaudium in longitudine dierum	et donnera allégresse et joie en la longueur des jours.
1,13a	timenti Dominum bene erit in extremis	Pour celui craint le Seigneur (tout) ira bien à la fin,
1,13b	et in die defunctionis suae benedicetur	au jour de sa mort, il sera béni.
1,16a	initium sapientiae timor Domini	Le commencement de la sagesse est la crainte du Seigneur,
1,16b	et cum fidelibus in vulva concreatus est	et aux fidèles elle est innée dans la matrice,
1,16c	et cum electis seminis creditur	et auprès des élus de la génération, elle est estimée,
1,16d	et cum iustis et fidelibus agnoscitur	et auprès des justes et des fidèles elle est reconnue.
1,17	*timor Domini scientiae religiositas*	*La crainte du Seigneur est la piété de la connaissance.*
1,19a	timenti Deum bene erit	Pour celui qui craint Dieu (tout) ira bien,
1,19b	et in diebus consummationis illius benedicetur	et aux jours de son accomplissement,[74] il sera béni.
1,20a	plenitudo sapientiae timere Deum	La plénitude de la sagesse est de craindre Dieu,
1,20b	et plenitudo a fructibus illius	(et) la plénitude de ses fruits.

---

74. C'est-à-dire « en ses derniers jours ».

1,22a	corona sapientiae timor Domini	La couronne de la sagesse est la crainte du Seigneur,
1,22b	repollens pacem et salutis fructum	rendant abondamment la paix et le fruit du salut.
1,23a	et vidit et dinumeravit eam	Elle l'a vue et dénombrée ;
1,23b	utraque autem sunt dona Dei	or l'une et l'autre sont un don de Dieu.
1,25a	radix sapientiae est timere Dominum	La crainte du Seigneur est la racine de la sagesse,
1,25b	rami enim illius longevi	en effet, ses rameaux sont vivaces.
1,27	timor Dei expellit peccatum	La crainte de Dieu repousse le péché.
1,28a	nam qui sine timore est non poterit iustificari	Car celui qui est sans crainte ne pourra être justifié ;
1,33a	concupiscens sapientiam conserva iustitiam	Si tu désires la sagesse, garde la justice,
1,33b	et Deus praebebit illam tibi	et Dieu te la donnera.
1,34a	sapientia enim et disciplina timor Domini	La crainte du Seigneur est en effet sagesse et instruction,
1,34b	et quod beneplacitum est illi	et ce qui lui est agréable,
1,35a	fides et mansuetudo	(c'est) la loyauté et la douceur,
1,35b	et adimplebit thesauros illius	et il remplira les trésors de celui-là.[75]
1,36a	non sis incredibilis timori Domini	Ne sois pas incrédule à la crainte du Seigneur,
1,36b	et ne accesseris ad illum duplici corde	et ne l'approche pas avec un cœur double.
1,40b	… et cor tuum plenum est dolo et fallacia	… et ton cœur est plein de ruse et de tromperie.

Le qualificatif φοβερός, « redoutable » (ܢܚܝܠ, *metuendis*), en Si 1,8 s'applique à Dieu et prend une autre acception de la crainte que dans la qua-

---

[75]. Se rapporte à celui qui est agréable au Seigneur (voir 1,34b.35a).

si-totalité des autres emplois relevés.⁷⁶ La crainte sert ici à mettre en évidence qu'il n'y a qu'un seul Dieu. Il est décrit comme un roi (G, *La*) ; à Lui seul la révérence est due. Le texte latin ajoute *dominans Deus*, présentant le Seigneur comme un roi tout-puissant, loin des hommes. Le qualificatif « redoutable » (appuyé par σφόδρα, *nimis* : « très », « extrêmement ») accompagne et souligne ici l'image d'un Dieu puissant (voir aussi Si 43,29G), majestueux (G, *La*).

Seule la version syriaque évoque ceux qui craignent le Seigneur en Si 1,10.⁷⁷ Syr 1,10b assure que – bien que la sagesse soit accordée à tous (1,10a) – surtout ceux qui craignent le Seigneur (G et *La* : « ceux qui l'aiment »⁷⁸) bénéficieront d'une abondance de sagesse. Ils sont donc en quelque sorte mis à part du lot (voir aussi Si 1,30eSyr qui souligne l'élection de ceux qui craignent le Seigneur, comme 1,16c*La*). Seule la version syriaque fait le lien entre sagesse et crainte de Dieu en 1,10, introduisant ainsi la partie consacrée plus particulièrement à la crainte (à partir de Si 1,11 dans toutes les versions). La récompense qui attend le craignant-Dieu à la fin de ses jours est présente dans toutes les versions (1,13G, Syr, *La* ; 1,19*La*). Si 1,20G(25*La*) et est comparable à Dt 6,2 par la promesse d'une longue vie, signe de bénédiction par Dieu, avec la différence que Dt 6,2 assure la prolongation des jours à ceux qui craignent le Seigneur par l'observance de ses commandements, tandis que Si 1,20b parle de « ses rameaux » (c'est-à-dire de la sagesse) qui garantissent une vie longue (*La* : *plenitudo*). Le texte syriaque ne fait pas la même équation que 1,20aG (« La racine [*La* : *plenitudo*] de la sagesse, c'est de craindre le Seigneur ») en remplaçant « craindre le Seigneur » par « vie éternelle » : « Ses⁷⁹ racines sont vie éternelle » (1,20aSyr).

Dans les trois versions, la crainte du Seigneur procure honneur et gloire (1,11a), pas dans un sens mondain, mais plutôt dans un sens spirituel, dans la relation du fidèle à Dieu. La crainte de Dieu rend honorable un homme ou un clan (voir entre autres Si 10,19.20.22.24). La crainte est également la source d'une joie débordante (1,11b[Syr ?].12). Le traducteur syriaque tourne la promesse d'une vie longue dans le texte

---

76. Si 9,18 emploie ce même vocable pour l'homme bavard.
77. En général sont repris dans les tableaux uniquement les versets mentionnant la crainte de Dieu et ceux qui s'y rapportent.
78. Pour la variante « ceux qui le craignent » en Si 1,10a, voir aussi ci-dessous (Si 1,1-10).
79. Fait référence à la sagesse.

grec (μακροημέρευσις ; voir aussi Si 1,20G) en perspective de vie éternelle (1,12bSyr) ; *La* se trouve entre les deux en suggérant que celui qui craint le Seigneur connaîtra *laetitiam et gaudiam in longitudine dierum*, pouvant signifier qu'il pourra se réjouir soit à cause de la longue vie qu'il aura, soit tout au long de ses jours, et donc jusqu'à la fin de sa vie. Nous pouvons en tout cas constater que Syr a introduit une perspective ultérieure, celle de la vie éternelle. Ceci donnerait à la crainte du Seigneur une valeur suprême, contenant une allusion au salut, sans pour autant affirmer clairement qu'elle donne le salut (« elle est joie et allégresse et vie éternelle ») ; le texte syriaque reste ouvert à ce sujet.

Si 1,12cdGII est attesté dans la recension *O* et dans les MSS 493-672-743 (trois témoins du groupe principal de la recension *L*, mais pas dans le MS important 248) et 679. Ces stiques de l'addition grecque sont absents en Syr et *La*. Si 1,12cGII affirme que la crainte du Seigneur est d'origine divine, et reprend la même affirmation quant à la sagesse de Si 1,1 ; dans les deux cas, le traducteur emploie l'expression παρὰ κυρίου. Par l'ajout de δόσις, Si 1,12c souligne en même temps la gratuité de la crainte du Seigneur (φόβος κυρίου δόσις παρὰ κυρίου ; voir aussi Si 1,18c ; Ba 3,7). D'après Si 1,12c, elle semble être accessible à tous, sans préalables, mais Si 1,14b(G, Syr ; 1,16bd*La*) précisera à qui ce don est destiné en premier lieu (voir aussi Si 1,10). Au quatrième stique du v. 12 (GII), nous avons deux possibilités de sujet pour καθίστησιν : soit « la crainte du Seigneur », comme dans les stiques précédents, soit « le Seigneur ». Nous optons pour cette dernière (contre Bussino),[80] étant donné que le Seigneur est l'auteur à la fois de la crainte et de l'amour, deux termes associés ici (comme dans d'autres additions grecques : 1,18c ;[81] 24,18a ; 25,12a).

Si 1,11.12.13 (G, Syr, *La*) mettent donc en évidence les bienfaits spirituels liés à la crainte du Seigneur, accompagnant le fidèle jusqu'à la porte de la mort. Si 1,13 assure même au craignant-le-Seigneur une bonne mort et la bénédiction divine à la fin de sa vie ; *La* reprend cette idée en 1,19b (il s'agit vraisemblablement d'un doublet).

Les premiers stiques des versets Si 1,14.16.18.20 (G) soulignent à quel point la crainte et la sagesse sont indissociables, la crainte de Dieu constituant la base et le couronnement de la sagesse (voir aussi Pr 9,10 ; 1,7 ; Ps 110,10 ; voir aussi les ajouts Si 1,14.15*La* qualifiant l'amour de

---

80. Voir Bussino, *The Greek Additions*, 50.
81. Voir ci-dessous.

Dieu de « sagesse honorable »). Cette assertion se trouve dans chacun de ces quatre versets sous forme de refrain avec quatre variations en G et *La* (1,16a.20a.22a.25a) ; seul le texte syriaque maintient trois fois la même formulation « le début de la sagesse est la crainte du Seigneur » (1,14a.16a.18a). Syr et *La* semblent suivre G en 1,14ab (1,16ab*La*) avec la nuance que Syr et *La* traduisent au premier stique l'infinitif (« craindre le Seigneur ») par le substantif (« la crainte du Seigneur ») qui sera le sujet du deuxième stique, de sorte que Si 1,14bG fait plutôt référence à la sagesse donnée aux fidèles dès leur conception, tandis que 1,14bSyr et 1,16b*La* affirment la même chose quant à la crainte. Selon 1,16bcd*La* la crainte du Seigneur est associée aux élus, aux justes et aux fidèles (*et cum electis seminis creditur et cum iustis et fidelibus agnoscitur* ; voir aussi 1,15Syr.). Ainsi la crainte a autant une valeur morale que religieuse (voir aussi 1,21aGII). 1,16aSyr reprend 1,14a ; et 1,16bSyr semble être une traduction libre de 1,16bG.

Si 1,17*La*, un stique propre au texte latin, est une glose reliant les deux sphères dans lesquelles se situe la crainte du Seigneur : celle de l'attitude de l'homme devant Dieu qui a des répercussions sur la vie du fidèle et celle de la sagesse (*scientiae religiositas*).

D'après Di Lella, les stiques ajoutés 18cd dans la version grecque, tout comme 1,12cdGII n'ont probablement pas fait partie de la version originale.[82] Si 1,12c et 1,18c font allusion à la crainte du Seigneur comme don de Dieu. La mention « les deux » (ἀμφότερα) pourrait faire référence à la crainte et à la sagesse (voir 1,18ab). Mais des parallèles plus évidents apparaissent entre 1,12cd et 1,18cd, c'est-à-dire entre le troisième (voir ci-dessus) et le quatrième stique de ces versets, évoquant dans les deux cas l'amour (1,12d.18d). Ceci nous amène à conclure avec Di Lella que les dons mentionnés en 1,18cG sous-entendent « la crainte du Seigneur » et « l'amour » (1,12cd). Si 1,23b*La* par contre semble désigner par *utraque* la crainte de Dieu et la sagesse.

Le sujet de Si 1,18b (G, Syr ; 1,22b*La*) semble être la crainte du Seigneur. Celle-ci comble le fidèle de paix. Le terme hébreu שלום signifie généralement « la paix », mais également « l'intégrité », et englobe entre autres le bien-être, la prospérité, la bonne relation avec Dieu et avec les autres. Ainsi, le ou les compléments « bonne santé », « vie » constituent des composantes de cette acception sémitique de la paix (voir aussi Si 34,17–20 ; Pr 3,7–8). Le traducteur latin a mis *salus*, pouvant signifier à la fois « la

---

82. Skehan et Di Lella, *The Wisdom of Ben Sira*, 142.

santé », mais également « le salut ». Cette ouverture permet de conjecturer une orientation chrétienne par l'allusion au salut (Si 1,22b*La*, « fruit du salut »), avec la perspective d'une vie dans l'au-delà, auprès de Dieu. Cette conception dépasse donc les frontières de la mort, contrairement à 1,13 (et 1,19b*La* qui est un doublet de 1,13*La* ; voir aussi 1,20bG). Bien que l'expression « rendant en plénitude [...] le fruit du salut » reste quelque peu opaque, elle pourrait signifier que la crainte de Dieu aurait une valeur salvifique. 1,20*La* suit 1,16G. Si 1,22b*La* rejoint 1,20b*La* dans son allusion à la plénitude de fruits dispensés (ici par la sagesse). Les images attribuées à la crainte de Dieu et à la sagesse sont interchangeables dans la version latine, ce qui pourrait témoigner de leurs liens intrinsèques (voir la comparaison entre Si 1,1 et 1,12cGII, ainsi que les différences entre Si 1,14G et 1,14Syr ; 1,16*La* ci-dessus). 1,18bSyr intercale « la vie » entre les deux autres bienfaits de la crainte de Dieu que sont la paix et la guérison, donnant ainsi par trois bienfaits une notion de plénitude. Le texte latin en 1,23a (*et vidit et dinumeravit eam* ; voir 1,19aG) ajoute *utraque autem sunt dona Dei*.

Si 1,25a*La* suit 1,20aG en affirmant que « craindre le Seigneur, c'est la racine de la sagesse ». 1,20bG dit à propos de la sagesse que « ses rameaux sont une longue vie » (voir déjà ci-dessus ; 1,25b*La* traduit par « ses rameaux sont vivaces »). En 1,20abSyr, la crainte du Seigneur n'est pas mentionnée : « Ses racines[83] sont vie éternelle, et ses fleurs longueur des jours ». Cette traduction se sert également d'images de la flore, mais insère ici des références à la vie éternelle (une note chrétienne), que nous ne trouvons nulle part de façon si explicite dans les textes hébreux, grecs et latins (voir aussi Si 1,12bSyr).

La version syriaque a inséré après 1,20ab une méditation pleine de louange sur la sagesse, incluant l'importance d'observer les commandements et de craindre le Seigneur. Nous avons un supplément de douze versets (marqués de *1 à *12 ou 1,20c–z) entre 1,20abSyr et 1,27Syr, dont deux sont adressés plus particulièrement à ceux qui craignent Dieu (*7a ou 1,20o) ou le Seigneur (*10a ou 1,20u). *7a les exhorte à écouter les paroles du sage – reliant ainsi la crainte de Dieu à la sagesse –, et *10ab (1,20uv) leur donne le commandement d'aimer la crainte du Seigneur de tout leur cœur, ce qui nous fait penser au premier commandement. Dans une sorte de midrash, l'auteur syriaque présente dans cette extension de douze versets un concentré du message de Ben Sira, lui appor-

---

83. Se réfère à la sagesse.

tant une note chrétienne par l'évocation de récompenses éternelles (voir *3[1,20gh].*8[1,20qr].*9[1,20st] et 1,20a).

Smend présume que les douze distiques ajoutés dans la version syriaque ont une *Vorlage* en hébreu, étant donné qu'ils n'ont pas de tournures spécifiquement chrétiennes, à part des allusions à la vie éternelle, introduites probablement par le traducteur. Dans son article « New Hebrew text of Ben Sira. Chapter 1 in MS A (T-S 12.863) », Reymond expose sa découverte et sa lecture de lettres en hébreu transparaissant le folio mentionné (MS A I Recto 1–4 ; le folio T-S 12.863 contient au recto le texte hébreu de Si 3,6.8–4,10). Il suppose qu'il s'agit d'une partie au moins du texte préservé uniquement en syriaque jusqu'à présent (les versets supplémentaires à 1,20abSyr). Viennent-ils d'un original en hébreu ou s'agit-il d'une traduction du texte syriaque ?[84] Reymond a décelé des lettres en hébreu reconstituant une partie des versets *9 à *12 du premier chapitre de la version syriaque, ce que Karner a confirmé dans un article ultérieur, du moins pour les trois premiers de ces versets.[85]

En Si 1,20oSyr, l'auteur s'adresse à un public qui craint Dieu, en l'encourageant à bien méditer ses paroles (de sagesse). Si 1,20uv résume en quelque sorte son message, en enjoignant à ceux qui craignent Dieu d'aimer cette crainte et de s'y attacher de tout son cœur (voir aussi Dt 6,5–7). Si 1,20uv pourrait suivre directement 1,20op qui, après la méditation des versets précédents, constitue le début d'une série de conseils attirant l'attention de l'auditeur sur l'enseignement du maître. Ceux qui craignent le Seigneur (1,30e) doivent adhérer à cette crainte, si nous pouvons nous exprimer ainsi, de tout leur cœur, sans duplicité, ni hypocrisie, de peur d'être rejeté par Dieu du milieu de l'assemblée (1,27.30Syr, qui diverge légèrement de 1,28.30G ; 1,36.39–40*La*).

L'ajout du distique 1,21abGII se trouve dans des manuscrits importants, tels que O, L'–672–694–743, ainsi que 768. Gilbert a esquissé le côté

---

84. Voir Smend, *Die Weisheit des Jesus Sirach. Erklärt*, 14 ; Reymond, « New Hebrew Text of Ben Sira », 83–98, particulièrement 90–98 ; Karner, « Ben Sira MS A »; voir aussi Thierry Legrand, « Siracide $^{(Syriaque)}$ 1,20 $^{C-Z}$. Une addition syriaque et ses résonances esséniennes... », dans *Études sémitiques et samaritaines offertes à Jean Margain*, éd. Cristian-Bernard Amphoux, Albert Frey, et Ursula Schattner-Rieser, Histoire du Texte Biblique 4 (Lausanne : Éditions du Zèbre, 1998), 123–34.

85. Voir Reymond, « New Hebrew Text of Ben Sira », 94; Karner, « Ben Sira MS A », 177–78 et particulièrement 182–83. Pour les nuances apportées à la partie reconstituée qui appartiendrait au deuxième stique de 1,20*12Syr et au verset suivant, c'est-à-dire 1,27Syr (1,28G), voir les pages 184–91.

énigmatique de ce verset-clé pour la compréhension du premier chapitre. Il arrive à la conclusion qu'il s'agit de l'ajout d'un glossateur cherchant à faire un lien entre les sections 1,1-20 et 1,22-30.[86] Le traducteur syriaque n'a pas repris cet ajout, mais bien *La* (1,27.28a), en modifiant 1,21bGII, de sorte que ce stique devienne compréhensible. Si 1,21aGII (1,27*La*) exprime brièvement et de manière poignante ce que représente l'opposé de la crainte de Dieu dans le Siracide : le péché. La crainte de Dieu aurait le pouvoir de chasser le péché. Elle n'est pas compatible avec une vie dans le péché. Si 1,28a*La* poursuit la réflexion en affirmant que celui qui néglige la crainte de Dieu ne pourra « être justifié ». 1,28a*La* seul reprend le terme *timor* (sous-entendu : *Dei*) du stique précédent et exprime dans une formulation négative ce que signifie 1,21bGII. Οὐ δυνήσεται θυμὸς ἄδικος δικαιωθῆναι (1,22aG) a été remplacé par *qui sine timore est non poterit iustificari* (αφοβος δ ου δυνησεται δικαιωθηναι)[87] ; la conjonction *nam* introduit une explication du stique précédent. 1,28a*La* peut être compris dans le sens que l'absence de crainte (*timor* fait ici implicitement référence à Dieu) ne pourra pas détourner de la colère (sous-entendu « divine », voir 1,21bGII). 1,28b*La* a repris la notion de colère [humaine] qui serait l'origine de la perte de celui qui s'emporte trop facilement (voir 1,22G).

Si 1,25-27G met en évidence les liens entre la crainte de Dieu, l'observance de ses commandements et la sagesse, en utilisant toute une palette d'expressions pour se référer à chacun de ces trois domaines (σοφία, ἐπιστήμη, παιδεία, θεοσέβεια, φόβος κυρίου, ἐντολαί ; « le pécheur » en 1,25b est le contraire de celui qui garde les préceptes, 1,26a). Si 1,25 emploie le terme θεοσέβεια, un *hapax* dans le Siracide et un terme rare dans la Septante (Gn 20,11 ; Jb 28,28 ; Ba 5,4 ; voir aussi ci-dessus). Il signifie « piété », mais dans la Septante, il signifie généralement « crainte de Dieu ».[88] Le livre de Baruch annonce pour Jérusalem des jours de gloire où Dieu lui donnera le nom de « Paix-de-Justice et Gloire-de-piété » (5,4). Syr n'a pas repris 1,25-27G et *La* a seulement gardé 1,27aG (correspond à 1,34a*La*). La *Nova Vulgata* a par contre maintenu le 1,25 du texte grec (1,31*NOV*) ; θεοσέβεια y est traduit par *cultura Dei*.

Si 1,28-30G et 1,27.30Syr (1,36-40*La*) suggèrent que la crainte de Dieu implique la droiture, devant Dieu et devant les hommes. En 1,36a *La* traduit

---

86. Maurice Gilbert, « L'addition de Siracide 1,21 », 223-32. Voir aussi Haspecker, *Gottesfurcht bei Jesus Sirach*, 54-56.
87. Voir Ziegler, *Sapientia Iesu Filii Sirach*, 131.
88. Voir Ceslas Spicq, « θεοσέβαια, θεοσεβής », *LTNT*, 707.

μὴ ἀπειθήσῃς φόβῳ κυρίου (1,28G) par *non sis incredibilis timori Domini*, et introduit donc la notion de foi, de confiance, au lieu de celle de l'obéissance (au texte grec ; nous pourrions traduire ἀπειθέω également par « ne pas résister » ou « ne pas s'opposer »[89]). La traduction syriaque a gardé cette notion de confiance, de ne pas trahir : « Mon fils, ne déçois pas la crainte du Seigneur » (1,27aSyr). Becker suggère que la tournure μὴ ἀπειθήσῃς φόβῳ κυρίου (1,28a) donne à la crainte une acception nomiste (voir aussi 2,15 ; 23,23).[90] Ceci est plausible, du moins dans le texte grec.

Si 1,29aSyr introduit une note particulière en conseillant de ne pas user de la crainte du Seigneur pour se glorifier aux yeux des hommes, impliquant ainsi indirectement le conseil d'une attitude humble (voir aussi 1,30aG). Si 1,30G (1,30efSyr) conclut le chapitre en mettant en garde ceux qui ne vivent pas vraiment dans la crainte du Seigneur, car ils seront déshonorés. Le texte syriaque va encore plus loin que G en mettant en garde contre une exclusion de l'assemblée (1,30dSyr ; voir aussi 10,21GII). Par cette assertion négative, Si 1,30G forme une inclusion avec 1,11aG (1,11aSyr et *La*) qui affirme que celui qui craint le Seigneur est honoré (voir aussi 10,19.24).

Si 2[91]

2,7.8.9.10.15.16.17G

2,7a	οἱ φοβούμενοι τὸν κύριον ἀναμείνατε τὸ ἔλεος αὐτοῦ	Vous qui craignez le Seigneur, comptez sur sa miséricorde,
2,7b	καὶ μὴ ἐκκλίνητε ἵνα μὴ πέσητε	et ne vous détournez pas, de peur de tomber.
2,8a	οἱ φοβούμενοι κύριον πιστεύσατε αὐτῷ	Vous qui craignez le Seigneur, croyez en lui,
2,8b	καὶ οὐ μὴ πταίσῃ ὁ μισθὸς ὑμῶν	afin que votre récompense ne fasse pas défaut.
2,9a	οἱ φοβούμενοι κύριον ἐλπίσατε εἰς ἀγαθὰ	Vous qui craignez le Seigneur, espérez en de bonnes choses
2,9b	καὶ εἰς εὐφροσύνην αἰῶνος καὶ ἔλεος	et en une joie éternelle et la miséricorde,

---

89. Voir Muraoka, *A Greek-English Lexicon of the Septuagint*, « ἀπειθέω », 66.
90. Becker, *Gottesfurcht im Alten Testament*, 279.
91. Ce texte manque en H.

2,9c	ὅτι δόσις αἰωνία μετὰ χαρᾶς τὸ ἀνταπόδομα αὐτοῦ	car sa récompense sera un don éternel avec joie.
2,10a	ἐμβλέψατε εἰς ἀρχαίας γενεὰς καὶ ἴδετε	Regardez vers les générations passées et voyez :
2,10b	τίς ἐνεπίστευσεν κυρίῳ καὶ κατῃσχύνθη[92]	Qui a mis sa confiance dans le Seigneur et a été déçu ?
2,10c	ἢ τίς ἐνέμεινεν τῷ φόβῳ αὐτοῦ καὶ ἐγκατελείφθη	Ou qui a persévéré dans sa crainte et a été abandonné ?
2,10d	ἢ τίς ἐπεκαλέσατο αὐτόν καὶ ὑπερεῖδεν αὐτόν	Ou qui a fait appel à lui et il l'a ignoré ?
2,15a	οἱ φοβούμενοι κύριον οὐκ ἀπειθήσουσιν ῥημάτων αὐτοῦ	Ceux qui craignent le Seigneur ne désobéiront pas à ses paroles,
2,15b	καὶ οἱ ἀγαπῶντες αὐτὸν συντηρήσουσιν τὰς ὁδοὺς αὐτοῦ	et ceux qui l'aiment suivront ses voies.
2,16a	οἱ φοβούμενοι κύριον ζητήσουσιν εὐδοκίαν αὐτοῦ	Ceux qui craignent le Seigneur chercheront sa faveur,
2,16b	καὶ οἱ ἀγαπῶντες αὐτὸν ἐμπλησθήσονται τοῦ νόμου	et ceux qui l'aiment seront remplis de (sa) Loi.
2,17a	οἱ φοβούμενοι κύριον ἑτοιμάσουσιν καρδίας αὐτῶν	Ceux qui craignent le Seigneur prépareront leurs cœurs,
2,17b	καὶ ἐνώπιον αὐτοῦ ταπεινώσουσιν τὰς ψυχὰς αὐτῶν	et devant lui ils s'humilieront.

2,1.3.7.8.9.15.16.17Syr

2,1a	ܒܪܝ ܐܢ ܩܪܒܬ ܠܕܚܠܬܗ ܕܐܠܗܐ	Mon fils, si tu t'approches de la crainte de Dieu,
2,1b	ܐܬܛܝܒ ܢܦܫܟ ܠܟܠ ܢܣܝܘܢܝܢ	prépare-toi à toute (sorte d') épreuve(s).
2,3a	ܐܬܕܒܩ ܒܗ ܘܠܐ ܬܫܒܩܝܗ	Attache-toi à elle et ne l'abandonne pas,
2,3b	ܡܛܠ ܕܬܬܚܟܡ ܒܚܪܬܟ	pour être sage à ta fin.
2,7a	ܕܚܠܘܗܝ ܕܡܪܝܐ ܣܟܘ ܠܛܒܘܬܗ	Vous qui craignez le Seigneur, espérez en sa bonté,

---

92. Voir aussi Ps 24,2 (et Ps 21,6).

2,7b	ܘܠܐ ܬܫܬܒܩܘܢ ܡܢܗ ܕܠܡܐ ܬܦܠܘܢ	et ne vous détachez pas de lui, de peur de tomber.
2,8a	ܕܚܠܘܗܝ ܕܡܪܝܐ ܗܝܡܢܘ ܒܗ	Vous qui craignez le Seigneur, croyez en lui,
2,8b	ܘܗܘ ܠܐ ܡܒܛܠ ܐܓܪܟܘܢ	et il ne retiendra pas votre récompense.
2,9a	ܕܚܠܘܗܝ ܕܡܪܝܐ ܣܒܪܘ ܠܛܒܬܗ	Vous qui craignez le Seigneur, espérez en sa bonté,
2,9b	ܠܚܕܘܬܐ ܕܠܥܠܡ ܘܦܘܪܩܢܐ	en joie éternelle et salut.
2,15a	ܕܚܠܘܗܝ ܕܡܪܝܐ ܠܐ ܢܣܒܘܢ ܡܐܡܪܗ	Ceux qui craignent le Seigneur ne détestent pas son discours,
2,15b	ܘܐܝܠܝܢ ܕܪܚܡܝܢ ܠܗ ܢܛܪܝܢ ܐܘܪܚܬܗ	et ceux qui l'aiment observent ses voies.
2,16a	ܕܚܠܘܗܝ ܕܡܪܝܐ ܒܥܐܝܢ ܨܒܝܢܗ	Ceux qui craignent le Seigneur pensent à sa volonté,
2,16b	ܘܪܚܡܘܗܝ ܒܢܡܘܣܗ ܪܢܝܢ	et ceux qui l'aiment, étudient sa Loi.
2,17a	ܕܪܚܠ ܠܐܠܗܐ ܥܡܝܠ ܠܒܗ	Celui qui craint Dieu fortifie son cœur,
2,17b	ܘܕܫܒܩܗ ܡܘܒܕ ܪܘܚܗ	et celui qui l'abandonne mène son esprit à la ruine.

2,1.6.7.8.9.10.18.19.20.21*La*

2,1a	fili accedens servituti Dei	Fils, accédant au service de Dieu
2,1b	sta in iustitia et timore	persévère dans la justice et la crainte,
2,1c	et praepara animam tuam ad temptationem	et prépare ton âme à l'épreuve.
2,6c	serva timorem illius et in illo veteresce	Conserve sa crainte et vieillis en elle.
2,7a	metuentes Deum sustinete misericordiam eius	Vous qui craignez Dieu, maintenez sa miséricorde,
2,7b	et non deflectatis ab illo ne cadatis	et ne vous détournez pas de lui de peur de tomber.

2. La crainte de Dieu, la sagesse et la Loi

2,8a	qui timetis Deum credite illi	Vous qui craignez Dieu, croyez en lui,
2,8b	et non evacuabitur merces vestra	et votre récompense ne sera pas supprimée.
2,9a	qui timetis Deum sperate in illum	Vous qui craignez Dieu, espérez en lui,
2,9b	et in oblectatione veniet vobis misericordia	et la miséricorde viendra à vous dans la délectation.
2,10a	qui timetis Deum diligite illum	Vous qui craignez Dieu, aimez-le,
2,10b	et inluminabuntur corda vestra	et vous cœurs seront illuminés.
2,18a	qui timent Dominum non erunt incredibiles verbo illius	Ceux qui craignent le Seigneur ne seront pas incrédules à sa parole,
2,18b	et qui diligunt illum conservabunt viam illius	et ceux qui l'aiment observeront fidèlement sa voie.
2,19a	qui timent Dominum inquirent quae beneplacita sunt illi	Ceux qui craignent le Seigneur recherchent son bon plaisir,
2,19b	et qui diligunt eum replebuntur lege ipsius	ceux qui l'aiment seront comblés par sa Loi.
2,20a	qui timent Dominum parabunt corda sua	Ceux qui craignent le Seigneur prépareront leurs cœurs,
2,20b	et in conspectu illius sanctificabunt animas suas	et en sa présence, ils sanctifieront leurs âmes.
2,21a	*qui timent Dominum custodiunt mandata illius*	*Ceux qui craignent le Seigneur gardent ses commandements,*
2,21b	*et patientiam habebunt usque ad inspectionem illius*	*et ils prendront patience jusqu'à sa visite.*

Par rapport au texte correspondant grec, Si 2,1*La* a intercalé un stique reprenant la relation entre la justice et la crainte (de Dieu ; voir aussi Si 1,28*La*), pour mieux servir le Seigneur : *sta in iustitia et timore*. La version syriaque de Si 2,1 a repris l'expression de Si 1,30 (G) « s'approcher de la crainte de Dieu », en joignant la même mise en garde que le texte grec en 2,1b, selon laquelle il faut se préparer à l'épreuve. L'expression « s'approcher de la crainte de Dieu » (2,1aSyr) est peut-être une autre façon de parler du service de Dieu (voir G et *La*), car les deux expressions sous-entendent l'observance des commandements (2,1*La* a réuni le service et la crainte ; voir aussi 2,21*La*). Dans les trois versions, le jeune (qui se prépare au service du Seigneur [G, *La*]) doit s'attendre à rencontrer des épreuves. Ce point à première vue négatif, lié à la crainte de Dieu, est absent dans la version grecque. Est-ce que Syr l'aurait ajouté, ou G supprimé ? Seul Si 2,6*La* ajoute un troisième stique, conseillant de conserver cette crainte jusqu'à ses vieux jours : *serva timorem illius et in illo veteresce*. Cet ajout met plutôt en relief le côté positif de la crainte, et les versets suivants illustrent le bien-fondé du conseil de rester toute sa vie dans la crainte de Dieu, comme Si 2,3aSyr, afin de devenir sage (2,3bSyr). Seul le traducteur syriaque conseille ici de persévérer dans la crainte, afin d'accéder à la sagesse. Si 4,17H[A], G, Syr évoquent les épreuves infligées par la sagesse ; dans les textes hébreu et syriaque, la sagesse parle à la première personne. Charles Mopsik note à propos de ce verset que « la notion d'épreuve revêt une très grande importance chez Ben Sira, où, loin d'avoir un sens péjoratif ou négatif, elle constitue un moyen de fortifier l'homme qui y est soumis, pour le rendre endurant et capable d'accéder à la sagesse ».[93] Nous n'analysons pas ici cette conception de l'épreuve chez Ben Sira. Par contre, il nous paraît intéressant de noter le côté positif de cette épreuve, et de constater sa fonction médiatrice pour parvenir à la sagesse.

Si 2,7a.8a.9aG, Syr, *La* s'adressent trois fois à ceux qui craignent le Seigneur (« Vous qui craignez le Seigneur/Dieu », suivi chaque fois d'un ou deux verbes à l'impératif). Celui qui craint le Seigneur peut mettre sa confiance en lui car la miséricorde ou la bonté, la récompense, la prospérité et la joie éternelle ne feront pas défaut. La traduction latine suit G en Si 2,7. Les versets suivants s'adressent à ceux qui craignent le Seigneur (2,8a.9a et en plus 2,10a*La*), en les enjoignant de croire en lui, d'espérer en lui et de l'aimer (2,10*La*), introduisant ainsi la foi, l'espérance, et en plus la charité dans la version latine. Si 2,9bSyr exprime clairement un espoir eschatologique, que nous ne trouvons pas de façon si explicite en G (même GII est plus allusif qu'explicite) ; signe d'une empreinte chrétienne ? Si 2,9bSyr a remplacé ἔλεος par « salut, rédemption », ce qui pourrait être le signe d'une « main » chrétienne. Peut-être le traducteur syriaque a-t-il résumé l'ajout de 2,9cGII (« car sa récompense sera un don éternel avec joie ») par la notion de « salut ». L'ajout GII en 2,9c est attesté par les recensions ori-

---

93. Mopsik, *La Sagesse de ben Sira*, 83 n. 2.

2. La crainte de Dieu, la sagesse et la Loi   147

génienne et lucianique (*O* et *l*), ainsi que par d'autres manuscrits. Le troisième stique du verset 9 reprend la notion d'éternité (αἰῶνος en 2,9b ; voir aussi Si 15,6) pour qualifier la récompense promise à ceux qui craignent le Seigneur. Nous pouvons comparer aussi Si 2,9G à Si 1,10–13G, Syr, *La* qui évoquent les notions de don, de joie et de récompense à la fin de la vie, accordés à ceux qui craignent le Seigneur.

Si 2,10G conclut par une invitation à voir et à trouver la preuve dans l'histoire. Par une question rhétorique, le Siracide veut communiquer l'évidence que ceux qui persévèrent dans la crainte du Seigneur ne seront pas abandonnés par lui (2,10c). Le traducteur syriaque a remplacé « qui a persévéré dans sa crainte » par « qui a cru en lui », tandis que *La* a modifié « sa crainte » en « ses commandements » (2,12*La*).

Si 2,15a.16a.17aSyr mentionnent à nouveau trois fois ceux qui craignent le Seigneur (deux fois à la troisième personne du pluriel et une fois au singulier en Syr, et trois fois au pluriel en G ; la version latine les mentionne – comme en 2,7a.8a.9a.10a – quatre fois de suite, en 2,18a.19a.20a.21a) suivi du verbe au futur en G (indiquant la conséquence) et au présent en Syr. Les conséquences de la crainte du Seigneur semblent aller de soi ; craindre le Seigneur signifie observer sa Parole, c'est-à-dire ses commandements. Si 2,15.16 (Syr, G ; 2,18.19*La*) mettent en parallèle au premier et au deuxième stique « ceux qui craignent le Seigneur » et « ceux qui l'aiment » : ils observent sa volonté, c'est-à-dire ses commandements (voir aussi l'ajout 2,21*La*). La crainte et l'amour du Seigneur ainsi que l'observance de la Loi sont ici liés. Si 2,21*La* est le plus explicite à ce sujet (« ceux qui craignent le Seigneur gardent ses commandements »). Et ceux qui craignent le Seigneur adoptent la bonne attitude spirituelle, empreinte d'humilité et de confiance (2,17.18G). 2,17bSyr et 2,20b*La* ont des traductions différentes du texte grec. 2,17G et 2,20*La* soulignent davantage l'attitude intérieure du fidèle devant son Dieu, tandis que 2,17Syr, dans un parallélisme antithétique, accentue le bienfait spirituel que le fidèle récoltera par la crainte. 2,17Syr met en exergue la conséquence désastreuse au niveau spirituel pour ceux qui abandonnent le Seigneur. À cet endroit, le texte grec insiste davantage sur l'humilité comme attitude spirituelle à préconiser devant le Seigneur. L'attitude intérieure doit préparer l'attitude extérieure, la pratique des commandements (2,21*La*) ou l'obéissance à ses paroles ou ses voies (2,15G, Syr). Les trois versions insistent sur la nécessité de s'imprégner de la Loi, de se familiariser avec elle de façon intense, de l'étudier (2,16G, Syr ; 2,19*La*).

Si 2,18aG (Syr n'a pas les deux premiers stiques au v. 18) forme une inclusion avec 2,7b par la double mention du verbe « tomber (πίπτω et ἐμπίπτω) ; la première de ces occurrences met en garde contre le risque de tomber dans le cas d'un abandon du Seigneur, et la deuxième rassure en affirmant « Nous tomberons dans les mains du Seigneur » (quelquefois traduit par « tombons dans les mains du Seigneur »).

Si 3,7aGII (3,8aLa)

3,7a	ὁ φοβούμενος κύριον τιμήσει πατέρα	Celui qui craint le Seigneur honorera le père,
3,7b	καὶ ὡς δεσπόταις δουλεύσει ἐν τοῖς γεννήσασιν αὐτόν	et comme des maîtres il servira ses parents.
3,8a	qui timet Deum honorat parentes	Celui qui craint Dieu honore les parents
3,8b	et quasi dominis serviet in his qui se generaverunt	et comme des maîtres il servira ceux qui lui ont donné la vie.

Dans les parties ajoutées de la version grecque (GII), nous trouvons le verbe φοβεῖν ou φοβέομαι en Si 3,7a ainsi qu'en 26,23b.25b. Le premier stique de Si 3,7GII a des témoins non négligeables (O, L-694-743). Cet ajout dans la version grecque relie la crainte du Seigneur à un commandement particulier, celui d'honorer son père. 3,7aGII ne mentionne que le père, tandis que La a mis *parentes* (3,8a). La a donc suivi GII en harmonisant probablement le premier stique par rapport au deuxième (où il est question des parents). Ce verset manque en H et en Syr.

Si 3,1-16G (3,2-18La) rappelle le commandement d'honorer ses parents ; surtout l'honneur du père est mentionné. Ici, Si 2,15.16 (G, Syr ; 2,18.19La) trouve une concrétisation de la crainte de Dieu par l'observance de la Loi. Si 3,3-6.8G (3,4-7.10La) énumèrent les bénéfices découlant de l'observance de ce commandement. Si 3,6aG reprend Ex 20,12 et Dt 5,16. Di Lella souligne que le Juif pieux espérait davantage une « vie longue » que la perspective d'une vie *post mortem* (voir aussi Si 1,12).[94] Le verbe μακροημερεύω en Si 3,6a exprimant une bénédiction divine pour l'enfant qui « glorifie » son père (ὁ δοξάζων πατέρα μακροημερεύσει), rappelle les bienfaits dont le peuple Israël allait bénéficier en observant les lois et les commandements du Seigneur lors de son passage en Terre Promise (Dt 5,33 ; 6,2 ; 11,9 ; 32,47 ; voir aussi Dt 28,2 ; Si 23,28GII ; 23,38La).

---

94. Skehan et Di Lella, *The Wisdom of Ben Sira*, 155.

2. La crainte de Dieu, la sagesse et la Loi

Si 3,7b exprime comment le commandement d'honorer son père et sa mère doit se traduire : en les servant « comme des maîtres ». Di Lella fait remarquer que δεσπότης est un des titres attribués au Seigneur dans la Septante (voir aussi Si 23,1 ; 31[34],29 ; 33[36],1). Celui qui craint le Seigneur (3,7a) servira donc ses parents, et en cela il servira aussi le Seigneur (voir aussi Si 2,1). Si 3,8-16G (3,9-18*La*) montre en quoi consiste ce « service » des parents.

Si 6,16.17.37

Si 6,16.37H^A

6,16a[95]	צרור חיים אוהב אמונה	Un ami fidèle est un baume de vie,
6,16b	ירא אל ישיגם	celui qui craint Dieu le trouve.
6,37a	והתבננת ביראת עליון	Mais réfléchis à la *crainte/la Loi* du Très-Haut[96],
6,37b	ובמצותו והגה תמיד	et murmure constamment ses commandements.

Si 6,16.17G

6,16a	φίλος πιστὸς φάρμακον ζωῆς	Un ami fidèle est un remède vital,
6,16b	καὶ οἱ φοβούμενοι κύριον εὑρήσουσιν αὐτόν	et ceux qui craignent le Seigneur le trouveront.
6,17a	ὁ φοβούμενος κύριον εὐθυνεῖ φιλίαν αὐτοῦ	Celui qui craint le Seigneur mène son amitié dans la droiture,
6,17b	ὅτι κατ' αὐτὸν οὕτως καὶ ὁ πλησίον αὐτοῦ	car pareil à lui est également son prochain.

Si 6,16.17.37Syr

6,16a	ܣܡܐ ܕܚܝܐ ܗܘ ܚܒܪܐ ܡܗܝܡܢܐ	Un ami fidèle est un baume vital,
6,16 b	ܘܐܝܢܐ ܕܕܚܠ ܠܐܠܗܐ ܗܘܝܘ	et celui qui craint Dieu en est un.

---

95. Correspond à 6,15 dans les éditions de Lévi et de Beentjes.
96. Voir le commentaire ci-dessous.

6,17a	ܕܕܚܠܘܗܝ ܕܐܠܗܐ ܢܫܪܘܢ ܪܚܡܘܬܗܘܢ	Ceux qui craignent Dieu renforceront leur amitié,
6,17b	ܡܛܠ ܕܐܟܘܬܗ ܗܟܢܐ ܪܚܡܘܗܝ	car tel il est, tels sont ses amis,
6,17c	ܘܐܝܟ ܫܡܗ ܗܟܢܐ ܥܒܕܘܗܝ	et tel son nom, telles sont ses œuvres.
6,37a	ܐܣܬܟܠ ܒܕܚܠܬܗ ܕܐܠܗܐ	Comprends la crainte de Dieu,
6,37b	ܘܒܦܘܩܕܢܘܗܝ ܗܘܝ ܙܗܝܪ ܒܟܠܝܘܡ	sois attentif à ses commandements chaque jour,
6,37c	ܘܗܘ ܢܬܩܢ ܐܘܪܚܬܟ	et il rendra droits tes sentiers,
6,37d	ܘܡܢ ܡܐ ܕܐܬܪܓܪܓܬ ܢܠܦܟ	et ce que tu désirais, il te l'enseignera.

Si 6,16.17*La*

6,16a	amicus fidelis medicamentum vitae et inmortalitatis	Un ami fidèle est un remède de vie et d'immortalité,
6,16b	et qui metuunt Dominum inveniunt illum	et ceux qui craignent le Seigneur, le trouveront.
6,17a	qui timet Deum aeque habebit amicitiam bonam	De même, celui qui craint Dieu aura une bonne amitié,
6,17b	quoniam secundum illum erit amicus illius	car tel il est, (tel) sera son ami.

Si 6,16b(H^A, G, *La*).17a(*La*) assurent à ceux qui craignent le Seigneur de trouver un ami fidèle et d'entretenir de bonnes amitiés. Une relation loyale envers le Seigneur est le garant d'une relation humaine loyale. Si 6,16H^A (correspond à 6,15 dans les éditions de Lévi et de Beentjes) considère que celui qui craint Dieu (ירא אל) obtiendra un ami fidèle, qualifié de « bouquet de vie » (צרור חיים) ou de « baume de vie » (Lévi ; nous trouvons une expression similaire en 1S 25,29 ; pour ישיגם voir aussi Si 25,18 ; Pr 22,14 ; Qo 7,26). צרור signifiant généralement « sac » ou « bourse », a été traduit par *φάρμακον*. Nous pouvons conclure avec Smend que l'expression צרור חיים était déjà aussi incompréhensible pour le traducteur grec que pour nous aujourd'hui.[97] D'après Di Lella, le stique suivant (Si 6,17a) aurait été omis par *homoiarkton*. Pour garder la structure d'un distique, le MS A a ajouté un deuxième stique (voir aussi Si 6,17cSyr) qui reprend

97. Smend, *Die Weisheit des Jesus Sirach. Erklärt*, 56.

2. La crainte de Dieu, la sagesse et la Loi   151

Si 2,18d.[98] Même si ירא אל n'est plus mentionné en Si 6,17(16)aH[A], cette expression est implicitement présente : l'ami trouvé est le reflet de celui qui craint Dieu. La traduction syriaque a inversé cette idée (6,16) en affirmant que celui qui craint Dieu ressemble à un ami fidèle qui est un baume de vie.

En Si 6,37a, le texte grec n'a pas de mention de la crainte (διανοοῦ ἐν τοῖς προστάγμασιν κυρίου). H[A] (יראת עליון) et Syr la mentionnent. Pour Lévi, בתורת serait une meilleure leçon que ביראת ; il se base sur le texte grec (ἐν τοῖς προστάγμασιν). L'expression ביראת עליון apparaît seulement ici ; généralement l'auteur du Siracide emploie l'expression יראת יי ou יראת אלהים, mais plus souvent encore בתרת עליון. Smend propose donc de lire avec Si 38, 34 בתרת עליון. Di Lella se rallie à cette proposition (vérifier aussi 41,4.8 [M] ; 42,2 [M] ; 49,4). Ainsi 6,37H (MS A) serait construit sur deux parallèles synonymiques, ce qui est fréquent chez Ben Sira. Mais le texte grec présente quelques incongruences : l'emploi du mot προστάγματα (L[-248-]315 proposent πράγματα) pour תורה est rare dans le Siracide (mais 39,18) et la Septante. Haspecker a retenu la variante ביראת.[99] Syr a suivi H[A] (ביראת) : « Comprends la crainte du Seigneur ». La suit plutôt G : *cogitatum habe in praeceptis Dei et in mandatis illius maxime adsiduus esto* (« Médite les préceptes de Dieu et sois assidu autant que possible à suivre ses commandements »). Si 6,37 (H, G, *La*) stipule que le fait de réfléchir à la Loi et de méditer (ou murmurer ; voir aussi Jos 1,8 ; Ps 1,2) les commandements de Dieu assure le don de la sagesse désirée. Étant donné que les parallélismes synonymiques sont fréquents dans le livre de Ben Sira et que le verbe « étudier » ou « réfléchir à » vise généralement la Loi, plutôt que la crainte de Dieu, nous nous rallions à l'option de la majorité des commentateurs cités.

Notons que Si 6,16a*La* ajoute une référence à la vie éternelle, qualifiant l'ami fidèle de « remède de vie et d'immortalité ». Peters qualifie l'ajout *et inmortalitatis* de « doublette spirituelle » de *vitae*.[100] Nous y voyons une extension chrétienne. Le verbe *metuo*, au deuxième stique de ce même verset, signifie généralement « redouter ». Ici, il faudrait le comprendre

---

98. Voir Skehan et Di Lella, *The Wisdom of Ben Sira*, 189. Voir aussi Box et Oesterley, *The Book of Sirach*, 335.

99. Lévi, *L'Ecclésiastique ou la Sagesse de Jésus*, 2.38; Smend, *Die Weisheit des Jesus Sirach. Erklärt*, 61–62. Voir aussi Rudolf Smend, *Die Weisheit des Jesus Sirach. Hebräisch und Deutsch* (Berlin : Reimer, 1906), 6; Skehan et Di Lella, *The Wisdom of Ben Sira*, 192; Haspecker, *Gottesfurcht bei Jesus Sirach*, 60–64.

100. Peters, *Das Buch Jesus Sirach oder Ecclesiasticus*, 53.

plutôt au sens de *timeo*, que nous retrouvons au verset suivant (6,17a*La*). Nous pouvons déduire de 6,16ab*La* que l'immortalité évoquée sera trouvée par celui qui craint Dieu. Si 6,5-17 donne des conseils quant aux relations vraies, aux amitiés sincères et fidèles. Cette attitude de sincérité, de droiture devrait être également celle du fidèle envers le Seigneur.

Si 7,21*La*

7,21a	noli discedere a muliere sensata et bona	Garde-toi de te séparer d'une femme sage et bonne
7,21b	quam sortitus es in timore Dei	que tu as choisie dans la crainte de Dieu ;
7,21c	gratia enim verecundiae illius super aurum	en effet, la grâce de sa modestie vaut mieux que de l'or.

La version latine de Si 7,21 a ajouté un stique que H, G et Syr (7,19) n'ont pas (7,21b). *Timor Dei* prend ici une acception éthique dans le cadre des relations conjugales. Le conseil de ne pas se séparer d'une femme « sage et bonne » peut également évoquer le commandement de ne pas commettre d'adultère, ou être tout simplement un conseil de sage, car une telle femme fera le bonheur de l'homme.

Si 7,31aG ; 7,29Syr ; 7,31*La*

7,31a	φοβοῦ τὸν κύριον καὶ δόξασον ἱερέα	Crains le Seigneur et honore le prêtre
7,29a	ܚܒܒܠܗܐ ܠܚܝ ܡܢ ܟܠܗ	De tout ton cœur crains Dieu,
7,29b	ܘܟܠܗܘܢ ܟܗܢܘ̈ܗܝ	et honore ses prêtres.
7,31a	in tota anima tua time Deum	De toute ton âme crains Dieu,
7,31b	et sacerdotes illius sanctifica	et aie un profond respect pour ses prêtres.

Si 7,29 (H^A, G, Syr ; 7,31*La*) contient une injonction à craindre Dieu (le texte grec a ici εὐλαβοῦ τὸν κύριον, qui traduit l'expression unique, employée ici, פחד אל ; dans ces deux versions le verbe signifie plutôt « respecter », « traiter avec révérence », « vénérer » ; comme ces acceptions s'écartent de celle qui nous intéresse ici, nous n'avons pas repris les versions H et G) et une autre à honorer le prêtre, ou plutôt deux injonctions liées, car elles

2. La crainte de Dieu, la sagesse et la Loi   153

paraissent indissociables. Le premier stique du v. 31G rappelle par d'autres termes les injonctions de 7,29 et se sert du vocable habituel pour le verbe « craindre » (7,31H^A emploie le verbe « honorer » pour Dieu, כבד אל, ce que 7,33La a repris). Le v. 31 fait référence à un commandement qui se traduit en des actes concrets : honorer le prêtre en le soutenant matériellement, comme la Loi le prescrit (voir Ex 29,27-28 ; Lv 2,1-10 ; 7,31-36 ; Nb 18,9-19 ; Dt 14,28-29 ; 18,1-8). Si 7,29a.30a font écho à Dt 6,5.6 (voir aussi Si 7,27G, Syr ; 7,[28].29La).[101]

7,29aSyr enjoint de craindre le Seigneur « de tout ton cœur », et 7,31aLa emploie l'expression « de toute ton âme », des expressions issues de Dt 6,5 ; 10,12 ; 30,6.10 (voir aussi 7,30H^A, G ; 7,32La). Nous constatons un triple emploi de cette expression « de tout ton cœur » dans la version syriaque (le grec a trois expressions différentes), désignant l'engagement intérieur total dans le respect de Dieu et du père (7,27a.29a.30a). Seules les versions syriaque et latine ont ici le verbe usuel pour exprimer la crainte de Dieu : ܕܚܠ et *timere* (7,31aLa ; G l'a repris en 7,31a). Ici, la crainte de Dieu se traduit par un profond respect des serviteurs du culte.[102] Cette crainte prend forme dans le fait d'accorder au prêtre son dû selon la Loi (voir ci-dessus). Même si la Torah n'est pas mentionnée explicitement, la crainte de Dieu se traduit ici par la mise en pratique des commandements.

Si 9,16H^A, G ; 9,15.16Syr ; 9,22La

	Si 9,16H^A	
9,16a	אנשי צדק בעלי לחמך	Que des hommes justes soient tes convives,
9,16b	וביראת אלהים תפארתך	et dans la crainte de Dieu ta fierté.

	Si 9,16G	
9,16a	ἄνδρες δίκαιοι ἔστωσαν σύνδειπνοί σου	9,16a Que des hommes justes soient tes compagnons de table,

---

101. Voir aussi Smend, *Die Weisheit des Jesus Sirach. Erklärt*, 72-73.
102. Pour une étude approfondie de la terminologie de Si 7,29-31, voir Friedrich V. Reiterer, « Gott und Opfer », dans *Ben Sira's God. Proceedings of the International Ben Sira Conference, Durham, Ushaw College 2001*, éd. Renate Egger-Wenzel, BZAW 321 (Berlin : de Gruyter, 2002), 142-58.

| 9,16b | καὶ ἐν φόβῳ κυρίου ἔστω τὸ καύχημά σου | et que dans la crainte du Seigneur soit ta fierté. |

Si 9,15.16Syr

9,15a	ܚܡ ܥܡ ܪ̈ܚܠܝ ܐܠܗܐ ܢܗܘܘܢ ܚܘܫܒܝܟ	Que tes pensées soient avec celui qui craint Dieu,
9,15b	ܘܫܠܡ ܡܥܠܡܟ ܒܕܚܠܬܗ ܕܡܪܝܐ	et tous tes discours sur les chemins du Seigneur.
9,16a	ܐܢܫܐ ܛܒ̈ܐ ܢܗܘܘܢ ܐܟܠܝ ܠܚܡܟ	Que des hommes justes soient tes convives,
9,16b	ܘܒܕܚܠܬܗ ܕܐܠܗܐ ܬܗܘܐ ܡܬܫܒܗܪ	et que dans la crainte de Dieu soit ta gloire.

Si 9,22La

9,22a	viri iusti sint tibi convivae	Que des hommes justes soient tes convives,
9,22b	et in timore Dei sit gloriatio tibi	et glorifie-toi dans la crainte de Dieu.

Après une série d'injonctions négatives et de mises en garde dans les rapports à autrui, surtout aux femmes (9,1–9), ensuite aux hommes mal intentionnés (9,11–13), l'auteur conseille de chercher la compagnie ou de fréquenter des hommes sages, intelligents et justes (9,14–16a), et de mettre sa fierté dans la crainte de Dieu (9,16b[A], suivi par G, Syr ; voir aussi 10,22b). Σύνδειπνος (« compagnon de table ») est un *hapax* dans le Siracide ; cette traduction pourrait résulter de l'état construit dans la *Vorlage* (בעלי לחמך).[103]

Si 9,15aSyr conseille de chercher la proximité d'esprit de celui qui craint Dieu ; les textes H, G et *La* (9,21) conseillent l'échange avec des hommes intelligents ou sages. Si 9,15.16 (H[A], G ; 9,21–23*La*) réunissent les trois termes : Loi, crainte de Dieu, sagesse. Dans toutes les versions, même si les traductions présentent des différences, la crainte de Dieu est comprise dans la ligne d'une vie morale et religieuse droite. Le maître conseille de s'associer à des personnes justes, droites, sensées et qui craignent le Seigneur. Le plus important est de vivre dans la crainte de Dieu, et d'ajuster son discours à la Loi. Pour Becker, la crainte aurait peut-être ici une accep-

---

103. Voir Wagner, *Die Septuaginta – Hapaxlegomena*, 309.

tion nomiste, considérant ce verset parallèlement avec le verset précédent dans la version grecque (9,15G, ou le verset suivant dans la version latine : 9,23La).[104] Si 9,16b (H, G, Syr ; 9,22bLa) anticipe sous forme impérative et de manière générale l'idée de 10,22b (10,25bLa).

Si 10,5Syr

10,5a	ܒܐܝܕܘܗܝ ܕܡܪܝܐ ܫܘܠܛܢܐ ܕܟܠ	Dans les mains du Seigneur est le gouvernement de tout,
10,5b	ܘܠܕܚܠܘܗܝ ܢܬܠ ܐܝܩܪܗ	et à ceux qui le craignent, il donnera sa gloire.

Si 10,5bSyr seul mentionne ici les craignant-Dieu (H[A] a ici « législateur » [מחוקק], tandis que G et La ont mis « le scribe » [γραμματέως, scribae]) comme bénéficiaires de la gloire divine ; au Seigneur seul incombe ce pouvoir, étant le maître de tout l'univers (10,4a.5a). Pour Lévi, la traduction syriaque serait une version libre inspirée de certains passages de Psaumes exprimant la même idée.[105]

Si 10,19-33

	Si 10,20.22.24H[A]	Si 10,20.22.24H[B]
10,20a	בין אחים ראשם נכבד	בין אחים ראשם נכבד
10,20b	וירא אלהים בע[מו]	וירא אלהים נכבד ממנו
10,22a	גר וזר נכרי ורש	גר זר נכרי ורש
10,22b	תפארתם י[ר]את אלהים	תפארתם יראת ייי
10,24a	ש[...] מושל ושופט נכבדו	שר שופט ומושל נכבדו
10,24b	וא[.]ן גדול מ[.]רא אלהים	[...............]
10,20a	Entre frères, leur chef est honoré,	Entre frères, leur chef est honoré,
10,20b	et celui qui craint Dieu (l'est) parmi son peuple.	et celui qui craint Dieu (est honoré) plus que lui.
10,22a	Immigré et inconnu, étranger et pauvre,	Immigré, inconnu, étranger et pauvre,

---

104. Becker, *Gottesfurcht im Alten Testament*, 279.
105. Lévi, *L'Ecclésiastique ou la Sagesse de Jésus*, 2.62.

10,22b	leur fierté (c')est la crainte de Dieu.	*leur fierté (c')est la crainte du Seigneur.*
10,24a	Un chef, un juge et un gouverneur sont honorés,	Un chef, un gouverneur et un juge sont honorés,
10,24b	mais il n'y a personne qui soit plus grand que celui qui craint Dieu.	mais il n'y a personne qui soit plus grand que celui qui craint Dieu.

Si 10,19.20.21(GII).22.24G

10,19a	Σπέρμα ἔντιμον ποῖον; σπέρμα ἀνθρώπου.	Quelle race est honorée ? La race de l'homme.
10,19b	Σπέρμα ἔντιμον ποῖον; οἱ φοβούμενοι κύριον.	Quelle race est honorée ? Ceux qui craignent le Seigneur.
10,19c	Σπέρμα ἄτιμον ποῖον; σπέρμα ἀνθρώπου.	Quelle race est méprisée ? La race de l'homme.
10,19d	Σπέρμα ἄτιμον ποῖον; οἱ παραβαίνοντες ἐντολάς.	Quelle race est méprisée ? Ceux qui transgressent les commandements.
10,20a	ἐν μέσῳ ἀδελφῶν ὁ ἡγούμενος αὐτῶν ἔντιμος,	Au milieu des frères, leur chef est honoré,
10,20b	καὶ οἱ φοβούμενοι κύριον ἐν ὀφθαλμοῖς αὐτοῦ.	et ceux qui craignent le Seigneur (le sont) à ses yeux.
10,21a	προσλήψεως ἀρχὴ φόβος κυρίου,	Le commencement de l'acceptation est la crainte du Seigneur,
10,21b	ἐκβολῆς δὲ ἀρχὴ σκληρυσμὸς καὶ ὑπερηφανία.	mais le commencement du rejet est l'endurcissement et l'orgueil.
10,22a	προσήλυτος καὶ ξένος καὶ πτωχός,	Le prosélyte et l'étranger et le mendiant,
10,22b	τὸ καύχημα αὐτῶν φόβος κυρίου.	leur fierté (gloire), c'est la crainte du Seigneur.
10,24a	μεγιστὰν καὶ κριτὴς καὶ δυνάστης δοξασθήσεται,	Un grand personnage et un juge et un personnage puissant seront honorés,
10,24b	καὶ οὐκ ἔστιν αὐτῶν τις μείζων τοῦ φοβουμένου τὸν κύριον.	mais personne parmi eux n'est plus grand que celui qui craint le Seigneur.

Si 10,19.20.22.24Syr

10,19a	ܐܝܢܐ ܝܩܝܪܐ ܗܘ ܕܐܕܡ ܠܐܢܫܐ.	Quelle race est honorable ? La race humaine.
10,19b	ܐܝܢܐ ܝܩܝܪܐ ܡܢ ܕܕܚܠ ܠܐܠܗܐ.	Quelle race est honorable ? Celle qui craint Dieu.
10,19c	ܐܝܢܐ ܝܩܝܪܐ ܡܢ ܕܢܛܪ ܦܘܩܕܢܐ.	Quelle race est honorable ? Celle qui observe les commandements.
10,19d	ܐܝܢܐ ܐܟܣܠܐ ܗܘ ܕܐܕܡ ܠܐܢܫܐ.	Quelle race est méprisable ? La race humaine.
10,19e	ܐܝܢܐ ܐܟܣܠܐ ܡܢ ܕܠܐ ܢܛܪ ܦܘܩܕܢܐ.	Quelle race est méprisable ? Celle qui n'observe pas les commandements.
10,20a	ܒܝܬ ܐܚܐ ܩܫܝܫܐ ܡܝܩܪ.	Parmi les frères, l'aîné est honoré,
10,20b	ܘܕܕܚܠ ܠܐܠܗܐ ܡܝܩܪ ܗܘ ܡܢܗ.	Et celui qui craint Dieu est honoré plus que lui.
10,22a	ܬܘܬܒܐ ܐܟܣܢܝܐ ܕܡܣܟܝܢ ܘܡܟܝܟܐ ܗܘ.	Un immigrant étranger qui est pauvre et affligé,
10,22b	ܫܘܒܚܗ ܒܕܚܠܬܗ ܕܐܠܗܐ.	sa gloire consiste dans sa crainte de Dieu.
10,24a	ܪܒܐ ܘܫܠܝܛܐ ܘܕܝܢܐ ܝܩܪ.	Honore un grand et un gouverneur et un juge,
10,24b	ܘܠܝܬ ܕܪܒ ܡܢ ܡܢ ܕܡܝܩܪ ܠܡܢ ܕܕܚܠ ܠܐܠܗܐ.	mais il n'y a pas de plus grand que celui qui honore celui qui craint Dieu.

Si 10,23.24.25.27.33*La*

10,23a	Semen hominum honorabitur hoc quod timet Dominum	La race des hommes qui sera honorée est celle qui craint le Seigneur,
10,23b	semen autem hoc exhonorabitur hominum quod praeterit mandata Domini	mais la race des hommes qui sera déshonorée est celle qui transgresse les commandements du Seigneur.

10,24a	In medio fratrum rector illorum in honore	Au milieu des frères, leur guide est à l'honneur,
10,24b	et qui timent Deum erunt in oculis illius	et ceux qui craignent Dieu le seront aux yeux de celui-là.
10,25a	Gloria divitum honoratorum et pauperum	La gloire des riches, de ceux qui sont honorés et des pauvres,
10,25b	timor Dei est	c'est la crainte de Dieu.
10,27a	Magnus est iudex et potens est in honore	Le juge est important et le souverain est honoré,
10,27b	et non est maior illo qui timet Deum	et (pourtant) nul n'est plus grand que celui qui craint Dieu.
10,33a	Pauper gloriatur per disciplinam et timorem suum	Un pauvre est glorifié par sa science et sa crainte (de Dieu),
10,33b	et est homo qui honorificatur propter substantiam suam	et tel est honoré à cause de sa fortune.

Si 10,33*La* est la seule version qui ajoute la crainte (de Dieu) à l'intelligence, la science ou la sagesse (voir les différentes versions de ce texte ci-dessus) comme motif d'honneur du pauvre. Pour les autres différences par rapport aux textes hébreux, voir ci-dessus (partie I).

Comme nous l'avons vu, la crainte du Seigneur et l'observance des commandements sont des facteurs qui rendent honorable le genre humain (Si 10,19). Déjà au Deutéronome, la crainte et les commandements sont soit associés, soit juxtaposés (Dt 5,29 ; 6,2.24 ; 8,6 ; 13,5 ; 17,19 ; 31,12 ; voir aussi Ps 112[111],1.2).

En Si 10,22H[AB], la mention des trois groupes de personnes (גר זר נכרי) peut faire référence à des non-Juifs, tout comme 10,19 s'adresse au genre humain en général. Mais il peut s'agir également de résidents juifs. Que la génération méprisable soit celle qui transgresse les commandements (10,19d) constitue pour Goering un indice que le verset s'adresse à Israël, étant l'unique peuple ayant recu ces commandements.[106] Selon Dt 31,12 cependant, le résident dans la ville (גֵּר, προσήλυτος) est également concerné par l'appel à craindre le Seigneur et à observer ses commandements.

---

106. Goering, *Wisdom's Root Revealed*, 135.

2. La crainte de Dieu, la sagesse et la Loi

Si 11,17Syr

11,17a	ܡܘܗܒܬܗ ܕܡܪܝܐ ܡܩܘܝܐ ܥܡ ܕܚܠܘܗܝ	Le don du Seigneur demeure avec ceux qui le craignent,
11,17b	ܘܚܕܘܬܗ ܠܥܠܡ ܩܝܡܐ	et sa joie reste inébranlable pour toujours.

En Si 11,17a, seule la version syriaque évoque ceux qui craignent le Seigneur : ils peuvent s'attendre à être comblés de ses dons et de grandes joies (le MS A du texte hébreu présente quelques lacunes). Smend propose dans sa reconstruction de ce stique Si 11,17a מתן ייי לצדיק יעמד (suivi par *La* ; G a ici εὐσεβέσιν). Lévi propose … מ[תן]לצדיק pour Si 11,15a.[107] Pour Haspecker, Si 11,17Syr est secondaire.[108]

Si 15,1.13.19

	Si 15,1.13.19H^A	Si 15,1.13.19H^B
15,1a	כי ירא י׳, יעשה זאת	כי ירא ייי יעשה זאת
15,1b	ותופש תורה ידריכנה	ותופש תורה י[.....]ה
15,13a	רעה ותעבה שנא י׳,	רעה[109] ותעובה שנא אלהים
15,13b	ולא יאננה ליראיו	ולא י[..]ה ל[...]יו
15,19a	עיני אל יראו מעשיו	[………] מעשיו
15,19b	והו יכיר על[110] כל מפעל איש	והוא יכיר כל מפעל אנוש
15,1a	Car celui qui craint le Seigneur fait cela,	Car celui qui craint le Seigneur fait cela,
15,1b	et celui qui saisit la Loi l'obtiendra.[111]	et celui qui saisit la Loi l'obtiendra.

---

107. Lévi, *L'Ecclésiastique ou la Sagesse de Jésus*, 2.76. Voir aussi Si 11,15a dans l'édition de Beentjes (*The Book of Ben Sira in Hebrew*, 37) ; Smend, *Die Weisheit des Jesus Sirach. Hebräisch und Deutsch*, 12; voir aussi Jules Touzard dans Fulcran Vigouroux, *La Sainte Bible Polyglotte 5*, 905.

108. Haspecker, *Gottesfurcht bei Jesus Sirach*, 65.

109. Note dans Beentjes, *The Book of Ben Sira in Hebrew*, 142: Ce mot est écrit dans la marge droite.

110. על est à biffer (deux points au-dessus du mot dans le MS A l'indiquent).

111. Sous-entendu: « La sagesse ».

15,13a	Le mal et l'abomination, le Seigneur les hait,	Le mal et l'abomination, Dieu les hait,
15,13b	et il empêche que cela n'arrive à ceux qui le craignent.	et il … ne … pas
15,19a	Les yeux de Dieu regardent ses œuvres,	[….] ses œuvres,
15,19b	et lui connaît toutes les actions de l'homme.	et lui connaît toutes les actions des humains.

Si 15,1.13.19G

15,1a	ὁ φοβούμενος κύριον ποιήσει αὐτό	Celui qui craint le Seigneur fera cela,
15,1b	καὶ ὁ ἐγκρατὴς τοῦ νόμου καταλήμψεται αὐτήν	et celui qui est en possession de la Loi la[112] saisira.
15,13a	πᾶν βδέλυγμα ἐμίσησεν ὁ κύριος	Toute abomination, le Seigneur l'a haïe,
15,13b	καὶ οὐκ ἔστιν ἀγαπητὸν τοῖς φοβουμένοις αὐτόν	et elle n'est pas bienvenue à ceux qui le craignent.
15,19a	καὶ οἱ ὀφθαλμοὶ αὐτοῦ ἐπὶ τοὺς φοβουμένους αὐτόν	Et ses yeux[113] sont sur ceux qui le craignent,
15,19b	καὶ αὐτὸς ἐπιγνώσεται πᾶν ἔργον ἀνθρώπου	et il connaîtra toute action de l'homme.

Si 15,1Syr

15,1a	ܕܕܚܠ ܠܐܠܗܐ ܢܥܒܕ ܗܢܐ	15,1a Celui qui craint Dieu agira ainsi,
15,1b	ܘܕܡܬܗܓܐ ܒܢܡܘܣܐ ܢܗܠܟ ܒܗ	15,1b et celui qui étudie la Loi marchera dans ses voies (litt. « en elle »).

Si 15,1.13.20La

15,1a	qui timet Deum faciet illud	Celui qui craint Dieu fera cela,
15,1b	et qui continens est iustitiae adprehendet illam	et celui qui a en soi la justice l'atteindra.[114]

---

112. Sous-entendu: « la sagesse ».
113. Du Seigneur.
114. Sous-entendu « la sagesse ».

15,13a omne execramentum erroris odit Deus	Toute chose abominable de l'égarement, Dieu les hait,
15,13b et non erit amabile timentibus illum	et elle ne sera pas agréable à ceux qui le craignent.
15,20a oculi Dei ad timentes eum	Les yeux de Dieu vont vers ceux qui le craignent,
15,20b et ipse agnoscit omnem operam hominis	et lui-même perçoit toute activité de l'homme.

Le début du chapitre 15 revient sur les versets précédents évoquant la sagesse qu'il s'agit d'approcher de toutes les façons possibles, corps et âme (Si 14,20-27). Les versets 21-27 développent le macarisme de 14,20 (H[A] : « Heureux l'homme qui médite sur la sagesse et cherche le discernement » ; G : « Heureux l'homme qui méditera sur la sagesse, et qui parlera intelligemment ») par l'illustration de la recherche active et intense de la sagesse en impliquant tout son être, cherchant à s'établir sous son abri avec ses enfants (H, G, Syr, La). Si 15,1H[AB] enchaîne par « car celui qui craint le Seigneur fait cela » (suivi par les trois autres versions G, Syr, La), faisant intervenir la crainte du Seigneur presque comme un prérequis à la sagesse, et la Torah est le chemin pour y parvenir : « et celui qui saisit la Torah, parvient jusqu'à elle », c'est-à-dire la sagesse (15,1b[AB]). Smend fait remarquer que ותופש תורה désigne ici toute personne pieuse, tandis qu'en Jr 2,8 il s'agit (uniquement) des prêtres.[115] Si 15,1H[AB] réunit donc les trois termes, suivi par G et Syr ; La a substitué « la Loi » par « la justice ».

Si 15,13[AB], G, La relient également la crainte du Seigneur ou de Dieu à l'agir moral, selon les préceptes. Au deuxième stique de ce verset, Smend émende, en suivant en cela Knabenbauer, ἀγαπητόν en ἀπαντητόν, ce qui pourrait éventuellement rejoindre le texte hébreu.[116] Ziegler a cependant maintenu la variante (οὐκ ἔστιν) ἀγαπητόν qui fait également sens à cet endroit (contre Smend) en renforçant l'idée du rejet de « toute abomination » également par ceux qui craignent le Seigneur. La a suivi G, et Syr a changé « ceux qui le craignent » en « ceux qui l'aiment ». En 15,13bSyr, comme en H, tout mal est éloigné du sujet, tandis qu'en G et La, le crai-

---

115. Smend, *Die Weisheit des Jesus Sirach. Erklärt*, 139. Voir aussi Skehan et Di Lella, *The Wisdom of Ben Sira*, 264.

116. Smend, *Die Weisheit des Jesus Sirach. Erklärt*, 142 ; voir aussi Ziegler, *Sapientia Iesu Filii Sirach*, 194.

gnant-Dieu prend lui-même ses distances par rapport à tout ce qui est contraire à la Loi. La suite du texte (15,14-20) poursuit la réflexion : c'est l'homme qui est libre de garder les commandements, il a le choix devant la vie ou la mort (voir Dt 30,15-19).

Si 15,19aG affirme que les yeux du Seigneur sont sur (15,20a*La* : « vont vers ») ceux qui le craignent. D'après Lévi, le traducteur grec aurait suivi Ps 33(32),18 et 34(33),16. Cette pensée ne conviendrait pas ici, car « l'auteur veut dire que le libre arbitre a été accordé à l'homme,[117] mais que Dieu, dans son omniscience, connaît toutes ses actions ».[118] Nous pourrions voir Si 15,19H aussi dans le sens de l'omniprésence et de l'omniscience de Dieu (voir Ps 139,1-18). Ou s'agit-il de sa bienveillance permanente (voir Si 15,13H) ? Considérant le verset 18, il faudrait plutôt penser à une attention particulière du Seigneur à ceux qui veulent vivre selon sa Loi. Si 15,19aSyr suit H et a une formulation plus générale : « Ses yeux perçoivent tout ».

Si 16

	Si 16,2.4H^A		Si 16,2.4H^B
16,2a	וגם אם פרו אל תבעבם		[.........] תשמח בם
16,2b	אם אין אתם יראת י׳י		כי אין אתם יראת ייי
16,4a	מאחד ערירי ירא י׳י, תשב עיר	B1	מאחד ערירי ירא ייי תש[..]יר
16,4b	וממשפחת בוגדים תחרב	B1	וממשפחות בוגדים תחרב
		B2	מאחד נ[....]ש[....]
		B2	וממשפחת בוגדים תחרב

16,2a	Et même s'ils[119] prospèrent, ne t'enfle pas (Lévi),	[.........] (ne) sois (pas) content d'eux,
16,2b	s'il n'y a pas en eux de crainte du Seigneur.	car il n'y a pas en eux de crainte du Seigneur.
16,4a	Par un seul sans enfants qui craint Dieu une ville est peuplée,	B1 Par un seul sans enfants qui craint Dieu une [ville est peuplée],

---

117. Voir Si 15,14-17.
118. Lévi, *L'Ecclésiastique ou la Sagesse de Jésus*, 2.112. Voir aussi Skehan et Di Lella, *The Wisdom of Ben Sira*, 269. Contre Smend (*Die Weisheit des Jesus Sirach. Hebräisch und Deutsch*, 19) qui opte pour G.
119. Les enfants.

2. La crainte de Dieu, la sagesse et la Loi

16,4b mais par un clan infidèle elle sera ravagée.

B1 mais par un clan infidèle elle sera ravagée.

B2 Par un seul (être) [intelligent ...],

B2 mais par un clan infidèle elle sera désertée.

Si 16,2G

16,2a	ἐὰν πληθύνωσιν μὴ εὐφραίνου ἐπ' αὐτοῖς	Lorsqu'ils se multiplient ne te réjouis pas à leur sujet,
16,2b	εἰ μή ἐστιν φόβος κυρίου μετ' αὐτῶν	si la crainte du Seigneur n'est pas en eux.

Si 16,2.4Syr

16,2a	ܐܘ ܣܓܝ ܠܐ ܐܚܕܝ ܒܗܘܢ	Même s'ils sont nombreux, ne te réjouis pas à leur sujet,
16,2b	ܡܛܠ ܕܠܐ ܐܝܬ ܒܗܘܢ ܕܚܠܬܗ ܕܐܠܗܐ	parce que la crainte de Dieu n'est pas en eux.
16,4a	ܡܢ ܚܕ ܓܝܪ ܕܕܚܠ ܐܠܗܐ ܬܬܒ ܡܕܝܢܬܐ	Par un (seul) qui craint Dieu, toute une ville sera peuplée,
16,4b	ܘܡܢ ܣܓܝܐܘܬܐ ܕܥܘܠܐ ܚܪܒܐ	et par une multitude d'impies, elle est détruite.

Si 16,1.3La

16,1a	et ne iucunderis in filiis impiis si multiplicentur	Et ne te réjouis pas d'enfants impies s'ils se multiplient,
16,1b	non oblecteris super ipsos si non est timor Dei cum illis	ne sois pas enchanté à leur sujet, s'ils n'ont pas la crainte de Dieu.
16,3	melior est enim unus timens Deum quam mille filii impii	En effet, un (seul fils) craignant Dieu vaut mieux que mille fils impies.

Si 16,2 (H^A, G, *La* [16,1]) préfère la crainte du Seigneur avant le nombre de fils. Il n'y a pas lieu de jubiler devant une descendance nombreuse, « si » (MS A) ou « car » (MS B) la crainte du Seigneur n'est pas en eux. Les traductions grecque et latine suivent la formulation au conditionnel du MS A. La traduction syriaque n'emploie plus le conditionnel ; elle emploie une particule introduisant la cause (réelle) empêchant la joie d'avoir une descendance nombreuse (ܡܛܠ, « parce que »), comme le MS B (כי). Ces constats en 16,2H^B, Syr établissent un lien direct avec le verset précédent (16,1a) qui conseille de ne pas désirer une multitude (Syr) d'enfants bons à rien (H) ou immoraux (Syr). Dans un parallélisme synonymique, Si 16,1*La* conseille de ne pas se réjouir d'une progéniture impie, de ne pas y mettre sa joie, si elle ne craint pas Dieu (comme Si 16,2H au MS A, G). Il est intéressant de voir aussi les différents qualificatifs employés pour exprimer le contraire de « craignant le Seigneur ». G emploie ici les adjectifs ἄχρηστος et ἀσεβής, que nous avons en Si 15,22*La* (*non enim concupiscit multitudinem filiorum infidelium et inutilium*), avec la différence que le texte de la version latine dit que Dieu (« il ») ne désire pas une multitude de fils infidèles et inutiles », tandis que dans G, le Siracide conseille à ceux qui l'écoutent de ne pas désirer « une multitude d'enfants bons à rien » et de ne pas se réjouir d'avoir « des fils impies » (16,1 ; voir aussi H et Syr). Si 16,3*La* poursuit cette idée (*melior est enim unus timens Deum quam mille filii impii*) en insérant l'apposition « craignant Dieu » là où H et G ont « un seul ». Mopsik note à cet endroit que les sources hébraïques ont littéralement « Car mieux vaut un seul qui accomplit la volonté de Dieu que mille »[120], ce que nous trouvons également dans la version syriaque (16,3c). Pour la complexité de Si 16,3G, on peut se référer à Bussino, *The Greek Additions*. Il semble que la version grecque représente le texte original.[121]

μὴ ἐμπιστεύσῃς τῇ ζωῇ αὐτῶν
καὶ μὴ ἔπεχε ἐπὶ τὸ πλῆθος αὐτῶν
στενάξεις γὰρ πένθει ἀώρῳ
καὶ ἐξαίφνης αὐτῶν συντέλειαν γνώσῃ
κρείσσων γὰρ εἷς ἢ χίλιοι
καὶ ἀποθανεῖν ἄτεκνον ἢ ἔχειν τέκνα ἀσεβῆ

GII intercale deux stiques entre les deux premiers et les deux derniers en Si 16,3 : στενάξεις γὰρ πένθει ἀώρῳ καὶ ἐξαίφνης αὐτῶν συντέλειαν γνώσῃ (« tu te lamenteras en effet dans un deuil prématuré et soudainement, tu apprendras leur mort »; voir aussi Jb 22,14–15). Ceci renforce la raison pour laquelle il ne faut pas se réjouir d'une telle descendance. Une progé-

---

120. Mopsik, *La Sagesse de ben Sira*, 162 n. 1.
121. Bussino, *The Greek Additions*, 156–62.

2. La crainte de Dieu, la sagesse et la Loi 165

niture nombreuse signifiant la prospérité et une bénédiction divine dans la société juive (Gn 12,2 ; 22,17 ; 24,60 ; Ps 127,3-5 ; 128,3-4) peut, lorsqu'elle ne vit pas selon la volonté de Dieu (Si 16,3Syr[H]),[122] c'est-à-dire selon les commandements, constituer une malédiction. Mieux vaut alors mourir sans enfants (Si 16,3H, G, Syr ; 16,4La).

Si 16,1-3 reprend l'idée de 10,19 : une descendance honorable est celle qui craint le Seigneur, celle qui ne transgresse pas les commandements. C'est une question de transmission des valeurs, qui donnent de l'espoir pour les générations futures (voir Si 16,3). Implicitement Ben Sira pose la question : que veux-tu transmettre à ta descendance ? Si 15,14-17(18La) H^{AB},[123] G, Syr, La reprend l'idée de la liberté du choix de suivre ou non les commandements de Dieu de Dt 30,11-20 (voir aussi Dt 11,26-28 ; Jr 21,8) : l'homme a reçu de son créateur la possibilité de choisir entre le feu et l'eau, entre la vie et la mort. Si 16,1 enchaîne avec la voie sans issue d'une génération impie. Pourquoi mettre son espoir en une génération dévoyée, et donc sans futur (voir aussi Dt 30,16-20) ? Un seul être (« qui craint Dieu/le Seigneur », v. 3 en La et v. 4 en Syr, ou « sage », v. 4 en H, G et v. 5 en La) peut donner plus d'espoir qu'une multitude de fils impies ; ce verset forme une inclusion avec le v. 1 (voir aussi Si 40,15-16 ; 41,5-13). La traduction latine a introduit *timens Deum* en 16,4a. Syr a suivi cette modification (16,4a) qui constitue un parallèle avec 16,3c (uniquement en Syr) : « car un (fils) qui fait la volonté (de Dieu) vaut mieux que mille ». Craindre Dieu équivaut à faire la volonté de Dieu, donc à suivre la Loi. Un seul qui suit les commandements de Dieu, un seul craignant Dieu, un seul sage valent mieux que mille autres qui font ou sont le contraire. Nous voyons ici une autre façon de souligner l'importance de la Loi, de la crainte de Dieu et de la sagesse pour une génération honorable et prometteuse d'avenir. Les trois notions, Loi, crainte et sagesse constituent les trois piliers d'une transmission des valeurs inhérentes à la religion juive et répondent à la question posée ci-dessus : que faut-il transmettre aux jeunes générations ? Ben Sira laisse transparaître à la fois la question et la réponse.

Si 16,4 est construit sur un parallélisme antithétique parfait, mettant en évidence qu'un seul être craignant Dieu (Si 16,4 H^{AB1}, Syr ; « intelligent, sensé » en G [συνετός] et La 16,5 [*sensatus*]) peut peupler une ville ou la patrie, c'est-à-dire la remplir de vie, tandis que des impies la ren-

---

122. Voir les notes et commentaires de Lévi (*L'Ecclésiastique ou la Sagesse de Jésus*, 2.114-15) et de Di Lella (Skehan et Di Lella, *The Wisdom of Ben Sira*, 273).
123. Voir aussi Hadot, *Penchant mauvais et volonté libre*, 91-103.

dront déserte (*La* : *ab uno sensato inhabitabitur patria et a tribus impiis deseretur* ; voir aussi Pr 11,11). En 16,4bG, le contraire du « sensé » est le « hors-la-Loi » (ἄνομος), c'est-à-dire celui qui ne vit pas selon les commandements ; celui-ci est à l'origine d'une tribu ou d'un pays dépeuplé. La version latine emploie trois fois l'adjectif *impius* (16,3.4.5). H^B contient une forme longue (B^1) et une forme courte (B^2) au v. 4. D'après Smend, en 16,4a il faudrait lire מבין ou נבון comme dans le texte grec (voir aussi Sg 3,11-12), au lieu de ירא יי, qui serait une correction (voir aussi Pr 2,1-6). En plus, ערירי serait un doublet du v.3[124]. Ainsi, la forme courte de B^2 serait la meilleure. Di Lella prend la même option en 4a (« Through one wise person a city can be peopled »).[125]

Si 17,3.8[126]

Si 17,8G,[127] GII

17,8a	ἔθηκεν τὸν φόβον αὐτοῦ ἐπὶ τὰς καρδίας αὐτῶν	Il mit la crainte devant lui dans leurs cœurs
17,8b	δεῖξαι αὐτοῖς τὸ μεγαλεῖον τῶν ἔργων αὐτοῦ	pour leur montrer la magnificence de ses œuvres,
17,8c	καὶ ἔδωκεν δι' αἰώνων καυχᾶσθαι ἐπὶ τοῖς θαυμασίοις αὐτοῦ	et il leur accorda de tirer gloire à jamais de ses merveilles.

Si 17,3.8Syr[128]

17,3a	ܚܣܢܚܘ ܐܢܘܢ ܒܚܝܠܘܬܐ	Dans sa sagesse, il les habilla de force,
17,3b	ܘܚܦܝ ܐܢܘܢ ܒܕܚܠܬܐ	et il les couvrit de crainte.
17,8a	ܠܡܚܘܝܘ ܐܢܘܢ ܪܒܘܬܐ	pour leur montrer la grandeur de ses œuvres,

---

124. Voir Smend, *Die Weisheit des Jesus Sirach. Erklärt*, 145 ; et *Die Weisheit des Jesus Sirach. Hebräisch und Deutsch*, 19 ; voir aussi Lévi, *L'Ecclésiastique ou la Sagesse de Jésus*, 2.114.
125. Skehan et Di Lella, *The Wisdom of Ben Sira*, 268, 270 (notes).
126. Ce texte manque en H.
127. Dans l'édition de Ziegler ; voir la différence avec l'édition de Rahlfs qui a τὸν ὀφθαλμὸν αὐτοῦ à la place de τὸν φόβον αὐτοῦ en 17,8a. Voir aussi Smend, *Die Weisheit des Jesus Sirach. Erklärt*, 157.
128. Si 17,8c correspond à 17,9 dans la Peshitta.

17,8b	ܘܠܡܚܘܝܘ ܠܗܘܢ ܕܪܚܡܐ ܗܘ	afin qu'ils comprennent ses merveilles,
17,8c	ܘܢܫܬܥܘܢ ܠܥܠܡܐ ܫܒܚܬܗ ܕܠܡܕܚܠ	pour raconter au monde sa crainte.[129]

En Si 17,3Syr (17,8aG) « la crainte » signifie dans un premier lieu plutôt une crainte-respect devant la grandeur de Dieu (« Dans sa sagesse, il les habilla de force, et il les couvrit de crainte »). En Si 17,4G (ἔθηκεν τὸν φόβον αὐτοῦ ἐπὶ πάσης σαρκὸς καὶ κατακυριεύειν θηρίων καὶ πετεινῶν), τὸν φόβον αὐτοῦ signifie la crainte de l'homme, c'est-à-dire du premier homme créé, qu'éprouvent toutes les autres créatures (La suit G : *posuit timorem illius super omnem carnem et dominatus est bestiarum et volatilium*). La traduction syriaque n'évoque que la crainte que doivent éprouver toutes les bêtes devant les êtres humains ; la domination de l'homme sur bêtes et volatiles est omise, car elle est sous-entendue (« et en toute chair il insuffla la crainte d'eux, dans les bêtes et dans les oiseaux ». Voir aussi Gn 1,26.28).

Si 17,8aG reprend la même formulation qu'au v. 4 (τὸν φόβον αὐτοῦ), mais ici, il s'agit de la crainte de Dieu, devant la grandeur de ses oeuvres (τὸ μεγαλεῖον τῶν ἔργων αὐτοῦ), crainte implantée au cœur de l'homme dès la création. La traduction syriaque a modifié ce texte (17,8) : les êtres humains ont été les témoins des œuvres grandioses du Seigneur, afin qu'ils parlent de la crainte de Dieu et qu'ils la propagent en quelque sorte. 17,7La suit le texte de Rahlfs qui a ἔθηκεν τὸν ὀφθαλμὸν αὐτοῦ au v. 8. La version retenue par Ziegler est soutenue par quelques témoins qui ne comptent pas parmi les plus importants, mais également par Smend qui estime que τὸν ὀφθαλμὸν αὐτοῦ est incompatible avec δεῖξαι (contre Peters et Frank Ueberschaer) et que, par conséquent, il faudrait opter pour τὸν φόβον αὐτοῦ.[130] La variante φόβον nous semble ici plus probable en considérant qu'il s'agit d'une reprise de la même formulation qu'au v. 4 (faisant référence à Gn 9,2), avec la différence que le texte passe de la crainte-respect de toute créature devant un être qui lui est supérieur, en l'occurrence l'homme, à la crainte-révérence de tout être humain devant celui qui est supérieur à tout, Dieu (v. 8).

---

129. C'est-à-dire la crainte de Dieu.
130. Smend, *Die Weisheit des Jesus Sirach. Erklärt*, 157; Peters, *Das Buch Jesus Sirach oder Ecclesiasticus*, 143; Frank Ueberschaer, *Weisheit aus der Begegnung. Bildung nach dem Buch Ben Sira*, BZAW 379 (Berlin : de Gruyter, 2007), 139–40 n. 12.

Il est intéressant de constater que cette faculté d'admirer les merveilles de Dieu a été accordée à ceux qui ont été dotés de facultés de compréhension, d'intelligence, de sagesse (voir Si 17,7G, Syr ; 17,6*La* ; seulement le texte syriaque emploie le mot « sagesse » en Si 17,7).

Cette crainte implantée dans le cœur des humains (Si 17,8) pourrait également renvoyer à Ex 20,20, dans le cadre de l'alliance au Sinaï, avec le don de la Loi. Le Siracide ferait ici subtilement un lien entre d'une part la création et l'alliance, et d'autre part entre la crainte de Dieu et les différentes facultés de la sagesse et la Loi (voir ci-dessous). Et la crainte révérencielle de Si 17,8 signifierait en même temps qu'il s'agit d'une crainte d'alliance.

2.1.2.3. Excursus : L'« alliance éternelle » et les trois notions en Si 16,24–17,14[131]

Il est question d'« alliance éternelle » en 17,12G, Syr (la version syriaque évoque déjà l'alliance en 17,11 avec une formulation issue de Dt 30 : « Il plaça devant eux l'alliance » ; G met « il leur accorda la connaissance » ; Si 17,10*La* traduit « alliance éternelle » par *testamentum aeternum*) et de « Loi de la vie » en 17,11bG.[132] L'« alliance éternelle » est également évoquée en Si 45,15 concernant Aaron (pour « alliance » voir aussi Si 28,7 ; 44,20.22 ; 45,5.7 ; 24,23 ; 39,8). Marböck signale que, malgré les évocations d'une « alliance éternelle » dans le livre de Ben Sira, il n'est nulle part question de l'alliance sinaïtique. Cette formulation « alliance éternelle » est fréquente dans l'Ancien Testament (Gn 9,16 ; 17,7.19 ; Ex 31,16 ; Lv 24,8 ; 2 S 23,5 ; 1 Ch 16,17 ; Ps 105,10 ; Is 24,5 ; 55,3 ; 61,8 ; Jr 32,40 ; 50,5 ; Ez 16,60 ; 37,26). La notion d'alliance chez Ben Sira serait donc à comprendre dans un sens large, tout comme celle de « Loi » (voir Si 17,14).[133]

17,11a	προσέθηκεν αὐτοῖς ἐπιστήμην	Il leur a accordé en plus le savoir,
17,11b	καὶ νόμον ζωῆς ἐκληροδότησεν αὐτοῖς	et une Loi de vie il leur a laissée en héritage,
17,11c	εἰς τὸ νοῆσαι ὅτι θνητοὶ ὄντες ὑπάρχουσι νῦν	afin qu'ils comprennent que ceux qui existent maintenant sont mortels.

---

131. Voir p. 9.
132. Voir aussi Skehan et Di Lella, *The Wisdom of Ben Sira*, 282.
133. Marböck, « Gesetz und Weisheit », 5–6.

2. La crainte de Dieu, la sagesse et la Loi

17,12a	διαθήκην αἰῶνος ἔστησεν μετ᾽ αὐτῶν	Il a conclu une alliance éternelle avec eux,
17,12b	καὶ τὰ κρίματα αὐτοῦ ὑπέδειξεν αὐτοῖς	et il leur a montré ses jugements.
17,13a	μεγαλεῖον δόξης εἶδον οἱ ὀφθαλμοὶ αὐτῶν	Leurs yeux ont vu la magnificence de (sa) gloire,
17,13b	καὶ δόξαν φωνῆς αὐτοῦ ἤκουσεν τὸ οὖς αὐτῶν	et leurs oreilles ont entendu la gloire de sa voix.
17,14a	καὶ εἶπεν αὐτοῖς Προσέχετε ἀπὸ παντὸς ἀδίκου	Et il leur a dit : « Gardez-vous de tout ce qui est injuste »,
17,14b	καὶ ἐντείλατο αὐτοῖς ἑκάστῳ περὶ τοῦ πλησίον	et il leur a donné des commandements, à chacun au sujet du prochain.
17,11a	ܩܡ ܡܪܝܡܘ ܩܝܡܐ	Il mit devant eux l'alliance,
17,11b	ܘܢܡܘܣܐ ܕܚܝܐ ܐܠܦ ܐܢܘܢ	et la Loi de (la) vie il leur apprit.
17,12a	ܩܝܡܐ ܕܥܠܡܐ ܐܩܝܡ ܥܡܗܘܢ	Une alliance éternelle il conclut avec eux,
17,12b	ܘܕܝܢܘܗܝ ܐܘܕܥ ܐܢܘܢ	et il leur fit connaître ses jugements.
17,13a	ܘܬܫܒܘܚܬܐ ܕܐܝܩܪܗ ܚܙܘ ܥܝܢܝܗܘܢ	Et la splendeur de sa gloire ils virent de leurs yeux,
17,13b	ܘܐܝܩܪܐ ܕܡܠܬܗ ܫܡܥܘ ܐܕܢܝܗܘܢ	et la gloire de sa parole ils entendirent de leurs oreilles.
17,14a	ܘܐܡܪ ܠܗܘܢ ܐܙܕܗܪܘ ܘܠܐ ܬܗܘܘܢ ܕܓܠܐ	Et il leur dit : « Faites attention et ne soyez pas faux »,
17,14b	ܘܦܩܕ ܐܢܘܢ ܓܒܪ ܥܠ ܚܒܪܗ	et il leur donna des commandements concernant chacun d'entre eux.
17,9a	addidit illis disciplinam	Il leur a donné en plus la science,
17,9b	et legem vitae hereditavit illos	et il leur a laissé en héritage une Loi de vie.
17,10a	testamentum aeternum constituit cum illis	Il a établi avec eux une alliance éternelle,
17,10b	et iudicia sua ostendit illis	et il leur a présenté ses jugements.

17,11a	et magnalia honoris eius vidit oculus illorum	Et leurs yeux ont vu les merveilles de sa gloire,
17,11b	et honorem vocis audierunt aures illorum	et leurs oreilles ont entendu la gloire de sa voix,
17,11c	et dixit illis adtendite ab omni iniquo	et il leur a dit : « Gardez-vous de toute iniquité. »
17,12	et mandavit illis unicuique de proximo	et leur donna à chacun un commandement concernant le prochain.

Si 28,7G conseille au pécheur de se souvenir de « l'alliance du Très-Haut » ainsi que des commandements (ἐντολή) afin d'éviter tout ressentiment envers son prochain et de lui pardonner ses manquements. Dans l'éloge des Pères, Abraham est présenté comme celui qui a observé la Loi (νόμος) du Très-Haut et celui avec qui le Seigneur a établi une alliance (Si 44,20G) ; cette alliance fut littéralement « marquée dans sa chair ». Parce qu'Abraham n'a pas refusé d'offrir en sacrifice son fils (44,20), cette alliance fut renouvelée avec Isaac et Jacob (44,22.23).

Les trois grandes œuvres de la littérature sapientielle Pr, Jb, Qo ne montrent pas beaucoup d'intérêt pour des épisodes importants de l'histoire d'Israël, notamment les promesses faites aux Pères, l'exode, les événements au Sinaï ou l'entrée dans la Terre Promise. Les sages basent leurs réflexions théologiques et sapientielles sur l'observation du monde, des humains, de leur vie et de phénomènes naturels. La référence à l'alliance entre Dieu et l'humanité ne constitue plus la base des enseignements sapientiaux.[134]

Après la destruction du Temple en 586 avant J.-C., il fallait reconstruire un pont entre l'alliance du passé et le temps présent, c'est-à-dire la période du Second Temple. Tout comme le péché d'Israël était considéré comme l'origine de la rupture du lien entre Dieu et son peuple, l'influence des nations constituait également un danger.[135] Selon Ari Mermelstein, Ben Sira aurait conféré à l'histoire une certaine intemporalité en considérant la

---

134. Voir Goering, *Wisdom's Root Revealed*, 1.

135. Voir Ari Mermelstein, *Creation, Covenant, and the Beginnings of Judaism. Reconceiving Historical Time in the Second Temple Period*, JSJSup 168 (Leiden : Brill, 2014), 2, 3, 16–51. Voir aussi Otto Kaiser, « Die Begründung der Sittlichkeit im Buche Jesus Sirach », dans Kaiser, *Der Mensch unter dem Schicksal*, 110–21; Nissen, *Gott und der Nächste im antiken Judentum*, 184.

création comme le début de l'histoire d'Israël. Sur base de ce déplacement de l'histoire de l'alliance vers le début de la création, Ben Sira pouvait faire abstraction dans son écrit de toute rupture entre Dieu et son peuple. Le plan divin initial d'une alliance éternelle n'a pas changé. Au chapitre 24, le Siracide présenterait ses affirmations les plus claires sur les origines de l'histoire de l'alliance lors de la création et l'achèvement de la création dans l'établissement de l'alliance.[136] Si 24,3 suggère la présence de la Sagesse personnifiée depuis la création de la terre (comparer à Gn 1,2 ; 2,6), et Si 1,4 affirme que la sagesse fut créée « avant toutes choses » (προτέρα πάντων) ; elle se porte garant de la pérennité de la présence divine à travers les âges.

Dans son article « Siracide », Gilbert fait remarquer que les derniers versets de la section Si 16,26-17,14 renvoient à l'alliance sinaïtique, ceci dans un contexte rappelant la création.[137] Si 17,12-14 rappellent, de façon concentrée, la révélation au Sinaï et le don de la Loi (Ex 19,16-19 ; 20 ; 24,15-17 ; Dt 5 ; Ursel Wicke-Reuter y voit seulement une allusion à Dt 5[138]). Si 17,14b se réfère à la deuxième partie du décalogue concernant le rapport à autrui (Ex 20,12-17 ; Dt 5,16-21). Luis Alonso Schökel propose de voir en Si 17,14aSyr une allusion à la première table du décalogue à travers la racine كدب (« mentir ; être faux ») qui correspond à כזב. Ce verbe hébreu qui signifie également « tromper » est utilisé dans un contexte de fausses prophéties (Am 2,4) ou d'infidélité à la Loi, à l'alliance (Is 57,11 ; Ps 89,36).[139]

La révélation et l'élection constituent deux facteurs inséparables dans la manifestation du Seigneur à son peuple, à ses élus. Cette corrélation dans l'Ancien Testament a été reprise par le judaïsme tardif, incluant l'engagement que suppose un tel don (voir Si 17,11-14). La Torah est une partie intégrante de l'alliance tout comme Israël l'est dans le cadre de la révélation. Par la référence à l'alliance au Sinaï et l'adhésion à la Torah par les prosélytes, le cercle des « élus » pouvait s'élargir. Le cadre universel de la révélation de Dieu résulte en Si 16,24-17,14 du fait du retour à la créa-

---

136. Mermelstein, *Creation, Covenant, and the Beginnings of Judaism*, 17.

137. Gilbert, « Siracide », col. 1432 ; voir aussi du même auteur, « God, Sin and Mercy : Sirach 15 :11 to 18 :14 », dans Egger-Wenzel, *Ben Sira's God*, 118-35, ici 133; voir aussi Otto Kaiser, *Vom offenbaren und verborgenen Gott. Studien zur spätbiblischen Weisheit und Hermeneutik*, BZAW 392 (Berlin : de Gruyter, 2008), 47-49.

138. Wicke-Reuter, *Göttliche Providenz und menschliche Verantwortung*, 161-64.

139. Luis Alonso Schökel, « Vision of Man in Sirach 16:24-17:14 », dans Gammie et al., *Israelite Wisdom*, 235-45, ici 241.

tion comme lieu initial du plan divin pour l'humanité, plan recevant tout son sens et son éclaircissement par les événements au Sinaï.[140]

L'acte créateur du Seigneur est évoqué en Si 16,26 (ἐν κτίσει κυρίου τὰ ἔργα αὐτοῦ ἀπ' ἀρχῆς)[141] et en 17,1 (κύριος ἔκτισεν).[142] Le Siracide se focalise sur la création de l'homme, et il souligne surtout les facultés intellectuelles, les capacités d'esprit et de coeur dont Dieu l'a doté (17,5-7.11G ; 17,7aSyr évoque ici la sagesse), pour qu'il sache faire la part des choses, discerner le bien et le mal (voir Dt 30,15.19), et agir en conséquence, comme le suggèrent Dt 30,16.20 qui invitent à suivre les commandements. Dt 30,16.20 indiquent en quoi consiste l'option pour « le bien ». Le don de la sagesse (17,7a ; ἐπιστήμη συνέσεως) venant de Dieu est donc à mettre au service de la Loi (17,7b ; voir aussi 17,11). Si 17 se distingue de Gn 1-2, où la création de l'homme et de la femme ne constitue qu'une partie de tout l'acte créateur. Ils ont également reçu d'autres facultés et fonctions que celles qui sont évoquées par le Siracide (Gn 1,26.28). Et (l'arbre de) la connaissance de ce qui est bien ou mal leur est justement défendu (voir Gn 2,17).[143] Les premiers humains ayant bravé cet interdit, Gn 3,22.24 raconte que désormais « l'arbre de vie » doit leur rester inaccessible, car faisant partie du domaine divin. Si 16,24.25G évoquent deux fois « la connaissance » (ἐπιστήμην ; La traduit par disciplinam, « enseignement » ; 16,24.25Syr traduit librement ces versets et emploie deux fois le mot « enseignement » ; au v. 25 par contre, le traducteur syriaque rend ἐν ἀκριβείᾳ ἀπαγγελῶ ἐπιστήμην par « avec sagesse je déploierai mon enseignement » ; voir aussi 17,7aSyr : « Sagesse et intelligence » aideront l'humain à discerner le bien et le mal). L'insistance sur la connaissance (voir aussi 17,11) ou l'enseignement sapientiel semble en faire un élément primordial dans cette péricope (Si 16,24-17,14).[144] Par un impératif, le maître attire l'attention de son élève sur les connaissances (deux fois ἐπιστήμη aux vv. 24 et 25) qu'il veut trans-

---

140. Nissen, *Gott und der Nächste im antiken Judentum*, 47-48; voir aussi 64-69 et 330-31.

141. Dans l'édition de Ziegler, en H^A et en Syr. L'édition de Rahlfs a ἐν κρίσει κυρίου, suivi par La (« le Seigneur » est traduit ici par « Dieu »). Voir aussi Berg, « Ben Sira », 146.

142. G, Syr, La.

143. Voir André Wénin, « De la creation à l'alliance sinaïtique. La logique de Si 16,26-17,14 », dans Calduch-Benages et Vermeylen, *Treasures of Wisdom*, 147-58, ici 152-53.

144. La délimitation de cette péricope et de la section dont elle fait partie, sont controversées ; voir Marko Marttila, *Foreign Nations in the Wisdom of Ben Sira. A*

mettre (16,24). Les deux stiques de 16,25 présentent un parallélisme synonymique, de sorte que παιδεία est à ranger du côté de ἐπιστήμη (pour l'association de σοφία avec παιδεία, voir Prol. 3 ; 1,27).

Berg fait remarquer que Si 17,1 n'évoque non seulement la création de l'homme à partir de la terre (en référence à Gn 2,7), mais également son retour au sol (voir Gn 3,19).[145] Cette perspective de la mortalité apparaît comme une des conséquences de la désobéissance du couple primordial. Les deux stiques de Si 17,1 pourraient simplement faire allusion à Qo 3,1-2.20 (Si 17,11cGII reprend l'idée de la mortalité). Pour Berg cependant, cette juxtaposition de Gn 2,7 et de Gn 3,19 en Si 17,1 n'est pas anodine. Le saut qu'opère le Siracide depuis le récit de la création jusqu'au récit racontant les conséquences des actes du couple primordial sert à faire sa propre relecture du retour à la création. En effet, Gn 3,22 affirme que désormais, les humains sont dotés de la faculté de discernement du bien et du mal. Pour le Siracide, dès la création, ce don a été accordé à tous les humains (voir aussi Si 17,7). Cette connaissance du bien et du mal dès le départ et la connaissance de la loi, donnée à Israël, ne peuvent pas être séparées (Si 17,7-14).

Après la péricope de Si 16,24-17,14, le texte revient sur l'illusion de croire que le Seigneur ne connaît pas les chemins des humains (voir Si 16,17-23). Le maître s'adresse à ceux qui sont ouverts et capables de recevoir son enseignement (16,24), contrairement aux insensés (16,23). Seul le texte syriaque opte trois fois pour le vocable ܚܟܡܬܐ, « sagesse » : une première fois pour qualifier l'enseignement que Ben Sira veut prodiguer par la suite (16,25bSyr) ; la deuxième fois, elle est attribuée à Dieu qui, dans sa sagesse, pourvoit ses créatures de ce qui leur est nécessaire (17,3Syr ; il s'agit probablement d'un ajout), et enfin, Dieu pourvoit l'homme-même de sagesse et d'intelligence (17,7Syr). Avec Gerald T. Sheppard, nous pouvons considérer qu'au moyen de l'interpolation « et dans sa sagesse » (17,3Syr), le traducteur syriaque reconnaît le contexte implicitement sapientiel de cette occurrence (et de toute la section), et qu'il ose l'afficher clairement.[146]

En Si 17,11, l'attribution de la connaissance (ἐπιστήμην, *disciplinam* ; de « l'alliance » en Syr) se trouve unie au don de la « Loi de la vie » dans

---

Jewish Sage between Opposition and Assimilation, DCLS 13 (Berlin : de Gruyter, 2012), 42-43 n. 5. Voir également Alonso Schökel, "Vision of Man », 235 et 243.

145. Voir Berg, « Ben Sira », 147-51.

146. Gerald T. Sheppard, *Wisdom as a Hermeneutical Construct. A Study in the Sapientializing of the Old Testament* (Berlin : de Gruyter, 1980), 78.

un seul verset, comme s'il y avait eu immédiateté (voir aussi Si 45,5d ; Dt 30,11-20 ; Ba 4,1). Marböck souligne que la mise en parallèle de la sagesse et de la Loi en Dt 4,5-6 est ici élargie en une équation : la sagesse équivaut à la Loi de la vie.[147] La relation étroite entre la Loi et la sagesse est également exprimée clairement en Si 45,5, qui rappelle la révélation du Seigneur au Sinaï et le don de la Loi à Moïse avec la mission de transmettre les décrets du Seigneur. Cette Loi est appelée νόμον ζωῆς καὶ ἐπιστήμης (תורת חיים ותבונה). Selon Alonso Schökel, le Siracide fait manifestement passer le message que la nouvelle sagesse consiste dans la Loi, surtout dans la partie culminante du livre, le chapitre 24 (24,23). Le verbe κληροδοτέω en 17,11, avec le complément νόμον ζωῆς, renvoie à κληρονομίαν en 24,23, désignant νόμον ὃν ἐνετείλατο ἡμῖν Μωυσῆς. Markus Witte fait remarquer que νόμον ζωῆς et κληροδοτέω en 17,11b font clairement allusion au don de la Torah au Sinaï. De même, les versets 12 et 13 évoquent l'alliance sinaïtique. L'expression νόμον ζωῆς dans le livre de Ben Sira est unique dans le corpus biblique (Si 17,11b ; 45,5d ; voir aussi 39,1bSyr ci-dessous ; Ba 3,9 emploie l'expression « préceptes de vie » : ἄκουε Ισραηλ ἐντολὰς ζωῆς ἐνωτίσασθε γνῶναι φρόνησιν). תורת חיים ותבונה en Si 45,5 suggère que cette Loi donnée au Sinaï est à la fois empreinte de vie et de connaissance, et qu'elle les transmet (voir aussi Dt 4,1.6.40 ; 5,33 ; 6,24 ; 8,1 ; 30,15-20 ; 32,46-47 ; Ne 9,29). Nous estimons avec Witte, que la « Loi de vie », placée dans le contexte d'un rappel de la création en Si 17, représente le pendant juif face à la conception de stoïciens comme Zénon, Chrysippe et Cléanthe pour qui le νόμος dirige le cosmos, reliant hommes et dieux, et qui considèrent que le νόμος τῆς φύσεως est la norme éthique suprême.[148]

En considérant l'expression תורת חיים/νόμον ζωῆς en Si 45,5d et 17,11bG, Reiterer demande où Ben Sira a pu trouver un lien entre « Loi » et « vie ». Voulait-il introduire ici son propre point de vue théologique ? Reiterer constate deux choses. Premièrement, dans l'association des termes parallèles עדות, משפטים, מצוה, תורה, חקים en 45,5, seul תורה à l'état construit est spécifié par l'apposition חיים. Deuxièmement, ces termes parallèles pour désigner la Loi sont associés à d'autres endroits (au singulier ou au pluriel), mais nulle part ailleurs avec le mot תבונה. Ce double constat indiquerait que Ben Sira apporte de nouveaux accents. Une ambi-

---

147. Marböck, « Gesetz und Weisheit », 5.
148. Alonso Schökel, « Vision of Man », 240-41; Markus Witte, *Texte und Kontexte des Sirachbuchs*, FAT 98 (Tübingen : Mohr Siebeck, 2015), 113-15; voir aussi 114 n. 29.

2. La crainte de Dieu, la sagesse et la Loi

guïté reste, à savoir si תבונה (« connaissance » ou « discernement ») est à considérer comme un terme parallèle de תורה ou comme son deuxième complément à l'état construit (« une Loi de vie et de ... »). Pour Ben Sira, תורה/νόμος est le terme générique pour désigner la révélation de la volonté divine. תורת חיים peut signifier soit que la Loi donne la vie, soit que celui qui oriente sa vie selon ses préceptes sera comblé de vie. Si nous considérons תבונה (ἐπιστήμη) comme deuxième complément de תורה, associant celle-ci à une connaissance pratique, un savoir-faire ou une forme de sagesse qui se traduit dans la vie concrète, cette Loi sort de son acception purement légaliste. La Torah fait partie d'un enseignement sapientiel qui procure la vie ou qui est nécessaire pour une vie réussie. Nous pourrions en déduire que selon Ben Sira, la Torah livre les indications pour mener une vie bonne, sage, en suivant la volonté de Dieu – sans que celui-ci soit nommé ici. Ceci permet au Siracide de continuer à transmettre les valeurs traditionnelles dans un environnement hellénisant.[149]

Si 17,7.11 concernent l'humain en général ; l'horizon de la sagesse et de la « Loi de la vie » est universel (voir aussi Si 1,9-10). Collins affirme que le Siracide ne tolère pas d'intervalle entre la création et la Torah. Ainsi, d'après le Siracide, la « Loi de la vie » aurait été donnée à l'humanité dès la création.[150] Selon Marböck, la Loi doit être comprise ici dans un sens large, étant donné que le contenu des deux tables n'est pas détaillé en Si 17 ; elles y sont à peine effleurées (17,10 éventuellement pour la première table ; 17,14 pour la deuxième ; voir ci-dessus). De même, l'alliance doit être considérée dans un cadre large. Après son analyse des occurrences mentionnant l'alliance dans le Siracide (en G, Syr et H), Rickenbacher constate que ni Israël, ni Moïse n'y figurent comme objet ou partenaire de l'alliance, mais bien l'humanité entière, les patriarches, les grand-prêtres (en Si 45,15, il est question d'Aaron) et finalement David.[151] L'alliance est fondamentalement un retour aux commencements du monde et de l'hu-

---

[149]. Voir Friedrich Vinzenz Reiterer, « Neue Akzente in der Gesetzesvorstellung: תורת חיים bei Ben Sira », dans Reiterer, « *Die Vollendung der Gottesfurcht ist Weisheit* » *(Sir 21,11). Studien zum Buch Ben Sira (Jesus Sirach)*, SBAB AT 50 (Stuttgart : Katholisches Bibelwerk, 2011), 203-23, ici 203-6 ; publié à l'origine dans *Gott und Mensch im Dialog. Festschrift für Otto Kaiser zum 80. Geburtstag*, éd. Markus Witte, BZAW 2/345 (Berlin : de Gruyter, 2004), 851-71, ici 851-54.

[150]. John J. Collins, *Seers, Sybils and Sages in Hellenistic-Roman Judaism* (Leiden : Brill, 2001), 376.

[151]. Otto Rickenbacher, *Weisheitsperikopen bei Ben Sira*, OBO 1 (Fribourg : Universitätsverlag ; Göttingen : Vandenhoeck & Ruprecht, 1973), 166-67.

manité.¹⁵² Rappelons que Syr évoque l'alliance en Si 17,11a : « Il a placé devant eux l'alliance » (voir aussi Dt 4,44).

Après l'allusion à la création, faisant référence à Gn 1 et 2, l'auteur de Si 17G énumère les dons particuliers que le créateur attribue à l'homme (17,5GII.6.7.11), des facultés ayant trait à la compréhension, l'intelligence, le discernement du bien et du mal, et donc la capacité d'évaluation et du choix libre en faveur des commandements (voir aussi Si 15,15–17) ; ces diverses facultés constituent différentes facettes du don de la sagesse. Ensuite, l'homme a reçu le don de la crainte du Seigneur (17,8), celle-ci pouvant être comprise comme une crainte révérencielle (voir 17,8b.cGII.9) ou cultuelle (voir 17,10), mais tout autant comme une crainte d'alliance (17,11b.12a). Si 17,5–12G fait apparaître à quel point sagesse (même si Syr seul emploie le mot « sagesse »), crainte de Dieu et Loi sont entrelacées : données dès la création, elles s'inscrivent dans la durée d'une « alliance éternelle ». Si 17,12 vient contrecarrer la pensée de l'insensé pour qui l'alliance est très loin (16,22) en affirmant que l'alliance est toujours d'actualité, car elle est « éternelle ». Ceci pourrait représenter un avertissement de la part du sage qui veut mettre en garde contre un oubli ou un déni de ce qui est central dans la tradition juive. Dans la Septante, l'expression διαθήκην αἰῶνος ne se trouve que dans le Siracide (Si 17,12 ; 45,7.15 ; en Si 44,18, l'expression « des alliances éternelles » renvoie à Noé et aux alliances successives avec les Pères). Nous avons en Si 17,11–14 (G, Syr ; 17,7–12*La*) des motifs rappelant la théophanie et le don de la Loi au Sinaï, faisant référence à Ex 19, 20 et 24 (voir Ex 19,11 ; 20,18.22 ; 24,10.17). C'était le moment de rappeler le nœud de la tradition d'Israël. Il s'agit en Si 17 (Syr suit G avec quelques modifications) à la fois d'un retour à l'alliance sinaïtique dont il faut faire mémoire, et d'une téléologie de ces trois notions de « crainte », « sagesse » et « Loi », destinées à cette alliance éternelle. Cette alliance, inscrite dans l'ordre de la création, devient universelle. De même, la Loi participe à la sagesse universelle divine, décelable dans la création.¹⁵³ Et la crainte du Seigneur, accordée aux humains, servira à perpétuer cette mémoire (Si 17,8).

Pour Schnabel (suivant Marböck), à côté de Si 39,14–35 ; 42,15–43,33, la péricope de Si 16,24–17,14 est celle qui montre le plus explicitement la présence de la sagesse divine dans l'ordre de la création. Pour lui, cette

---

152. Marböck, « Gesetz und Weisheit », 5–6.

153. Marböck, « Gesetz und Weisheit », 5–6. La Loi de Moïse est évoquée en Si 24,23.

2. La crainte de Dieu, la sagesse et la Loi

sagesse divine se manifeste dans tous les domaines : dans le cosmos (16,24-28), sur terre au milieu des êtres humains (16,29-17,10), et particulièrement parmi les élus du Seigneur (17,11-14).[154] Marböck signale que dans chacune de ces trois parties, il est question de lois, de commandements. Il constate également que le Siracide passe directement de l'ordre de la création, qui s'adresse à toute l'humanité, à la partie concernant Israël, comme si « la Loi » et « l'alliance » au Sinaï avaient été données dès le départ à tous les hommes. Pour Marböck, ceci mettrait en évidence le lien entre les deux domaines dans la pensée de Ben Sira, le domaine universel de la création et le domaine particulier de l'alliance d'Israël avec le Seigneur.

En optant en Si 17,8a pour la variante φόβον (texte de Ziegler) au lieu de ὀφθαλμὸν (textes de Rahlfs et *La*), nous pouvons conclure avec Marko Marttila que « création et crainte de Dieu semblent être étroitement liées ». Nous pouvons voir également un lien entre sagesse et création dans notre péricope (voir aussi Ps 8).[155] Et la Loi ou les lois dans le sens de « commandements » ? Le lien de la Loi avec l'œuvre créatrice de Dieu est le plus évident en Si 17,11-12.14. Le texte syriaque dévie des textes grec et latin en Si 16,26 par l'évocation de « lois », dans le sens de « prescriptions », distribuées aux créatures : « Lorsque Dieu créa ses œuvres au commencement, il distribua ses lois parmi ses créatures ». Nous trouvons une allusion aux commandements en 16,28b où il est question d'obéissance à ses « paroles ».

Si 17,8-10.13G, Syr (17,7-8.11*La*) font allusion à la révélation et la rappellent. 17,8cGII suggère que la révélation continue est possible, qu'elle perdure. La crainte du Seigneur devient le moteur, la cause de cette révélation en 17,8aG,[156] et dans le texte syriaque (17,8c), elle en est la finalité. Ainsi les événements au Sinaï non seulement sont-ils rendus présents, ils continuent même, d'une autre façon. Le Seigneur se révèle encore maintenant dans la création et dans l'ordre de la création qui témoigne de la sagesse divine.

---

154. Schnabel, *Law and Wisdom*, 17; Marböck, *Weisheit im Wandel*, 136-37 ; pour l'évolution de la relation entre la sagesse et la creation, voir aussi les pages 134-36, ainsi que Gerhard von Rad, *Die Theologie der geschichtlichen Überlieferungen Israels*, vol. 1 de *Theologie des Alten Testaments*, 6ᵉ éd., Einführung in die evangelische Theologie 1 (München : Kaiser, 1969), 463.
155. Marttila, *Foreign Nations in the Wisdom of Ben Sira*, 51, 53.
156. Dans l'édition de Ziegler.

À part dans « l'éloge des ancêtres » (chap. 44-50 ; treize occurrences), l'évocation du nom d'Israël est plutôt rare chez Ben Sira.[157] Après le prologue (Prol. 3), Si 17,17G (Syr ; 17,15La) mentionne pour la première fois « Israël » (voir aussi Si 24,8 ; 36,11 ; 37,25 dans G). L'expression μερὶς κυρίου (« portion du Seigneur ») pour désigner le peuple Israël se trouve uniquement encore en Dt 32,9. Le Siracide remémore ainsi aux destinataires de son enseignement la position d'Israël comme peuple élu, et il met également en évidence que le Seigneur est l'unique maître, contrairement aux nations qui, toutes, ont leur gouverneur (Si 17,17G, Syr ; 17,14-15La ; voir aussi Dt 32,7-14).

Par le lien des trois notions de « crainte de Dieu », « sagesse » et « Loi » avec l'œuvre créatrice dans cette péricope 16,24-17,14, nous pouvons déduire qu'elles sont liées entre elles et qu'elles se complètent. Crainte de Dieu, sagesse et Loi ont été données aux hommes par le créateur lui-même (Si 17,7.8.11). Chacune de ces trois notions a sa part dans l'œuvre créatrice dès le départ et est nécessaire dans l'ordre de la création. Chacune est également incorporée dans l'alliance sinaïtique à laquelle 17,12-13 font allusion, alliance dite « éternelle » (il est également question d'« alliance éternelle » en Gn 9,16 avec Noé, en Gn 17,7.19 avec Abraham et Isaac). Par leur lien avec les débuts de la création, chacune s'inscrit aussi dans une alliance universelle (voir aussi Si 1). Dès le départ, la crainte de Dieu, la sagesse et la Loi ont été rendues accessibles à tout être humain, afin de pouvoir entrer dans l'« alliance éternelle », ou d'y revenir à tout instant, même après un éloignement. D'après ce point de vue, on ne peut plus parler de rupture définitive de l'alliance, car celle-ci reste toujours possible. Il s'agit d'une option, d'un choix, à renouveler sans cesse en toute liberté (voir Si 15,14-20 et Dt 30). Tout en mentionnant Israël pour la première fois en Si 17,17 (après le prologue), cette péricope fait œuvre d'une grande ouverture à l'universalité. L'alliance dépasse Israël. Le nom du partenaire de cette alliance n'est pas donné en 17,12 ; il est uniquement question d'« eux » et désigne probablement les êtres humains en général (voir 17,1.2).[158]

Dans son livre *Wisdom and Creation*, Leo G. Perdue explique la difficulté de préciser une théologie dans la littérature sapientielle. Ceci serait dû au fait que depuis la Seconde Guerre mondiale, la théologie vétérotestamentaire aurait prêté peu d'attention à la sagesse et à la littérature sapien-

---

157. Marttila, *Foreign Nations in the Wisdom of Ben Sira*, 42.

158. Marttila, *Foreign Nations in the Wisdom of Ben Sira*, 61 ; voir également 69-79, avec un aperçu de la théologie de l'alliance dans l'Ancien Testament.

tielle (nous ne mentionnons que la première des trois raisons évoquées par Perdue). En effet, celle-ci a inversé l'ancien axe théologique qui privilégiait l'histoire du salut et les événements au Sinaï (avec l'alliance et le don de la Loi) comme base pour la foi biblique, avant la création. Les écrits sapientiaux basent leur théologie avant tout sur la création ; les thèmes de l'histoire du salut, de l'alliance et de la Loi ne sont plus primordiaux. Ben Sira y fait de nouveau référence, tout en élargissant l'horizon.[159]

Si 19[160]

Si 19,18–19GII[161].20.24G

19,18a	προσλήψεως ἀρχὴ φόβος κυρίου	Le commencement de l'acceptation est la crainte du Seigneur,
19,18b	σοφία δὲ παρ' αὐτοῦ ἀγάπησιν περιποιεῖ	mais la sagesse assure son affection.[162]
19,19a	γνῶσις ἐντολῶν κύριου παιδεία ζωῆς	La connaissance des commandements du Seigneur est une éducation de vie.
19,19b	οἱ δὲ ποιοῦντες τὰ ἀρεστὰ αὐτῷ ἀθανασίας δένδρον καρπίουνται	Ceux qui font ce qui lui est agréable, récolteront les fruits de l'arbre de l'immortalité.
19,20a	πᾶσα σοφία φόβος κυρίου	Toute sagesse est crainte du Seigneur,
19,20b	καὶ ἐν πάσῃ σοφίᾳ ποίησις νόμου	et en toute sagesse il y a la pratique de la Loi.
19,24a	κρείττων ἡττώμενος ἐν συνέσει ἔμφοβος	Mieux vaut quelqu'un d'inférieur en compréhension qui craint Dieu
19,24b	ἢ περισσεύων ἐν φρονήσει καὶ παραβαίνων νόμον	que quelqu'un qui abonde en intelligence, mais transgresse la Loi.

---

159. Leo G. Perdue, *Wisdom and Creation. The Theology of Wisdom Literature* (Nashville : Abingdon, 1994), 19.
160. Ce texte manque en H.
161. Si 19,18–19 sont des ajouts, ayant comme témoins *L-672*.
162. Skehan (Skehan et Di Lella, *The Wisdom of Ben Sira*, 295) et Sauer (*Jesus Sirach/Ben Sira*, 154) attribuent παρ' αὐτου à σοφία, plutôt qu'à ἀγάπησις.

Si 19,20Syr

19,20a	ܡܠܐ ܪܒܚܡܬܐ ܘܡ̈ܠܐ ܕܢܒܝܘܬܐ 163ܘܚܟܡܬܐ	Des paroles de prophétie et pleines de sagesse est la crainte du Seigneur,
19,20b	ܘܕܚܠܬܗ ܕܐܠܗܐ ܗܝ ܗܝ ܚܟܡܬܐ	et la crainte de Dieu, c'est la sagesse.

Si 19,18.21*La*

19,18a	et da locum timori Altissimi	et fais place à la crainte du Très-Haut,
19,18b	quia omnis sapientia timor Dei	car toute sagesse est crainte de Dieu,
19,18c	et in illa timere Deum	et en elle il faut craindre Dieu,
19,18d	et in omni sapientia dispositio legis	et en toute sagesse se trouve le commandement de la Loi.
19,21a	melior est homo qui deficit sapientia	Mieux vaut l'homme qui manque de sagesse
19,21b	et deficiens sensu in timore	et à qui l'intelligence fait défaut, (tout en vivant) dans la crainte,
19,21c	quam qui abundat sensu	que celui qui est abondamment pourvu d'intelligence
19,21d	et transgreditur legem Altissimi	et transgresse la Loi du Très-Haut.

Si 19,18a (GII) reprend Si 10,21a (GII). Bussino souligne la préférence du rédacteur de GII pour le terme ἀγάπησις, employé sept fois (Si 1,10c.12cd ; 11,15b ; 17,18b ; 19,18b ; 24,18a ; 25,12a).[164] Ce terme peut être associé soit à la crainte du Seigneur (Si 1,12cd ; 25,12a), soit à la sagesse (explicitement en Si 1,10c ; 11,15 ; 19,18b ou implicitement, comme en Si 17,18 [παιδεία]; 24,18a [la Sagesse personnifiée se dit « mère du bel amour et de la crainte »]). Si 19,20.24G (*La* 19,18.21) réunissent dans chacun des versets les trois termes « crainte de Dieu », « sagesse », « Loi ».

---

163. ܘܚܟܡܬܐ, dans l'édition de Paul de Lagarde, *Libri Veteris Testamenti Apocryphi Syriace* (Leipzig : Brockhaus ; London : Williams & Norgate, 1861).

164. Voir Bussino, *The Greek Additions*, 286 et 37.

2. La crainte de Dieu, la sagesse et la Loi

Si 19,20aG affirme que « toute sagesse est crainte du Seigneur » (suivi par *La* en 19,18b ; voir aussi Si 1,14.16.18.20G). Le traducteur syriaque ajoute « des paroles de prophétie et pleines de sagesse est la crainte du Seigneur » au premier stique de 19,20, et au deuxième stique, il inverse les termes : « et la crainte de Dieu, c'est la sagesse ». Si 19,18*La* réunit les deux expressions *timor Dei* (le substantif et la forme verbale *timere Deum*) et *timor Altissimi*, et reprend le deuxième stique de 19,17, en substituant « la Loi » (δὸς τόπον νόμῳ ὑψίστου) par « la crainte » (*da locum timori Altissimi*). Ce conseil se situe dans le cadre du bon usage des paroles dans les rapports à autrui, surtout en matière de bavardage et de calomnie. Il vaut mieux interroger la personne concernée avant de lancer de fausses accusations ; en tout cela, il faut agir conformément à la Loi (19,17bG) ou à la crainte du Très-Haut (19,18a*La*).

Ἔμφοβος en Si 19,24a est un *hapaxlegomenon* dans le Siracide et dans la Septante. Wagner fait remarquer que ce terme signifie généralement « craintif, inquiet », mais dans ce contexte-ci (voir 19,20), il prend l'acception de « révérencieux » ou « craignant Dieu », ce que Smend avait déjà affirmé.[165] Tout comme en Si 10,19, la crainte du Seigneur est mise en parallèle avec l'observance de la Loi ou des commandements en 19,24bG ; 19,21*La*. D'après 19,24G ; 19,21*La*, la crainte de Dieu et l'observance de la Loi prévalent sur la sagesse. Il s'agit certainement de la forme de sagesse qui pourrait se traduire aussi par « intelligence » (terme employé dans les deux traductions), car 19,20G ; 19,18*La* affirmaient que la sagesse est indissociable à la fois de la crainte du Seigneur et de la pratique de la Loi. Concernant πᾶσα σοφία, Beentjes affirme que le sage veut faire comprendre qu'une conception spécifique seulement peut être identifiée à la crainte du Seigneur. Πᾶσα prendrait une acception de « totalité », « intégr(al)ité »[166] (« full », « total », « pure » ; voir aussi Si 1,16a qui exprime cette même idée). Ceci signifie pour Si 19,20aG que la crainte du Seigneur englobe toute la sagesse ou qu'elle est pure sagesse.

Haspecker préfère la version syriaque de Si 19,24, où la crainte n'est pas mentionnée : « Il y a celui qui manque de connaissance qui échappe au péché, et il y a celui qui déborde de connaissance qui pèche ».[167] Le

---

165. Wagner, *Die Septuaginta – Hapaxlegomena*, 189; Smend, *Die Weisheit des Jesus Sirach. Erklärt*, 178.
166. Pancratius C. Beentjes, « Full Wisdom Is Fear of the Lord », dans Beentjes, *Happy the One Who Meditates on Wisdom*, 99.
167. Haspecker, *Gottesfurcht bei Jesus Sirach*, 68.

stique 24a reprend l'idée du stique 23b, et 24b exprime 23a en d'autres mots, de sorte que le texte syriaque a une structure abb'a'. La fréquence du mot « péché » (également la forme verbale) et la substitution de l'allusion à la crainte de Dieu (ἔμφοβος en 19,24G, et *timor* en 19,21*La*) par « péché » dans la version syriaque (19,24) traduit peut-être simplement une transposition en milieu chrétien. C'est pourquoi nous maintenons les variantes des textes G et *La* que nous estimons plus proches de l'original. En considérant le fait que Si 19,24G ; 19,21*La* emploient des termes du champ sémantique de la sagesse (σύνεσις, φρόνησις, *sensus*), nous pouvons dire que ce verset réunit également les trois notions de « crainte du Seigneur », « sagesse » et « Loi » (comme nous l'avons déjà affirmé ci-dessus).

Beentjes constate que les mentions de la crainte du Seigneur dans la section 18,15-23,27G sont placées à des endroits « explosifs ».[168] Nous avons trois fois les mentions de « crainte du Seigneur », « sagesse » et « Loi » : en 19,20 ; en 21,11 (dans ces deux cas, les trois notions « crainte – sagesse – Loi » se côtoient, du moins en G) ; en 23,27 (la forme verbale est également présente en 21,6b : « celui qui craint le Seigneur » ; voir ci-dessous). Comme nous l'avons vu plus haut, Si 19,24 pourrait être ajouté, même si d'autres termes faisant référence à la sagesse ont été employés à la place de σοφία. La troisième des occurrences citées par Beentjes clôture la section qu'il propose (Si 18,15-23,27). Nous pouvons également dire, avec Peters, qu'elle se trouve à la fin de la première partie du livre (Si 1,1-23,27, sans compter l'ajout de 23,28GII ; 23,38*La*).[169]

Si 19,20 reprend l'expression πᾶσα σοφία de Si 1,1 (les seules occurrences dans le Siracide et dans la Septante, sauf en Jb 26,3 où G ne correspond pas à H). En affirmant que « toute sagesse est crainte du Seigneur » (19,20a), cette crainte reçoit une signification particulière ; sa spécification est complétée par le parallèle en 19,20b : « et en toute sagesse, il y a la pratique de la Loi ». Ainsi la crainte tout comme la pratique de la Loi convergent *vers* ou se traduisent *dans* toute sagesse et vice versa (les textes Syr et *La* ont inversé les termes de 19,20aG : « la crainte de Dieu est la/toute sagesse » (en 19,20b[19,18b]). Nous avons en 19,20abG et en 19,18bd*La* une mise en parallèle de la crainte de Dieu avec la mise en pratique des commandements de la Loi, tout comme en 19,24G(19,21*La*) qui l'exprime à travers un parallélisme antithétique. Ainsi 23,27bc n'est pas la

---

168. Beentjes, « Full Wisdom Is Fear of the Lord », 91.
169. Peters, *Das Buch Jesus Sirach oder Ecclesiasticus*, 193.

2. La crainte de Dieu, la sagesse et la Loi

seule occurrence avec cette « combinaison unique » dans le livre de Ben Sira, comme l'affirme Beentjes.

Si 21,6.11 (G, Syr ; 21,7.13aLa[170])

Si 21,6.11G

21,6a	μισῶν ἐλεγμὸν ἐν ἴχνει ἁμαρτωλοῦ	Celui qui déteste la réprimande est sur la trace du pécheur,
21,6b	καὶ ὁ φοβούμενος κύριον ἐπιστρέψει ἐν καρδίᾳ	mais celui qui craint le Seigneur retournera dans (son) cœur.
21,11a	ὁ φυλάσσων νόμον κατακρατεῖ τοῦ ἐννοήματος αὐτοῦ	Celui qui garde la Loi contrôle sa pensée,
21,11b	καὶ συντέλεια τοῦ φόβου κυρίου σοφία[171]	et l'accomplissement de la crainte du Seigneur est sagesse.

Si 21,6.11Syr

21,6a	ܠܐܗ ܠܪܚܡ ܠܐܘܡܚܚ ܠܗ	Celui qui déteste le reproche est un homme injuste,
21,6b	ܘܚܣܝܢ ܠܐܠܗܐ ܐܢ ܡܢ ܠܒܗ	et celui qui craint Dieu se repent de (tout) son cœur.
21,11a	ܕܢܛܪ ܢܡܘܣܐ ܕܚܝܠ ܪܓܙܗ	Celui qui observe la Loi maîtrise son penchant,
21,11b	ܘܚܣܝܢ ܠܐܠܗܐ ܠܐ ܢܣܬܕܗ ܡܕܡ	et celui qui craint Dieu ne manquera de rien.

Si 21,7.13aLa

21,7a	qui odit correptionem vestigium est peccatoris	Celui qui déteste la réprimande est dans la trace du pécheur,
21,7b	et qui timet Deum convertet ad cor suum	et celui qui craint Dieu se convertira en son cœur.
21,13	consummatio timoris Dei sapientia et sensus	L'accomplissement de la crainte de Dieu est sagesse et intelligence.

---

170. Ce texte manque en H.
171. Au lieu de σοφία le MS 248 a σοφίας πρόσληψις (voir aussi Si 10,21 GII).

Le futur en Si 21,6b (ἐπιστρέψει ἐν καρδίᾳ, suivi par *La*) indique que même si le craignant-Dieu a fait fausse route, il retournera sur le bon chemin. Ceci commence dans le cœur de celui qui, en toute humilité, est prêt à accepter un reproche bien fondé et qui décide d'agir conformément à ce que lui propose sa conscience. Le fait de craindre le Seigneur peut donner la bonne disposition intérieure pour être humble dans son cœur et lucide quant à sa position pécheresse devant Dieu et devant les autres, et pour reconnaître sa faute. Cette lucidité intérieure rime avec sagesse (voir e. a. 21,11bG ; 21,23*La*). En G et *La*, le pécheur est l'opposé de celui qui craint le Seigneur, tandis qu'en Syr, c'est l'homme « injuste ».

La version latine (21,13) ajoute à la sagesse « et l'intelligence »[172] comme éléments vers lesquels aboutissent la crainte de Dieu, tandis que Syr (21,11b) assure au craignant-Dieu qu'il ne manquera de rien. Si 21,14Syr explique dans un langage imagé que la sagesse n'est pas à la portée de celui qui ne vit pas dans la crainte de Dieu (« Le cœur d'un homme impie est comme une citerne brisée, et toute sa vie il n'apprendra pas la sagesse. »). La version grecque réunit explicitement les trois termes « Loi », « crainte de Dieu », « sagesse » en un seul verset (21,11G), mettant en parallèle l'observance de la Loi et la crainte du Seigneur. Les deux notions aboutissent à la sagesse, que cela se traduise concrètement (par le contrôle de sa pensée) ou dans un sens plus abstrait (« l'accomplissement de la crainte du Seigneur est sagesse » ; 21,11b).

Si 23,27[173]

	Si 23,27G
23,27a καὶ ἐπιγνώσονται οἱ καταλειφθέντες	Et ceux qui sont restés reconnaîtront
23,27b ὅτι οὐθὲν κρεῖττον φόβου κυρίου	qu'il n'y a rien de meilleur que la crainte du Seigneur,
23,27c καὶ οὐθὲν γλυκύτερον τοῦ προσέχειν ἐντολαῖς κυρίου	et qu'il n'y a rien de plus doux que de garder les commandements du Seigneur.

---

172. *Sapientia et sensus* sont signalés comme doublet dans l'apparat critique de l'édition de Ziegler, 222.

173. Ce texte manque en H.

2. La crainte de Dieu, la sagesse et la Loi

Si 23,27Syr

23,27a	ܘܢܕܥܘܢ ܟܠ ܥܡܘܖ̈ܐ ܕܐܪܥܐ	Et tous les habitants de la terre sauront
23,27b	ܘܡܫܬܘܕܥܝܢ ܟܠ ܕܡܫܬܚܪܝܢ ܒܥܠܡܐ	et ceux qui resteront dans le monde reconnaîtront
23,27c	ܕܠܝܬ ܕܛܒ ܡܢ ܕܚܠܬܗ ܕܐܠܗܐ	qu'il n'y a rien de meilleur que la crainte de Dieu
23,27d	ܘܠܝܬ ܕܚܠܐ ܡܢ ܕܢܛܪ ܦܘܩܕܢܘ̈ܗܝ	et (qu')il n'y a rien de plus doux que de garder ses commandements.

Si 23,27.31.37La

23,27a	et non intelleget quoniam omnia videt oculus illius	et il ne comprendra pas que son œil voit tout,
23,27b	quoniam expellit a se timorem Dei huiusmodi hominis timor	puisque de cette manière la crainte de l'homme repousse loin de lui la crainte de Dieu,
23,27c	et oculi hominum timentes illum	et les yeux des hommes qui le craignent.
23,31a	et erit dedecus omnibus	Et il sera une honte pour tous
23,31b	quod non intellexerit timorem Dei	parce qu'il n'a pas saisi ce qu'est la crainte de Dieu.
23,37a	et agnoscent qui derelicti sunt quoniam nihil melius quam timor Dei	Et ceux qui sont restés reconnaîtront que rien n'est meilleur que la crainte de Dieu,
23,37b	et nihil dulcius quam respicere in mandatis Domini	et que rien n'est plus doux que d'observer les commandements du Seigneur.

Si 23,27*La* (23,19G et Syr) est la seule des trois versions (absent en H) à employer ici l'expression « crainte de Dieu », tout comme 23,31*La* ; ces deux versets sont des ajouts. L'homme pécheur peut craindre les hommes et leur regard sur ses mauvaises actions, oubliant l'œil du Seigneur à qui rien n'échappe. Dans ce contexte, la crainte de Dieu qui se traduit dans le respect de ses commandements permet de vivre sereinement (voir Si 23,27G, Syr ; 23,37*La*). Il s'agit ici d'un avertissement pour la génération suivante afin qu'elle cherche à vivre dans la crainte du Seigneur, en tenant compte de la Loi. Si 23,27aSyr a introduit une note universaliste (« tous les habitants de la terre »). Le chapitre 23 évoque plusieurs commandements concrets : Si 23,9-10G(23,10-11La) fait allusion à Dt 5,11 (ne pas prononcer le nom du Seigneur en vain) ; Si 23,14G(Syr ; 23,18La) rappelle Dt 5,16 ; en Si 23,17.18.22.23G, Syr (23,24-25.32.33La) il est question d'adultère (voir Dt 5,18). Si 23 reprend également l'idée que la faute des parents aura des répercussions dans les générations suivantes (Si 23,25.26 ; voir Dt 5,9). En 23,19aG (omis en Syr), l'homme pécheur craint seulement le regard des hommes. Il oublie que les yeux du Seigneur perçoivent toutes les démarches des hommes (en G et Syr ; 23,28La, avec des différences textuelles). Dans une sorte de conclusion, Si 23,27 résume la leçon que Ben Sira tire de l'exemple de l'adultère avec les conséquences possibles.[174]

Si 23,31La rappelle Si 10,23bLa (10,19dH et G ; 10,19eSyr), qui affirme que la race honorable est celle qui craint le Seigneur. Si 23,32-36La (23,22-26G, Syr) l'illustrent par l'exemple de la femme adultère. Ces versets suggèrent que la crainte de Dieu se traduit par l'obéissance à ses commandements, ce qu'affirme et conclut le dernier verset du chapitre 23 (dans GI et Syr). La crainte de Dieu et l'observance des commandements apparaissent ici comme les valeurs essentielles dans l'enseignement sapientiel du Siracide.[175]

GII a ajouté un verset soulignant le bénéfice à tirer d'une vie en accord avec la volonté divine (23,28 ; La a repris cet ajout, 23,38 ; voir aussi 46,10G) : δόξα μεγάλη ἀκολουθεῖν θεῷ, μακρότης δὲ ἡμερῶν τὸ προσληφθῆναι σε ὑπ' αὐτοῦ.[176] Si 23,27 place la crainte du Seigneur et le respect des commandements au-dessus de tout. Le verset 27G (avec le verset 28 ajouté de GII, ainsi que 23,37.38La) rejoint 10,19 en ce sens qu'une descendance qui a appris la valeur de la crainte de Dieu et d'une vie selon la Loi est honorable (voir également Dt 4,9.10). Nous y décelons, comme au verset précédent, une empreinte deutéronomique : le fait de suivre Dieu, c'est-à-dire de vivre selon ses commandements, assure une vie longue (Dt 4,40). Si 23,28GII a introduit l'idée de l'acceptation

---

174. Voir Nuria Calduch-Benages, « Ben Sira 23:27: A Pivotal Verse », dans *Wisdom for Life. Essays Offered to Honor Prof. Maurice Gilbert, SJ, on the Occasion of His Eightieth Birthday*, éd. Nuria Calduch-Benages, BZAW 445 (Berlin : de Gruyter, 2014), 186-200, ici 193.

175. Nuria Calduch-Benages, « Ben Sira 23:27: A Pivotal Verse », 196.

176. Cet ajout a comme témoins *L*-672-743.

(πρόσληψις) par Dieu, déjà présente en 10,21 (GII ; voir aussi la note sous 21,11b), ici par le verbe προσληφθῆναι (*La* n'a pas cette idée de la bénédiction que constitue le fait d'être accepté par le Seigneur). Si 23,27GI, Syr met en parallèle la crainte de Dieu et l'observance des commandements en les plaçant au superlatif. Ce verset peut être considéré comme un verset qui conclut la première partie du Siracide (1,1–23,27)[177] et comme un verset de transition vers le chapitre 24, où la Sagesse se présente dans un hymne de louange. Par ce biais, nous avons à nouveau un lien entre les trois notions qui ne sont pas dissociables.

Si 24[178]

Si 24,18GII

24,18a	ἐγὼ μήτηρ τῆς ἀγαπήσεως τῆς καλῆς καὶ φόβου	Moi, mère de l'amour parfait et de la crainte,
24,18b	καὶ γνώσεως καὶ τῆς ὁσίας ἐλπίδος	de la connaissance et de la pieuse espérance,
24,18c	δίδωμι δὲ σὺν πᾶσι τοῖς τέκνοις μου	j'accorde en effet, avec tous mes enfants,
24,18d	ἀειγενεῖς τοῖς λεγομένοις ὑπ' αὐτοῦ	à ceux qui sont appelés par lui, d'être éternels.

Si 24,24*La*

24,24a	ego mater pulchrae dilectionis et timoris	Je suis la mère du bel amour et de la crainte
24,24b	et agnitionis et sanctae spei	et de la connaissance et de la sainte espérance.

Si 24,24*La* (*ego mater pulchrae dilectionis et timoris et agnitionis et sanctae spei*) traduit plus ou moins fidèlement 24,18abGII (ce verset manque en syriaque, et tout le chapitre 24 manque en H).[179] Si 24,18GII est attesté dans la recension lucianique *L*, et les deux premiers stiques également dans le MS 672. Le terme ἀγάπησις (sept emplois en GII et deux en GI[180]) est asso-

---

177. Voir Nuria Calduch-Benages, « Ben Sira 23:27: A Pivotal Verse », 196–98.
178. Ce texte manque en H.
179. Pour Si 24,18a (GII), voir aussi ci-dessous (sous 3.2).
180. GII : Si 1,10c.12d ; 11,15b ; 17,18b ; 19,18b ; 24,18a ; 25,12a ; GI : 40,20 ; 48,11.

cié à φόβος au premier stique (voir aussi 1,12cd ; 25,12a en GII et 2,15.16 GI). Comme Gilbert le fait remarquer, l'adjectif καλός qualifiant l'amour au premier stique de 24,18 se rapproche de l'acception en Si 11,15bGII (« bonnes œuvres ») ; nous pourrions le traduire ici par « noble » ou même « parfait ».[181] L'association de ce qualificatif avec l'amour, ayant ici Dieu comme objet, est unique. La Sagesse se nomme elle-même (troisième emploi de ἐγώ en début de verset, après les vv. 16 et 17) « mère » de cet amour et de la crainte – qui désigne ici la révérence due au Seigneur –, de la connaissance et de l'espérance. Ces attitudes ou facultés sont issues d'elle ; elle en est l'instigatrice ou l'inspiratrice. Le texte de Si 24,18cd dans l'édition de Ziegler a gardé les variantes du MS 248.[182] Gilbert affirme que la traduction de ces deux stiques fait l'objet d'incertitudes et de controverses depuis plus de quatre siècles. Nous ne reprenons pas ici toutes les considérations et positions autour de ce texte incertain.[183]

Si 25[184]

Si 25,6.10.11G.12GII

25,6a	στέφανος γερόντων πολυπειρία	La couronne des aînés, c'est leur grande expérience,
25,6b	καὶ τὸ καύχημα αὐτῶν φόβος κυρίου	mais leur sujet de fierté, c'est la crainte du Seigneur.
25,10a	ὡς μέγας ὁ εὑρὼν σοφίαν	Qu'il est grand, celui qui trouve la sagesse,
25,10b	ἀλλ' οὐκ ἔστιν ὑπὲρ τὸν φοβούμενον τὸν κύριον	mais personne n'est plus grand que celui qui craint le Seigneur.
25,11a	φόβος κυρίου ὑπὲρ πᾶν ὑπερέβαλεν	La crainte du Seigneur dépasse tout,

---

181. Maurice Gilbert, « Les additions grecques et latines à Siracide 24 », dans Gilbert, *Ben Sira*, 233–46, ici 234.

182. Voir J. H. A. Hart, *Ecclesiasticus. The Greek Text of Codex 248 Edited with a Commentary and Prolegomena* (Cambridge : Cambridge University Press, 1909), 33.

183. Voir Gilbert, « Les additions grecques et latines », 234–37; Conleth Kearns, *The Expanded Text of Ecclesiasticus. Its Teaching on the Future Life as a Clue to Its Origin*, DCLS 11 (Berlin : de Gruyter, 2011), 173–75; Bussino, *The Greek Additions*, 373–75.

184. Ce texte manque en H.

25,11b	ὁ κρατῶν αὐτοῦ τίνι ὁμοιωθήσεται	celui qui la saisit, à qui sera-t-il comparé ?
25,12a	*φόβος κυρίου ἀρχὴ ἀγαπήσεως αὐτοῦ*	*La crainte du Seigneur est le commencement de son amour,*
25,12b	*πίστις δὲ ἀρχὴ κολλήσεως αὐτοῦ*	*mais la foi est le commencement de l'adhésion à lui.*

Si 25,6.11.12Syr

25,6a	ܐܝܩܪܗܘܢ ܕܩܫܝܫܐ ܣܘܟܠܬܐ ܪܒܬܐ	L'honneur des personnes âgées est la mûre réflexion,
25,6b	ܘܕܚܠܬܗ ܕܐܠܗܐ ܠܫܘܒܚܗܘܢ	et la crainte de Dieu est leur gloire.
25,11	ܕܚܠܬܗ ܕܐܠܗܐ ܥܠ ܟܠܗܝܢ ܗܠܝܢ ܐܬܬܪܝܡܬ	La crainte de Dieu est élevée au-dessus de tout cela.
25,12a	ܪܫܗ ܕܕܚܠܬܗ ܕܡܪܝܐ ܠܡܪܚܡܗ	L'essence de la crainte du Seigneur est de l'aimer,
25,12b	ܘܪܫܗ ܕܗܝܡܢܘܬܐ ܠܡܬܠܐ ܒܬܪܗ	et l'essence de la foi est de le suivre.[185]
25,12c	ܐܚܘܕܝܗ ܒܪܝ ܘܠܐ ܬܪܦܝܗ	Saisis-la, mon fils, et ne la lâche pas,
25,12d	ܡܛܠ ܕܠܝܬ ܐܟܘܬܗ	car il n'y a rien de semblable à elle.

Si 25.8.13.14.15.16*La*

25,8a	corona senum multa peritia	La couronne des vieillards est la grande expérience,
25,8b	et gloria illorum timor Dei	et leur gloire est la crainte de Dieu.
25,13a	quam magnus qui invenit sapientiam et scientiam	Qu'il est grand celui qui a acquis sagesse et connaissance,
25,13b	sed non est super timentem Deum	mais personne n'est plus grand que celui qui craint Dieu.
25,14	timor Dei super omnia superposuit	La crainte de Dieu a dépassé tout.

185. Voir aussi Si 23,28aGII.

25,15a	*beatus cui donatum est habere timorem Dei*	*Heureux celui à qui il a été donné d'avoir la crainte de Dieu ;*
25,15b	qui tenet illum cui adsimilabitur	celui qui la possède, à qui peut-il être comparé ?
25,16a	timor Dei initium dilectionis eius	La crainte de Dieu est le commencement de son amour,
25,16b	fidei autem initium adglutinandum est ei	tandis que le commencement de la foi est de s'attacher à lui.

Si 25,6aG (25,8*La*) prône la valeur d'une riche expérience (πολυπειρία ; Syr : ܡܚܫܒܬܐ, « réflexion »), qui est une des composantes de la sagesse (voir aussi Sg 8,8). Ce terme est rare dans la Septante (voir aussi Si 1,7GII ; πολύπειρος en 21,22 ; 34,9 [lié au fait d'avoir beaucoup voyagé]). Dans les trois versions, nous trouvons une triple mention de la crainte de Dieu (du Seigneur en G ; en Si 25,6b.11a.12aGII, avec le verbe au participe présent en 25,10bG ; Si 25,6b.11.12aSyr ; Si 25,14.15.16*La*). Syr a repris les deux stiques de Si 25,12GII en ajoutant deux autres stiques qui, dans la forme impérative donnent au disciple (« mon fils ») le conseil de ne pas « la » lâcher. S'agit-il de la crainte ou de la foi ? Étant donné que la crainte de Dieu est supérieure à toutes les choses dont on peut s'estimer heureux, « la » désigne probablement la crainte. Elle est citée en apogée de la liste des sources du bonheur, énumérées en macarismes (25,11G, Syr ; 25,14*La*). La version latine ajoute explicitement *beatus cui donatum est habere timorem Dei* (25,15a).

Si 25,6b a la même expression que 10, 22b : τὸ καύχημα αὐτῶν φόβος κυρίου (voir aussi 39,8). Si 25,6b attribue la gloire aux personnes âgées qui craignent Dieu, tandis qu'en 10,22G, elle est destinée au prosélyte, à l'étranger et au mendiant. Si 25,10G (25,13*La*) atteste que celui qui craint le Seigneur est à considérer comme l'homme le plus grand ; il dépasse même celui qui a trouvé la sagesse. Ainsi, la valeur suprême de la crainte de Dieu est à nouveau exprimée ici (voir aussi 10,24H, G ; 10,27*La*).

Si 25,12aGII se trouve dans la recension lucianique *L*, ainsi que dans les versions latine (v. 16) et syriaque. Le substantif κόλλησις du verbe κολλάω est un *hapax*.[186] Si 25,12aGII, Syr (25,16a*La*) combine la crainte et l'amour du Seigneur, en ce sens que la crainte représente le début (ou le principe,

---

186. Voir aussi Wagner, *Die Septuaginta – Hapaxlegomena*, 339–40.

2. La crainte de Dieu, la sagesse et la Loi

l'essentiel) de l'amour du Seigneur. La notion de « crainte » constitue ici le fondement de la relation du fidèle à Dieu ; elle l'introduit à l'amour de Dieu, et donc au premier des commandements. En ce sens pouvons-nous comprendre la primauté de la crainte de Dieu qui dépasse tout.

Si 26

Si 26,3H^C

| 26,3a | [...] אשה[.]ובה מנה [...] | Une femme bonne est une part (...), |
| 26,3b | ובחלק ירא יי, תנת[.] | et à celui qui craint le Seigneur elle sera donnée en part. |

Si 26,3.23.25G

26,3a	γυνὴ ἀγαθὴ μερὶς ἀγαθή	Une femme bonne est une bonne part ;
26,3b	ἐν μερίδι φοβουμένων κύριον δοθήσεται	elle sera donnée en part à ceux qui craignent le Seigneur.
26,23a	γυνὴ ἀσεβὴς ἀνόμῳ μερὶς δοθήσεται	Une femme impie sera donnée à l'homme sans Loi,
26,23b	εὐσεβὴς δὲ δίδοται τῷ φοβουμένῳ τὸν κύριον	la (femme) pieuse par contre est donnée à celui qui craint le Seigneur.
26,25a	γυνὴ ἀδιάτρεπτος ὡς κύων λογισθήσεται	Une femme sans retenue sera considérée comme un chien,
26,25b	ἡ δὲ ἔχουσα αἰσχύνην τὸν κύριον φοβηθήσεται	tandis que celle qui a le sens de la pudeur craindra le Seigneur.

Si 26,3.23.25Syr

26,3a	ܐܢܬܬܐ ܛܒܬܐ ܬܬܝܗܒ ܠܓܒܪܐ ܕܕܚܠ ܡܢ ܡܪܝܐ	Une femme bonne sera donnée à un homme qui craint le Seigneur,
26,3b	ܚܠܦ ܥܒܕܘܗܝ ܛܒܐ	à cause de de ses bonnes actions.
26,23a	ܐܢܬܬܐ ܒܝܫܬܐ ܡܢܬܐ ܬܬܝܗܒ ܠܓܒܪܐ ܥܘܠܐ	Une femme mauvaise sera donnée comme part d'un homme injuste,

26,23b	[187]ܚܟܝܡܐ ܢܬܝܗܒ ܠܓܒܪܐ ܕܕܚܠ ܠܡܪܝܐ	mais une femme droite sera donnée à celui qui craint le Seigneur.
26,25a	ܐܢܬܬܐ ܕܚܨܝܦܐ ܐܝܟ ܟܠܒܐ ܡܣܬܚܦܐ	Une femme sans pudeur sera considérée comme un chien,
26,25b	ܘܐܝܕܐ ܕܪܚܡܐ ܠܡܪܝܐ ܐܝܬ ܒܗ ܢܟܦܘܬܐ	et celle qui craint le Seigneur, il y a de la pudeur en elle.

Si 26,3La

26,3a	Pars bona mulier bona	Une bonne part est la femme bonne,
26,3b	in parte bona timentium Deum	en bonne part de ceux qui craignent Dieu
26,3c	dabitur viro pro factis bonis	elle sera accordée à l'homme pour ses bonnes actions.

Le chapitre 26 vante les qualités et les bienfaits d'une femme vertueuse, et met en garde contre une femme mauvaise. Selon 26,3, une femme « bonne » est attribuée à l'homme qui craint le Seigneur (voir aussi 26,1). Syr et La ajoutent la raison au v. 3 (« à cause de ses bonnes actions »). 26,3H est présent au MS C (pour les autres versets du chapitre 26 mentionnés ci-dessus, nous n'avons pas de texte hébreu).

Les versets 19-27G du chapitre 26 ne sont attestés que dans la recension lucianique et un minuscule (*L*-743). Ces versets ajoutés (GII) ont été repris dans le texte syriaque (*similiter*).[188] Étant donné que cette partie a des témoins non négligeables, nous pouvons suivre Di Lella et Haspecker en conjecturant l'existence d'une *Vorlage* en hébreu.[189]

Si 26,20GII, Syr conseille de rechercher une portion fertile dans le pays, afin de l'ensemencer ; il s'agit d'une allusion à une femme de qualité qui pourrait assurer une descendance à la noble lignée du mari (εὐγένεια ; voir aussi 22,8GII). Au verset précédent, l'auteur met en garde contre des relations plus étroites avec les étrangers, ou plutôt ici avec les étrangères (26,19GII, Syr).

---

187. L'édition de Lagarde a ici ܐܠܗܐ.
188. Voir Ziegler, *Sapientia Iesu Filii Sirach*, 249.
189. Skehan et Di Lella, *The Wisdom of Ben Sira*, 346; Haspecker, *Gottesfurcht bei Jesus Sirach*, 69 (voir aussi son analyse structurale).

Si 26,23bG, Syr reprend l'idée qu'une femme vertueuse est attribuée à un homme qui craint Dieu (26,3). Le v. 23 est construit sur un parallélisme antithétique : la femme impie (γυνὴ ἀσεβής) sera donnée à l'homme « sans Loi » (ἀνόμῳ ; 23a), et la femme pieuse (εὐσεβής) appartiendra à l'homme craignant Dieu (φοβουμένῳ τὸν κύριον). Dans ce verset (ainsi que dans toute cette partie ajoutée en G) nous voyons un lien évident entre la crainte de Dieu et une vie selon la Loi : celui qui craint Dieu est en même temps celui qui vit selon la Loi (voir aussi Syr). Quant à l'apparente évidence de 26,3b.23, il faut certainement penser au bon choix à faire. Le jeune homme aura soin de choisir une femme de qualité, craignant Dieu et familière des traditions afin de les transmettre (voir aussi 26,19.20GII, Syr).

Si 26,25b (GII et Syr) est le seul endroit où le Siracide évoque une femme qui craint Dieu (aux autres endroits, il est question de la femme « pieuse »). Il s'agit de la femme gardant de la pudeur : « celle qui a de la pudeur craindra le Seigneur » (GII). Syr a inversé sujet et verbe : « celle qui craint le Seigneur a de la pudeur », donnant dans les deux versions un sens moral à cette crainte. La femme en question est le contraire de celle qui porte le qualificatif « sans retenue » (ἀδιάτρεπτος, 26,25aGII ; voir aussi Si 26,10 ; 42,11) ; elle sera considérée comme un chien, c'est-à-dire comme une païenne.[190]

Si 26,28e ; 27,1Syr

26,28e	ܘܡܢ ܗܘ ܕܡܬܦܢܐ ܡܢ ܕܚܠܬܗ ܕܐܠܗܐ	et à cause de celui qui se détourne de la crainte de Dieu pour commettre l'iniquité,
27,1a	ܣܓܝܐܝܢ ܐܢܘܢ ܕܚܛܘ ܡܛܠ ܕܠܝܬ ܕܚܠܬܐ	Nombreux sont ceux qui ont péché parce qu'il n'y avait pas de crainte en eux,
27,1b	ܘܡܢ ܕܨܒܐ ܠܡܣܓܝܘ ܚܛܗܐ ܡܗܦܟ ܥܝܢܘܗܝ	et celui qui veut multiplier les péchés détourne ses yeux.

À la fin du chapitre 26, on passe de la femme, soit exemplaire, soit dévoyée ou impie, à l'homme qui suscite dans le cœur de l'auteur chagrin et rage (26,28abG, Syr ; 26,25La). La crainte de Dieu est mentionnée uniquement dans la version syriaque (26,28e), dans la troisième cause de méconten-

---

190. Smend, *Die Weisheit des Jesus Sirach. Erklärt*, 239.

tement de l'auteur. Dans la traduction syriaque, la première cause porte sur le cas d'un homme, fils d'un noble, qui tombe dans la pauvreté. La deuxième concerne des seigneurs ayant eu une certaine notoriété, déchus de leur gloire (les autres versions ont un autre texte). En troisième position, peut-être pour désigner le sommet de l'irritation (voir 26,28bG, Syr), se trouve le cas de celui qui « se détourne » de la crainte de Dieu pour commettre le mal. L'expression « se détourner » exprime un acte volontaire, l'intention de délaisser la crainte de Dieu qui pourrait empêcher de commettre l'iniquité. Cet homme impie est voué à la perte au jour du jugement (26,28f). Le verset suivant reprend le verbe « se détourner » (27,1b) ; il s'agit de l'attitude délibérée de « détourner les yeux » pour ne pas voir et devoir faire ce qui serait moralement souhaitable. G et La [v. 27] mettent « la justice » à la place de « la crainte ». Si 26,25-27La suit plutôt G (26,28). Seule la version syriaque reprend la notion de crainte en 27,1, tandis que G évoque la recherche de profit pécuniaire comme cause du péché. En Si 27,1G l'argent (διάφορος ; voir aussi Si 34[31],5) se trouve à la source du passage de la justice au péché (26,28G) ; dans la version latine, c'est le manque de ressources ([*propter inopiam*] que *NOV* a corrigé en *propter lucrum*, en fonction du deuxième stique ou comme adaptation à la version grecque).

Si 27,3[191]

Si 27,3G

27,3a ἐὰν μὴ ἐν φόβῳ κυρίου κρατήσῃ	Si jamais quelqu'un ne s'attache pas à la crainte du Seigneur,
27,3b κατὰ σπουδὴν ἐν τάχει καταστραφήσεται αὐτοῦ ὁ οἶκος	sa maison sera rapidement, promptement détruite.

Si 27,3Syr

27,3a	ܕܢ ܐ̱ ܒܨܝܪ ܬܥܒܪ ܕܚܠܬܗ ܕܐܠܗܐ	Mon fils, si tu transgresses un peu (contre) la crainte de Dieu,
27,3b	ܘܚܕ ܥܡ ܐܠܦܐ ܬܚܣܪ	tu seras longtemps dans le besoin.

---

191. Ce texte manque en H.

2. La crainte de Dieu, la sagesse et la Loi

Si 27,4La

27,4a si non in timore Domini tenueris	Si tu ne t'attaches pas à la crainte du Seigneur,
27,4b instanter cito subvertetur domus tua	rapidement ta maison sera détruite.

Si 27,3 (G ; *La* 27,4) met en garde celui qui ne craint pas Dieu de toutes ses forces :[192] il mettrait en danger sa maisonnée (voir aussi Si 16,4H, Syr). Si 27,4*La* (27,3G ; manque en hébreu) fait allusion à la solidité d'une maison, c'est-à-dire d'une famille, qui s'attache fermement à la crainte du Seigneur (voir aussi Pr 3,33 ; 12,7 ; 14,11). Si 27,3Syr semble être une traduction libre ou une reprise des deux premières raisons du mécontentement de l'auteur exprimées en 26,28cdSyr ; en 27,3Syr, il s'agit d'un avertissement du risque d'appauvrissement pour celui qui « transgresse » la crainte de Dieu, c'est-à-dire sa Loi. Dans la traduction syriaque, le danger est atténué. Dans les trois versions, le conseil d'agir dans la crainte du Seigneur est adressé à ceux qui pourraient chercher à s'enrichir injustement. L'absence de crainte de Dieu met donc en danger la cohésion sociale, en l'occurrence la cohésion familiale ou la cohésion du clan, à cause d'une injustice commise, dictée par l'appât du gain (27,1G). En Si 27,3Syr, « transgresser » la crainte du Seigneur semble n'engager que l'individu (27,3a : « mon fils »).

Si 28,8La

28,8a memorare timorem Dei	Souviens-toi de la crainte de Dieu
28,8b et non irascaris proximo	et ne te mets pas en colère contre ton prochain.

Seul Si 28,8*La* mentionne ici la crainte de Dieu. Si 28,7G a « les commandements » (ἐντολῶν ; ܠܦܘܩ, « le commandement ») à la place de *timorem Dei*. Les trois versions complètent le premier stique par une recommandation concrète : « et ne te mets pas en colère contre ton prochain » en G et *La* ; Syr a « et ne hais pas ton prochain devant Dieu » (voir aussi 28,6G), et

---

192. Comparer à Dt 6,5.

ajoute « et donne-lui ce qui lui manque ». *Le* commandement évoqué par 28,7aSyr désigne probablement le premier commandement, celui d'aimer Dieu (voir Dt 6,5 ; 11,1.13), et le supplément « et ne hais pas ton prochain devant Dieu » réunit déjà, comme en Lc 10,17, le commandement d'aimer Dieu à celui d'aimer son prochain (voir aussi Lv 19,17.18 ; 1 Jn 4,21). Tout le chapitre 28 traite en effet des différentes causes de discorde et de haine. Le Siracide exhorte à se souvenir des commandements, tout comme il ne faut pas oublier sa propre fin (28,6G, Syr). Nous pourrions y voir, comme dans d'autres cas, un conseil intéressé de la part de l'auteur. Le chapitre 28 manque en H.

Nous remarquons que Si 28,7cG ; 28,9aLa (*memorare testamenti Altissimi et despice ignorantiam proximi*) mettent en parallèle la mémoire des commandements (28,7aG) ou encore, de la crainte de Dieu (28,8aLa), et la mémoire de l'alliance du Très-Haut.

Si 28,23Syr

28,23a ܟܠ ܕܫܒܩܝܢ ܕܚܠܬܗ ܕܡܪܝܐ ܒܗ ܢܦܠܘܢ	Tous ceux qui abandonnent la crainte du Seigneur y tomberont,[193]

Si 28,23Syr seul mentionne par un ajout la crainte du Seigneur, en mettant en garde celui qui l'abandonnerait. G et *La* (28,27) conseillent de ne pas abandonner le Seigneur (ou Dieu), pour ne pas être englouti par les flammes, le châtiment réservé aux calomniateurs, aux langues hypocrites et indiscrètes. Si 28,13-26G, Syr et 28,13-30*La* montrent l'effet dévastateur de la mauvaise langue : elle détruit à la fois celui qui parle et celui dont on parle. Selon 28,22G, seuls les pieux (Syr et *La* : les justes) ne succombent pas à ce fléau (οὐ μὴ κρατήσῃ εὐσεβῶν) ; par le mot εὐσεβής le v. 22 (G) inclut déjà ceux qui craignent le Seigneur.

---

193. C'est-à-dire dans le feu de la langue (voir Si 28,18-21Syr) ; ils subiront l'effet dévastateur de la mauvaise langue. Voir Calduch-Benages, Ferrer, et Liesen, *La Sabiduría del Escriba*, 188.

Si 31(34),14–19[194]

Si 31,14.15.16.17.18.19aG

31,14	πνεῦμα φοβουμένων κύριον ζήσεται	L'esprit de ceux qui craignent le Seigneur vivra,
31,15	ἡ γὰρ ἐλπὶς αὐτῶν ἐπὶ τὸν σῴζοντα αὐτούς	car leur espoir est en celui qui les sauve.
31,16a	ὁ φοβούμενος κύριον οὐδὲν εὐλαβηθήσεται	Celui qui craint le Seigneur ne craindra rien,
31,16b	καὶ οὐ μὴ δειλιάσει ὅτι αὐτὸς ἐλπὶς αὐτοῦ	et il n'a pas peur, car Lui est son espoir.
31,17	φοβουμένου τὸν κύριον μακαρία ἡ ψυχή	Heureuse est l'âme de celui qui craint le Seigneur.
31,18	τίνι ἐπέχει καὶ τίς αὐτοῦ στήριγμα	Sur qui s'appuie-t-il, et qui est son soutien ?
31,19a	οἱ ὀφθαλμοὶ κυρίου ἐπὶ τοὺς ἀγαπῶντας αὐτόν	Les yeux du Seigneur sont sur ceux qui l'aiment

Si 34,14.15.17.18.19aSyr

34,14	ܨܒܝܢܐ ܕܕܚܠܘܗܝ ܥܒܕ ܡܪܝܐ[195]	Le Seigneur accomplit la volonté de ceux qui le craignent,
34,15	ܡܛܠ ܕܪܒ ܗܘ ܣܒܪܗ ܘܦܪܩ	car grand est son espoir, et il sauve.
34,17	ܕܕܚܠ ܠܐܠܗܐ ܛܘܒܘܗܝ ܠܪܘܚܗ	Et celui qui craint Dieu, heureux est son esprit.
34,18	ܥܠ ܡܢܘ ܐܬܬܟܠ ܘܡܢܘ ܗܘܐ ܠܗ ܣܡܘܟܐ	En qui a-t-il mis sa confiance, et qui est pour lui un soutien ?
34,19a	ܥܝܢܘܗܝ ܕܡܪܝܐ ܥܠ ܟܠܗܘܢ ܥܒܕܘܗܝ	Les yeux du Seigneur sont sur tous ses serviteurs, […]

Si 34,14.15.16.17.18.19a*La*

34,14a	spiritus timentium Deum quaeretur	L'esprit de ceux qui craignent Dieu sera (re)cherché,

194. Ce texte manque en H.

195. Si 34,14.15.17–19a dans la Peshitta de Leiden et le Codex Ambrosianus correspondent à Si 34,13.15.16a dans l'édition de Paul de Lagarde.

34,14b	et in respectu illius benedicentur	et dans son recours ils seront bénis,
34,15a	spes enim illorum in salvantem illos	car leur espérance est en celui qui les sauve,
34,15b	et oculi Dei in diligentes se	et les yeux de Dieu sont sur ceux qui l'aiment.
34,16a	qui timet Dominum nihil trepidabit	Celui qui craint le Seigneur ne s'agitera pour rien,
34,16b	et non pavebit quoniam ipse est spes eius	et il n'aura pas peur, car lui-même est son espoir.
34,17	timentis Dominum beata est anima eius	Bienheureuse est l'âme de celui qui craint le Seigneur.
34,18	ad quem respicit et quis est fortitudo eius	Vers qui tourne-t-il son regard et qui est sa force ?
34,19a	oculi Domini super timentes eum	Les yeux du Seigneur sont sur ceux qui le craignent, […]

Dans la version grecque, il y a des différences entre les éditions de Ziegler et de Rahlfs. Si 31,14.15 dans la version de Ziegler correspond à 34,13 dans l'édition de Rahlfs. Si 31,14G affirme que « l'esprit de ceux qui craignent le Seigneur vivra ». Cette affirmation repose sur leur espoir en celui qui les sauve, c'est-à-dire Dieu (34,15a*La* ; 34,15Syr). Le traducteur grec seul mentionne la perspective de la vie de l'esprit, avec en toile de fond la promesse de salut. S'agit-il ici d'une allusion à un espoir de vie *post mortem* ? Ou le traducteur se réfère-t-il à Dt 6,2 où ceux qui craignent le Seigneur en gardant ses lois et commandements peuvent compter sur un « prolongement de leurs jours ». La signification de cette expression reste ouverte. Di Lella traduit Si 31(34),14 par « Lively is the courage of those who fear the Lord », concédant qu'il s'agit d'une des interprétations possibles.[196] Nous optons pour la traduction « l'esprit de ceux qui craignent le Seigneur vivra » (voir aussi Is 38,16 ; Ez 37,14) à cause de l'explication donnée au v. 15, faisant entrer en jeu l'espoir en celui qui sauve, permettant en quelque sorte une transcendance de cette vie terrestre. Le sens du v. 14G pourra rester ouvert, vers un au-delà. Les traductions Si 34,14a*La* et Syr sont tout aussi énigmatiques. Au v. 14, le texte syriaque est différent

---

196. Skehan et Di Lella, *The Wisdom of Ben Sira*, 410.

2. La crainte de Dieu, la sagesse et la Loi

des versions grecque et latine : Dieu accomplit la volonté de celui qui le craint, car il met son espoir en Lui. Dieu ferait ici ce qui est normalement attendu de celui qui craint le Seigneur. S'agit-il d'une erreur de lecture ou pouvons-nous penser à une *Vorlage* en hébreu différente des versions G et *La* ? Par ailleurs, les allusions à la crainte de Dieu sont plus brèves ici. La version latine est plus explicite à ce sujet (voir 34,19a*La*). Le singulier en 34,15bSyr renvoie certainement au singulier du v. 17.[197]

Si 31(34),16 (édition de Ziegler ; édition de Rahlfs : v. 14) reprend l'idée de l'espoir en Dieu qui ôte toute peur à ceux qui le craignent. Le v. 17 (Ziegler, suivi par *La* ; Rahlfs : v. 15) formule en conclusion des versets précédents un macarisme au sujet de l'âme de celui qui craint Dieu. Nous constatons que dans cette même section (31,14–20), ceux qui aiment le Seigneur sont nommés (v.19G). Les versets 19 et 20 donnent une réponse à la question rhétorique du v. 18. Le v. 19G relie ceux qui aiment le Seigneur à ceux qui le craignent. En Si 31,19aG, certains minuscules (46, 307) proposent de lire φοβουμενους au lieu de αγαπωντας (voir aussi Ps 32[33],18 ; et Si 15,19aG : οἱ ὀφθαλμοὶ αὐτοῦ ἐπὶ τοὺς φοβουμένους αὐτόν).[198] *La* garde au v. 19 cette variante des minuscules : « Les yeux de Dieu sont sur ceux qui le craignent » (Syr a « sur tous ceux qui le servent »). En 34,15b par contre, *La* ajoute « les yeux de Dieu sont sur ceux qui l'aiment » (voir 31,19aG).

Le lien entre la crainte de Dieu et l'espoir en lui sont communs à toutes les trois versions G, *La* et Syr, ainsi que le macarisme destiné aux craignant-le-Seigneur. L'esprit de celui qui craint le Seigneur peut être en confiance ou tranquille, car il espère en celui qui le sauve. En Si 36(33),1, la confiance résulte de la protection divine devant le mal ; en Si 31(34), l'espoir du fidèle semble transcender le mal par excellence qu'est la mort.

Si 32,12

	Si 32,12H^B	Si 32,12H^F
32,12a	[...] ל[...]ד ושלם רצון	[....] [וש...]ביתך [צון]
32,12b	ביראת אל ולא בחסר כל	[.............]בי
32,12a	Retourne chez toi et fais ce que tu veux,	[...] chez toi et [...]

---

197. Voir Smend, *Die Weisheit des Jesus Sirach. Erklärt*, 308.
198. Voir l'apparat critique de l'édition de Ziegler.

32,12b dans la crainte de Dieu et pas
         dans le dénuement total.[199]

32,11b(15b)   ܗܝ ܒܚܠܡܪ [...]   [...] retourne chez toi,
32,12(16)   ܡܚܕ, ܪܚܣܒ, ܒܣܟܕܗ, ܘܟܠܗܐ   et fais ce que tu veux, dans la
                   ܘܠܐ ܒܚܣܘܪܝܐ   crainte de Dieu et pas dans le
                                            besoin.

Si 32,12 se trouve à la fin d'une série de conseils de bienséance aux anciens aussi bien qu'aux jeunes lorsqu'ils invitent ou lorsqu'ils sont conviés à un banquet. La dernière partie (vv. 1–13) concerne surtout les paroles à prononcer au moment opportun. Au premier stique de 32,12, Lévi propose de lire [פטר] ל[בית]ך ושלם רצון, comme en 32,11b ; il semble s'agir d'une dittographie. L'idée que rien ne manque à celui qui vit dans la crainte de Dieu (32,12b) est reprise en 40,26cH[BM]. Pour cette raison, les textes des éditions de Lévi et de Beentjes nous semblent plus probables que les propositions de Smend.[200] La traduction grecque ne parle plus de crainte à cet endroit, mais revient au conseil de la modération dans le discours, même dans un cadre privé : ἐκεῖ παῖζε καὶ ποίει τὰ ἐνθυμήματά σου καὶ μὴ ἁμάρτῃς λόγῳ ὑπερηφάνῳ (« Là [c'est-à-dire à la maison], amuse-toi et fais ce qui te plaît, mais ne pèche pas par une parole arrogante »). Si 32,16La est proche de 35(32),12G : [...] *et age conceptiones tuas et non in delictis et verbo superbo*. Si 32,15b.16Syr (Codex Ambrosianus ; 32,11b.12 dans la Peshitta) suit H.

Si 35(32),14[201]

Si 35(32),14G

35(32)14a ὁ φοβούμενος κύριον ἐκδέξεται παιδείαν[202]	Celui qui craint le Seigneur acceptera la discipline,
35(32)14b καὶ οἱ ὀρθρίζοντες εὑρήσουσιν εὐδοκίαν	et ceux qui se lèvent tôt trouveront le bon plaisir.

---

199. C'est-à-dire: et rien ne te manquera.
200. Voir Smend, *Die Weisheit des Jesus Sirach. Erklärt*, 290–91, et Smend, *Die Weisheit des Jesus Sirach. Hebräisch und Deutsch*, 28.
201. Pour le texte H, voir ci-dessous.
202. Voir aussi Si 18,14G qui a la même expression « accepter la discipline » (ἐκδέχομαι παιδείαν).

2. La crainte de Dieu, la sagesse et la Loi

Si 32,18*La*

32,18a	qui timet Deum excipiet doctrinam eius	Celui qui craint Dieu recevra son enseignement,
32,18b	et qui vigilaverint ad illum invenient benedictionem	et ceux qui seront attentifs à lui trouveront une bénédiction.

Seuls G et *La* emploient le verbe « craindre le Seigneur/Dieu » en Si 35(32),14a(18a). Si 32,14aH[B] avait probablement דורש אל יקח מוסר (le MS F est assez lacunaire dans ce verset). Pour Di Lella, parmi les quatre stiques de 32,14.15 du MS B, le deuxième et le quatrième sont à considérer comme faisant partie du texte original.[203] Ces deux stiques (v. 14 et 15) commencent par דורש (32,15a : דורש תורה). Les trois versets 14.15.16 relient les trois notions de « sagesse », « crainte » et « Loi » en H, sans toutefois employer le mot « sagesse », mais « instruction » (מוסר) en 32,14a.

32,14a[B] : « Celui qui cherche Dieu obtiendra l'instruction »[204]
32,15a[B] : « Celui qui cherche la Loi la trouvera »
32,16a[B] : « Celui qui craint Dieu comprendra la justice ».

Si 32,16

	32,16H[B]	32,16H[E]	32,16H[F]
32,16a	ירא ייי יבין משפט	[.......]ין משפט	[.......]ין משפט
32,16b	ותחבולות מנשף יוציא	ותחבולות מנשף יוציא	ותחבולות מנשף [.....]

32,16a Celui qui craint le Seigneur comprendra la justice,
32,16b et il fera sortir les réflexions de l'obscurité.

---

203. Voir les notes sur les vv. 14–15 de ce chapitre en Skehan et Di Lella, *The Wisdom of Ben Sira*, 395; Smend, *Die Weisheit des Jesus Sirach. Erklärt*, 291–92; Lévi, *L'Ecclésiastique ou la Sagesse de Jésus*, 2.157–58.
204. Si 32,18aSyr a traduit « Celui qui cherche le culte de Dieu recevra l'instruction ».

202   Crainte de Dieu, Sagesse et Loi

Si 35(32),16G

| 35(32),16a | οἱ φοβούμενοι κύριον εὑρήσουσιν κρίμα | Ceux qui craignent le Seigneur trouveront un jugement |
| 35(32),16b | καὶ δικαιώματα ὡς φῶς ἐξάψουσιν | et ils illumineront des actes de justice comme une lumière. |

Si 32,16(20)Syr[205]

| 32,16a (20a) | ܡܫܚ܏ ܕܚܠܝ ܐܠܗܐ ܢܬܚܟܡܘܢ ܒܕܝܢܘܗܝ | Ceux qui craignent Dieu deviendront sages dans ses jugements |
| 32,16b (20b) | ܘܣܘܓܐܐ ܕܚܟܡܬܐ ܡܢ ܠܒܗܘܢ ܬܦܘܩ | et beaucoup de sagesse sortira de leurs cœurs. |

Si 32,20La

| 32,20a | qui timent Dominum invenient iudicium iustum | Ceux qui craignent le Seigneur trouveront un jugement juste, |
| 32,20b | et iustitias quasi lucem accendent | et allument les jugements[206] comme une lumière. |

Si 35(32),16 κρίμα et δικαιώματα, comme Dt 4,1.8 (δικαιώματα καὶ κρίματα ; v. 5 : κρίσεις), ici dans le cadre de l'alliance (voir Dt 4,13). Celle-ci n'est plus évoquée explicitement dans le Siracide, car il n'y a plus lieu de revenir sur l'événement du Sinaï et le don des dix paroles au peuple d'Israël. Le Siracide s'adresse aussi à des personnes au-delà des frontières d'Israël. Elles s'attachent au Seigneur par la crainte qui implique de garder les préceptes. Ceci les rendra sages, comme la version syriaque l'exprime clairement ; les autres versions parlent de « justice ».

Si 32,16(20)Syr relie explicitement la crainte de Dieu à la sagesse et suit 32,16cdH.[207] 32,16Syr signifie que ceux qui craignent Dieu saisiront la sagesse de ses jugements, ce qui les rendra sages à leur tour. 32,12(16)Syr ajoute à l'injonction de faire ce que l'on veut (voir 35[32],12aG ci-dessus) « avec la crainte de Dieu » (voir 32,12H). Si 35(32),14G souligne que celui

---

205. Si 32,20 dans le Codex Ambrosianus correspond à Si 32,16 dans la Peshitta.
206. Ou « les préceptes » (voir aussi Ps 18,9La : iustitia au pluriel).
207. Le troisième stique de 32,16H est un doublet (יראי ייי יבינו משפטו). Au quatrième stique du MS B lire וחכמות au lieu de וכחמות. Aux MSS E et F רובת manque.

qui craint le Seigneur (le texte hébreu a דורש אל) accepte l'instruction (παιδείαν ; 32,18*La* : *doctrinam eius*). Et Si 35(32),16aG continue : « ceux qui craignent le Seigneur trouveront un jugement » (ce qui n'est pas très clair). *La* est plus explicite en ajoutant au jugement le qualificatif « juste ». G et *La* poursuivent au deuxième stique : « ils illumineront des actes de justice comme la lumière ». Nous pouvons comprendre ces versets du Siracide à la lumière de Pr 28,5 : אנשי־רע לא־יבינו משפט ומבקשי יהוה יבינו כל (« Les hommes qui font le mal ne saisissent pas le droit, mais ceux qui cherchent le Seigneur saisissent tout »).

Si 33,1

Si 33,1H^BEF

33,1a[208]	ירא ייי לא יפגע רע	Celui qui craint le Seigneur ne sera pas atteint par le mal,
33,1b[209]	כי אם בניסוי ישוב ונמלט	sauf dans ses épreuves, il reviendra et sera délivré.

Si 36(33),1G

36,1a (33,1a)	τῷ φοβουμένῳ κύριον οὐκ ἀπαντήσει κακόν	Celui qui craint le Seigneur ne rencontrera pas le mal,
36,1b (33,1b)	ἀλλ' ἐν πειρασμῷ καὶ πάλιν ἐξελεῖται	mais dans la tentation, il sera chaque fois délivré.

Si 33,1Syr

33,1a		À celui qui craint le Seigneur, aucun mal n'arrivera s'il est dans l'épreuve,
33,1b		et il en échappera à maintes reprises.

---

208. À part quelques lacunes aux MSS B ou E, il n'y a pas de différences entre B, E et F. MS E : פגע רע [..........] .

209. MS B : [.]ל[.....]ל[.] ; MS E: כי אם בנסוי ישוב ונמלט.

210. L'édition de Paul de Lagarde a ici un singulier qui a plutôt le sens de « test », tandis que le pluriel peut avoir l'acception de « tentation ».

Si 33,1*La*

33,1a	timenti Dominum non occurrent mala	Les maux n'arriveront pas à celui qui craint le Seigneur,
33,1b	sed in temptatione Deus illum conservat et liberabit a malis	mais dans la tentation, Dieu le garde et il le libèrera des maux.

Smend résume la section 35,14–36,6G par l'affirmation que la sagesse équivaut à la prudence en cas de danger. Le pieux seul en est capable, lui qui trouve son chemin en scrutant la Loi et en suivant ses maîtres.[211]

Si 33,1 (H, G et *La*) assure à celui qui craint le Seigneur qu'il ne sera pas atteint par le mal et garantit en quelque sorte la protection divine dans la tentation ou dans l'épreuve, avec la promesse d'en sortir, d'en être délivré (voir aussi Pr 12,21 ; Jb 5,19). Le stique Si 33,1a forme un parallèle avec Si 32,24[BEF] (« Celui qui garde la Loi se préserve lui-même »).[212] Par ce parallèle, craindre le Seigneur et garder la Loi sont associés, voire identiques. Comment devons-nous comprendre רע dans ce contexte ? Il faut certainement le voir ici dans un sens religieux et moral, opposé à טוב (voir Ps 51,3), plutôt que dans une optique séculaire signifiant le malheur sous toutes ses formes possibles. Tout ce qui est contraire à la Loi (ce qui est désigné ici par רע) est rejeté par celui qui craint le Seigneur ; et dans les tentations, il pourra compter sur l'aide de Dieu. Ainsi le mal n'aura aucune prise sur le fidèle et ne l'atteindra pas. Même dans la tentation, il est préservé (voir aussi la dernière demande du « Notre Père », Mt 6,13//Lc 11,4 ; et Si 23,1). Si 44,20 évoque Abraham qui, tenté ou éprouvé par Dieu, reste intègre et fidèle. En 33,1b, les textes hébreu et grec (36[33],1b) emploient un passif divin. Dans le texte syriaque, cette protection divine dans toutes les situations n'est pas exprimée si clairement puisque le v. 1 affirme que du mal qui pourrait atteindre même le craignant-le-Seigneur, « il en échappera à maintes reprises », donc pas toujours, comme le texte hébreu (ישוב ונמלט) le laisse deviner, et comme le traducteur grec l'a rendu clairement (πάλιν ἐξελεῖται) ? Échappera-t-il par ses propres forces ou grâce à l'aide du Seigneur ? Mis à part cette différence en Syr, nous ne constatons pas de déviations majeures du texte hébreu dans les trois traductions.

---

211. Smend, *Die Weisheit des Jesus Sirach. Erklärt*, 292.
212. Les MSS E et F ont נוצר נפשו au lieu de שומר נפשו (MS B).

2. La crainte de Dieu, la sagesse et la Loi

Aux versets suivants (33,2H^{BEF}, G, La.3La), le sage est lié tout naturellement à la Loi, comme si être sage allait de toute évidence de pair avec le respect des commandements et des préceptes (en Syr, ces versets manquent).

Si 33,2aH (le MS E a des lacunes à cet endroit) : « Celui qui déteste la Loi est sans sagesse ». 36(33),2aG : « L'homme sage ne déteste pas la Loi ». 33,2aLa : « Un sage ne déteste ni les commandements ni les préceptes ».

En 33,3a la version latine emploie le mot « Loi » (comme en G, dans l'édition de Rahlfs) où H^B et G (dans l'édition de Ziegler) ont « parole » : « L'homme sensé croit à la Loi de Dieu ». Il faut donc placer 36(33),1 dans son contexte (35[32],14–36[33],15) où sagesse, Loi et crainte de Dieu sont intimement liées.

Si 37,12

	Si 37,12H^B	Si 37,12H^D
37,12a	אך אם יש מפחד תמיד	אך אם איש מפחד {תמיד}
37,12b	אשר תדע שומר מצוה	[....]ת.[]ע שומר מצוה
37,12a	Cependant [consulte] quelqu'un constamment dans la crainte	Cependant [consulte] un homme {constamment} dans la crainte
37,12b	que tu sais être gardien du commandement[213]	[...] gardant le commandement

	Si 37,12G	
37,12a	ἀλλ' ἢ μετὰ ἀνδρὸς εὐσεβοῦς ἐνδελέχιζε	Mais avec un homme pieux persévère,
37,12b	ὃν ἂν ἐπιγνῷς συντηροῦντα ἐντολάς	que tu reconnaîtrais gardant les commandements

	Si 37,15La	
37,15a	cum viro sancto adsiduus esto	Fréquente assidument un homme saint,

---

213. Il est clair qu'il faudrait comprendre « les commandements ». Voir Lévi, *L'Ecclésiastique ou la Sagesse de Jésus*, 2.186.

| 37,15b | quemcumque cognoveris observantem timorem Dei | n'importe qui que tu discerneras comme quelqu'un qui observe la crainte de Dieu. |

Si 37,12H^BD emploie le terme פחד pour la crainte, signifiant généralement « le tremblement, la terreur ». Il semble prendre ici (exceptionnellement) l'acception de « crainte » de Dieu, comportant cependant une plus forte notion de « peur » que le traditionnel יראת אלהים (comparer à 42,14b^M)[214]. Avec Peters, nous estimons que le verbe de 37,10aH^D (יעץ עם, « consulter ») doit être repris et sous-entendu en 37,12aH^BD. Au lieu de אם, il faudrait lire עם (voir aussi v. 11) correspondant au verbe sous-entendu. Cette faute serait due aux mots adjacents, commençant chacun par un א ; ceci expliquerait aussi la deuxième faute par l'absence de א dans יש (au MS B uniquement). Le traducteur grec semble avoir mal compris מפחד תמיד (voir aussi Pr 28,14), prenant תמיד pour un verbe, qu'il a rendu par ἐνδελεχίζω.[215] Dans la Septante, le verbe ἐνδελεχίζω se trouve uniquement dans le Siracide (Si 9,4 ; 12,3 ; 20,19.24.25 ; 27,12 ; 30,1 ; 37,12 ; 41,6) et signifie généralement « continuer à exister ».[216] D'après Si 37,15La, il vaut mieux prendre conseil auprès d'un homme « saint » qui « observe la crainte de Dieu » (« gardant les commandements » dans les autres versions). Le texte syriaque de 37,12ab présente de légères différences par rapport aux autres versions, en conseillant de chercher la compagnie de personnes justes qui craignent de pécher devant Dieu. La version latine seule emploie donc l'expression « crainte de Dieu ». Il est clair qu'ici, cette crainte peut être remplacée par l'observance de la Loi.

Si 37,1–6 esquisse ce qui caractérise un ami sincère et 37,7–12 indique où il faut chercher les bons conseillers, désintéressés et ayant les bonnes dispositions pour guider adéquatement celui qui a besoin d'un conseil. À la fin des exemples dont il faut se méfier (vv. 7–11), et donc des exemples négatifs, le v. 12 culmine dans un conseil positif qui balaye par une particule adversative « cependant », « mais » (H, G) tous les personnages précédents à intentions douteuses : il faut chercher conseil auprès d'un

---

214. Voir Skehan et Di Lella, *The Wisdom of Ben Sira*, 429.

215. Voir Peters, *Das Buch Jesus Sirach oder Ecclesiasticus*, 305; Lévi, *L'Ecclésiastique ou la Sagesse de Jésus*, 2.186 ; Smend, *Die Weisheit des Jesus Sirach. Erklärt*, 331.

216. Voir Muraoka, *A Greek-English Lexicon of the Septuagint*, s.v. « ἐνδελεχίζω », 234.

homme de Dieu, vivant constamment, donc véritablement, dans la crainte (de Dieu ; voir aussi 37,15*La*) et gardant les commandements (12ab), et qui est en même temps un ami sincère (12cd ; voir aussi les vv. 1-6). Si 37,12H[BD] et 37,15*La* misent explicitement sur l'importance de la crainte de Dieu (le texte grec utilise l'adjectif εὐσεβής) comme disposition adéquate pour être un homme digne de confiance, susceptible d'être un bon conseiller, car il est un ami désintéressé. Ici, la fiabilité de ses conseils ne réside pas exclusivement dans sa sagesse (qui, même si elle n'est pas mentionnée, n'est pas exclue ; les vv. 19-26 évoquent les différentes facettes de la sagesse et leurs conséquences), mais dans son orientation permanente vers la volonté divine qui se traduit dans l'observance des commandements, et dans l'attitude bienveillante de l'ami sincère qu'il est. Ces deux qualités intérieures sont liées dans les quatre stiques du v. 12.

Si 39,1Syr[217]

39,1a	ܕܢܪ ܗܘ ܕܝܗܒ ܢܦܫܗ ܠܕܚܠܬܐ ܕܐܠܗܐ	39,1a Mais celui qui se consacre à la crainte de Dieu
39,1b	ܘܠܗܟܡܬܐ ܕܢܡܘܣܐ ܕܚܝܐ	et à la compréhension de la Loi de la vie
39,1c	ܐܡܪ ܚܟܡܬܐ ܘܚܟܡܐ ܡܪܡܐ ܒܚܠܐ	cherchera la sagesse de tous ceux qui l'ont précédé,
39,1d	ܘܠܕܚܐ ܚܠܐ ܡܪܡܐ ܢܦܢܐ	et il tournera (son attention) vers les prophètes d'autrefois.

En Si 39,1a seule la version syriaque évoque la crainte de Dieu, combinée à la « Loi de la vie », à la sagesse et aux prophéties.[218] L'expression « Loi de la vie » est également présente en Si 17,11 et en 45,5, chaque fois en lien avec la notion d'alliance (voir l'excursus ci-dessus ; voir aussi 39,8G). Si 38,25-32 (G, Syr ; 38,26-37*La* ; manque en H) fait référence à tous ceux qui travaillent de leurs mains et salue l'habileté des artisans et des maîtres d'oeuvre qui investissent tout leur savoir-faire et leur énergie à des objets et des constructions indispensables à la civilisation humaine. Ils n'ont

---

217. Si 39,1ab dans le Codex Ambrosianus correspond à Si 38,35ab dans la Peshitta de Leiden.
218. Voir aussi Si 38,38 dans la *Nova Vulgata*.

accès ni aux honneurs dans les assemblées, ni aux enseignements de la sagesse (38,33[38]). Leur habileté est une forme de sagesse pratique, dont se démarque la sagesse du scribe qui a tout le loisir de se consacrer à l'acquisition de la sagesse par l'approfondissement de la Loi, de la sagesse des anciens et des prophéties (38,24.34cd–39,1[219]).

Si 40,26-28

	Si 40,26.27[B220]	Si 40,26.27[M]
40,26a	לב [...יגי] וכח חיל	[............]
40,26b	אלהים את[...ומשניהם	[......]הם[......]
40,26c	מחסור י'י יראת[.]אין	[................]
40,26d	ז[...מ עמה לבקש ואין]	משען עמה לבקש [....]
40,27a	ברכה כעדן אלהים יראת	[................]
40,27b	חפתה כבוד כל וכן	חפתה [...כ כל ועל
40,26a	Pouvoir et force [égaient][221] le cœur,	
40,26b	mais meilleure que les deux [est la crainte de] Dieu.	
40,26c	[Dans] la crainte du Seigneur il n'y a pas d'(autre) besoin,[222]	
40,26d	et il n'est pas besoin de chercher une assistance [...]	[...] de chercher l'assistance d'un appui[223]
40,27a	La crainte de Dieu est comme un Éden de bénédiction,	
40,27b	et ainsi, toute gloire est son dais.	et au-dessus de toute g[loire] est son dais.

---

219. Ceci correspond à l'édition de Ziegler ; dans l'édition de Rahlfs, Si 38,34cd correspond à Si 39,1.

220. Voir aussi Víctor Morla, *Los manuscritos hebreos de Ben Sira. Traducción y notas*, Asociación Bíblica Española Monografías 59 (Navarra : Verbo Divino, 2012), 246, 419-20.

221. Voir Lévi, *L'Ecclésiastique ou la Sagesse de Jésus*, 1.29.

222. Voir aussi Ps 34,10.

223. Voir aussi Si 3,31 ; 36,29[BD].

Si 40,26.27G

40,26a	χρήματα καὶ ἰσχὺς ἀνυψώσουσιν καρδίαν	Richesses et force élèveront un cœur,
40,26b	καὶ ὑπὲρ ἀμφότερα φόβος κυρίου	mais au-dessus des deux se trouve la crainte du Seigneur.
40,26c	οὐκ ἔστιν ἐν φόβῳ κυρίου ἐλάττωσις	Rien ne manque dans la crainte du Seigneur,
40,26d	καὶ οὐκ ἔστιν ἐπιζητῆσαι ἐν αὐτῷ βοήθειαν	et avec elle, il n'y a plus à chercher de l'aide.
40,27a	φόβος κυρίου ὡς παράδεισος εὐλογίας	La crainte du Seigneur est comme un jardin de bénédiction,
40,27b	καὶ ὑπὲρ πᾶσαν δόξαν ἐκάλυψεν αὐτόν	et mieux que toute gloire elle le protège.

Si 40,26.27Syr

40,26a	ܚܝܠܐ ܘܬܘܩܦܐ ܡܪܝܡܝܢ ܠܒܐ	Vigueur et puissance élèvent le cœur,
40,26b	ܘܡܢ ܬܪ̈ܝܗܘܢ ܕܚܠܬܗ ܕܐܠܗܐ	mais plus que les deux, la crainte de Dieu.
40,26c	ܠܝܬ ܒܕܚܠܬܗ ܕܐܠܗܐ ܚܘܣܪܢܐ	Dans la crainte de Dieu, il n'y a pas de perte,
40,26d	ܘܠܝܬ ܠܡܒܥܐ ܥܡܗ ܡܥܕܪܢܐ	et avec elle, il n'y a pas à chercher d'aide.
40,26e	ܕܚܠܬܗ ܕܐܠܗܐ ܥܠ ܟܠ ܡܕܡ ܐܬܬܪܝܡܬ	La crainte de Dieu est élevée au-dessus de tout.
40,26f	ܐܚܘܕܝܗ ܒܪܝ ܘܠܐ ܬܪܦܝܗ	Saisis-la, mon fils, et ne la lâche pas,
40,26g	ܡܛܠ ܕܠܝܬ ܐܟܘܬܗ	car il n'y a rien de semblable à elle.
40,27a	ܕܚܠܬܗ ܕܐܠܗܐ ܒܥܕܢܐ ܡܬܒܪܟܐ	La crainte de Dieu sera bénie en temps voulu,
40,27b	ܘܥܠ ܡܢ ܟܠ ܐܝܩܪ ܗܝ ܡܫܬܒܚܐ	et au-dessus de toute gloire elle est glorifiée.

Si 40,26.27.28La

40,26a	facultates et virtutes exaltant cor	Richesses et forces élèvent le cœur,
40,26b	et super haec timor Domini	mais la crainte du Seigneur les dépasse.
40,27a	non est in timore Domini minoratio	Dans la crainte du Seigneur, il n'y a pas de manque,
40,27b	et non est in eo inquirere adiutorium	et avec elle, il n'est pas nécessaire de chercher de l'aide.
40,28a	timor Domini sicut paradisus benedictionis	La crainte du Seigneur est comme un jardin de bénédiction,
40,28b	et super omnem gloriam operuerunt illum	et d'une gloire au-dessus de toute gloire il est couvert.

Si 40,26[BM] (le texte du rouleau de Massada est assez lacunaire) met en évidence la crainte de Dieu comme un bien supérieur : « la vigueur et la force font jubiler le cœur, mais meilleure que les deux est la crainte de Dieu ». Pour Smend, le verbe manquant en 40,26a serait יגוללו, même si un *polel* de גיל est rare, contre Peters, pour qui יגדלו serait le plus probable (voir G et Syr ; Lévi, Strack, Morla : יגילו).[224] Di Lella fait remarquer que le poème de Si 40,18-27 présente une série de « 'better' proverbs », mais pas à la manière des proverbes sapientiaux classiques introduits par טוב (comme en Si 10,27 ; 16,3 ; 20,31 ; 30,14.17 ; 40,28 ; 42,14). Ici, nous avons une structure différente commençant par la juxtaposition de deux noms, mettant ainsi en évidence l'aspect duel de toute comparaison, suivie par le bienfait ou l'avantage que procurent ces deux personnes ou deux choses juxtaposées. Le deuxième stique, comme un refrain depuis 40,18, remplace le טוב par ומשניהם, suivi de la mention du bien à préférer aux deux autres. La triple mention de la « crainte du Seigneur/de Dieu » (40,26ab.27) – bien qu'en 40,26b[BM], il faille plutôt la deviner – place ce bien en haut de la pyramide. Comme en Si 10,24, la crainte de Dieu est placée au-dessus de tout

---

224. Voir Peters, *Das Buch Jesus Sirach oder Ecclesiasticus*, 342; Smend, *Die Weisheit des Jesus Sirach. Hebräisch und Deutsch*, 40 ; et Smend, *Die Weisheit des Jesus Sirach. Erklärt*, 379.

2. La crainte de Dieu, la sagesse et la Loi

pouvoir. Lévi traduit 40,26cd par « Avec la crainte du Seigneur, rien ne manque, et avec elle il n'est pas besoin de chercher de [soutien] ».[225]

Dans la traduction grecque (Si 40,26bcd), la crainte de Dieu est dite supérieure aux grands biens et à la force qui peuvent certes réconforter ou réjouir le cœur, mais celui qui vit dans la crainte de Dieu ne manque de rien et n'a plus besoin de recourir à une aide (βοήθεια ; voir aussi Ps 34[33],10). Le texte grec, suivi par *La*, mentionne les richesses comme un bien réconfortant, avec la force (voir aussi Si 40,25). Syr suit H^B (« pouvoir et force »). Dans la version syriaque, Si 40,26 a trois stiques complémentaires (26efg) qui soulignent la valeur incomparable de la crainte de Dieu que rien ne peut surpasser (reprend Si 25,11.12cdSyr ; voir aussi 25,11.12GII ; 25,14-16*La* ; 40,26fSyr est repris en 50,28dSyr), et deux stiques supplémentaires (40,27ab) sont dédiés à la crainte de Dieu.

La crainte du Seigneur est comparée à un « jardin de bénédiction », « et mieux que toute gloire, elle le[226] protège » (v. 27 G). Ce jardin évoque le jardin en Éden, un lieu de prospérité (Gn 2,8-10 ; voir aussi Ez 28,13). Dans la traduction grecque, l'expression « un jardin de bénédiction » en Si 40,27 forme une inclusion avec « un jardin de bénédictions » en 40,17aG, où la grâce (χάρις ; חסד dans H^{BM}) est comparée à cet endroit paradisiaque qui regorge de bénédictions.[227] L'auteur syrien introduit, avec la notion de récompense assurée dans le futur, une ouverture vers un au-delà, où le juste qui craint Dieu recevra « en temps voulu » son salaire mérité (40,27a). Les quatre versions soulignent que la crainte de Dieu est *le* bien par excellence, capable de munir l'homme de tout ce dont il a besoin. En d'autres mots, celui qui cherche à vivre selon la volonté de Dieu sera assuré de sa protection et de sa bienveillance.

Si 40 fait un retour sur la création du premier homme en évoquant la postérité d'Adam (les êtres humains en Syr) en 40,1b, et en faisant allusion à sa destinée (comparer par exemple 40,1d à Gn 2,7 pour le retour de l'homme à la terre ; voir aussi Si 16,29-30 ; 17,1). Après la liste des « grands tracas » qui « ont été créés pour tout homme » (Si 40,1), vient une énumération de bienfaits pour l'homme (40,17-27), dont la crainte de Dieu, citée en apogée. Si 40,26-27 assurent que la crainte de Dieu est le bien suprême et la garantie de la protection et de la bénédiction divines (compa-

---

225. Lévi, *L'Ecclésiastique ou la Sagesse de Jésus, Fils de Sira*, 1.29.
226. C'est-à-dire celui qui craint le Seigneur.
227. 40,17H^{BM} ne compare pas la חסד à un Éden de bénédictions, mais lui accorde une valeur éternelle.

rer à Si 1,11-13). Di Lella note que, d'après la doctrine deutéronomique de la rétribution, seul l'homme vertueux – et donc celui qui craint le Seigneur – connaîtra la prospérité (40,26-27 y font allusion ; voir aussi Ps 34,10).[228]

D'après Gesenius, ἐκάλυψεν αὐτόν (40,27) est une traduction libre de חפתה, du verbe חפה au *puel*.[229] G et *La* (40,28) suivent H^{BM} au premier stique, mais en 27b, la traduction grecque est plus proche de H^M : « et au-dessus de toute gloire est son dais », le dais représentant un toit protecteur, tandis que H^B a « et ainsi toute gloire est son dais » (חפתה vient de חפה : « dais »). Pour Lévi il faudrait rétablir 40,27bH selon G et Syr et surtout Is 4,5, que l'auteur aurait copié ici.[230] *La* traduit en 40,28b *et super omnem gloriam operuerunt illum*. En 40,27bG, la crainte de Dieu protège le fidèle, mieux que toute gloire. Sans doute faut-il aussi comprendre 40,28b*La* dans ce sens-là.

Si 45,23(28)

Si 45,23G

45,23a	καὶ Φινεες υἱὸς Ελεαζαρ τρίτος εἰς δόξαν	Et Phinéès, fils d'Éléazar, le troisième en gloire
45,23b	ἐν τῷ ζηλῶσαι αὐτὸν ἐν φόβῳ κυρίου	pour son zèle dans la crainte du Seigneur
45,23c	καὶ στῆναι αὐτὸν ἐν τροπῇ λαοῦ	et pour sa fermeté lors de la défection du peuple,
45,23d	ἐν ἀγαθότητι προθυμίας ψυχῆς αὐτου	pour l'intégrité du courage de son âme,
45,23e	καὶ ἐξιλάσατο περὶ τοῦ Ισραηλ	et il obtint le pardon pour Israël.

Si 45,28*La*

45,28a	et Finees filius Eleazari tertius in gloria est	et Phinéès, fils d'Éléazar, est le troisième en gloire,
45,28b	in imitando tantum in timore Domini	en l'imitant à ce point dans la crainte du Seigneur.

---

228. Skehan et Di Lella, *The Wisdom of Ben Sira*, 473.

229. Voir Gesenius, *Hebräisches und Aramäisches Handwörterbuch über das Alte Testament*, 18e éd., s.v. « חֻפָּה », 379.

230. Lévi, *L'Ecclésiastique ou la Sagesse de Jésus, Fils de Sira*, 1.30.

2. La crainte de Dieu, la sagesse et la Loi   213

Dans la liste des personnes honorables (Si 44,1) est nommé en troisième position Pinhas (dans H; « Phinéès » dans G), fils d'Éléazar (45,23G). Smend estime que la mention de Pinhas en troisième position, après Moïse et Aaron, résulte de querelles quant à l'ordre de succession des grand-prêtres (voir aussi ci-dessous). Nb 25,1-15 en est le récit source (voir aussi Si 50,24H^B ; la traduction grecque a abrégé ce verset du chapitre 50, et ne contient plus d'allusion aux prêtres Simon et Pinhas à cause d'un contexte historique changé).[231] Di Lella mentionne le fait que le texte a fait une entorse à l'ordre de succession normal dans les louanges prononcées, en passant directement au petit-fils d'Aaron au lieu de mettre le troisième fils d'Aaron, Éléazar (voir Ex 6,23.25 ; Nb 3,2-4), en troisième position. D'après Nb 3,32, Éléazar était le chef suprême des lévites, des hommes au service du sanctuaire. Ben Sira voudrait ainsi montrer que Pinhas était le successeur légitime dans l'ordre des grand-prêtres (voir aussi 4 M 18,12).[232] Dans le texte grec, la première raison pour laquelle Pinhas mérite la gloire est le zèle « dans la crainte du Seigneur » (45,23ab). La traduction εἰς δόξαν pour בגבורה en Si 45,23bH^B n'est pas exacte, car ici il est question, selon Peters, de l'autorité du grand-prêtre.[233] Si 45,23cH^B évoque le zèle de Pinhas « pour le Dieu du tout » ; la crainte de Dieu n'y est pas mentionnée. La traduction syriaque non plus n'a pas de mention de la crainte de Dieu ; son texte est d'ailleurs différent du texte hébreu et du texte grec (et nous pouvons nous poser des questions sur sa *Vorlage*). Smend qualifie d'arbitraire la traduction syriaque de Si 45,23b (« il reçut [pour lui] trois marques d'honneur pour son courage »). Haspecker estime que H est certainement authentique, et le texte syriaque, rappelant le zèle de Pinhas pour Dieu corroborerait sa thèse.[234] Le texte syriaque se réfère plus concrètement au texte source qu'est Nb 25,1-15. Peut-être la traduction grecque se réfère-t-elle plutôt à 1 M 2,54 qui mentionne Pinhas également en troisième lieu comme modèle à suivre pour son zèle. Il correspond au profil, dirions-nous de nos jours, de ceux qui se sont démarqués par leur « zèle de la Loi », de sorte qu'ils font partie des pères méritant « une grande gloire et une renommée éternelle » (voir 1 M 2,50.51). Pinhas est appelé « notre père », après Abraham et Joseph en 1 M 2,54. La référence à ce

---

231. Smend, *Die Weisheit des Jesus Sirach. Erklärt*, 436; Skehan et Di Lella, *The Wisdom of Ben Sira*, 550.
232. Skehan et Di Lella, *The Wisdom of Ben Sira*, 513.
233. Peters, *Das Buch Jesus Sirach oder Ecclesiasticus*, 392.
234. Haspecker, *Gottesfurcht bei Jesus Sirach*, 72.

texte pourrait justifier la troisième place dans l'éloge des Pères et l'introduction de la notion de « crainte de Dieu » qui serait une autre expression pour (le zèle de) la Loi (1 M 2,50 ; voir aussi Si 19,20).

La traduction latine est moins explicite. Si 45,28La mentionne Pinhas (Phinéès) comme troisième personnage à mériter la gloire par son imitation (de Moïse ou d'Aaron?) dans la crainte de Dieu. La (45,28) a suivi G (45,23ab), mais a traduit ζηλόω par *imitare* ; Pinhas suivrait donc un modèle cité implicitement dans la version latine. En Nb 25,11 il est en effet non seulement question du zèle de Pinhas, mais également du zèle ou de la jalousie de Dieu (Le Seigneur dit à Moïse : Φινεες υἱὸς Ελεαζαρ υἱοῦ Ααρων τοῦ ἱερέως κατέπαυσεν τὸν θυμόν μου ἀπὸ υἱῶν Ισραηλ ἐν τῷ ζηλῶσαί μου τὸν ζῆλον ἐν αὐτοῖς καὶ οὐκ ἐξανήλωσα τοὺς υἱοὺς Ισραηλ ἐν τῷ ζήλῳ μου). Pinhas imite donc le zèle ou la jalousie du Seigneur, et il sera récompensé pour cela. En Nb 25,1-15, la crainte du Seigneur n'est pas mentionnée, mais bien le zèle de Pinhas. Celui-ci apaisa la colère du Seigneur contre le peuple Israël qui se livra à la débauche avec les filles de Moab et, par elles, à l'adoration de leurs dieux (Nb 25,1-3 ; voir aussi Ps 106,28-31), en tuant un Israélite se présentant devant Moïse et toute la communauté d'Israël avec une Madianite (Nb 25,7-8). La mention de « la crainte du Seigneur » dans la version grecque (Si 45,23b), reprise en *La* (45,28b), semble bien être un ajout.

Si 49,6bLa

49,6b et contempserunt timorem Dei	et ils ont méprisé la crainte de Dieu

Dans l'éloge des Pères (chap. 44-50), le roi Josias est mis à l'honneur en 49,1-4La (49,1-3 H, G, Syr), car « dans un temps de péché, il affermit la piété » (49,4bLa ; « aux jours de violence [חמס], il pratiqua la grâce », 49,3bH[B] ; « en des temps impies, il renforça la piété », 49,3bG ; « et en des jours de péché, il établit la justice », 40,3bSyr), faisant allusion à 2 R 22-23. Tous les rois de Juda sont fustigés, à l'exception de David, d'Ézéchias et de Josias, car ils ont péché et abandonné la Loi du Tout-Puissant (49,5-6aLa). Si 49,4cH[B] accuse ces rois d'avoir abandonné la Loi du Très-Haut (תורת עליון), suivi par G (49,4c) et Syr (qui omet cependant l'apposition « du Très-Haut » ; 49,4b). *La* seule ajoute « et ils ont méprisé la crainte de Dieu » (49,6b), reliant ainsi la crainte de Dieu à la Loi.

2. La crainte de Dieu, la sagesse et la Loi

Si 50,29

Si 50,29bH^B se trouve avec 51,1ba dans une même ligne.[235]

Si 50,29bH^B

| 50,29b | כי יראת ייי חיים | Car la crainte du Seigneur est vie. |

Si 50,29G

50,29a	Rahlfs/Ziegler : ἐὰν γὰρ αὐτὰ ποιήσῃ πρὸς πάντα ἰσχύσει	Si, en effet, il les met en pratique, il sera fort en toutes choses,
50,29b	Rahlfs : ὅτι φῶς κυρίου τὸ ἴχνος αὐτοῦ	Rahlfs : car la lumière du Seigneur est son sentier.
	Ziegler : ὅτι φόβος κυρίου τὸ ἴχνος αὐτοῦ	Ziegler : car la crainte du Seigneur est son sentier,
50,29c	GII : καὶ τοῖς εὐσεβέσιν ἔδωκε σοφίαν	GII : *et aux pieux, il donna la sagesse.*

Si 50,28cdSyr

50,28c	ܘܗܝ ܪܫܐ ܕܚܠܬܗ ܕܐܠܗܐ ܡܫܒܚܬܐ	La gloire de la crainte de Dieu est élevée au-dessus de toute chose.
50,28d	[236] ܐܘܚܕܝܗ ܒܪܝ ܘܠܐ ܬܫܒܩܝܗ	Saisis-la, mon fils, et ne la lâche pas.

Si 50,31*La*

50,31a	si enim haec fecerit ad omnia valebit	Si donc il les accomplit, il sera capable de toutes choses,
50,31b	quia lux Dei vestigium eius est	car la lumière de Dieu est son guide.

---

235. Voir l'édition de Beentjes, 91 ; Lévi, *L'Ecclésiastique ou la Sagesse de Jésus*, 2.217 ; Smend, *Die Weisheit des Jesus Sirach. Hebräisch und Deutsch*, 59 (notes).
236. La Peshitta de Leiden met ܐܘܚܕ au lieu de ܐܘܚܕܝܗ. Si 50,28cd dans le Codex Ambrosianus correspond à 50,29ab dans la Peshitta de Leiden.

La fin du livre rappelle dans une sorte de conclusion, de *post scriptum*, ou de signature, un procédé littéraire connu dans les écrits sapientiaux,[237] ce qui tenait à cœur à Ben Sira : enseigner la sagesse sous différentes formes (Si 50,27). 50,28H^B, G, Syr, 50,30*La* assurent la sagesse à celui qui cogite et prend à cœur les paroles de l'enseignement de Ben Sira et, au troisième stique du v. 29, GII y ajoute également les « pieux ». Cette fin de la partie reconnue comme authentique du livre de Ben Sira culmine dans l'importance donnée à la sagesse. Parallèlement, la crainte du Seigneur (dans l'édition de Ziegler, conformément à H) entre en jeu au dernier verset (50,29) : c'est elle qui trace le chemin (G) pour être à la hauteur de tout défi. GII ajoute au troisième stique « et aux pieux (τοῖς εὐσεβέσιν), il donna la sagesse ». Si 50,29H^B n'a qu'un seul stique : « car la crainte du Seigneur est vie ». Le texte syriaque suit l'hébreu en ce sens que le premier stique de 50,29G (« Si, en effet, il les met en pratique, il sera fort en toutes choses ») n'y figure pas non plus. Si 50,28abSyr correspond à Si 50,28abH^B (50,28G ; 50,30*La*). Si 50,28cdSyr place la crainte de Dieu au-dessus de tout et exhorte à la garder précieusement (voir aussi 25,11-12 et 40,26.27 dans la version syriaque). Conformément à l'édition de Rahlfs, *La* (v. 31) met « la lumière de Dieu » à la place de la crainte (Rahlfs a φῶς κυρίου). G(I) semble avoir lu אור (« lumière ») au lieu de יראת.[238] Ziegler a corrigé cette erreur. D'après Lévi, l'introduction du mot ἴχνος (« trace ») résulterait de la même erreur de lecture faite déjà en Si 37,17 dans le choix entre עקב et עקר (« racine » ou « tronc »). Il faudrait donc comprendre « l'homme sage sera fort par-dessus tout, parce que la crainte de Dieu est sa racine (ou son tronc ; comparer à Si 1,18).

Nous pouvons nous demander ce que signifie cette supériorité de la crainte de Dieu ou de celui qui craint Dieu, déjà pointée en Si 25,6.10.11G ; 25,6.11.12Syr ; 25,8.13-15*La* et 40,26.27(28)H, G, Syr, *La*. Est-ce qu'elle résulte de la force et de la puissance intérieure et extérieure qui procurent une grandeur incomparable ?[239]

Au chapitre 50, le texte hébreu termine donc par « car la crainte du Seigneur est vie » (voir aussi Pr 14,27H, *La* ; Pr 19,23H, G, Syr, *La* ; Si 17,11 [« Loi de la vie »] ; Si 39,1.8Syr ; 45,5). Ceci met à l'honneur la crainte du Seigneur, comme en un point d'orgue, prolongé en vie (voir aussi Si 37,26). Cette crainte est liée au fait d'avoir médité les sentences pleines de sagesse

---

237. Voir Haspecker, *Gottesfurcht bei Jesus Sirach*, 89–93.
238. Voir Lévi, *L'Ecclésiastique ou la Sagesse de Jésus*, 2.217.
239. Voir Haspecker, *Gottesfurcht bei Jesus Sirach*, 75.

(et ayant comme fondement la crainte du Seigneur) enseignées par le maître Ben Sira ; leur application permet à l'élève de devenir sage à son tour (vv. 27–29). GII y revient dans les deux stiques ajoutés sur la sagesse qui est donnée aux pieux, reliant σοφία à εὐσέβεια. Le stique final de GII est une finale de prière (Εὐλογητός κύριος εἰς τὸν αἰῶνα. Γένοιτο, γένοιτο.), peut-être pour arrondir en quelque sorte les supplications précédentes. Les deux derniers stiques de Si 50GII sont attestés dans la recension lucianique *L* et quelques minuscules, le troisième stique (29c) est repris en plus dans la Syrohexaplaire. Si 50,29c (GII) reprend, en inclusion, exactement 43,33bG (43,37b*La*), le dernier stique avant « l'éloge des Pères ». Si 50,29dGII est une reprise du Ps 88(89),53 que nous trouvons partiellement à la fin du livre de Ben Sira dans les versions H (51,30c^B) et Syr (51,30c).[240]

2.1.3. Conclusions intermédiaires

Nous constatons que pour beaucoup de références à la crainte de Dieu dans le Siracide, le texte hébreu manque, surtout pour les textes contenant une concentration de ce terme, à savoir les deux premiers chapitres et le chapitre 17, ainsi que d'autres textes encore. Dans ces cas, la question de la *Vorlage* peut se poser, mais nous nous intéressons davantage aux textes disponibles dans leurs versions, et aux éventuelles différences majeures ou accents particuliers. Nous y reviendrons.

Derousseaux considère que « Ben Sira a une doctrine neuve et riche de la crainte du Seigneur » qui dépasse le sens purement nomiste de Becker par une « relation personnelle de confiance et d'amour avec le Seigneur ».[241] Nous le constatons en 2,7-9 (avec la triple mention de l'adresse directe à la deuxième personne du pluriel « vous qui craignez le Seigneur ») ; en 2,10 (basée sur une relation de confiance, avec trois questions commençant par « qui », destinées à faire ressortir par la négative les bienfaits qui attendent les « craignant-le-Seigneur ») ; en 2,15-16 (la crainte de Dieu va ici de pair avec l'amour de Dieu et la fidélité à sa Loi) ; en 2,17-18, ainsi qu'en 31(34),16 (confiance et espérance dans le Seigneur ; v. 15 dans l'édition de Rahlfs). La crainte de Dieu est présentée comme le garant de vie, de bonheur et de prospérité (Si 1,11-13 ; 31[34],14-17 ; 40,26-27). En Si 31(34),14-17 (absent en H), la crainte de Dieu est même liée à une espérance dans le salut.

---

240. Voir Ziegler, *Sapientia Iesu Filii Sirach*, 362 ; Bussino, *The Greek Additions*, 406-7.

241. Derousseaux, *La crainte de Dieu*, 349-50.

Dans le cadre de la crainte du Seigneur, nous trouvons des mises en garde (2,1Syr : il faut se préparer à l'épreuve ; 2,17bSyr ; 23,27.31*La*), des exhortations, des conseils, des adresses instantes (« vous qui... » avec l'impératif en 2,7.8.9), des promesses d'obtenir tout ce que l'on peut espérer, même le salut (31[34],15). Pinhas (45,23G) est cité comme modèle du craignant-Dieu ; les rois de Juda – à l'exception de David, d'Ézéchias et de Josias – représentent des anti-modèles (49,6*La*).

La valeur suprême ou la « supériorité » de la crainte du Seigneur est soulignée à plusieurs endroits, surtout dans la version syriaque ; elle dépasse non seulement la sagesse, mais toute chose (10,24H^A, G ; 10,27*La* ; 25,10b.11G ; 25,6b.11.12dSyr ; 25,8b.13b-15*La* ; 40,26bcd.27H^B, G ; 40,26b cdeg.27Syr ; 40,26b.27*La* ; 50,28cSyr). La crainte de Dieu procure l'honneur ou mérite la fierté dans le bon sens du terme. Si 25,6 affirme que les personnes âgées sont honorées par leur grande expérience, mais leur fierté réside dans la crainte du Seigneur (voir aussi Si 10,22).

La crainte de Dieu dans le livre de Ben Sira peut être associée à plusieurs autres notions ou domaines : le plus souvent à la sagesse ou à la Loi (l'observance des commandements) ou aux deux (réunion des trois termes crainte – sagesse – Loi), les domaines moral, social et religieux, l'amour, l'honneur, l'inclusion ou l'exclusion, la disposition intérieure, l'espoir, la liberté du choix, la question de la transmission intergénérationnelle (10,19 ; 16,2H^A, G, [16,1*La*]), la question de la rétribution. Ceci montre que la notion de « crainte de Dieu » est complexe et que son sens dépend des diverses associations. Elle ne peut donc être examinée de façon isolée, ni être considérée comme « le » thème majeur dans le livre de Ben Sira. Même si à maintes reprises, elle est présentée comme un bien supérieur, elle reste liée à d'autres « biens ». La crainte de Dieu peut fonctionner comme un moyen pour acquérir autre chose (souvent la sagesse). Elle peut être combinée à l'amour pour obéir aux injonctions du Seigneur, ou devenir concrète dans la pratique des commandements. Mais la crainte du Seigneur n'est pas considérée pour elle-même, ce qui n'enlève rien à sa valeur.

2.1.3.1. Crainte de Dieu et sagesse

Le lien entre ces deux thèmes est déjà présent dès le premier chapitre qui donne pour ainsi dire le programme du message sapientiel de Ben Sira (1,14a.16a.18a.20a.27aG ; 1,14a.16a.18aSyr ; 1,16a.20a.22a.25a34a*La*). Syr seul atteste à ceux qui craignent le Seigneur (G et *La* : « ceux qui l'aiment ») que la sagesse leur sera accordée en abondance (Si 1,10b). La crainte de Dieu représente à la fois la base et le couronnement de la sagesse (1,14.16.18.20). De même, à la fin du livre, la crainte de Dieu constitue l'assise de tout l'enseignement sapientiel de Ben Sira (50,29abG dans l'édition de Ziegler), et GII ajoute qu'aux pieux (εὐσεβέσιν), Dieu a donné la sagesse (50,29cGII et La). Nous avions déjà fait remarquer que ce stique forme une inclusion avec 43,33bG, juste avant l'éloge des Pères.

À plusieurs reprises, les mêmes assertions sont faites au sujet de la crainte de Dieu et de la sagesse, notamment concernant l'origine divine de la crainte (1,16bLa) et de la sagesse (1,1 ; 1,14bG, Syr). La crainte est un don de Dieu (1,12cGII), tout comme « l'une et l'autre », crainte et sagesse, ont été données par lui (23bLa). Crainte de Dieu et sagesse procurent la joie (εὐφροσύνη ; 1,11.12 ; 2,9 et 6,28 ; 15,6) et une « couronne d'allégresse » (στέφανος ἀγαλλιάματος ; 1,11 ; 6,31 ; 15,6).

Si 2,3Syr conseille de s'attacher à la crainte de Dieu pour devenir sage. Ceci semble être un long processus (« pour être sage à ta fin »), faisant allusion aux épreuves que rencontrera celui qui veut « s'approcher de la crainte de Dieu » (2,1Syr). De même en Si 14,7H[A], G, Syr la sagesse soumet l'homme à des épreuves pour tester sa fidélité et pour l'aider à progresser sur la voie de la sagesse (voir aussi 6,21G ; 6,22La). Cette sagesse ne s'acquiert pas du jour au lendemain, mais par l'instruction, la discipline dès le plus jeune âge jusqu'à l'âge avancé (6,18G, Syr, La).[242] La comparaison avec le travail dans le monde de l'agriculture au verset suivant met en avant à la fois l'effort à assumer par le laboureur et la patience du semeur qui doit attendre les fruits de son travail. Les bons résultats semblent garantis (6,19G ; Syr ; 6,19–20La). Comme celui qui cherche la sagesse doit se soumettre à l'instruction, celle-ci (παιδεία, doctrina) doit également être accueillie favorablement par celui qui craint le Seigneur (Si 32,14aG ; 32,18La).

L'ajout 19,18GII associe la crainte et la sagesse comme facteurs indispensables pour une bonne relation au Seigneur (voir aussi 10,21aGII) ; la sagesse dépasse la crainte en ce sens qu'elle assure l'« affection » du Seigneur. Si 19,20aG, Syr (18bcLa) met sur le même pied la crainte du Seigneur et la sagesse, soulignant leur lien intrinsèque. Les traductions G et La englobent même « toute sagesse » dans la crainte de Dieu, lui

---

242. Voir Nuria Calduch-Benages, « A Wordplay on the Term *mûsar* (Sir 6:22) », dans *Weisheit als Lebensgrundlage. Festschrift für Friedrich V. Reiterer zum 65. Geburtstag*, éd. Renate Egger-Wenzel, Karin Schöpflin, et Johannes Friedrich Diehl, DCLS 15 (Berlin : de Gruyter, 2013), 13–26, ici 14–15.

donnant ainsi encore davantage de poids. Nous avons ici déjà l'idée que toute sagesse se trouve dans la Loi (voir Si 24,23), exprimée clairement en 19,20bG(18dLa).

Si 21,11bG(13La) présente la sagesse comme accomplissement ou aboutissement de la crainte de Dieu. Ceci peut être compris de plusieurs manières : que la sagesse représente le but ultime à atteindre ou encore qu'elle est le fruit recueilli par celui qui craint le Seigneur. Dans les deux cas, la sagesse à rechercher est celle qui résulte de la crainte de Dieu. Le conseil à en tirer est que celui qui recherche la vraie sagesse, a intérêt à vivre dans la crainte du Seigneur, ainsi que dans l'observance de la Loi (voir 21,11aG).

Le traducteur syriaque de 32,16(20)Syr relie explicitement la crainte de Dieu à la sagesse, contrairement aux autres versions. Implicitement, le troisième terme de « Loi » y est également associé par les « jugements » (32,16H parle de droit ; 35[32],16G ; 32,20La parlent de jugement) de Dieu. Ceux qui craignent Dieu trouveront une certaine sagesse dans ses jugements ou ses décisions, donc dans sa volonté.

Si 25,10G affirme que la crainte de Dieu dépasse la sagesse. Elle dépasse même tout (25,11G, Syr ; 25,14La) parce qu'elle introduit à l'amour du Seigneur, le premier commandement, et qu'elle en est une composante essentielle (25,12GII).

2.1.3.2. Crainte de Dieu et amour

Comme la sagesse (1,1-10), la crainte de Dieu vient de Dieu (Si 1,12cGII) qui, selon le deuxième stique ajouté, prépare également le chemin vers l'amour (1,12dGII). Dieu, en tant que donateur (φόβος κυρίου δόσις παρὰ κυρίου), fait le lien entre les deux termes. Ici, crainte et amour sont donc reliés par leur origine commune, Dieu. Celui-ci figure ici comme auteur et pas comme objet de la crainte et de l'amour.

Si 2,10aLa seul invite à craindre et à aimer le Seigneur, suite aux invitations à croire et à espérer en Lui (2,8a.9a), introduisant ainsi, parallèlement à la crainte de Dieu la foi, l'espérance et l'amour. Ceci pourrait indiquer une « main chrétienne » en 2,10.

Les notions de « crainte » et d'« amour » du Seigneur sont mises en parallèle en Si 2,15.16G, Syr ; 2,18.19La ; 25,12aG, Syr(16aLa). S'agit-il de synonymes, comme en Dt ? Si 2,18.19La suit 2,15.16G. Le texte syriaque se dénote ici des deux autres versions par le choix des verbes ayant comme complément « son discours » (2,15a), « sa volonté » (2,16a) et « sa Loi »

2. La crainte de Dieu, la sagesse et la Loi   221

(2,16). « Ne pas détester » en 2,15a s'approche d'« aimer » en 2,15b, de sorte que nous avons en 2,15Syr une construction qui, considérée comme un chiasme, pourrait mettre sur un même pied « craindre le Seigneur » et « observer ses chemins » ainsi que « ne pas détester son discours » et « l'aimer ». En Si 2,16abSyr, le choix des verbes « penser à » (au lieu de « chercher ») dans le sens de « réfléchir à » (16a), et « étudier » au lieu de « être rempli de » (16b) font de ce verset un parallélisme synonymique (être « rempli » ou « comblé » par la Loi [2,16bG ; 2,18bLa] engage l'être entier), de sorte que la traduction syriaque semble être une adaptation faisant ressortir, davantage que G et La, une équation entre la crainte du Seigneur et l'observance de ses « chemins » (c'est-à-dire de sa Loi) en 2,15Syr, et une équation entre la crainte et l'amour du Seigneur, plus évidente en raison de l'arrangement d'un parallélisme synonymique en 2,16Syr. Nous pouvons ainsi constater que, dans le Siracide, crainte et amour du Seigneur sont importants, sans pour autant trouver une équivalence avec la terminologie deutéronomiste dans le cadre d'un contrat de vassalité. Si 2,15b.16bG, Syr ; 2,18b.19bLa semblent indiquer que ceux qui aiment le Seigneur cherchent à mieux le connaître, à s'imprégner de sa Loi et à la mettre en pratique. Les stiques *b* de ces versets expliquent en quelque sorte les stiques *a*, c'est-à-dire comment ceux qui craignent le Seigneur peuvent faire en sorte que sa Parole ne reste pas lettre morte et par quel moyen ils trouvent son bon plaisir.

Haspecker fait remarquer que dans la partie didactique de son livre (chapitres 1-42, dans la version grecque), l'amour du Seigneur se trouve toujours en parallèle avec la crainte (Si 47,8 fait exception par la seule mention de l'amour du Seigneur) ; l'amour vient généralement en second lieu (comme en Si 2), et serait une variante parfois explicative de la crainte. Il note cependant aussi que les équations entre la crainte et l'amour de Dieu par les parallélismes valent uniquement pour la version GI et ne concernent pas les additions.[243]

Si 7,29aG n'a pas le verbe « craindre », mais « révérer », qui a ici sans doute une acception cultuelle, exprimant le respect souhaité vis-à-vis des serviteurs du culte (ἐν ὅλῃ ψυχῇ σου εὐλαβοῦ τὸν κύριον ; 7,29aH^A emploie le verbe פחד). Si 7,29aSyr emploie l'expression « de tout ton cœur », et 7,31aLa enjoint de craindre le Seigneur « de toute ton âme », et 7,30H^A,G

---

243. Haspecker, *Gottesfurcht bei Jesus Sirach*, 286; voir aussi 281-312: « Gottesfurcht und Gottesliebe » (chap. 3).

(32*La*) ajoute qu'il faut aimer son Créateur « de toute [sa] force ». Nous connaissons ces trois expressions par Dt 6,5. Les versions syriaque et latine du Siracide font référence à Dt 6,5, mais en liant l'engagement total de la personne à la crainte, et pas (explicitement) à l'amour du Seigneur. S'agit-il d'une transposition du premier commandement dans un milieu qui ne connaît plus la Torah ? C'est bien possible. Dans le texte grec (7,30.31), l'amour précède la crainte (avec le verbe φοβέομαι au v. 31) ; c'est l'inverse dans la traduction latine (7,31.32). Ceci est dû au choix de traduire εὐλαβοῦ par *time* ; et φοβοῦ est traduit par *honora*. Étant donné que les autres versions ont d'autres verbes à cet endroit (« honorer » en H et *La*, « louer » en Syr), c'est uniquement dans la version grecque que la crainte de Dieu est liée à une prescription, celle de donner aux prêtres la part qui leur revient (voir Si 7,31G ci-dessus).

En 24,18a GII(24*La*), la Sagesse réunit l'amour « parfait » et la crainte en proclamant qu'elle est leur mère. Nous pouvons le comprendre dans ce sens que la Sagesse inspire la crainte et l'amour noble ou parfait qui se traduit par l'observance des commandements. Sous cette acception, crainte et amour sont complémentaires.

Si 25,12aGII, Syr(16a*La*) assimile la crainte et l'amour de Dieu. La notion de « crainte » constitue le fondement de la relation du fidèle à Dieu ; elle l'introduit à l'amour de Dieu, et donc au premier des commandements. En ce sens, nous pouvons comprendre la primauté de la crainte de Dieu qui dépasse tout (25,11G, Syr ; 25,14*La*).

Si 34,15b.19a*La* mettent en parallèle ceux qui aiment et ceux qui craignent le Seigneur au moyen d'une formulation similaire : les yeux de Dieu (15b) ou du Seigneur sont sur eux (19a ; G a ici « ceux qui aiment le Seigneur », et Syr : « les yeux du Seigneur sont sur tous ses serviteurs » ; voir aussi 15,19G ; 15,20*La*). Plus que les autres versions, *La* réunit ici clairement ceux qui craignent le Seigneur et ceux qui l'aiment par ce qu'ils ont en commun : les uns et les autres sont l'objet de la sollicitude particulière de Dieu. Par ailleurs, Si 31(34),14.16a.17.19aG ;[244] 34,14a.15b.16a.17.19a*La* relient également ceux qui craignent à ceux qui aiment le Seigneur, lui qui est leur espoir et leur soutien. Si 31(34),18 a une fonction de verset-crochet entre les deux groupes ciblés.

---

244. Dans l'édition de Ziegler.

2.1.3.3. Crainte de Dieu et Loi

Dans le Siracide, le péché représente le contraire de la crainte de Dieu, ce qui signifie que vivre dans la crainte de Dieu consiste à suivre sa volonté, et donc ses commandements (voir Si 1,21bGII ; 1,25G ; 1,27*La* ; voir aussi 15,13H^{AB}, G, *La* ; 26,28Syr ; 27,1Syr ; 49,4-6*La* ; 41H^{BM}, G ; 41,11*La*). Ceux qui craignent le Seigneur chercheront à l'obéir, à garder ses commandements (2,21a*La*), à suivre ses paroles ou ses voies par amour pour lui (2,15.16G, Syr ; 2,18.19.21*La*) et dans la perspective de sa venue (2,21*La*). Ici, la crainte et la Loi sont reliées au moyen de l'amour du Seigneur. De même, au sein de la race humaine, ceux qui craignent le Seigneur et ne transgressent pas ses commandements sont honorés ou honorables (10,19bdG ; 10,19bceSyr ; 10,23*La*). Et toute chose abominable (15,13G ; « de l'égarement », 15,13*La* ; « le mal et l'abomination », 15,13H^A), c'est-à-dire tout ce qui est contraire aux commandements, n'est pas agréé par ceux qui craignent le Seigneur. Dans un parallélisme antithétique, la vie dans la crainte de Dieu est associée à une vie selon la Loi (26,23GII, Syr ; voir aussi Si 16,1.2Syr ; 16,1.2H^A, G ; 16,1*La*). Pour trouver les bons conseils et continuer à vivre dans la bonne voie, Si 37,12H^{BD} (G) conseille de consulter un homme craignant Dieu et gardant les commandements. Si 37,12H, G (37,15*La*) présente l'homme « dans la crainte » comme quelqu'un de fiable, intègre (« pieux » en G, « saint » en *La*), droit devant les hommes et devant Dieu par l'observance de ses commandements. La crainte (de Dieu) dépasse l'acception morale en prenant comme orientation la Loi divine. Pinhas (45,23G) est l'exemple de cet homme décrit en 37,12(15), zélé dans la crainte et intègre. 45,28*La* est plus bref, mentionnant uniquement la gloire qu'il a méritée en raison de sa crainte de Dieu. Si 49,6*La* associe la crainte de Dieu au respect de la Loi, en disant que les rois de Juda – à l'exception de David, d'Ézéchias et de Josias – ont « méprisé la crainte de Dieu », car ils ont péché et abandonné la Loi (vv. 5-6).

Les références à la Loi sont souvent généralisées dans le Siracide (9,15 ; 38,34 ; 41,8 ; 42,2 ; 44,20 ; 49,4). Nous trouvons rarement des allusions à des prescriptions concrètes. Il existe cependant quelques exemples. Si 3,7GII (3,8*La*) et 7,31G, *La* (7,29Syr) évoquent des prescriptions ou commandements du code de la Loi ; ceux-ci sont liés à la crainte du Seigneur et indiquent comment cette dernière peut prendre des contours concrets. Honorer son père (3,7GII ; 3,8Syr) ou ses parents (3,8*La*) semble aller de soi pour celui qui craint le Seigneur. Ce commandement est suivi d'indications pour la mise en pratique. Si 7,31G, *La* (7,29Syr) conseille d'accorder au prêtre son dû selon la Loi. Notons aussi les expressions « de tout ton cœur » en Si 7,27G et 7,29Syr, « de toute ton âme » en Si 7,29G et 7,31*La*, « de toute ta force » en Si 7,30G, rappelant Dt 6,5.6. Nous trouvons également plusieurs allusions à des commandements concrets au cours du chapitre 23 (voir sous 23,27bcG ; 23,27cdSyr ; 23,37ab*La*). Dans un parallélisme synonymique, les deux derniers stiques du chapitre 23 (Si 23,27bcGI,[245] Syr ; 23,37*La*) soulignent en conclusion l'intérêt de craindre Dieu et de garder ses commandements. Ce parallélisme suggère un lien évident entre la crainte de Dieu et l'observance des commandements.

Des formulations allusives à la Loi (« les chemins du Seigneur ») peuvent également être associées à la crainte du Seigneur, comme en Si 9,15Syr (ou αἱ ὁδοὶ αὐτοῦ en 2,15 ; 16,20 ; 39,24). L'expression « ses voies » peut également être attribuée à la sagesse (6,26; 14,21) ; nous avons des allusions à Dt 6,5 en Si 6,26 (ἐν πάσῃ ψυχῇ σου πρόσελθε αὐτῇ καὶ ἐν ὅλῃ δυνάμει σου συντήρησον τὰς ὁδοὺς αὐτῆς).

2.1.3.4. La question de la rétribution ou les conséquences d'une vie dans la crainte de Dieu

À plusieurs reprises, les récompenses ou les bienfaits accordés à ceux qui craignent le Seigneur sont évoqués, tout comme le contraire pour ceux qui ne vivent pas dans cette crainte. La promesse d'une vie longue (1,12bG, *La*), ce qui est dit également de la sagesse (1,20bG), ainsi que l'assurance d'une bonne fin de vie, sont données dès le premier chapitre (1,13abG, Syr, *La* ; 1,19ab*La*). Le craignant-Dieu éprouvera une joie débordante (1,11b.12G, *La* ; 1,12Syr) et il pourra compter sur la miséricorde, la récompense du Seigneur et la « joie éternelle » (2,7.8.9G, Syr), ou encore sur le « salut » (en 2,9bSyr ; voir aussi 2,9cGII où il est question d'un « don éternel »). En *La*, plus clairement que dans les autres versions, ces dons sont promis à ceux qui craignent le Seigneur par leur foi, leur espérance et leur amour (2,8.9.10*La*). En Si 11,17a, seule la version syriaque affirme que le don du Seigneur restera auprès de ceux qui le craignent. Plutôt que de soupçonner des idées eudémonistes, nous voyons dans ces exemples de conséquences bénéfiques de la crainte de Dieu des renvois au Deutéronome avec les promesses de bonheur, de longue vie et de prospérité (voir Dt 6,2-3.18.24 ; 10,13 ; 11,27). Contrairement au Deutéronome, le Siracide n'évoque plus

---

245. Dans l'édition de Rahlfs.

la promesse de vivre longtemps sur la terre que le Seigneur donne (voir Dt 4,40 ; 5,16 – comparer à Si 3,6) ou de pouvoir prendre possession de cette terre (voir Dt 5,31 ; 6,18.23).

La crainte de Dieu aura des répercussions positives sur les relations à autrui (28,8*La*). Une relation loyale envers Dieu par la crainte se reflètera dans les relations humaines ou plus précisément dans les relations d'amitié (6,16.17). Nous trouvons des exemples contraires comme des mises en garde en 26,28fSyr, en 27,3G(23,4*La*) et en 28,23aSyr (28,22G parle des « pieux » et 28,26*La* des « justes »).

2.1.3.5. Honneur, gloire

La crainte du Seigneur représente honneur et gloire devant le Seigneur (1,11aG, Syr, *La*) ; celui qui le craint est ennobli dans sa relation à Dieu (voir aussi 9,16b[22b*La*] ; Si 10,20.22.24H^{AB} ; 10,19.20.21(GII).22.24G ; 10,19.20.22Syr ; 10,23.24.25.27.33*La*), contrairement à celui qui n'approche pas la crainte de Dieu – et donc Dieu lui-même – avec les bonnes dispositions intérieures (1,30bG). Selon 10,5bSyr, ceux qui craignent le Seigneur peuvent espérer partager sa gloire. La crainte de Dieu dépasse tout (25,6.10.11G ; 25,6.11Syr ; 25,8.13.14.15*La* ; voir aussi Si 40,26–27H^B, G, Syr ; 25,26–28*La*).

2.1.3.6. Valeur morale et religieuse

La crainte de Dieu recouvre une valeur morale et religieuse et est accessible aux « fidèles » (1,14Syr) et aux « justes » (1,16*La*). Dans un stique ajouté, 2,1b*La* conseille au jeune de persévérer « dans la justice et la crainte ». Pour persévérer, celui qui craint Dieu est invité à chercher la compagnie de personnes justes et droites qui partagent les mêmes valeurs (9,15.16[21–23*La*] ; voir aussi 26,3H^C, G, Syr, *La* ; 26,23.25GII, Syr).

L'opposé de la crainte de Dieu est le péché (1,21bGII ; 1,27*La* ; voir aussi 15,13H^{AB}, G, *La* ; 26,28Syr ; 27,1Syr). Elle semble avoir une valeur expiatoire (voir 1,21bGII ; 1,28b*La*). Celui qui craint le Seigneur déteste toute abomination (15,13G, *La*). L'opposé du craignant-Dieu est l'impie ; les actions de l'un et de l'autre peuvent avoir des répercussions bénéfiques ou désastreuses ; le parallélisme antithétique de 16,4bSyr l'exprime d'une façon catégorique (voir aussi 16,3b*La*). Pinhas est cité comme modèle de l'intégrité et du zèle dans la crainte du Seigneur (45,23G).

2.1.3.7. La disposition intérieure

La docilité, la fidélité intérieure, l'intégrité ou la droiture devant Dieu et devant les hommes, l'humilité sont les attitudes appropriées d'un craignant-Dieu (voir entre autres Si 1,28ab.30a–fG ; 1,27.29.30Syr ; 1,36.40*La* ; 2,17bG) ; dans un des versets ajoutés après 1,20 (*10ab[uv]), Syr insiste sur la recherche profonde d'une vie dans la crainte du Seigneur : « Aime la crainte du Seigneur, que ton cœur s'attache à elle, et tu ne craindras pas »). Si 1,30dSyr met en garde contre une exclusion de l'assemblée (voir aussi l'allusion à l'exclusion en 10,21GII).

Comme nous l'avons mentionné ci-dessus, *La* relève les trois vertus théologales en lien avec la crainte de Dieu (voir aussi 2,6G, Syr, *La*). Selon les versions, le jeune qui craint le Seigneur (2,1Syr) ou qui veut le servir (2,1G, *La*) est mis en garde, car il doit se préparer à l'épreuve. Une préparation du cœur s'impose (2,17G, Syr ; 2,20*La*).

2.1.3.8. Accents particuliers dans les versions syriaque et latine

Plusieurs ajouts ou divergences dans la version syriaque concernent la crainte du Seigneur, la mettant particulièrement en valeur (1,10b. 20*7[o].*10ab[uv].29a.30ae ; 2,1a ; 6,37a ; 9,15a ; 10,5b ; 17,8c ; 21,11b ; 50,28c). Nous y trouvons des incitations à aimer cette crainte (1,20* 10a[u].30a) et à s'attacher à elle (1,20*10b[v] ; 2,3a ; 25,12c ; 40,26efg.27ab ; 50,28d ; voir aussi 19,18c*La*), car « il n'y a rien de semblable à elle » (25,12d ; 40,26g). Le lien entre la crainte et la sagesse est quelquefois plus prononcé (1,10b ; 2,3a ; 32,16[20] ; 39,1 où nous trouvons l'expression « Loi de la vie » – comme en 17,11 et 45,5).

Nous trouvons l'expression « vie éternelle » dans la version syriaque, la première occurrence étant liée à la crainte du Seigneur, alors que la deuxième se réfère à la sagesse (1,12b.20 ; voir aussi 1,20*3[gh].*8[qr].*9st). La notion de « salut » est présente dans les textes latin et syriaque (1,22b*La* ; 2,9Syr[246]). Si 10,5bSyr associe la crainte du Seigneur à l'espoir de pouvoir partager sa gloire. À partir des textes considérés, nous constatons que c'est

---

246. Si 2,9G : « Vous qui craignez le Seigneur, espérez en de bonnes choses, et en une joie éternelle et la miséricorde ». Si 2,9Syr : « Vous qui craignez le Seigneur, espérez en sa bonté, en joie éternelle et salut ». Si 2,9*La* : « Vous qui craignez Dieu, espérez en lui, et la miséricorde viendra à vous dans la délectation ».

2. La crainte de Dieu, la sagesse et la Loi

dans la version syriaque que transparaît le plus clairement la perspective d'une vie dans l'au-delà, ce que nous attribuons à un rédacteur chrétien.

La notion de « justice », en lien avec une des trois notions (crainte, sagesse, Loi) est davantage présente dans la version latine (1,16d.33a ; 2,1b ;[247] 15,1b ; 32,20a), sans pour autant être absente de la version syriaque. Le « pécheur » en 21,6aG (21,7a*La*) devient « un homme injuste » en 21,6aSyr ; en Syr et *La*, les « justes » ont été substitués aux « pieux » en 28,22G. Celui qui ne vit pas dans la crainte ne pourra pas être « justifié » (1,28a*La*). À côté de l'injonction de craindre Dieu se trouvent des injonctions à croire et à espérer en lui, et à l'aimer (2,8a.9a.10a). Dans l'éducation religieuse, foi, espoir et amour sont ajoutés à la crainte de Dieu ; dans un environnement christianisé, les vertus théologales viennent s'ajouter à la crainte de Dieu qui n'est peut-être plus assez parlante.

---

[247]. Si 2,1*La* seul invite à persévérer dans la justice et dans la crainte. De même, Si 2,6*La* seul conseille de conserver cette crainte jusqu'à la vieillesse (il s'agit probablement d'un ajout).

3
Quel est le lien entre la crainte de Dieu, la sagesse et la Loi en Si 1 et Si 24 ?

Par l'analyse de Si 10,19-11,6, nous avons constaté que la crainte de Dieu en lien avec la pratique de la Loi joue un rôle primordial, bien que cette dernière soit moins mise en évidence. La sagesse y joue également un rôle non négligeable. Comme la crainte de Dieu, la sagesse sous toutes ses facettes élève tout être humain.

À partir de ces données, nous avons choisi deux chapitres qui nous apparaissent importants pour mieux saisir ce que le Siracide entend par « sagesse », « crainte de Dieu » et « Loi ». Les chapitres 1 et 24 sont en effet des textes-clés pour aborder ces thèmes. Par ailleurs, leur place dans le livre n'est pas anodine : le chapitre premier est la porte d'entrée (mis à part le prologue dans la version grecque) du message du Siracide, et le chapitre 24, au milieu du livre, exerce une fonction de pivot. À partir de ces chapitres essentiellement, nous essaierons d'approcher davantage les énoncés du Siracide à propos de ces trois notions, le rapport entre elles, cherchant à déployer par là ce qu'on pourrait appeler sa théologie sapientielle.

Certains chercheurs (von Rad, Marböck[1]) prétendent que la sagesse est le sujet de prédilection de Ben Sira, tandis que d'autres affirment que la crainte de Dieu est le thème fondamental de son livre (Haspecker[2]). Peut-être n'y a-t-il pas lieu de faire valoir un thème plutôt qu'un autre. Nous poserons les questions suivantes : y a-t-il une simple juxtaposition des trois thèmes « crainte de Dieu, sagesse, Loi » sans lien apparent entre eux ? Pouvons-nous déceler des différences au niveau de leur importance respective ou s'agit-il finalement d'une même attitude ? Nous nous penchons d'abord sur des textes fondamentaux pour pénétrer davantage dans la théologie

---

1. Voir von Rad, *Weisheit in Israel*, 331; Marböck, *Weisheit im Wandel*, 15-16.
2. Haspecker, *Gottesfurcht bei Jesus Sirach*, 198; voir aussi Becker, « Überblick über den Begriff », 276-80.

sapientielle du Siracide, à savoir Si 1,1-10 et Si 24 pour la sagesse et la Loi, et Si 1,11-30 pour les énoncés à propos de la crainte du Seigneur (et de la sagesse). Ces deux chapitres 1 et 24 sont également particulièrement intéressants pour les associations qu'on y trouve entre les thèmes mentionnés.

3.1. Si 1,1-30 (G)

La première partie du livre (Si 1,1-4,10), qui assimile la sagesse à la crainte de Dieu, illustre comment cette crainte se traduit. Si 1,1-10 peut être considéré comme une introduction poétique à ce livre sapientiel où la sagesse entre en scène dès le début. Si 1,11-30 relie les deux thèmes majeurs : la sagesse et la crainte du Seigneur. Les chapitres suivants (2-4,10) montrent en quoi consiste concrètement la crainte du Seigneur, quelles attitudes intérieures elle requiert : mettre sa confiance et son espoir en Dieu, dans une obéissance humble à ses paroles (2,1-18) ; honorer père et mère (une des rares références à un commandement précis dans ce livre : 3,1-16) ; l'humilité (3,17-24) ; un cœur disposé à vivre selon les préceptes, avec une attention particulière aux pauvres, aux opprimés, aux veuves et aux orphelins (4,1-10 ; voir aussi 32[35],16-19 ; Dt 24,17-22 ; Lv 19,9-10 ; 23,22 ; Jb 29,11-12 ; 31,16-22).

Pour le premier chapitre du Siracide (G), nous proposons la structure suivante :

I.   1:1-10 : Hymne à la sagesse
II. 1:11-30 : La crainte de Dieu est sagesse
   A. 1:11-21 : Importance de la crainte de Dieu
       11-13 : la crainte du Seigneur et les bienfaits qu'elle procure
       14-20 : la crainte du Seigneur est sagesse
       21 : les effets de la crainte du Seigneur
   B. 1:22-30 : Leçon de sagesse
       22-24 : les comportements d'un sage
       25-27 : conseils ; maximes et injonction positives
       28-30 : conseils ; injonctions négatives

Si 1 et Si 24 ne nous sont accessibles qu'en grec, en syriaque et en latin.[3] À

---

3. Mais voir aussi ci-dessus, sous 1,20Syr, ainsi que Smend, *Die Weisheit des Jesus Sirach. Erklärt*, 14 ; Eric D. Reymond, « New Hebrew Text of Ben Sira Chapter 1 », 83-98, particulièrement 90-98; Karner, « Ben Sira MS A », 177-203.

partir d'ici, notre étude porte essentiellement sur les textes grecs du Siracide. Nous nous basons sur la version grecque de l'édition de Ziegler.[4]

Si 1,1-10 et Si 24, tous deux des hymnes ou poèmes, sont les textes de référence dédiés à la sagesse dans le Siracide. Dans la Septante de Rahlfs, Si 1,1-10 est composé de deux strophes de quatre distiques (GI) ; l'édition de Ziegler ayant intégré les ajouts secondaires (GII), compte trois distiques supplémentaires : les vv. 5.7.10cd.

3.1.1. Si 1,1-10

¹ πᾶσα σοφία παρὰ κυρίου
καὶ μετ' αὐτοῦ ἐστιν εἰς τὸν αἰῶνα
² ἄμμον θαλασσῶν καὶ σταγόνας ὑετοῦ
καὶ ἡμέρας αἰῶνος τίς ἐξαριθμήσει

³ ὕψος οὐρανοῦ καὶ πλάτος γῆς

καὶ ἄβυσσον καὶ σοφίαν τίς ἐξιχνιάσει
⁴ προτέρα πάντων ἔκτισται σοφία

καὶ σύνεσις φρονήσεως ἐξ αἰῶνος

⁵ πηγὴ σοφίας λόγος θεοῦ ἐν ὑψίστοις
καὶ αἱ πορεῖαι αὐτῆς ἐντολαὶ αἰώνιοι
⁶ ῥίζα σοφίας τίνι ἀπεκαλύφθη

καὶ τὰ πανουργεύματα αὐτῆς τίς ἔγνω
⁷ ἐπιστήμη σοφίας τίνι ἐφανερώθη

¹ Toute sagesse vient du Seigneur
et elle est avec lui pour toujours.
² Le sable des mers et les gouttes de pluie
et les jours de l'éternité qui [les] dénombrera ?
³ La hauteur du ciel et la largeur de la terre
et l'abîme et la sagesse, qui les explorera ?
⁴ Avant toutes choses fut créée la sagesse
et l'intelligence de la prudence est de toute éternité.
⁵ *La source de la sagesse est la parole de Dieu dans les hauteurs*
et ses chemins, des commandements éternels.
⁶ La racine de la sagesse, à qui fut-elle révélée,
et ses exploits, qui les a connus ?
⁷ *La connaissance de la sagesse, à qui fut-elle révélée,*

---

4. Ziegler, *Sapientia Iesu Filii Sirach*, 128-32.

καὶ τὴν πολυπειρίαν αὐτῆς τίς συνῆκεν	et qui a compris sa riche expérience ?
⁸ εἷς ἐστιν σοφός φοβερὸς σφόδρα	⁸ Un seul est sage, extrêmement redoutable,
καθήμενος ἐπὶ τοῦ θρόνου αὐτοῦ	siégeant sur son trône.
⁹ κύριος αὐτὸς ἔκτισεν αὐτὴν	⁹ C'est le Seigneur qui l'a créée
καὶ εἶδεν καὶ ἐξηρίθμησεν αὐτὴν	et vue et dénombrée,
καὶ ἐξέχεεν αὐτὴν ἐπὶ πάντα τὰ ἔργα αὐτοῦ	et l'a déversée sur toutes ses œuvres,
¹⁰ μετὰ πάσης σαρκὸς κατὰ τὴν δόσιν αὐτοῦ	¹⁰ sur toute chair selon sa largesse,
καὶ ἐχορήγησεν αὐτὴν τοῖς ἀγαπῶσιν αὐτόν	et il l'a distribuée en abondance à ceux qui l'aiment.
ἀγάπησις κυρίου ἔνδοξος σοφία	L'amour du Seigneur est une sagesse glorieuse,
οἷς δ' ἂν ὀπτάνηται μερίζει αὐτην εἰς ὅρασιν αὐτοῦ	mais à ceux à qui il se fait voir, il la partage en guise d'apparition de lui-même.⁵

D'emblée, le texte souligne que « toute » sagesse vient du Seigneur, ce qui pourrait suggérer que toutes les autres sagesses sont incluses. L'expression εἰς τὸν αἰῶνα (v. 1) peut poser des problèmes de traduction : « depuis toujours » ou « pour toujours » ? Comme cette expression avec εἰς est plutôt tournée vers le futur, nous avons opté pour la deuxième variante (comme Sauer, Pietersma et Wright, contre Smend et Rickenbacher⁶), bien que les deux puissent certainement valoir ici. La traduction « éternellement » pourrait concilier les deux directions, vers le passé et vers l'avenir. Si 42,21 affirme que le Seigneur est « avant l'éternité et pour l'éternité », et toutes les œuvres du Seigneur semblent porter la marque de la créature primordiale qu'est la sagesse.

---

5. Voir aussi la traduction de Albert Pietersma et Benjamin G. Wright III, éds., *A New English Translation of the Septuagint and the Other Greek Translations Traditionally Included under That Title* (New York : Oxford University Press, 2007) : « but to whomever he appears, he apportions her as a vision of himself » (720).

6. Sauer, *Jesus Sirach/Ben Sira*, 42; Pietersma et Wright, *A New English Translation of the Septuagint*, 720; Smend, *Die Weisheit des Jesus Sirach. Erklärt*, 6; Rickenbacher, *Weisheitsperikopen bei Ben Sira*, 4 et 7.

2. Quel est le lien entre la crainte de Dieu, la sagesse et la Loi en Si 1 et 24?

La création dans son admirable richesse a un côté observable, expérimentable, accessible à l'homme, et un côté insondable. Le nombre des grains de sable des mers et des gouttes de pluie, ainsi que les notions de temps et d'éternité, font partie des mystères dont le Seigneur seul possède la clé (v. 2 ; voir aussi Gn 15,5). Ils témoignent de la sagesse divine qui dépasse tout ce qui est mesurable.[7]

La sagesse semble se fondre en quelque sorte dans la grandeur insondable du cosmos, et le Seigneur est le seul à la connaître (v. 3 : texte incertain ; Smend a traduit d'après La : *et profundum abyssi* ; voir aussi Si 24,5.29 ; Jb 38,16.18) : vv. 6.7 (implicitement).8.9ab (explicitement). Pour Smend, le texte grec de 1,3b ne peut correspondre au texte original, car la sagesse n'est pas à mettre au même rang que les autres œuvres. Pour lui, καὶ σοφίαν serait une correction ultérieure ; il préfère βάθος ἀβύσσου (« la profondeur de l'abîme » ; voir aussi Si 24,5).[8] Les *Sacra Parallela* attribués à Jean Damascène ajoutent ici un verset correspondant à La 1,3 (*sapientiam Dei praecedentem omnia quis investigavit* : « Qui a scruté la sagesse divine, antérieure à tout ? ») : σοφίαν κυρίου προηγούμενον πάντων τίς ἐξιχνιάσει.[9]

Si 1,4 présente la sagesse comme une créature primordiale. D'origine divine (v. 1), la sagesse n'a ni début (v. 4) ni fin (v. 1). Les deux stiques du v. 4 forment un chiasme : « avant toutes choses » correspond à « de toute éternité » ; « la sagesse » et « l'intelligence de la prudence » ou « l'intelligence prudente » font partie du même champ sémantique. Étant présentée comme primordiale et éternelle, elle n'est pourtant pas mise au même pied que le Seigneur puisqu'il est son créateur ; elle est une créature issue de Dieu (vv. 1 et 9). La sagesse n'est pas Dieu, même si quelquefois, elle est personnifiée, voire hypostasiée pour certains, comme en Si 24 ; Pr 8 ; 9,1–6.

Le v. 5 (GII) associe la sagesse et les commandements (voir aussi v. 26) qualifiés ici d'« éternels ». Peut-être l'auteur de ce verset voulait-il introduire déjà un lien avec Si 24,23 où « le livre de l'alliance du Dieu Très-Haut, la Loi que Moïse [...] a prescrite » et la sagesse sont associés, voire considérés comme identiques (voir sous Si 24). L'expression « commandements

---

7. Voir aussi Sauer, *Jesus Sirach/Ben Sira*, 44.

8. Smend, *Die Weisheit des Jesus Sirach. Erklärt*, 6; Marböck, *Weisheit im Wandel*, 19.

9. Cité d'après l'édition d'Otto Wahl, *Der Sirach-Text der Sacra Parallela*, Forschung zur Bibel 16 (Würzburg : Echter-Verlag, 1974). Voir aussi Auwers, *Concordance du Siracide*, 10.

éternels » est, selon Smend, d'origine juive.[10] L'adjectif αἰώνιος est absent en GI ; il revient en Si 2,9c (GII) à propos des récompenses assurées à ceux qui craignent le Seigneur.[11] Si 1,5 voit dans la parole de Dieu la source de la sagesse. L'expression λόγος θεοῦ ne se trouve qu'ici dans le Siracide, et date probablement d'une époque postérieure. Λόγος θεοῦ évoque le prologue de Jean (Jn 1,1), tout comme Si 1,1. Peut-être la « parole de Dieu » fait-elle ici référence à la Parole créatrice, et les « commandements éternels » évoquent le fonctionnement de l'univers selon des lois éternelles, fonctionnement dans lequel la Sagesse s'intègre (voir aussi Si 24 ci-dessous).

D'après Smend, il faudrait comprendre ῥίζα au v. 6 comme « l'essence ».[12] La « racine » de la sagesse peut signifier ici « l'origine » ou « la source » (déjà évoquée au v. 5 dans l'édition de Ziegler), tout comme « l'essence », car toutes ces significations font référence à l'être profond de la sagesse. La réponse aux questions rhétoriques des vv. 2.3.6 et 7 est toujours la même : le Seigneur. Le côté insondable de la sagesse (Si 1,6.7) est également exprimé à travers le questionnement de Job (28,12.20). La réponse donnée en Si 1,14.16.18.20 trouve en quelque sorte son apogée à la fin de Jb 28 (v. 28).

Si 1,6 et 42,18 sont les seules occurrences de τὰ πανουργεύματα (« exploits », « manœuvres ») : elles sont destinées à souligner que le Seigneur seul est sage ; il est le seul à connaître le fonctionnement de l'univers où se manifeste également la Sagesse divine.

Le v. 7 semble reprendre, avec d'autres mots, une partie du verset précédent.[13] Le substantif πολυπειρία (« grande expérience ») au v. 7 est assez rare dans l'Ancien Testament ; en dehors de Si 1,7 (GII), nous le trouvons en 25,6 à propos de la grande expérience des vieillards (voir ci-dessus), ainsi qu'en Sg 8,8. Dans le Siracide, ce vocable pourrait faire allusion au domaine de la sagesse pratique résultant de l'expérience du vécu. L'adjectif πολύπειρος en Sg 21,22 ; 34,9 a le même sens. Si 34,9-13 fait allusion à l'expérience gagnée au cours des voyages ; nous apprenons par la même occasion que Ben Sira lui-même a probablement beaucoup voyagé (voir Si 51,13). Son bagage sapientiel pourrait résulter pour une bonne part de ses découvertes faites au cours de ses déplacements.

---

10. Smend, *Die Weisheit des Jesus Sirach. Erklärt*, 8.
11. Bussino, *The Greek Additions in the Book of Ben Sira*, 28-29.
12. Smend, *Die Weisheit des Jesus Sirach. Erklärt*, 8.
13. Voir aussi Smend (*Die Weisheit des Jesus Sirach. Erklärt*, 8), pour qui le v. 5 semble être un ajout, et le v. 7 une doublette du v. 6.

2. Quel est le lien entre la crainte de Dieu, la sagesse et la Loi en Si 1 et 24 ?

Au v. 8, Rickenbacher conseille d'omettre le qualificatif « sage » pour le Seigneur. Il est absent dans le texte syriaque et dans la *Vetus Latina*. Par ailleurs, dans le texte grec, il y a vingt-cinq occurrences de σοφός ; vingt-quatre fois cet adjectif fait référence aux êtres humains, et seulement ici, il s'agirait de Dieu.[14] Pourtant, si un seul est sage, en l'occurrence le Seigneur, ceci contredirait le fait que le Siracide parle d'hommes sages, pouvant donc accéder à la sagesse. Il serait donc plus adéquat de parler du Seigneur comme maître de toute sagesse ; elle est auprès de lui (1,1), et il la partage avec toutes ses œuvres (v. 9). Rickenbacher a traduit 1,8a comme une réponse aux questions des vv. 6 et 7 : « Il n'y a qu'un seul, extrêmement redoutable ». Si 43,29 reprend la même image d'un Seigneur redoutable, excessivement grand et puissant. Le raisonnement de Rickenbacher évoqué ci-dessus est plausible, mais nous pourrions également comprendre la présence du qualificatif « sage » en Si 1,8 comme une explication (il peut s'agir d'un ajout) : il n'y en a qu'un seul d'une telle sagesse qu'il peut comprendre toute l'étendue de la sagesse (voir les questions des versets précédents, surtout au v. 3, et aussi l'influence de Jb 28). Le Seigneur est le seul à connaître toute l'étendue et les exploits de la sagesse. Si 1,8b présente le Seigneur comme un roi. Ce verset 8 donne une image assez hiératique de lui ; peut-être est-ce pour inspirer un certain respect. Si 42,18 allie, comme Si 1,7–8, la connaissance de Dieu et sa toute-puissance.

Si 1,9 relie l'acte de la création à une sorte de contemplation de la part de son auteur, comme en Gn 1 (voir Gn 1,31) : Dieu regarde ce qu'il a créé. « C'était très bon » (Gn 1,31) est peut-être inclus en Si 1,9. Comme maître de la création, le Seigneur dénombre ses créatures (v. 9). Le dénombrement aux versets 2 et 9 n'est possible qu'à Dieu ; car qui d'autre pourrait dénombrer « les jours de l'éternité » ou la sagesse qui est à la fois créée et répandue sur les autres œuvres créées ?

Le Seigneur dispose de la sagesse en toute liberté et souveraineté, en la distribuant à qui il veut (vv. 9 et 10). À d'autres endroits encore, le texte insiste sur le fait que la sagesse (ou ce qu'elle produit) est un don de la part du Seigneur (1,18.26). Les stiques 9c et 10a reprennent cette idée de l'universalité de la sagesse du v. 1 : elle fut répandue sur toute créature, mais elle n'a comme seule origine que le Seigneur. Avec la mention « toute chair », le

---

14. Rickenbacher, *Weisheitsperikopen bei Ben Sira*, 9; voir aussi Smend, *Die Weisheit des Jesus Sirach. Erklärt*, 8; Sauer, *Jesus Sirach/Ben Sira*, 46.

texte revient sur la conception inclusive du début : le don de la sagesse est destiné de prime abord à chacun, sans exception. Le Dieu d'Israël donne sa sagesse à tous les peuples. Sous ce point de vue, les vv. 1 et 10a forment une inclusion. Une part de cette sagesse est destinée à tous, même aux païens, mais la plus large part est destinée à ceux qui sont intimement liés au Seigneur (v. 10 ; voir aussi Pr 5,15.16).

Si 1,10bcd va donc plus loin que 1,10a en précisant que ceux qui entretiennent une relation plus étroite avec le Seigneur seront privilégiés. Si 1,10c revient sur l'importance de l'amour du Seigneur. La variante « ceux qui le craignent » (10b), présente dans les témoins du sous-groupe de la recension lucianique *l* (ainsi que dans le texte syriaque), semble avoir été corrigée en « ceux qui l'aiment ». D'après Smend, la variante ἀγαπῶσιν résulterait de l'influence de stiques secondaires où il est souvent question d'ἀγάπησις (voir par exemple Si 1,20 dans la recension origénienne). À plusieurs endroits, « crainte » peut avoir été remplacé par « amour » dans certaines recensions ou certains manuscrits (par le MS 248 en Si 25,11 ; voir aussi l'apparat critique de Ziegler sous 10,19, concernant le verset précédent Si 10,19 présent dans *L*-672-694-743 ; Si 10,19 manque dans le MS 248). Si 25,12a (GII) associe la crainte et l'amour de Dieu (dans la recension *L* et en *La* : 25,16) : « La crainte de Dieu est le début de l'amour à son égard » (G et *La*) ; le texte syriaque inverse les termes : « Le début de la crainte du Seigneur, c'est de l'aimer » (voir aussi les additions GII 1,12cd ; 19,18 ; 17,18).[15]

Haspecker justifie en Si 1,10 l'option « ceux qui le craignent » par le fait qu'il s'agirait d'une expression crochet annonçant le thème suivant, à savoir la crainte de Dieu. En effet, la présence de mots-crochets n'est pas rare dans le livre de Ben Sira. Étant donné que ceux qui aiment le Seigneur vivent une relation privilégiée avec lui, nous pouvons sous-entendre qu'il s'agit de ceux qui le craignent. L'amour du Seigneur n'est pas cité explicitement par Ben Sira comme premier commandement (mais voir Si 7,30, rappelant Dt 6,5 ; le Siracide y a remplacé « le Seigneur, ton Dieu » par τὸν ποιήσαντά σε), mais comme complément parallèle ou comme prolongement de la crainte de Dieu (voir aussi le parallélisme synonymique de « ceux qui craignent le Seigneur » et « ceux qui aiment le Seigneur » en Si 2,15).[16] La variante « ceux qui l'aiment » en Si 1,10b pourrait ici –

---

15. Voir Smend, *Die Weisheit des Jesus Sirach. Erklärt*, 9 et cxiv; Rickenbacher, *Weisheitsperikopen bei Ben Sira*, 10.

16. Voir Haspecker, *Gottesfurcht bei Jesus Sirach*, 52; Marböck, *Weisheit im Wandel*, 21.

contrairement à ce qu'affirme Haspecker – servir de mot-crochet au stique suivant (1,10cGII), évoquant l'amour du Seigneur. Ceux qui l'aiment et le craignent bénéficient d'un don généreux de la part du Seigneur, et ceux qui le connaissent partagent avec lui une part de sagesse qui est son essence même (1,10). Ainsi le Seigneur leur manifeste sa proximité de façon privilégiée. Si 1,10cd est un ajout (GII), tout comme Si 11,15, reliant l'amour (du Seigneur) à la sagesse. Si 11,15 va encore plus loin en réunissant la sagesse, la Loi et la crainte du Seigneur (dans l'amour et les « bonnes œuvres ») ; elles ont leur origine en Dieu : « La sagesse, la science et la connaissance de la Loi viennent du Seigneur, l'amour et la voie des bonnes œuvres viennent de lui ». Si 1,10b vise probablement les Juifs observant la Loi et rappelle le premier commandement. Ceux qui aiment le Seigneur sont aussi invités à observer ses commandements (voir aussi Si 2,15-16 ; 7,30 ; Ex 20,6// Dt 5,10 ; 6,5-6 ; 7,9 ; 10,12 ; 11,1.13.22 ; 19,9 ; 30,16). Dt 10,12-13 stipule qu'aimer le Seigneur constitue la base d'un engagement loyal envers lui.

L'allusion à l'universalité de la sagesse accordée à tous en Si 1,9-10a est reprise en Si 17,1-7 (voir sous « excursus »). Cet accès à la sagesse dès la création et à travers la création reçoit une connotation particulière pour tous les hommes avec lesquels le Seigneur a conclu une « alliance éternelle » (17,12), ceux qui reconnaissent et suivent les commandements du Seigneur (Si 1,10bcd ; 17,7-14 ; l'appel à aimer « celui qui t'a fait » en Si 7,30 au lieu de « le Seigneur, ton Dieu » [Dt 6,5] corrobore le renvoi à la création comme base de cette alliance avec l'humanité entière). Dans ces deux textes, le Siracide glisse de l'universalité vers la particularité ou l'élection. Les deux textes contiennent en même temps l'invitation à se tourner vers la Loi (en 1,10 par le rappel du premier commandement ; en 17,11 par l'évocation d'une « Loi de vie » accordée aux hommes) et d'y percevoir la profondeur de la sagesse de Dieu dispensée à ceux qui l'aiment (voir aussi Si 1,26). L'ouverture de ces deux textes – 1,1-10 et 17,1-14 – réside également dans la liberté humaine qui peut accepter cette invitation ou la refuser (voir aussi Si 15,15 et 15,1 ; Dt 30,15-16).

3.1.2. Si 1,11-30

[11] φόβος κυρίου δόξα καὶ καύχημα καὶ εὐφροσύνη καὶ στέφανος ἀγαλλιάματος	[11] La crainte du Seigneur est gloire et fierté, joie et couronne d'allégresse.

¹² φόβος κυρίου τέρψει καρδίαν

καὶ δώσει εὐφροσύνην καὶ χαρὰν καὶ μακροημέρευσιν

φόβος κυρίου δόσις παρὰ κυρίου

καὶ γὰρ ἐπ' ἀγαπήσεως τρίβους καθίστησιν
¹³ τῷ φοβουμένῳ τὸν κύριον εὖ ἔσται ἐπ' ἐσχάτων
καὶ ἐν ἡμέρᾳ τελευτῆς αὐτοῦ εὐλογηθήσεται
¹⁴ ἀρχὴ σοφίας φοβεῖσθαι τὸν κύριον

καὶ μετὰ πιστῶν ἐν μήτρᾳ συνεκτίσθη αὐτοῖς
¹⁵ μετὰ ἀνθρώπων θεμέλιον αἰῶνος ἐνόσσευσεν
καὶ μετὰ τοῦ σπέρματος αὐτῶν ἐμπιστευθήσεται
¹⁶ πλησμονὴ σοφίας φοβεῖσθαι τὸν κύριον

καὶ μεθύσκει αὐτοὺς ἀπὸ τῶν καρπῶν αὐτῆς
¹⁷ πάντα τὸν οἶκον αὐτῶν ἐμπλήσει ἐπιθυμημάτων
καὶ τὰ ἀποδοχεῖα ἀπὸ τῶν γενημάτων αὐτῆς
¹⁸ στέφανος σοφίας φόβος κυρίου

¹² La crainte du Seigneur réjouira le coeur

et donnera joie, gaieté et longue vie.

La crainte du Seigneur est un don de la part du Seigneur ;

et en effet, il établit sur des chemins d'amour.
¹³ Pour celui qui craint le Seigneur tout ira bien à la fin,
et au jour de sa mort, il sera béni.

¹⁴ Le commencement de la sagesse, c'est de craindre le Seigneur,

et avec les fidèles, elle fut créée pour eux dans le sein maternel.
¹⁵ Parmi les hommes, elle fit son nid comme une fondation éternelle,
et au milieu de leur descendance, on lui fera confiance.
¹⁶ La plénitude[17] de la sagesse, c'est de craindre le Seigneur,

et elle les enivre de ses fruits.

¹⁷ Toute leur maison, elle la remplira de ce qu'ils désirent,

et les greniers de ses récoltes.

¹⁸ La couronne de la sagesse, c'est la crainte du Seigneur,

---

17. Littéralement « la satiété », ce qui constitue avec le stique suivant un parallélisme.

2. Quel est le lien entre la crainte de Dieu, la sagesse et la Loi en Si 1 et 24 ?

ἀναθάλλων εἰρήνην καὶ ὑγίειαν ἰάσεως
ἀμφότερα δέ ἐστιν δῶρα θεοῦ εἰς εἰρήνην[19]
πλατύνει δὲ καύχησις τοῖς ἀγαπῶσιν αὐτόν
[19] [καὶ εἶδεν καὶ ἐξηρίθμησεν αὐτήν][20]
ἐπιστήμην καὶ γνῶσιν συνέσεως ἐξώμβρησεν
καὶ δόξαν κρατούντων αὐτῆς ἀνύψωσεν
[20] ῥίζα σοφίας φοβεῖσθαι τὸν κύριον
καὶ οἱ κλάδοι αὐτῆς μακροημέρευσις
[21] φόβος κυρίου ἀπωθεῖται ἁμαρτήματα
παραμένων δὲ ἀποστρέψει πᾶσαν ὀργήν
[22] οὐ δυνήσεται θυμὸς ἄδικος δικαιωθῆναι
ἡ γὰρ ῥοπὴ τοῦ θυμοῦ αὐτοῦ πτῶσις αὐτῷ
[23] ἕως καιροῦ ἀνθέξεται μακρόθυμος
καὶ ὕστερον αὐτῷ ἀναδώσει εὐφροσύνη

faisant revivre la paix et rendant la bonne santé[18] ;
car *les deux sont des dons de Dieu pour la paix.*
La splendeur augmente pour ceux qui l'aiment.
[19] [Et il l'a vue et dénombrée.]
Il fit pleuvoir le savoir et la connaissance de l'intelligence,
et éleva la gloire de ceux qui la possèdent.
[20] La racine de la sagesse, c'est de craindre le Seigneur,
et ses rameaux sont une longue vie.
[21] *La crainte du Seigneur repousse les péchés ;*
qui persévère[21] *détournera toute colère.*
[22] Une fureur injuste ne pourra pas être justifiée,
car le résultat final de sa fureur sera sa perte.
[23] Jusqu'au moment propice l'homme patient tiendra bon,
et après, la joie éclatera pour lui.

---

18. Littéralement « et une bonne santé du rétablissement ». Cette expression est unique dans la Septante.
19. Les recensions origénienne et lucianique (*O* et *L*), ainsi que *La* ont 1,18cd (avec quelques variantes) : voir apparat critique de Ziegler.
20. Des témoins importants ont omis 1,19a : *O* 248–694 (*L*). Il s'agit probablement d'un doublet de 1,9a.
21. Voir Gilbert, « L'addition de Siracide 1,21 », 225-26.

²⁴ ἕως καιροῦ κρύψει τοὺς λόγους αὐτοῦ	²⁴ Jusqu'au moment propice il cachera ses paroles,
καὶ χείλη πολλῶν ἐκδιηγήσεται σύνεσιν αὐτοῦ	et les lèvres de la foule parleront de son intelligence.
²⁵ ἐν θησαυροῖς σοφίας παραβολὴ ἐπιστήμης	²⁵ Parmi les trésors de la sagesse se trouve le proverbe du savoir,
βδέλυγμα δὲ ἁμαρτωλῷ θεοσέβεια	mais pour le pécheur, la crainte de Dieu est une abomination.
²⁶ ἐπιθυμήσας σοφίαν διατήρησον ἐντολάς	²⁶ Désirant la sagesse, garde les préceptes,
καὶ κύριος χορηγήσει σοι αὐτήν	et le Seigneur te l'accordera en abondance.
²⁷ σοφία γὰρ καὶ παιδεία φόβος κυρίου	²⁷ Car sagesse et instruction est la crainte du Seigneur,
καὶ ἡ εὐδοκία αὐτοῦ πίστις καὶ πραΰτης	et son bon plaisir est fidélité et douceur.
²⁸ μὴ ἀπειθήσῃς φόβῳ κυρίου	²⁸ Ne sois pas indocile à la crainte du Seigneur,
καὶ μὴ προσέλθῃς αὐτῷ ἐν καρδίᾳ δισσῇ	et ne l'approche pas avec un cœur double.
²⁹ μὴ ὑποκριθῇς ἐν στόμασιν ἀνθρώπων	²⁹ Ne sois pas hypocrite dans les bouches des hommes,
καὶ ἐν τοῖς χείλεσίν σου πρόσεχε	et veille sur tes lèvres.
³⁰ μὴ ἐξύψου σεαυτόν ἵνα μὴ πέσῃς	³⁰ Ne t'élève pas toi-même, afin de ne pas tomber
καὶ ἐπαγάγῃς τῇ ψυχῇ σου ἀτιμίαν	et d'attirer sur toi le déshonneur ;
καὶ ἀποκαλύψει κύριος τὰ κρυπτά σου	et le Seigneur dévoilerait tes secrets,
καὶ ἐν μέσῳ συναγωγῆς καταβαλεῖ σε	et au milieu de l'assemblée, il t'humilierait,
ὅτι οὐ προσῆλθες φόβῳ κυρίου	car tu ne t'es pas avancé dans la crainte du Seigneur,
καὶ ἡ καρδία σου πλήρης δόλου	et ton cœur était plein de ruse.

2. Quel est le lien entre la crainte de Dieu, la sagesse et la Loi en Si 1 et 24?

Si 1,11 poursuit avec la crainte de Dieu, attendue du peuple Israël selon Dt 10,12. Les vv. 11-30 constituent la seconde unité du premier chapitre. Il s'agit d'un poème programmatique, faisant ressortir l'importance de la « crainte du Seigneur » (φόβος κυρίου ou φοβεῖσθαι τὸν κύριον, douze occurrences) et de la « sagesse » (σοφία, sept fois), ainsi que la relation entre ces deux notions. « La crainte du Seigneur » au v. 11 est reprise au v. 30, formant ainsi une inclusion. La crainte du Seigneur est la notion-clé dans ces vingt versets. Elle est un facteur important dans la relation entre Israël et son Dieu, une condition pour entretenir l'alliance (voir Dt 4,9-10 ; 6,1-2.12-13 ; 8,6 ; 10,12). Le Siracide s'adresse à des individus pour leur rappeler les points centraux de la foi juive ; la crainte de Dieu est à la fois le nœud de la religion juive, et une notion reliant le peuple d'Israël aux croyants juifs en milieu hellénisant.

Si 1,11-21 peut être considéré comme la première partie de cette unité. La Septante de Rahlfs (1,11-20) compte dix distiques (le v. 21 est absent ; 19a peut être considéré comme un doublet) ; dans l'édition de Ziegler, 12cd et 18cd et le v. 21 sont probablement des ajouts (GII).

Si 1,11-13 traite de la crainte du Seigneur et des bienfaits qui en découlent. Di Lella fait remarquer que nulle part ailleurs dans l'Ancien Testament nous ne trouvons en quelques versets une telle succession de bienfaits pour les craignant-Dieu.[22] Le maître Ben Sira présente ici assez de raisons pour stimuler ses élèves à vivre dans la crainte de Dieu qui procure tout ce qu'un Juif pieux peut espérer et attendre de Dieu. Cette assurance de la bénédiction divine pour l'homme pieux est développée en Si 11,22-28, selon le schéma classique dans la littérature sapientielle récente : Dieu accorde à l'homme bonheur ou malheur, selon ses œuvres (voir entre autres Si 16,12-14 ; contrairement à Jb). La crainte du Seigneur procure au fidèle la gloire ou l'honneur (voir aussi Si 10,19.20.24), la fierté (voir aussi 9,16 ; 10,22 ; 25,6) et la bénédiction divine à la fin de sa vie. Tous ces bienfaits pouvaient motiver les fidèles à poursuivre une vie vertueuse. Celui qui fait le bien sera récompensé (voir Si 3,14-15. 31 ; 16,14 ; 17,22-23 ; Ps 111). Il est donc sage de vivre dans la crainte du Seigneur ; la suite du texte l'exprimera de diverses manières (voir aussi Pr 1,7 ; Ps 110,10).

En parlant de la crainte du Seigneur ou de la sagesse, l'auteur se sert de vocables issus du domaine royal (en Si 1,11.18 ; comparer à Si 11,1.5 ; voir aussi Si 1,8 où le roi représente le Seigneur). Un parallèle avec Si 15,6

---

22. Di Lella, « Fear of the Lord as Wisdom », 121.

s'impose, car nous y trouvons la même formulation : celui qui a trouvé la sagesse, trouvera « joie et couronne d'allégresse ». « La joie » (deux fois le substantif et l'expression « réjouir le cœur ») déclinée sous différentes formes (« allégresse », « gaieté »), a une place importante parmi les bienfaits par les répétitions en 1,11.12. Si 6,28-31 reprend les mêmes vocables qu'en Si 1,11-13 en promettant « la joie », « la gloire » à ceux qui recherchent la sagesse, et ils se ceindront d'une « couronne d'allégresse » (voir aussi Si 4,12.13). Εὐφροσύνη (« joie »), avec trois occurrences au premier chapitre (11a.12b.23b), a une connotation de bonheur, de bien-être qui résulte d'une vie droite, vertueuse (voir aussi Si 2,9b ; 9,10d ; 15,6a ; 30,16b.22a ; 31,27d.28a ; 35,8b ; 37,4a)[23].

En Si 15,6, tout comme celui qui craint le Seigneur sera béni à la fin (Si 1,13), le sage aura « un renom éternel ». Comme pour la sagesse (Si 1,1.9.10), le Seigneur est le donateur de la crainte du Seigneur basée sur l'amour ; l'ajout de Si 1,12cd le souligne. Il ne s'agit donc manifestement pas d'une crainte qui serait synonyme de terreur. Comme Si 1,12cd (GII) allie crainte et amour du Seigneur, nous voyons ces associations dans d'autres ajouts de GII (voir ci-dessus ; Si 1,18cd ; 25,12 ; 11,15 le fait indirectement en juxtaposant « l'amour » et « la voie des bonnes œuvres » [au lieu de la crainte du Seigneur], ce qui est une expression plus parlante pour un public hellénisé et qui traduit ce que « la crainte du Seigneur » signifie généralement pour Ben Sira). Si 1,13 est construit en forme de chiasme : « tout ira bien » correspond à « sera béni » et « à la fin » évoque le « jour de sa mort ». Si 34,14-20 reprend les mêmes idées : vie (ζωὴν), guérison, bonheur, bénédiction divine sont assurés à ceux qui craignent et aiment le Seigneur. La promesse d'une « longue vie » (μακροημέρευσιν) en Si 1,12.20 (voir aussi Pr 10,27a qui reprend l'idée d'une vie prolongée pour ceux qui craignent le Seigneur : φόβος κυρίου προστίθησιν ἡμέρας) avait été donnée en Dt 5,33 ; 6,2 ; 11,9 ; 32,47 (chaque fois avec le verbe μακροημερεύειν) à ceux qui gardent tous les commandements que le Seigneur leur a donnés. Dans ce contexte, comme nous l'avons vu, Dt 6,2 relie explicitement la crainte de Dieu à l'observance de la Loi. Le commandement d'honorer père et mère afin que les « jours se prolongent » (Ex 20,12 ; Dt 5,16) est repris par Ben Sira (3,6a).

La crainte du Seigneur est donc une composante importante de la foi du peuple d'Israël (voir entre autres Ex 14,31 ; Dt 6,2 ; 10,12 ; 31,12.13 ; Jos 24,14 ; Ps 127,1G). Craindre le Seigneur signifie par ailleurs « se conduire

---

23. Voir Skehan et Di Lella, *The Wisdom of Ben Sira*, 143.

2. Quel est le lien entre la crainte de Dieu, la sagesse et la Loi en Si 1 et 24 ? 243

avec droiture » (Pr 14,2). Si 1,11-13 présente un discours circonstanciel, approprié face au défi d'une culture hellénistique ; il fallait donc faire un retour aux sources en rappelant ce qui fait la fierté du peuple juif et en insistant sur les bénéfices d'une vie pieuse et droite. Dans ses enseignements, Ben Sira veut faire comprendre que la foi et la vie juive ne sont pas inférieures à la culture hellénistique qui pouvait attirer les jeunes juifs. L'éloge des hommes illustres, appelé généralement « l'éloge des Pères » (chap. 44-50), montre qu'Israël a également eu des personnages qui ont marqué toute son histoire, et dont la gloire passe aux générations suivantes (44,1-15 ; voir aussi 10,19). Ces hommes ont vécu dans la crainte du Seigneur et restent des modèles à suivre.

À partir du v. 14, les thèmes de la crainte du Seigneur et de la sagesse sont imbriqués : aux vv. 14.16.18.20, et surtout aux vv. 25.26.27. Si 1,14-20.26.27 relient la crainte de Dieu et la sagesse : la crainte de Dieu est le chemin privilégié – ou la condition – pour bénéficier de la profusion abondante de sagesse. De même, la sagesse constitue à la fois le début, le fondement et l'essence de la crainte du Seigneur, le mot ἀρχὴ pouvant prendre ces trois acceptions ici (voir aussi Pr 1,7 ; 9,10 ; Ps 110,10 ; Jb 28,28). Si 14a.16a.18a.20a sont construits selon le même modèle, exposant d'abord ce que représente la crainte du Seigneur. Il s'agit d'un même thème avec des variations, selon une structure abb'a' (« le commencement », « la plénitude », « la couronne », « la racine ») ; le cœur de cette construction exprime la plénitude des bienfaits de la sagesse (v. 17). Elle comble de tout ce que l'homme peut espérer. Le v. 26 nous renseigne sur la signification de la « crainte de Dieu » dans le Siracide (voir aussi v. 27) : vivre selon les commandements de Dieu, ce que 11,15 (GII) appelle « la voie des bonnes œuvres » (voir ci-dessus).

Si 1,14b revient sur la création de la sagesse, déjà évoquée au v. 4 : elle fut créée avant toute création, et le fidèle, c'est-à-dire celui qui craint Dieu, en a en quelque sorte hérité depuis sa conception (« dans le sein maternel »). Cette image en Si 1,14b illustre le lien étroit, pour ne pas dire l'équation qu'établit Ben Sira entre le craignant-le-Seigneur (« le fidèle ») et le sage. Le fidèle, depuis sa naissance, a la possibilité de développer en lui la sagesse. Si 15,1-6 présente la sagesse sous les traits d'une mère nourricière qui pourvoit le fidèle de tout ce qui lui est nécessaire, en lui procurant la gloire, « joie et une couronne d'allégresse » – ce que Si 1,11-12 promettait déjà au craignant-Dieu – ainsi qu'un « renom éternel ».

La durée et la solidité de l'établissement de la sagesse sont exprimées à travers le v. 15 (voir aussi Si 4,16 ; 24,7-9.12) ; 15b est une conséquence de 15a. L'installation de la sagesse parmi les hommes peut être comparé à la venue du Verbe (λόγος) dans le monde dans l'évangile de Jean (voir Jn 1,9-11).[24] La différence entre Si 1 et Jn 1 se trouve au niveau de l'accueil : contrairement au bon accueil de la sagesse au sein de la race humaine en Si 1,15, selon Jn 1,11, le Verbe n'est pas accueilli par les siens. Les versets 16-19 énumèrent tous les bienfaits émanant de la sagesse ; ils sont d'ordre physique et/ou psychique, pécuniaire (des greniers pleins signifie richesse), moral et social (voir aussi Pr 3,7-8 ; 8,18-21 ; Jc 3,17). Ils expriment la plénitude du bien-être, soulignée encore par le verbe « enivrer » (μεθύσκειν ; voir aussi Si 24,31 ; 32,13 ; 39,22). La paix (mentionnée deux fois : en Si 1,18bc) attend ceux qui accueillent la sagesse venant de Dieu en l'intégrant dans leur vie. Le mot שלום recouvre tout ce qu'un homme juif pouvait attendre et espérer dans la vie.[25] En 34,13-17G, le Siracide énumère les bienfaits que procure le Seigneur à ceux qui le craignent, entre autres « guérison, vie, bénédiction » (v. 17). Il accumule en 1,16-19 les vocables de l'excès, et le don qui couronne tous les bienfaits de la sagesse est mentionné en 1,20 : une longue vie, réussie, d'après les versets précédents. Des parallèles sont possibles entre Si 1,16-21 et Lv 26,3-13 ; Dt 28,1-14, sauf qu'ici ce n'est pas la sagesse qui assure prospérité et bénédictions de tout ordre de la part de Dieu, mais l'observance des commandements du Seigneur – à moins que le parallèle entre ces trois textes permette aussi de mettre sur un pied d'égalité sagesse et observance de la Loi.

Si 1,19a est une doublette (voir 9b). Le deuxième stique (19b) accumule différents vocables du champ sémantique de la sagesse, présentant ainsi une palette des différentes facettes de la sagesse (voir aussi 1,25). L'évocation de la pluie fait ressortir deux aspects : celui de la croissance, de la prospérité, et celui de l'origine divine, car Dieu seul peut faire pleuvoir. La sagesse qu'il distribue est destinée à faire croître l'être humain.[26] Pour l'aspect glorieux (19c) ou le couronnement du sage, voir aussi Si 6,29-31 (voir aussi 10,24 pour le craignant-le-Seigneur) ; 11,1. Tandis que 1,20 évoque « la racine » de la sagesse, le deuxième stique poursuit avec le déploiement de la sagesse (« ses rameaux »), en restant dans le domaine végétal. Contrairement à la suggestion de Smend,[27] nous esti-

---

24. Voir Sauer, *Jesus Sirach/Ben Sira*, 49.
25. Sauer, *Jesus Sirach/Ben Sira*, 50.
26. Voir Sauer, *Jesus Sirach/Ben Sira*, 50.
27. Smend, *Die Weisheit des Jesus Sirach. Erklärt*, 13; Rickenbacher, *Weisheitsperikopen bei Ben Sira*, 11-14.

2. Quel est le lien entre la crainte de Dieu, la sagesse et la Loi en Si 1 et 24 ?

mons qu'il s'agit de la sagesse et non de la crainte de Dieu. En Si 24,12-14.16-17, la sagesse s'identifie elle-même à divers arbres vigoureux, à un arbre déployant ses rameaux, à une vigne, donnant des fruits de gloire et de richesse (voir aussi Pr 8,18-19.21) ; en Si 24, l'image sous-jacente de la croissance est plus développée qu'en Si 1,20, en ajoutant l'aspect de l'opulence que nous avions en Si 1,16-17. Sauer voit dans l'image de l'enracinement (24,12) le début du processus de croissance et d'épanouissement de la Sagesse au milieu de ce « peuple plein de gloire ».[28]

Le v. 21 ajouté en GII (existant dans O, L'-672-694-743 768) introduit la notion de « péché » qui représente le contraire de la crainte de Dieu (1,21a). La crainte de Dieu et une vie pécheresse semblent en tous cas incompatibles (voir aussi Jb 28,28). Cette idée est reprise en 1,25b, du point de vue du pécheur qui se détourne de la crainte de Dieu. Celui qui persévère dans la crainte de Dieu maintient une bonne relation avec lui, détournant ainsi la « colère » divine. D'après Peters, la « colère » en 21b ferait allusion à la colère divine suite au péché.[29] Pour Smend, πᾶσα ὀργή désigne la colère humaine, et ἀποστρέφω signifie probablement « retenir » (voir Jb 9,13).[30] Nous traduisons ici par « détourner ». Ὀργή fait fonction de mot crochet avec θυμός (« fureur ») au verset suivant, et relie ainsi les deux parties. Si 1,21 renvoie également à 1,13 en reprenant l'idée que pour celui qui craint Dieu, tout ira bien à la fin car Dieu retiendra sa colère.

En Si 1,22-24, nous trouvons des conseils pratiques pour ceux qui recherchent la sagesse. Le premier stique de chacun de ces trois versets illustre comment un sage devrait ou ne devrait pas se comporter, et le deuxième stique donne la conséquence de ce comportement. À plusieurs reprises, le Siracide met en garde contre la colère et les querelles (Si 10,18 ; 27,30-28,11), mais la mention d'une « fureur injuste » que l'on trouve ici est unique dans toute la Septante. Les trois versets font ressortir que la patience, tout comme la maîtrise de soi, sont des qualités à rechercher, aussi bien au niveau de l'agir que de la parole (Si 5,11-13 ; 28,12-18 ; voir aussi Pr 12,16 ; 14,29 ; 15,1.18 ; 16,32 ; 20,3 ; 29,11) ; nous remarquons que le grec fait un jeu de mots entre « fureur » (θυμός) et l'adjectif « patient » (μακρόθυμος). Reconnaître le καιρός et la capacité d'attendre « jusqu'au bon moment » (vv. 23.24) témoignent d'une certaine sagesse. Cette attitude

---

28. Sauer, *Jesus Sirach/Ben Sira*, 182.
29. Sauer, *Jesus Sirach/Ben Sira*, 52; Peters, *Das Buch Jesus Sirach*, 16. Voir aussi Muraoka, *A Greek-English Lexicon of the Septuagint*, « ὀργή », 503-4.
30. Smend, *Die Weisheit des Jesus Sirach. Erklärt*, 15.

portera ses fruits. Le résultat de la patience sera la joie (23b), contrastant avec le résultat de la fureur au verset précédent. Cette joie est assurée à l'homme prudent, patient, et donc sage (voir aussi Si 1,11-12 où la joie résulte de la crainte du Seigneur). Celui qui sait se taire quand il le faut et parler au moment opportun, est reconnu comme intelligent (24b ; voir aussi Si 39,9). L'expérience du sage lui a certainement appris qu'avant de proférer une parole de sagesse, il faut savoir se taire longuement.

Aux vv. 25-27, le Siracide revient à la sagesse, et il indique, comment y parvenir : par l'observance des commandements (26a) et la crainte du Seigneur qui est déjà sagesse en soi (27a). Dans l'édition de la Septante de Rahlfs, « proverbe » est au pluriel (παραβολαὶ, v. 25). Θεοσέβεια en Si 1,25 est un *hapax* dans le Siracide. Nous avons ici une autre compréhension de la « crainte de Dieu » qui équivaut ici à l'observance des commandements. C'est plutôt la crainte sous l'aspect du respect de Dieu, de la vénération même. Dans la Septante, l'homme θεοσεβής est celui qui adore le vrai Dieu et se soumet à la volonté divine.[31] Dans cette optique, l'aversion du pécheur qui se détourne volontairement de Dieu, est plutôt compréhensible en Si 1,25b. Dans les livres canoniques de l'Ancien Testament, nous ne trouvons que trois occurrences du substantif θεοσέβεια : en Gn 20,11 (יראת אלהים) ; Jb 28,28 (יראת אדני) ; Ba 5,4. Ce terme se trouve également dans un livre deutéro-canonique (4 Ma 17,15). Job est qualifié de θεοσεβής (« craignant Dieu » ; Jb 1,1.8 ; 2,3 ; voir aussi Ex 18,21 ; Jd 11,17). Si 1,25 reprend le fil du v. 21 : la crainte du Seigneur, φόβος κυρίου ou θεοσέβεια, est incompatible avec une attitude pécheresse (voir Jb 1,8 ; Si 1,21a). Si 1,25-27 relie donc la sagesse à l'observance des commandements et à la crainte du Seigneur. À plusieurs reprises, le Siracide associe étroitement la Loi et la sagesse, soit que l'observance de la Loi est indiquée comme un chemin vers la sagesse (1,26 ; 15,1), soit qu'elles sont mises sur le même pied (24,23 ; voir aussi 34,8).

L'idée du libre choix de rester dans les sentiers du Seigneur développée en Dt 30,15-16.19-20 a été reprise par Ben Sira (Si 15,14-17). Si 1,26a exprime indirectement cette liberté de choix de l'observance des commandements en vue d'obtenir la sagesse désirée ; tout être humain a la possibilité de développer en lui la sagesse venant du Seigneur en observant ses commandements. Le verbe χορηγέω (« fournir » ou « accorder quelque chose à quelqu'un » ; 26b), déjà rencontré en Si 1,10, a une connotation

---

31. Voir Spicq, « θεοσέβαια, θεοσεβής », *LTNT*, 707.

2. Quel est le lien entre la crainte de Dieu, la sagesse et la Loi en Si 1 et 24 ?

d'abondance ou même de surabondance, selon le contexte. La quête de la sagesse passe donc par la fidélité à la Loi, et le vœu sera exaucé généreusement. 1,26a indique donc clairement que la sagesse et la Loi sont indissociables. La sagesse présuppose l'observance de la Loi, et la crainte de Dieu est sagesse (27a). Nous trouvons la même formulation, avec une inversion de mots, en Pr 15,33a (φόβος θεοῦ παιδεία καὶ σοφία) : « la crainte de Dieu est instruction et sagesse ».

La « fidélité » et la « douceur » (v. 27b) sont des qualités attribuées à Moïse en Si 45,4 (voir aussi Nb 12,3). Πραΰτης peut également être traduit par « humilité » (voir aussi Si 3,17-24 ; 4,8 ; 10,28) et πίστις par « foi », « confiance » (voir 2,6-10.13.17-18). Cependant pour les mots « humble » ou « humilité », le Siracide emploie généralement ταπεινός et ταπείνωσις. Le deuxième stique du v. 27 annonce déjà la dernière partie du premier chapitre (vv. 28-30), ainsi qu'une bonne partie du deuxième chapitre (voir ci-dessus).

Dans les trois derniers versets du premier chapitre, le maître donne des conseils concernant la crainte du Seigneur par trois injonctions négatives. Si 1,28 met l'accent sur la bonne disposition intérieure à avoir devant le Seigneur, car celui qui craint le Seigneur ne peut pas marcher sur deux chemins (voir aussi 2,12). Ben Sira veut mettre en garde ceux parmi les Juifs qui pourraient se sentir attirés par la culture et le style de vie hellénistiques.[32] Si 2,15 revient sur la question du choix de la bonne voie (« Ceux qui craignent le Seigneur ne désobéissent jamais à ses paroles, ceux qui l'aiment observent ses voies ») et insiste sur la bonne attitude du Juif pieux devant son Seigneur, en rappelant ce que le Dieu de l'alliance attend de son peuple (comparer à Dt 9,23 ; 32,51). D'un cœur entier, droit (2,2), le fidèle doit se mettre à la recherche de la crainte du Seigneur et se laisser guider par elle, humblement et en toute docilité. Si 1,30ef évoque l'attitude contraire, avec la conséquence aux stiques précédents (30cd). La fidélité (πίστις), annoncée comme une des qualités qui plaisent au Seigneur en Si 1,27 est exprimée autrement en 1,28 : par le contraire de l'indocilité. L'expression ἀπειθεῖν φόβῳ κυρίου est unique dans la Septante.

Le conseil de la droiture, de la sincérité devant Dieu vaut également pour la relation aux autres (v. 29a). La crainte du Seigneur incite à l'intégrité devant Dieu et devant les hommes (voir aussi 32,15), et implique donc

---

32. Voir Skehan et Di Lella, *The Wisdom of Ben Sira*, 151-52 ; Di Lella, « Fear of the Lord as Wisdom », 130.

un agir moral que nous pourrions qualifier aussi de droiture. Le deuxième stique du v. 29 peut être compris de différentes manières : soit qu'il veut mettre en garde contre une « mauvaise langue » ou une « langue double » (δίγλωσσος, voir Si 5,9 ; 6,1 ;[33] 28,13), soit qu'il veut inciter à la prudence en taisant ce qu'il faut taire (en référence à 1,24a) et en ne disant que ce qu'il faut dire comme il faut le dire, la langue étant un instrument important dans la relation à autrui (voir Si 5,9–6,1 ; 28,12–26). Si 1,30a reprend le conseil de rester humble, sous forme de mise en garde. En effet, celui qui a trouvé la sagesse n'a pas besoin de s'élever lui-même, car c'est le Seigneur qui l'élève et lui confère toute gloire, comme au craignant-Dieu (1,11.19 ; voir aussi 10,19–11,6). Les quatre premiers stiques de Si 1,30 énumèrent les conséquences pour celui qui n'y prête pas attention par ἵνα μὴ (proposition négative) et trois fois καί. Cet homme perdra ce qu'il aura recherché : l'honneur, le secret sur ses paroles et ses actes fourbes, une position élevée (voir aussi Pr 5,12–14). Celui qui ne craint pas le Seigneur sera déshonoré ; les versets 11 et 30 forment ainsi une inclusion par antithèse. Si 1,30a pourrait s'adresser de nouveau aux Juifs qui seraient tentés par la culture hellénistique, considérée comme supérieure à la culture juive. Les injonctions négatives voulant inciter à craindre le Seigneur et à aller vers lui avec tout son être (1,28.30ef) forment une inclusion. Les mots προσέρχομαι et καρδία, avec l'idée d'un cœur double en Si 1,28b, reviennent en 1,30ef. Sauer omet la négation (οὐ) au cinquième stique, comme dans les versions Syr et La, postulant avec Smend qu'il s'agit d'une erreur de compréhension, et traduit Si 1,30ef par « weil du zwar herantratest in der Furcht des Herrn, aber dein Herz war voll von List ». Nous maintenons le texte de la Septante, estimant qu'il ne change pas l'idée fondamentale de ces versets qui se focalisent sur l'attitude intègre devant Dieu. Celui qui s'approche de lui dans la crainte doit le faire avec un cœur intègre. Il ne peut pas marcher sur deux chemins.[34]

Si 1 semble s'être inspiré de Pr 8,22–31 : avant toutes les autres œuvres, Dieu créa la sagesse (Si 1,4 ; Pr 8,22–30) ; elle s'est établie comme une fondation (θεμέλιον) éternelle (Si 1,15 ; voir Pr 8,23 où nous avons le verbe θεμελιόω). Le Seigneur qui l'a créée, l'a répandue sur tout homme (Si 1,9–10 ; voir Pr 8,31; voir aussi Pr 2,6 ; Jb 12,13 ; Sg 7,26–27 ; 9,4.6 ; Jc 1,5).

---

33. Dans l'édition de Ziegler ; dans l'édition de Rahlfs, Si 6,1 fait encore partie de 5,15.

34. Voir Sauer, *Jesus Sirach/Ben Sira*, 51 n. 24; Smend, *Die Weisheit des Jesus Sirach. Erklärt*, 17–18.

2. Quel est le lien entre la crainte de Dieu, la sagesse et la Loi en Si 1 et 24 ? 249

Nous constatons également des parallèles avec Jb 28. Rickenbacher considère que Si 1,1-8 est un midrash de Jb 28.[35]

3.2. Si 24 (G)

Le chapitre 24 peut être considéré comme central, non seulement du point de vue de la structure du livre, car il se trouve au terme de la première partie (chap. 1-23), tout en commençant la seconde (chap. 24-51), mais également du point de vue théologique et sapientiel. C'est ce que nous essaierons de montrer, sans pouvoir être exhaustif.

Si 24 est un hymne, souvent appelé « la louange de la Sagesse ». En effet, les deux premiers versets introduisent ce chant de louange venant de la Sagesse elle-même, et elle-même est l'objet de la louange. Ce poème situé au milieu du livre est la péricope la plus longue consacrée à la Sagesse. Ce que Si 1,1-10 affirmait brièvement à propos de la Sagesse, le chapitre 24 le reprend plus amplement dans un langage poétique, de sorte que nous pouvons parler d'une grande inclusion de Si 1 et 24. La Sagesse s'exprime ici à la première personne (vv. 3-22). Dans son auto-présentation, elle expose également son action. Si 24, tout comme Si 1, sont les chapitres incontournables si l'on veut aborder les thèmes de la sagesse et de la crainte du Seigneur dans ce livre.

Dans l'édition de Rahlfs, le chapitre 24, dont nous n'avons plus le texte hébreu, compte trente-deux versets (GI). La Septante de Göttingen (édition de Ziegler) a ajouté deux versets (GII) : les versets 18 et 24.[36] Ces versets interrompent la trame de GI. Du v. 3 au v. 22, la Sagesse se présente à la première personne. À partir du v. 23 cesse le discours direct. Aux versets 23.25-27, la Sagesse est comparée à la Loi dont l'action est décrite à l'aide d'images de quatre fleuves puissants. Les vv. 28-29 reviennent sur la Sagesse avec son mystère insondable. Les cinq derniers versets constituent un épilogue où le Siracide s'exprime également à la première personne. Il expose comment il s'est associé à l'action de la Sagesse, en lui assurant un avenir parmi les générations futures par son enseignement. Le Siracide décrit comment il a conçu sa propre fonction de maître de sagesse, étant maître et en même temps serviteur (voir aussi Si 51,13-30). Ainsi, Si 24,30-34 forme une inclusion avec Si 51,13-30.

---

35. Rickenbacher, *Weisheitsperikopen bei Ben Sira*, 11.
36. Pour les additions latines (plus nombreuses) de Si 24, voir Gilbert, « Les additions grecques et latines », 239-46.

Nous proposons la structure suivante pour le chapitre 24 :

24:1-2 : Introduction ou prologue
I. 24:3-22 : Éloge de la Sagesse
   A. 24:3-7 : Pérégrinations
      3-4 : origine de la Sagesse
      5-6 : son parcours
      7 : recherche d'une demeure fixe
   B. 24:8-12 : Importance théologique
      8 : assignation en résidence en Israël par le Seigneur
      9 : création avant le temps ; existence pour l'éternité
      10-12 : établissement à Jérusalem
   C. 24:13-15 : Rayonnement
      13-14 : sa croissance
      15 : sa bonne odeur
   D. 24:16-22 : Motivations à la suivre
      16-18 : ses bienfaits
      19-22 : invitation à suivre la Sagesse et justifications
II. 24:23-29 : La Loi est Sagesse
    23.25-27 : liens entre la Loi et la Sagesse
      24 : exhortation à s'attacher au Dieu unique
      28-29 : mystère insondable de la Sagesse
24:30-34 : épilogue de l'auteur

Si 24

¹ ἡ σοφία αἰνέσει ψυχὴν αὐτῆς καὶ ἐν μέσῳ λαοῦ αὐτῆς καυχήσεται	¹ La sagesse se louera soi-même[37], et au milieu de son peuple, elle se glorifiera.
² ἐν ἐκκλησίᾳ ὑψίστου στόμα αὐτῆς ἀνοίξει καὶ ἔναντι δυνάμεως αὐτοῦ καυχήσεται	² Dans l'assemblée du Très-Haut, elle ouvrira sa bouche, et devant sa Puissance elle se glorifiera.

---

37. Littéralement « la sagesse louera son âme ». Voir le mot ψυχή dans Muraoka, *A Greek-English Lexicon of the Septuagint*, 743-45 ; ici 743 et 744.

2. Quel est le lien entre la crainte de Dieu, la sagesse et la Loi en Si 1 et 24 ?

³ ἐγὼ ἀπὸ στόματος ὑψίστου ἐξῆλθον	³ « Je suis sortie de la bouche du Très-Haut
καὶ ὡς ὁμίχλη κατεκάλυψα γῆν	et comme une nappe de brouillard, j'ai recouvert la terre.
⁴ ἐγὼ ἐν ὑψηλοῖς κατεσκήνωσα	⁴ Je résidais dans les hauteurs,
καὶ ὁ θρόνος μου ἐν στύλῳ νεφέλης	et mon trône (était) dans une colonne de nuée.
⁵ γῦρον οὐρανοῦ ἐκύκλωσα μόνη	⁵ Le cercle du ciel, je l'ai parcouru, seule,
καὶ ἐν βάθει ἀβύσσων περιεπάτησα	et dans la profondeur des abîmes je me suis promenée.
⁶ ἐν κύμασιν θαλάσσης καὶ ἐν πάσῃ τῇ γῇ	⁶ Sur les vagues de la mer et sur toute la terre,
καὶ ἐν παντὶ λαῷ καὶ ἔθνει ἡγησάμην	et en chaque peuple et nation je gouvernais.
⁷ μετὰ τούτων πάντων ἀνάπαυσιν ἐζήτησα	⁷ Parmi eux tous, j'ai cherché un repos,
καὶ ἐν κληρονομίᾳ τίνος αὐλισθήσομαι	et en quel patrimoine j'installerais ma demeure.
⁸ τότε ἐνετείλατό μοι ὁ κτίστης ἁπάντων	⁸ Alors le créateur de toutes choses m'a donné un ordre,
καὶ ὁ κτίσας με κατέπαυσεν τὴν σκηνήν μου	et celui qui m'a créée fixa ma tente
καὶ εἶπεν ἐν Ιακωβ κατασκήνωσον	et m'a dit : 'En Jacob établis ta demeure,
καὶ ἐν Ισραηλ κατακληρονομήθητι	et en Israël reçois ton patrimoine'.
⁹ πρὸ τοῦ αἰῶνος ἀπ' ἀρχῆς ἔκτισέν με	⁹ Avant le commencement du temps, il me créa,
καὶ ἕως αἰῶνος οὐ μὴ ἐκλίπω	et pour les siècles, je ne cesserai pas d'exister.
¹⁰ ἐν σκηνῇ ἁγίᾳ ἐνώπιον αὐτοῦ ἐλειτούργησα	¹⁰ Dans la Tente sainte devant lui j'ai officié,
καὶ οὕτως ἐν Σιων ἐστηρίχθην	et c'est ainsi qu'en Sion je fus établie.
¹¹ ἐν πόλει ἠγαπημένῃ ὁμοίως με κατέπαυσεν	¹¹ De même, dans la ville bien-aimée il m'a fait reposer,

καὶ ἐν Ιερουσαλημ ἡ ἐξουσία μου	et en Jérusalem, j'exerce mon pouvoir.
¹² καὶ ἐρρίζωσα ἐν λαῷ δεδοξασμένῳ	¹² Je me suis enracinée dans un peuple plein de gloire,
ἐν μερίδι κυρίου κληρονομία μου	dans la portion du Seigneur, mon patrimoine.
¹³ ὡς κέδρος ἀνυψώθην ἐν τῷ Λιβάνῳ	¹³ J'ai grandi comme un cèdre du Liban
καὶ ὡς κυπάρισσος ἐν ὄρεσιν Αερμων	et comme un cyprès dans les montagnes de l'Hermon.
¹⁴ ὡς φοῖνιξ ἀνυψώθην ἐν Αιγγαδοις	¹⁴ J'ai grandi comme un palmier d'Ein-Guèdi,
καὶ ὡς φυτὰ ῥόδου ἐν Ιεριχω	comme les plants de roses de Jéricho,
ὡς ἐλαία εὐπρεπὴς ἐν πεδίῳ	comme un bel olivier dans une plaine,
καὶ ἀνυψώθην ὡς πλάτανος	et j'ai grandi comme un platane.
¹⁵ ὡς κιννάμωμον καὶ ἀσπάλαθος ἀρωμάτων[38]	¹⁵ Comme la cannelle et l'acanthe aromatique
καὶ ὡς σμύρνα ἐκλεκτὴ διέδωκα εὐωδίαν	et comme la myrrhe de choix, j'ai exhalé un parfum,
ὡς χαλβάνη καὶ ὄνυξ καὶ στακτὴ	comme du galbanum, de l'onyx et du stacte,
καὶ ὡς λιβάνου ἀτμὶς ἐν σκηνῇ	et comme une nuée d'encens dans une tente.
¹⁶ ἐγὼ ὡς τερέβινθος ἐξέτεινα κλάδους μου	¹⁶ Moi, comme un térébinthe j'ai déployé mes rameaux,
καὶ οἱ κλάδοι μου κλάδοι δόξης καὶ χάριτος	et mes rameaux sont des rameaux de gloire et de grâce.
¹⁷ ἐγὼ ὡς ἄμπελος ἐβλάστησα χάριν	¹⁷ Moi, comme une vigne j'ai fait germer la grâce,
καὶ τὰ ἄνθη μου καρπὸς δόξης καὶ πλούτου	et mes fleurs [ont donné] un fruit de gloire et de richesse.

---

38. L'édition de Rahlfs a ajouté δέδωκα ὀσμήν, ce qui a la même signification que διέδωκα εὐωδίαν en 15b.

2. Quel est le lien entre la crainte de Dieu, la sagesse et la Loi en Si 1 et 24 ?

¹⁸ ἐγὼ μήτηρ τῆς ἀγαπήσεως
τῆς καλῆς καὶ φόβου
καὶ γνώσεως καὶ τῆς ὁσίας
ἐλπίδος
δίδωμι δὲ σὺν πᾶσι τοῖς τέκνοις
μου
ἀειγενεῖς τοῖς λεγομένοις ὑπ'
αὐτοῦ
¹⁹ προσέλθετε πρός με οἱ
ἐπιθυμοῦντές μου
καὶ ἀπὸ τῶν γενημάτων μου
ἐμπλήσθητε
²⁰ τὸ γὰρ μνημόσυνόν μου ὑπὲρ
τὸ μέλι γλυκύ
καὶ ἡ κληρονομία μου ὑπὲρ
μέλιτος κηρίον
²¹ οἱ ἔσθοντές[39] με ἔτι πεινάσουσιν

καὶ οἱ πίνοντές με ἔτι διψήσουσιν

²² ὁ ὑπακούων μου οὐκ
αἰσχυνθήσεται
καὶ οἱ ἐργαζόμενοι ἐν ἐμοὶ οὐχ
ἁμαρτήσουσιν
²³ ταῦτα πάντα βίβλος διαθήκης
θεοῦ ὑψίστου
νόμον ὃν ἐνετείλατο ἡμῖν Μωυσῆς
κληρονομίαν συναγωγαῖς Ιακωβ

²⁴ Μὴ ἐκλύεσθε ἰσχύειν ἐν κυρίῳ

κολλᾶσθε δὲ πρὸς αὐτόν ἵνα
κραταιώσῃ ὑμᾶς

¹⁸ *Moi, mère du parfait amour et de la crainte,
de la connaissance et de la pieuse espérance,
j'accorde en effet, avec tous mes enfants,
à ceux qui sont appelés par lui, d'être éternels.*
¹⁹ *Venez à moi, vous qui me désirez,
et rassasiez-vous de mes fruits.*
²⁰ *Car mon souvenir est plus doux que le miel,
et ma possession plus (douce) qu'un rayon de miel.*
²¹ *Ceux qui me mangent auront encore faim,
et ceux qui me boivent auront encore soif.*
²² *Celui qui m'obéit ne connaîtra pas la honte,
et ceux qui travaillent avec moi ne pécheront pas ».*
²³ *Tout cela, c'est le livre de l'alliance du Dieu Très-Haut,
la Loi que Moïse nous a prescrite,
comme patrimoine pour les assemblées de Jacob.*
²⁴ *Ne vous lassez pas d'être forts dans le Seigneur,
mais attachez-vous à lui pour qu'il vous fortifie.*

---

39. Rahlfs : ἐσθίοντές.

κύριος παντοκράτωρ θεὸς μόνος ἐστίν	*Le Seigneur Tout-Puissant est le seul Dieu,*
καὶ οὐκ ἔστιν ἔτι πλὴν αὐτοῦ σωτήρ	*et il n'y a pas de sauveur en dehors de lui.*
25 ὁ πιμπλῶν ὡς Φισων σοφίαν	25 *C'est elle qui fait déborder la sagesse comme le Pishôn,*
καὶ ὡς Τίγρις ἐν ἡμέραις νέων	*et comme le Tigre à la saison des nouveaux fruits.*
26 ὁ ἀναπληρῶν ὡς Εὐφράτης σύνεσιν	26 *C'est elle qui inonde d'intelligence comme l'Euphrate,*
καὶ ὡς Ιορδάνης ἐν ἡμέραις θερισμοῦ	*et comme le Jourdain aux jours de moisson.*
27 ὁ ἐκφαίνων ὡς φῶς παιδείαν	27 *C'est elle qui répand l'instruction comme le Nil,*
ὡς Γηων ἐν ἡμέραις τρυγήτου	*comme le Guihôn à la saison de la récolte.*
28 οὐ συνετέλεσεν ὁ πρῶτος γνῶναι αὐτήν	28 *Le premier n'a jamais fini de la connaître,*
καὶ οὕτως ὁ ἔσχατος οὐκ ἐξιχνίασεν αὐτήν	*tout comme le dernier ne l'a pas sondée.*
29 ἀπὸ γὰρ θαλάσσης ἐπληθύνθη διανόημα αὐτῆς	29 *Car sa pensée est plus vaste que la mer,*
καὶ ἡ βουλὴ αὐτῆς ἀπὸ ἀβύσσου μεγάλης	*et son dessein va au-delà du grand abîme.*
30 κἀγὼ ὡς διῶρυξ ἀπὸ ποταμοῦ	30 *Et moi, comme un canal issu d'un fleuve,*
καὶ ὡς ὑδραγωγὸς ἐξῆλθον εἰς παράδεισον	*et comme un cours d'eau, je suis sorti vers le paradis.*
31 εἶπα Ποτιῶ μου τὸν κῆπον	31 *Je me suis dit : « J'arroserai mon jardin,*
καὶ μεθύσω μου τὴν πρασιάν	*je vais bien irriguer mon parterre ».*
καὶ ἰδοὺ ἐγένετό μοι ἡ διῶρυξ εἰς ποταμόν	*Et voici que le canal est devenu un fleuve pour moi,*
καὶ ὁ ποταμός μου ἐγένετο εἰς θάλασσαν	*et mon fleuve est devenu une mer.*

2. Quel est le lien entre la crainte de Dieu, la sagesse et la Loi en Si 1 et 24 ?

³² ἔτι παιδείαν ὡς ὄρθρον φωτιῶ	³² Je ferai encore briller l'instruction comme l'aurore,
καὶ ἐκφανῶ αὐτὰ ἕως εἰς μακράν	et je diffuserai ses lumières au loin.
³³ ἔτι διδασκαλίαν ὡς προφητείαν ἐκχεῶ	³³ Je vais encore répandre l'enseignement comme une prophétie,
καὶ καταλείψω αὐτὴν εἰς γενεὰς αἰώνων	et je vais le léguer aux générations futures.
³⁴ ἴδετε ὅτι οὐκ ἐμοὶ μόνῳ ἐκοπίασα	³⁴ Voyez que je n'ai pas peiné pour moi seul,
ἀλλὰ πᾶσιν τοῖς ἐκζητοῦσιν αὐτήν	mais pour tous ceux qui la cherchent.

La plus grande partie du chapitre 24 est un hymne où la Sagesse fait son propre éloge (vv. 3–22). Ce genre d'auto-présentation, mentionnant ses propres qualités, est unique dans la littérature juive. Les arétalogies de la littérature hellénistique du temps du Siracide mettent en valeur les vertus et les mérites d'êtres divins.[40] Une partie des chercheurs voient en Si 24 des parallèles avec l'arétalogie d'Isis.[41] Ceci semble être le cas du point de vue des motifs et du style mais, comme Marböck le signale judicieusement dans une note, nous ne pouvons pas parler d'arétalogie dans ce cas-ci, car en Si 24, il n'y a pas de preuve de la puissance divine (c'est-à-dire de la Sagesse) à travers un miracle.[42] En plus, comme nous le verrons ci-dessous, le texte fait une différenciation entre Dieu et la Sagesse. C'est pourquoi nous ne retenons pas l'analogie avec l'arétalogie d'Isis. Nous analysons maintenant le texte verset par verset.

D'après Di Lella, la Sagesse proclame son chant au milieu du peuple d'Israël (v. 1b) ; il se base sur le texte syriaque (« et au milieu du peuple de Dieu elle sera honorée ») et fait référence à Si 24,8d (« en Israël reçois ton patrimoine »).[43] Smend, suivi par Rickenbacher, affirme que le cadre du chant de la Sagesse en Si 24 est « l'assemblée du Très-Haut » (v. 2a), où

---

40. Voir Sauer, *Jesus Sirach/Ben Sira*, 180.
41. Surtout Hans Conzelmann, « Die Mutter der Weisheit », dans *Zeit und Geschichte. Dankesgabe an Rudolf Bultmann*, éd. Erich Dinkler et Hartwig Thyen (Tübingen : Mohr Siebeck, 1964), 228.
42. Voir Marböck, *Weisheit im Wandel*, 48 n. 13 et 49–54 pour les motifs des arétalogies d'Isis transposables à Si 24.
43. Skehan et Di Lella, *The Wisdom of Ben Sira*, 331.

une place exceptionnelle parmi ses « compagnons du ciel » lui est réservée.[44] Le titre « Très-Haut » était utilisé dans la religion cananéenne pour exalter Dieu. Le dieu créateur El représentait le chef du conseil des dieux, et « l'assemblée du Très-Haut » désigne le conseil divin (voir Jb 1-2 ; Is 6). Celui-ci représente maintenant la cour céleste où siègent Dieu et la « Puissance » (« host », Si 24,2) du ciel, c'est-à-dire des dieux démythologisés. Ce sont des créatures célestes auxquelles un certain nombre de fonctions a été accordé.[45]

Pour Marböck, la Sagesse s'adresse à la fois à « son peuple », c'est-à-dire Israël (v. 1b), et à la cour céleste (v. 2). Ceci nous semble tout à fait plausible étant donné que la Sagesse proclame qu'elle est d'origine divine (v. 3), que son lieu de résidence était auprès du Seigneur (v. 4), que le Seigneur lui a ordonné de s'établir en Jacob (v. 8) et qu'elle s'est enracinée dans ce « peuple plein de gloire » (v. 12). Ses lieux de résidence se trouvent donc « en haut » et « en bas ».[46] Gilbert, en se basant sur Fritzsche, propose encore un autre point de vue, réunissant celui « d'en haut » et celui d'en bas. Le lieu d'où parlerait la Sagesse serait le Temple où trône le Seigneur. Avec cette prémice, on comprend mieux certaines allusions au culte liturgique présentes dans le texte.[47]

La Sagesse personnifiée en Si 24 « ouvre sa bouche » (voir aussi Pr 8,6-8) pour se présenter : son origine, son parcours. Nous pourrions presque dire qu'elle expose son curriculum (vv. 3-7), avant l'appel de son créateur de s'installer en Israël et d'y exercer sa mission (vv. 10-18). Ensuite, elle invite à la rejoindre et à se laisser instruire par elle (vv. 19-22). En Pr 1,20-33 ; 8,4-36 ; 9,1-6.11 nous trouvons également une personnification de la Sagesse.

Comme en Si 1,1 et en Pr 8,22, la Sagesse proclame son origine divine en Si 24,3. Ὕψιστος est une épithète souvent utilisée pour le Seigneur dans le Siracide (quarante-cinq fois). Cette épithète fait référence à la puissance universelle de Dieu créateur et maître de l'univers. Tout en étant d'origine divine (24,3a), la Sagesse fait néanmoins partie des créatures (v. 8b ; voir aussi Si 1). Comme en Gn 1a-2,4a où Dieu dit, et cela fut, la Sagesse est créée à partir de la Parole de Dieu (24,3 ; voir aussi Ps 33,6.9 ;

---

44. Smend, *Die Weisheit des Jesus Sirach. Erklärt*, 216; Rickenbacher, *Weisheitsperikopen bei Ben Sira*, 118-20.
45. Voir Perdue, *Wisdom and Creation*, 267.
46. Voir aussi Box et Oesterley, *The Book of Sirach*, 396.
47. Maurice Gilbert, « L'éloge de la Sagesse (Siracide 24) », *RTL* 5 (1974) : 330.

2. Quel est le lien entre la crainte de Dieu, la sagesse et la Loi en Si 1 et 24 ? 257

Is 55,11). Après être « sortie de la bouche du Très-Haut », elle a pu ouvrir sa bouche au milieu de « l'assemblée du Très-Haut » (24,3.2). L'idée de sa sortie de la bouche de Dieu sera reprise dans la christologie du *logos* en Jn 1.[48] La « nappe de brouillard » (3b) évoque l'image des ténèbres couvrant l'abîme avant l'intervention créatrice de la Parole de Dieu (Gn 1,2 ; voir aussi Gn 2,6TM).[49]

Si 24,4-7 relate les pérégrinations d'une Sagesse sans domicile fixe, en recherche d'une demeure. Les vv. 4-7 montrent les deux dimensions de son parcours : la dimension verticale (vv. 4 et 5) et la dimension horizontale (vv. 6 et 7). L'auteur exprime ainsi la présence et l'emprise universelles de la Sagesse. Le v. 4 la situe dans les hauteurs, comme Pr 8,2, sauf que le Siracide évoque la sphère céleste, tandis que Pr 8,2 a lieu dans le domaine terrestre (« au croisement des chemins »). Le verbe κατασκηνόω (v. 4 ; repris au v. 8) est rendu en Syr par « monter sa tente ». Pour Smend, la traduction syriaque est plus appropriée ici ; il traduit par « j'établis ma demeure » (« ich schlug meine Wohnung auf »).[50] « Monter sa tente » exprime mieux le côté éphémère de l'établissement de la Sagesse dans les cieux, car cette expression évoque une vie de nomade. En effet, la Sagesse est invitée par le créateur à quitter sa tente pour « vivre » (Si 24,8cSyr) en Jacob.

Si 24,4a souligne bien que la Sagesse vient d'auprès de Dieu (voir aussi v. 3), étant donné qu'elle « résidait dans les hauteurs », partageant en quelque sorte la gloire divine (voir aussi Ps 113,4.5 ; Is 33,5 ; 57,15). Par ailleurs, 24,4b confère à la Sagesse un statut royal par l'allusion à son trône. Cette métaphore n'est généralement pas associée à la sagesse dans l'Ancien Testament (sauf Sg 9,4), mais plutôt à Dieu (Ps 102,19 ; 9,8 ; Is 66,1). En Si 24,4b, ce trône est situé « dans une colonne de nuée », ce qui rappelle la présence du Seigneur auprès de son peuple sous la forme d'une colonne de nuée lors de l'exode (voir Ex 13,21-22 ; 14,19-20 ; 33,9-11 ; 40,38 ; Dt 31,14-15). La formulation de Si 24,4b (« *dans* une colonne de nuée ») signifie que la Sagesse siégeait auprès de Dieu, mais elle n'est pas l'égal de Dieu (voir aussi Sg 10,17-19 qui utilise les mêmes images pour la sagesse, inspirées d'Ex 13,21-22). V. 10a affirme qu'elle a officié « en sa Présence »,

---

48. Sauer, *Jesus Sirach/Ben Sira*, 181.
49. Voir aussi Sheppard, *Wisdom as a Hermeneutical Construct*, 21-71; ici plus particulièrement 22-27; Mermelstein, *Creation, Covenant, and the Beginnings of Judaism*, 17 et 21.
50. Smend, *Die Weisheit des Jesus Sirach. Erklärt*, 216.

ce qui confirmerait qu'elle était en quelque sorte l'assistante du Seigneur. C'est le rôle que nous pouvons lui attribuer également en 24,4.

En Si 24,5-7, la Sagesse affirme avoir parcouru tout l'univers (voir également Si 43,12 ; Pr 8,24-31), et avoir gouverné tous les peuples et toutes les nations. Dans l'édition de Rahlfs, nous trouvons pour 24,6b : καὶ ἐν παντὶ λαῷ καὶ ἔθνει ἐκτησάμην (de κτάομαι, « acquérir ») ; il s'agit probablement d'une erreur.[51] Ἡγησάμην correspond au texte latin (Si 24,10), *primatum habui*, et confirme d'ailleurs son statut royal évoqué en 4b. Le verbe αὐλίζω (24,7b ; « s'installer », « fixer sa demeure »), en relation avec la Sagesse, se trouve à d'autres endroits dans le Siracide : Si 14,26 (l'homme qui demeure sous les rameaux de la Sagesse) ; 51,23 (invitation à s'installer à l'école du sage). La précision μόνη à la fin de 24,5a fait référence au statut particulier de la Sagesse. Aucune autre créature n'a eu accès aux sphères qu'elle a parcourues (v. 5).[52] Elle partage ce privilège avec Dieu seul (comparer à Jb 9,8 ; 22,14 ; 38,16 ; ce qui est affirmé à propos de Dieu dans les références citées en Jb est transposé à la Sagesse en Si 24,5-6).[53] L'action de la Sagesse, comme celle de Dieu, s'étend du plus haut vers le plus bas. Cette dimension verticale est complétée par la dimension horizontale (voir ci-dessus), là où Dieu est également seul maître (v. 6). Dieu seul domine la mer (Ex 15,8 ; Ps 89,10 ; Pr 8,29 ; Jb 38,11 ; Is 51,15) et la terre. Si 24,6 affirme que le pouvoir de la Sagesse s'étendait « sur les vagues de la mer et sur toute la terre, et en chaque peuple et nation », ce qui évoque une co-régence avec le Seigneur (voir aussi v. 4). La répétition de πᾶς aux vv. 6 et 7 (trois fois) souligne qu'aucun domaine et aucune nation ne sont exclus de sa gouvernance. 24,6b exprime l'universalité de son rayonnement. Le pouvoir qu'elle a reçu de Dieu, la Sagesse le partage avec lui. Ben Sira donne ici un statut à la Sagesse qui dépasse celui de Pr 8,22-31, où elle n'est que le témoin de l'œuvre créatrice de Dieu.[54]

En Si 24,7, nous passons d'une image où l'origine et l'action de la Sagesse sont presque de nature divine, à une référence à l'histoire du peuple d'Israël. La Sagesse en Si 24,7 est comparable au peuple errant dans le désert, cherchant un lieu de villégiature (comparer l'association des idées de « repos » ou d'« établissement » et de « patrimoine » en Si 24,7.8 [κληρονομία au v. 7 est repris aux versets 12.20.23] à Dt 12,9-10 [κατάπαυσις ; κληρονομία ;

---

51. Voir aussi Smend, *Die Weisheit des Jesus Sirach. Erklärt*, 217.
52. Voir Marböck, *Weisheit im Wandel*, 61.
53. Voir Sheppard, *Wisdom as a Hermeneutical Construct*, 36-38.
54. Marböck, *Weisheit im Wandel*, 61.

2. Quel est le lien entre la crainte de Dieu, la sagesse et la Loi en Si 1 et 24?

καταπαύω ; κατακληρονομέω] ; 25,19 [καταπαύω ; κατακληρονομέω] ; voir aussi Ex 23,12G où ἀνάπαυσις désigne le repos sabbatique). Certaines expressions faisant référence à l'exode (vv. 4b.7.8c.10a) sont empruntées aux récits du « pélérinage d'Israël vers la Terre Promise ». Les images de la « résidence dans les hauteurs », siégeant « dans une colonne de nuée » et de la pérégrination en recherche de lieu de résidence (terrestre), attribuées à Dieu ou encore au peuple d'Israël (voir aussi Nb 33), sont transposées à la Sagesse en Si 24.[55]

L'adverbe de temps τότε en 24,8a marque une rupture ; il est ici l'indice d'un nouveau début. Nous assistons au passage du parcours de la Sagesse dans le cosmos à sa fixation en un lieu précis, privilégié, encore à l'instigation du Seigneur qui reste son créateur et son maître (8a : « le créateur de toutes choses me donna un ordre »). Est-ce à dire que par son installation en un lieu précis, l'action de la Sagesse perd de son ampleur universelle ? Nous y reviendrons. En tous cas, le v. 8 signale qu'à partir d'un certain moment, la Sagesse a trouvé une demeure. La répétition du verbe καταπαύω insiste sur la notion de repos (24,8b.11). Nous constatons que trois verbes ont le préfixe κατά dans le seul v. 8 (également aux vv. 3 et 4), ce qui souligne la descente de la Sagesse.[56] Si 24,8c reprend le verbe κατασκηνόω du v. 4a, établissant ainsi le lien avec la partie précédente. Ce verbe se trouve chaque fois à l'aoriste ; en 8c nous avons un impératif aoriste, mais il faut comprendre cet ordre au futur : « à partir de maintenant, tu demeureras en Jacob ». Le deuxième emploi de ce verbe marque donc une nouvelle étape, définitive. La signification de κατακληρονομέω est, selon Muraoka: « to settle as legal owner of [a land] and resident ».[57] Les deux derniers stiques du v. 8 constituent un parallélisme synonymique; le verbe κατακληρονομέω va cependant plus loin que κατασκηνόω (voir aussi Jn 1,14), car il a une valeur juridique : celui qui s'installe sur une terre en est également le propriétaire. L'importance du patrimoine de la Sagesse est signalée par le triple emploi de cette notion (vv. 7.8.12) : de la recherche d'une installation (v. 7) vers la désignation d'un patrimoine par le Seigneur même (v. 7) et jusqu'à l'enracinement définitif (vv. 8.12). Marböck fait remarquer qu'ici, Ben Sira indique pour la première fois une localisation et une délimitation de la Sagesse qui, selon les conceptions sapientielles d'Israël, étendait son règne sur l'univers entier (voir 24,3-6). Pour Marböck, la recherche du « repos »

---

55. Voir Sheppard, *Wisdom as a Hermeneutical Construct*, 30-31, 38-42.
56. Gilbert, « L'éloge de la Sagesse », 331.
57. Muraoka, *A Greek-English Lexicon of the Septuagint*, 373.

et d'un « patrimoine » dans la section 24,3-7 indique une première « interpretatio israelitica », ce que Sheppard conteste.[58] Une telle interprétation se trouve renforcée et beaucoup plus explicite encore dans la partie des vv. 8-12. L'ordre donné à la Sagesse par le créateur de se poser et de s'établir en Israël, son patrimoine (v. 8), rappelle l'ordre donné au peuple d'Israël de s'installer dans le pays que le Seigneur lui donne (Dt 3,18-20 ; Jos 1,13-15 ; voir aussi Dt 12,10.11 ; 25,19). La Sagesse régnant dans le cosmos est entrée dans l'histoire d'Israël, et fait partie de l'histoire du salut.

Le premier stique du v. 9 revient sur les débuts de la création, renvoyant ainsi au v. 3. Du point de vue temporel, le v. 9 va d'un extrême à l'autre. La présence de la Sagesse est ainsi assurée dans la totalité de l'espace (vv. 3-8 ; les vv. 10-14 relatent également l'expansion spatiale) et du temps. L'évocation de la création primordiale de la Sagesse et de son existence éternelle en 24,9 revient sur Si 1,1.4.15 (voir aussi Pr 8,22-23). La notion d'éternité (ἕως αἰῶνος οὐ μὴ ἐκλίπω) réservée au domaine divin (voir par exemple Ps 90,2 ; Si 42,21), n'est associée nulle part ailleurs à la sagesse dans la littérature sapientielle (ἐξ αἰῶνος, Si 1,4). Si 24,9b pose un sceau sur l'élection de la nouvelle demeure, lui donnant ainsi valeur d'éternité. L'enracinement « dans la portion du Seigneur » (v. 12) le confirme. La notion de perennité est déjà annoncée au v. 8 par les verbes καταπαύω, κατασκηνόω, κατακληρονομέω (voir aussi Si 4,16 ; 15,6). En Israël prend fin le voyage de la Sagesse. Depuis lors, elle reste liée à cette « portion du Seigneur ». Si 24,23 dira en quoi consiste cette sagesse. Avec Ben Sira, nous assistons à une nouveauté dans la pensée sapientielle de l'époque, celle de localiser et de réserver un domaine bien précis à la sagesse ayant eu jusqu'à présent une portée universelle. Ainsi, la sagesse « cosmique » fait son entrée dans l'histoire du salut, elle en fait partie (voir v. 23). Marböck fait remarquer que la tendance à souligner le grand âge de la Torah pour des raisons apologétiques aurait existé plus ou moins à la même époque dans la partie judéo-hellénistique d'Alexandrie, afin de mettre en évidence la supériorité de la Torah et de renforcer la foi des Juifs de la diaspora. Adams souligne cependant que l'idée d'une Torah éternelle ne circulait pas encore du temps du Siracide. Elle apparaîtra plus tard dans les écrits rabbiniques.[59]

---

58. Marböck, *Weisheit im Wandel*, 62; voir aussi Sauer, *Jesus Sirach/Ben Sira*, 182 ; Sheppard, *Wisdom as a Hermeneutical Construct*, 40. Voir aussi d'autres parallèles possibles entre Si 24 et le Pentateuque, dont Dt 12,1-11, 40-43.

59. Marböck, *Weisheit im Wandel*, 62-64; Adams, *Wisdom in Transition*, 202.

2. Quel est le lien entre la crainte de Dieu, la sagesse et la Loi en Si 1 et 24 ?

Si 24,10a évoque les fonctions liturgiques (λειτουργέω) exercées par la Sagesse devant le Seigneur dans la « Tente sainte » (à part en Si 24,10 et Sg 9,8, il n'est nulle part question de « tente sainte » dans l'Ancien Testament ; cette tente est appelée σκηνή τοῦ μαρτυρίου entre autres en Ex 28–29 ; Lv 6–9 ; Nb 17,22–23 ; 18,2 ; 2 Ch 24,6,). La mention de cette tente fait référence au sanctuaire que Moïse devait construire sur ordre du Seigneur pour que celui-ci puisse y habiter au milieu de son peuple (Ex 25,8–9 ; 26,1–37). Cette tente fut plus tard remplacée par le Temple à Jérusalem qui devint, d'après Si 24,10b.11, la demeure définitive de la Sagesse (comparer à Ps 132,13.14).[60] Une explication de la fonction liturgique de la Sagesse (plus particulièrement Si 24,10) est donnée par Box et Oesterley, préfigurant le lien de la Sagesse avec la Torah en Si 24,23 : « The worship of the Tabernacle was the carrying out of the Law, so that, as personified, Wisdom could be said to minister before God ». Sheppard s'inscrit dans la même ligne, affirmant que l'identification de la Sagesse avec la Torah en Si 24,23 est déjà préparée par la relation entre la fonction de la Sagesse et celle du ministère sacerdotal. La Torah fut confiée aux Lévites afin de l'enseigner au peuple – et ainsi d'apprendre à craindre le Seigneur (Dt 17,18–20 ; 31,9–13 ; voir aussi Dt 33,10). De même, Marböck voit dans la fonction liturgique de la Sagesse en Si 24,10 une anticipation du lien de la Sagesse avec la Torah au v. 23, car c'est la Loi qui règle le culte. Il poursuit en affirmant que le but de l'éloge de la Sagesse n'est pas de dresser un portrait de la personne de la Sagesse ou d'une hypostase, mais de montrer par les différents attributs associés à la Sagesse où sont les lieux de la présence et de l'action divines, en partant du cosmos jusqu'au culte, sans oublier son accompagnement du peuple à travers le désert vers la Terre Promise.[61]

Dans « la ville bien aimée », la Sagesse a trouvé son repos, et à partir de Jérusalem, elle gouverne aussi (v. 11). Le v. 12 forme une inclusion avec v. 8cd : « s'enraciner » - « établir sa demeure », « dans un peuple plein de gloire » - « en Jacob/Israël » ; « dans la portion du Seigneur, mon patrimoine » (voir aussi Si 17,17b ; Dt 32,9) - « en Israël reçois ton patrimoine » (voir aussi v. 7b).[62] Ben Sira veut rappeler qu'à côté d'Alexandrie, la capitale intellectuelle de l'hellénisme, il y a Jérusalem, le lieu de résidence et de gouvernance de la Sagesse. La notion de l'élection d'Israël et de Jérusalem

---

60. Voir aussi Sheppard, *Wisdom as a Hermeneutical Construct*, 49–51.
61. Box et Oesterley, *The Book of Sirach*, 397; Sheppard, *Wisdom as a Hermeneutical Construct*, 55–56; voir Marböck, *Weisheit im Wandel*, 65–66.
62. La Septante de Rahlfs a en Si 24,12b ἐν μερίδι κυρίου κληρονομίας αὐτοῦ.

est ainsi de nouveau rappelée et mise à l'ordre du jour dans un langage d'actualité. Cette reprise de l'élection d'Israël par le Siracide (24,8.11) est une première dans la littérature sapientielle.[63] Mais l'établissement en Sion ne signifie ni la fin du rayonnement universel de la sagesse, ni le refus des sagesses des autres nations (voir Si 1,8-10). Même si Si 24 lie la Sagesse à l'histoire d'Israël, ce n'est pas dans le but de renforcer le particularisme et le nationalisme, car ce serait contraire à l'ouverture que nous trouvons chez le Siracide (malgré la prière engagée en Si 36[33],1-22 – car elle exprime le souhait que les nations reconnaissent le Seigneur comme seul Dieu – et malgré Si 50,25-26). La préhistoire de la Sagesse (Si 24,3-6), son voyage cosmique, aboutit à une fixation dans l'histoire d'un peuple, à un lieu d'où elle rayonnera dans l'univers (24,8-12 ; 1,8-10). Il était peut-être devenu nécessaire aux Juifs de la diaspora de clarifier la position d'Israël au milieu de nations hellénisantes, comme nation choisie par la Sagesse divine. Ben Sira aurait été le premier à l'exprimer si clairement.[64]

Les vv. 13-15 sont reliés par la répétition des ὡς en début de proposition ; aux vv. 16 et 17, ils sont précédés par ἐγώ. La Sagesse se compare à des arbres, des plants ou des arbustes, bien connus en Palestine ou exotiques. Les vv. 13-14 mettent en évidence la force, la hauteur (le cyprès, voir aussi Si 50,10), la beauté (l'olivier), la fertilité (la vigne, v. 17). Marböck voit un lien entre ces images et le motif de l'arbre de vie. Nous pouvons relever également le triple emploi de « j'ai grandi » aux vv. 13 et 14. La Sagesse se présente dans toute sa splendeur, vivante, en pleine croissance, depuis les frontières du Liban et de l'Hermon, en passant par Ein-Guèdi et Jéricho jusqu'à la plaine. Ainsi sa vie, sa force et sa puissance atteignent tout le territoire d'Israël. Sauer fait remarquer que la particularité du cèdre (de Liban) ne consiste non seulement dans sa beauté et sa grandeur, mais également dans son utilisation pour la construction du Temple (voir e. a. 1 R 5,20).[65] Le v. 15 vante les bonnes odeurs que procure la Sagesse qui apparaît comme source de plaisirs. Nous avons surtout ici une allusion à la liturgie et à une fonction liturgique de la Sagesse, déjà évoquée au v. 10. Nous retrouvons en Si 24,15 une partie des aromates et des essences utili-

---

63. Johannes Marböck, « Gesetz und Weisheit », 11.
64. Voir Marböck, *Weisheit im Wandel*, 66 et 72-73.
65. Marböck, *Weisheit im Wandel*, 74; voir aussi Gilbert, « L'éloge de la Sagesse », 332. Pour de plus amples informations au sujet des métaphores utilisées en Si 24,12-17, voir Sauer, *Jesus Sirach/Ben Sira*, 182-83.

2. Quel est le lien entre la crainte de Dieu, la sagesse et la Loi en Si 1 et 24 ?

sés dans la Tente de la rencontre et pour l'onction d'Aaron et de ses fils (Ex 30,23–30.34-36 ; voir aussi Si 45,15-17 ; Lv 8,1-13).

Il est intéressant de comparer également Si 24,13-15 à Si 50,5-15, où Simon, grand prêtre à Jérusalem, est couvert de louanges, reprenant partiellement les mêmes images qu'en Si 24. Une juxtaposition de ces deux textes suggère que Ben Sira accorde à la Sagesse une fonction sacerdotale (voir aussi vv. 10-11). Comme un prêtre, elle a une fonction d'intermédiaire entre Dieu et le peuple. Il faut probablement juxtaposer Si 24,10-15 à Si 50,5-15 pour mieux saisir leur teneur. Premièrement, d'un côté, la Sagesse endosse une fonction sacerdotale, et de l'autre côté, le grand prêtre Simon est empreint de sagesse (mêmes motifs qu'en Si 24). Deuxièmement, la liturgie d'Israël est remplie de la présence resplendissante de la Sagesse, à l'image de la présence du Seigneur dans le Temple ; Si 50 dessine toute la splendeur de cette liturgie. Troisièmement, Si 50,1 affirme que le grand prêtre Simon a consolidé le sanctuaire ; Si 24,10-15 laisse sous-entendre une consolidation du sanctuaire central d'Israël par la présence et l'installation définitive de la Sagesse en ce lieu. Ainsi se verrait confirmée la suggestion faite par Gilbert de considérer le Temple comme lieu d'où parle la Sagesse (voir ci-dessus, concernant v. 1.2).

Pour Perdue, les versets 12-17 évoquent à la fois le jardin d'Eden (voir Gn 2,8-9.15-17) et le service cultuel (par les aromates et les fragrances ; voir Ex 30,23–30.34-38 et ci-dessus). Israël nourrit la Sagesse, favorisant ainsi sa croissance. Parmi ces arbres dans le jardin d'Éden se trouvait « l'arbre de vie » avec lequel la sagesse est identifiée en Pr 3,18.[66] Par ailleurs, les références au créateur (Si 24,8.9) et l'allusion aux quatre fleuves du paradis (v. 25-27 ; voir Gn 2,10-14) relient la figure de la Sagesse au contexte de la création. Pour Sheppard, la description de Jérusalem où la Sagesse s'épanouit dans un jardin luxuriant, évoque la restauration du jardin d'Éden. Il fait également un lien entre les métaphores des exaltations paradisiaques en Si 24 et l'abondance que trouvent les Israélites en entrant dans la Terre promise (Dt 8,7-10 ; voir aussi Dt 32,13-14), situant ainsi Si 24 dans le contexte de l'histoire du salut (voir aussi Si 16,24–17,14 et son lien avec la création et l'allusion possible au jardin d'Éden, exposé plus haut).[67]

---

66. Perdue, *Wisdom and Creation*, 270-72.
67. Sheppard, *Wisdom as a Hermeneutical Construct*, 52-54.

Comme au début du discours direct de la Sagesse (vv. 3-4), les vv. 16-18 commencent par ἐγώ. Aux vv. 16-17, l'auteur fait de nouveau des comparaisons à l'aide d'images de la flore, précédées par ὡς. Le térébinthe est connu pour ses grandes branches (voir 2 S 18,9) ; il était certainement agréable de s'abriter sous son ombre par temps de grandes chaleurs (voir 1 R 13,14). Ce qu'offre la Sagesse, ce sont des fruits de gloire, de grâce et de richesse (voir aussi Pr 3,13-16 ; 8,18). Le v. 18 est un ajout (GII) ; il sort en effet du style des comparaisons précédentes – à part le début par ἐγώ – en introduisant ici le thème de l'amour, de la crainte de Dieu, de la connaissance (qui est une composante de la Sagesse) et de l'espérance par la piété. La Sagesse fait le lien entre ces notions, en proclamant qu'elle est leur « mère » (18a). Le thème de l'espérance n'est pas très fréquent dans le Siracide. Au chapitre 31(34), nous trouvons quatre occurrences (vv. 1.7.15.16). Si 31(34),1 parle des « espérances vaines » (κεναὶ ἐλπίδες) de « l'homme sans intelligence » (ἀνήρ ἀσύνετος), donc dépourvu de sagesse. Si 31(34),15.16 évoquent l'espoir pour celui qui craint le Seigneur : « L'esprit de ceux qui craignent le Seigneur vivra, car leur espoir repose sur celui qui les sauve » (v. 15), et le v. 16 affirme que celui qui craint le Seigneur n'a rien à redouter, car il est leur espoir. Le v. 17 dit « bienheureuse » l'âme qui craint le Seigneur. Le quatrième stique de Si 24,18 introduit également une notion généralement absente (du moins explicitement) dans le livre de Ben Sira, celle de l'éternité. La récompense pour un sage ou un craignant-le-Seigneur est, selon le Siracide, une vie longue ou une bonne renommée, donc une forme de survie par les éloges des générations futures (Si 37,26 ; 39,9-11 ; 41,11-13 ; 44,12-15). Leur gloire restera (voir Si 24,16.17). S'agit-il en Si 24,18 d'un ajout chrétien ? La même question se pose pour Si 19,19 (GII) : « [La] connaissance des commandements du Seigneur [est] une instruction [pour la] vie » (παιδεία ζωῆς). Ceux qui font ce qui lui plaît, récolteront les fruits [de] l'arbre de l'immortalité ».[68] Si 31(34),15.16 est proche de Si 24,18 par la notion d'espérance et de vie (éternelle), le premier texte s'adressant à ceux qui craignent le Seigneur, Si 24,18d apparemment à ceux qui sont appelés par le Seigneur.[69]

En Si 2,9G, Syr et 2,7Syr nous avons le verbe « espérer » pour ceux qui craignent le Seigneur. Il n'est pas question ici d'espérer en Dieu, mais en ce qu'il procure : « de bonnes choses » (2,7a.9aSyr : « sa bonté »), « joie

---

68. Voir aussi la traduction dans Kraus et Karrer, éds., *Septuaginta Deutsch*, 1116.
69. Nous n'entrons pas ici dans toutes les difficultés textuelles de Si 24,18cd. Voir aussi ci-dessus.

2. Quel est le lien entre la crainte de Dieu, la sagesse et la Loi en Si 1 et 24 ?   265

éternelle et miséricorde » (2,9bSyr : « joie éternelle et salut »). 2,9bSyr et 2,9cGII rejoignent le plus la notion de l'immortalité ou de vie dans l'au-delà. La traduction syriaque, ayant substitué « salut » à « miséricorde » en 2,9b, est plus clairement orientée vers une perspective chrétienne, pas encore présente dans le Siracide, qui a des formulations plus ouvertes ou plus équivoques (comme « don éternel » en 2,9cGII).

Après avoir exposé toutes ses qualités, la Sagesse invite ceux qui désirent l'acquérir (voir aussi la prière de Salomon : Sg 9,1-12) à venir profiter de ce qu'elle procure (v. 19). Ici, elle s'adresse manifestement au peuple (voir 24,1). Nous avons deux impératifs à la deuxième personne du pluriel (comme en Si 24,24ab). Si 24,19b insiste pour que les amis de la Sagesse viennent goûter les fruits mentionnés auparavant (v. 17). En effet, les fruits de la Sagesse passent par le palais (vv. 20-21 ; voir aussi Si 15,3 ; Pr 9,1-6). Être en possession de la Sagesse, c'est le sommet de la douceur (voir aussi Pr 24,13-14), et d'après Si 11,3, le miel produit par de petites abeilles est le meilleur des produits ; de même ne faut-il pas sous-estimer un homme d'humble provenance qui est sage. Acquérir la sagesse, c'est donc le sommet de ce que peut désirer un fidèle (voir aussi l'image de la sagesse comme mère nourricière en Si 15,3). Le souvenir (24,20a) est un thème que Ben Sira emploie plus fréquemment que les autres sages.[70] Si 49,1 relie également le souvenir au plaisir du palais, tout comme aux bonnes odeurs (voir 24,15). Il semble que Ben Sira veuille lier le souvenir au plaisir des sens, et aussi à la liturgie (voir aussi Si 32,8-9[35,5-6], 38,11 ; 45,16). Mais il y a une concentration de ce vocable ($\mu\nu\eta\mu\acute{o}\sigma\upsilon\nu o\nu$) dans la partie consacrée aux hommes illustres, mémorables (chap. 44-50).

Les vv. 21 et 22 poursuivent par la même symétrie stylistique que nous avons déjà rencontrée dans l'éloge proclamé par la Sagesse, en commençant par l'article suivi d'un participe présent substantivé et du verbe, qui se trouve ici au futur. Après avoir évoqué le passé (vv. 3-17) et le présent (vv. 19-20), la Sagesse se tourne vers les promesses de l'avenir (vv. 21-22). Au v. 21, le verbe en fin de proposition indique la conséquence positive et donc l'intérêt de l'action exprimée au participe présent : ceux qui mangent et boivent la Sagesse en demanderont encore (comparer à Jn 4,14 ; 6,35 ; 7,37) ; elle leur donne faim et soif de plus de Sagesse. Il ne s'agirait non pas d'une tâche ardue, mais de plaisir, comme le suggéraient déjà les bonnes odeurs des différentes fragrances et la douceur du miel (Si 24,15.20). Au

---

70. Gilbert, « L'éloge de la Sagesse », 335.

v. 22, les verbes indiquant la conséquence sont négatifs ; exprimé positivement, Si 24,22a signifierait : celui qui obéit à la Sagesse (voir aussi pour la crainte du Seigneur en Si 1,28) connaîtra la gloire – un des fruits nommés aux vv. 16.17. En Si 1,11, la gloire était promise à celui qui craint le Seigneur. Quant à Si 24,22b, si on le retournait positivement, il voudrait alors dire que le sage vit selon les commandements, ce qui relie la sagesse à la Loi et à la crainte de Dieu ; car celui qui ne pèche pas vit non seulement en accord avec la Loi, mais également dans la crainte. Le maître de sagesse avait exposé en Si 6,18-37 comment il faut s'approcher de la sagesse (voir aussi le macarisme en Si 14,20-27 ; Pr 8,4-10.32-36 ; Pr 8,35-36 : c'est une question de vie ou de mort). Si 6 se terminait – en apothéose – par le conseil de s'appliquer sans cesse aux commandements du Seigneur, afin que soit exaucé le désir de sagesse. La Loi est donc un passage obligé vers la sagesse. En Si 24,19-22, la Sagesse exprime le désir de rencontre, de communauté et de collaboration avec les hommes. La Sagesse est destinée à être accueillie par la communauté des fidèles. « Travailler » avec elle (v. 22b) se traduit concrètement dans l'obéissance (généralement à Dieu et à ses commandements ; au v. 22a, le destinataire est la sagesse) à la Loi. Ici se termine le chant de la Sagesse, préparant le v. 23 par l'allusion à la Loi.

À partir du v. 23, la parole revient à Ben Sira. Il donne ici son interprétation du discours de la Sagesse. Manger et boire la Sagesse doit rendre apte à « travailler avec » elle (24,21.22) en vivant en accord avec la Loi (v. 23).[71] L'expression « le livre de l'alliance du Dieu Très-Haut » au premier stique est unique dans la Bible (Si 38,34d emploie l'expression νόμος ὑψίστου). Pour les nombreux problèmes de critique textuelle, que nous ne pouvons pas traiter en détail ici, on peut se référer à Rickenbacher et à Gilbert.[72] Les deux derniers stiques du v. 23 correspondent à Dt 33,4. Si 24,23ab résume tout ce que les versets précédents disaient à propos de la Sagesse : « Tout cela, c'est le livre de l'alliance, la Loi que Moïse nous a prescrite ». Pour Ben Sira, l'essence de la Sagesse se trouve dans « la Loi que Moïse nous a prescrite » (voir aussi Ba 4,1). Le « livre de l'alliance » (Si 24,23a ; voir aussi Ex 24,7) correspond au livre de la Loi. Nulle part ailleurs, le Siracide est aussi explicite concernant l'équation entre la Sagesse et la Loi (comparer à Dt 4,5-6 où la mise en pratique « des lois et des coutumes » [חֻקִּים וּמִשְׁפָּטִים]

---

71. Voir Sauer, *Jesus Sirach/Ben Sira*, 184.

72. Kraus et Karrer, éds., *Septuaginta Deutsch*, 2194; Rickenbacher, *Weisheitsperikopen bei Ben Sira*, 125-27, 130-31, 166-67; Gilbert, « L'éloge de la Sagesse », 336-37.

2. Quel est le lien entre la crainte de Dieu, la sagesse et la Loi en Si 1 et 24 ?

est synonyme de sagesse, mais il n'y est ni question de la Torah – seulement au v. 8 – ni du « livre de l'alliance »). La Sagesse a sa place dans l'histoire d'Israël, tout comme la Torah (Si 24,23 ; Dt 33,4). Matthew J. Goff fait un rapprochement entre 4Q185 qui associe également la sagesse à la Torah, et le chapitre 24 du Siracide. Nous ne creusons pas ici cette comparaison.[73] Si 24,23ab reprend ce que la Sagesse affirme en d'autres mots à la fin de son discours (24,22 ; voir ci-dessus). Il semble que le Siracide veuille affirmer ici qu'il n'y a pas de différence entre une vie fidèle à la Sagesse et une vie fidèle à la Loi. En somme, être sage, c'est vivre selon la Loi (mais voir aussi Si 38,34cd-39,1). L'appel à obéir à la Sagesse et le recours à la Sagesse afin d'éviter le péché en Si 24,22 rapprochent la Sagesse de la Loi et de la crainte de Dieu (qui incitent l'homme à ne pas pécher).[74]

Comme nous l'avons déjà signalé, la Sagesse en Si 24,5-7 est comparable au peuple errant dans le désert, cherchant un lieu de villégiature. Malgré les comparaisons possibles entre l'exode du peuple d'Israël en route vers la Terre promise et les péripéties de la Sagesse en recherche d'un lieu de résidence, les allusions à la présence de Dieu ou encore de la Sagesse au milieu du peuple (Si 24,10-12), le récit du don de la Torah dans le cadre de l'alliance (Ex 19-20) n'est pas évoqué en Si 24. Pour Mermelstein, Si 24,23 relie la Sagesse primordiale à la Torah que Ben Sira appelle ici « le livre de l'alliance du Dieu Très-Haut » (voir aussi Ex 24,7). Il estime que l'histoire de l'alliance ne doit pas commencer avec l'exode ou au mont Sinaï ; elle signifie plutôt l'achèvement de la création (voir aussi ci-dessus pour Si 16,24-17,14). Ainsi, le récit des péripéties de la Sagesse en Si 24 relierait la création à l'élection.[75]

Le lien entre Loi et Sagesse est souligné encore par le lien entre Si 24,23c et le v. 8cd : Tout comme la Sagesse a établi sa demeure en Jacob, la Loi a été donnée « comme patrimoine aux assemblées de Jacob » (citation de Dt 33,4 ; voir aussi Si 24,8 à propos de la Sagesse qui est invitée à résider en Jacob à qui la Loi a été accordée). Par l'affirmation en Si 24,23, non seulement la notion de sagesse est élargie, mais également la notion de

---

73. Voir Matthew J. Goff, *Discerning Wisdom. The Sapiential Literature of the Dead Sea Scrolls*, VT Sup 116 (Leiden : Brill, 2007), 134-36. Voir aussi Georg Sauer, « Weisheit und Tora in qumranischer Zeit », in Sauer, *Studien zu Ben Sira*, BZAW 440 (Berlin : de Gruyter, 2013), 1-24, ici plus particulièrement 10-12. Le rapprochement entre Loi et sagesse se trouve également en 4Q525.
74. Voir aussi Marböck, *Weisheit im Wandel*, 76.
75. Mermelstein, *Creation, Covenant, and the Beginnings of Judaism*, 20.

Loi. Par la référence à Dt 33,4, le Siracide replace la Loi dans son contexte initial : elle est donnée par le Seigneur à son peuple, transmise par Moïse. Marböck affirme, à la suite de Ernst Kutsch, que dans le contexte deutéronomiste, les notions d'« alliance » (ברית) et de « Loi » (תורה) se confondent (voir 2 R 22-23, particulièrement 2 R 22,8.11 ; 23,2.21 où il est question du « livre de la Loi » et du « livre de l'alliance » ; voir aussi Si 28,7).[76] Cette Loi fait partie du patrimoine d'Israël, tout comme la Sagesse. Tout ce que contient la Loi de Moïse est empreint de sagesse. Et le Juif qui cherche la sagesse doit passer par la Loi. Pour Marböck, la Sagesse n'est pas définie à partir de la Torah en Si 24,23, mais le Siracide légitime et interprète la Torah à partir d'une nouvelle conception de la Sagesse. Ταῦτα πάντα, c'est-à-dire tout ce qui a été affirmé à propos de la Sagesse (24,1-22), se retrouve dans le « livre de l'alliance du Dieu Très-Haut, la Loi que Moïse nous a prescrite » et élargit son horizon.[77]

L'exhortation de Si 24,24 est un ajout (GII) : L'appellation « Seigneur Tout-Puissant » (κύριος παντοκράτωρ) est rare dans le Siracide (42,17 ; 50,14.17), tout comme l'appellation « le sauveur » (σωτήρ : 51,1 ; en 46,1 il s'agit de Moïse). Si 24,24 veut encourager à se tourner vers le Dieu unique qui seul est capable de sauver. Nous avons ici l'affirmation d'un monothéisme, comme nous pouvons en trouver d'autres en Si 33,5b[78] et en Si 18,2bGII. Mais nulle part ailleurs qu'en 24,24, le Siracide ne joint l'existence du seul Dieu à l'affirmation qu'il est le seul sauveur (mais voir Is 45,21). Pour Gilbert, l'allusion à Dieu qui est l'unique sauveur n'a pas en soi de portée eschatologique. Nous aurions ici plutôt une référence à « une situation historique de division au sein du peuple [...] et d'une agression contre le Dieu unique d'Israël » ; mais il est impossible de préciser de quelle époque il s'agit.[79]

En Si 24,25-29, le Siracide utilise des métaphores associées à l'eau (les fleuves, la mer, l'abîme), métaphores qu'il prendra à son propre compte (canal, fleuve, cours d'eau, arroser, irriguer, mer) aux vv. 30-32. Nous remarquons de nouveau une même structure symétrique aux vv. 25 et 26 (comme dans l'éloge de la Sagesse), avec un parallélisme synonymique, ὁ πιμπλῶν σοφίαν - ὁ ἀναπληρῶν σύνεσιν, ce qui rend plus poétique le dis-

---

76. Marböck, *Weisheit im Wandel*, 77; Ernst Kutsch, « Gesetz und Gnade. Probleme des alttestamentlichen Bundesbegriffs », ZAW 79 (1967) : 18-35, ici 30.
77. Voir aussi von Rad, *Weisheit in Israel*, 316.
78. Si 36,4b dans l'édition de Rahlfs.
79. Voir Gilbert, « Les additions grecques et latines », 238-39.

2. Quel est le lien entre la crainte de Dieu, la sagesse et la Loi en Si 1 et 24 ?

cours du sage. La puissance de la Loi porteuse de sagesse est exprimée à travers les images de six fleuves (vv. 25-27). Au premier stique de chacun de ces trois versets, l'article au nominatif masculin avec un participe présent fait référence à la Loi, suivi chaque fois de la conjonction comparative ὡς, suivie d'un nom de fleuve et d'un substantif du champ sémantique de la sagesse (σοφία, σύνεσις, παιδεία). Le Siracide nomme les quatre fleuves du paradis (voir Gn 2,11-14), y ajoutant le Jourdain, le fleuve le plus important de Palestine, ainsi que le fleuve le plus important d'Égypte, le Nil, qui est aussi un des plus longs fleuves du monde, connu pour ses débordements (voir Am 8,8 ; 9,5). Ὡς φῶς, littéralement « comme la lumière » en Si 24,27a serait une mauvaise lecture du (ou dans le) texte hébreu, combinant le verbe ἐκφαίνω (« répandre », « diffuser »), utilisé également en 24,32b, avec φῶς, אור (« lumière ») au lieu de יאור (« Nil »).[80] Gilbert rappelle que le même rapprochement entre le Jourdain et le Nil est déjà implicitement présent en Gn 13,10 : « la plaine du Jourdain était entièrement arrosée [...] ; comme le jardin de Yahvé et comme le pays d'Égypte [...]. » Par ailleurs, en Gn 15,18, Yahvé conclut une alliance avec Abraham en ces termes : « À ta postérité je donne ce pays, du Fleuve d'Égypte jusqu'au Grand Fleuve, le fleuve d'Euphrate [...] ».[81] La mention du Nil a également des résonances particulières pour les Juifs vivant dans la diaspora à Alexandrie. Dans ce contexte, l'image de la richesse abondante de la Sagesse comparée aux débordements du fleuve est encore plus parlante.[82]

Pour le Siracide, la Loi déborde de sagesse, à l'image des grands fleuves mentionnés. Marböck interprète ces versets dans ce sens qu'à travers la Loi, Israël possède déjà une richesse paradisiaque de sagesse. Celle-ci provient du fait de la proximité du Seigneur (ce qui était généralement la caractéristique de la mythologie du paradis). Donc, la sagesse d'Israël n'est pas inférieure à celle des autres peuples. Ceci explique peut-être aussi la mention du Nil. Par ailleurs, au Proche Orient l'eau est le symbole de la sagesse (voir aussi Si 15,3 ; 21,13), ce qui fait ressortir l'importance universelle de la sagesse d'Israël.[83]

À partir du v. 28, le texte retourne à la Sagesse qui est insondable. Pour Di Lella, « le premier » (v. 28a) désignerait Adam, le premier homme (réfé-

---

80. Skehan et Di Lella, *The Wisdom of Ben Sira*, 330.
81. Gilbert, « L'éloge de la Sagesse », 338-39.
82. Voir Sauer, *Jesus Sirach/Ben Sira*, 185.
83. Marböck, *Weisheit im Wandel*, 78.

rence à Gn 2).[84] Il n'aurait jamais connu la sagesse étant donné que la Loi (qui est Sagesse) n'était pas encore révélée. La Sagesse d'Israël, que représente la Torah, restera insondable jusqu'au dernier homme (voir aussi Si 1,3, avec le même verbe ἐξιχνιάζω, « sonder »). Le v. 29 exprime en images les dimensions inatteignables de la Sagesse dans une structure chiastique : « plus vaste que la mer » - « au-delà du grand abîme » et « sa pensée » - « son dessein ». Le « grand abîme » est une autre référence à la préhistoire d'Israël (Gn 1,2).[85]

Dans la dernière partie du chapitre 24, le Siracide s'exprime à son tour à la première personne, s'inscrivant dans le même style métaphorique autour de l'eau. Il se voit comme la prolongation du fleuve « Sagesse », transmettant ce qu'il a reçu d'elle (30a). Le Siracide se compare à un cours d'eau entrant dans un jardin ou au paradis (εἰς παράδεισον ; v. 30). D'un fleuve est issu un canal, qui, plus modestement (« comme un cours d'eau », 30b) a « arrosé » (comparer aux inondations des fleuves aux vv. 25–27) son « jardin » (voir Gn 2,15 ; voir aussi Si 40,27 où la crainte du Seigneur est comparée à un « jardin de bénédiction ») ; le canal est devenu un fleuve et finalement une mer (v. 31). Nous constatons un jeu entre l'ordre décroissant et à nouveau croissant du cours d'eau. Ben Sira se considère comme l'héritier d'une tradition (v. 30) qu'il transmet à son tour (vv. 32–34 ; voir la ressemblance phonétique de ποτιῶ au v. 31a et φωτιῶ, 32a. Pour les vv. 32–34, voir aussi Si 16,24–25).

Le maître de sagesse veut passer le flambeau à la génération actuelle (ses élèves) et aux générations futures (voir aussi Si 39,8). Son message est destiné non seulement à Israël, mais il doit être répandu au-delà des frontières de ce peuple (« au loin »). Le texte élargit clairement ici le cercle des destinataires au-delà d'Israël, bien que le peuple d'Israël fût le premier bénéficiaire de ce message (24,1). Mais la sagesse d'Israël, véhiculée par la Loi, est destinée à passer les frontières du lieu de son implantation. C'était le but de l'enseignement de Ben Sira le sage.

Le maître de sagesse veut également « répandre l'enseignement comme une prophétie » (33a), c'est-à-dire en étant inspiré par Dieu comme les prophètes, et en parlant, comme eux, au nom de Dieu. Son message est destiné à dépasser non seulement les frontières de son pays, mais également de son époque (33b), afin que tous les chercheurs de la Sagesse,

---

84. Skehan et Di Lella, *The Wisdom of Ben Sira*, 337.
85. Skehan et Di Lella, *The Wisdom of Ben Sira*, 337.

basée sur la Loi, puissent la trouver (34). Si 24,34b réunit l'aspect spatial et l'aspect temporel dans « tous ceux qui la cherchent »[86]. Le dernier verset suggère également que la Sagesse est cachée, de sorte qu'il faille aller à sa recherche. Le maître de sagesse parle de son expérience en évoquant la peine, les efforts que lui a coûtés sa propre recherche de la Sagesse pour faciliter la tâche de ses disciples et de tous les disciples de la Sagesse. En même temps, il les avertit. Si 6,18–37 est beaucoup plus explicite à ce sujet. Mais après le labeur viendra la douceur, le résultat escompté (Si 6,19 ; 24,19–20). La sagesse sera un terrain fertile grâce au soin, à l'attention que lui porte le disciple.[87]

Les lieux de la présence et du rayonnement de la Sagesse ainsi que ses attributs veulent avant tout indiquer les lieux de la présence du Seigneur et sa manière d'agir : dans tout le cosmos, sur toute la terre, dans toute nation, dans la portion particulière qui est la sienne, c'est-à-dire ceux qui écoutent sa Parole et gardent ses commandements. Comme le Seigneur était présent dans la Tente de la rencontre et dans la « Tente sainte », « pour les siècles » (voir Si 24,9) il ne cessera pas d'être présent lors de tout culte de la part de ceux qui le craignent.

3.2.1. Si 1 et 24

Dès le début de son livre, le Siracide annonce l'objet de son écrit : toute sagesse a son origine en Dieu, et elle restera dans sa sphère. Ainsi, le Siracide englobe toutes les sagesses du monde, en les reliant avec la sagesse du peuple d'Israël inspirée par le Seigneur-même. Ceci témoigne d'une ouverture aux sagesses issues de la philosophie grecque qui peuvent être intégrées dans la sagesse d'Israël.

Cette sagesse se fond dans le cosmos, elle y est inscrite ; d'une part, elle est inaccessible à l'homme, et d'autre part, l'homme peut déceler dans le cosmos, la création, des traces de la sagesse divine. Considérée comme créature primordiale issue de Dieu, la sagesse n'est cependant pas égale à Lui. Étant le seul à pouvoir sonder l'étendue de la sagesse, le Seigneur seul peut être considéré comme sage. La sagesse vantée par le Siracide est présentée d'emblée comme faisant partie du domaine divin (1,1–9). La notion

---

86. Gilbert, « L'éloge de la Sagesse », 341.
87. Voir Calduch-Benages, « A Wordplay on the Term *mûsar* », 15.

d'éternité est associée à la sagesse pour la première fois dans la littérature sapientielle (1,4 ; 24,9).

Dans sa souveraine liberté, le Seigneur la déverse à son gré sur « toute chair ». L'universalité de cette sagesse est soulignée à plusieurs reprises. Si 1,10b introduit cependant déjà une nuance. La priorité est donnée à ceux qui aiment le Seigneur, donc au peuple des fidèles. Ici, comme en Si 24, le Siracide met en avant la situation privilégiée du peuple d'Israël qui bénéficie particulièrement de ce don de la sagesse. Si 24 est plus explicite à ce sujet.

Cet amour de Dieu se greffe sur le premier commandement (Dt 6,5) et introduit de ce fait la notion de Loi. À ceux qui gardent le premier des commandements – qui entraîne tous les autres commandements – le Seigneur accorde sa sagesse en abondance (1,26 ; voir aussi Dt 4,6). De ce fait, Sagesse et Loi sont donc liées. Ceux qui aiment le Seigneur sont aussi ceux qui le craignent en observant les commandements qu'il leur a donnés.

La seconde unité de Si 1 (vv. 11–30) met davantage en exergue la relation interne entre la sagesse et la crainte du Seigneur. L'importance de ces notions est exprimée également dans le nombre de leurs occurrences : douze fois pour la sagesse et sept fois pour la crainte du Seigneur. Le Siracide veut certainement rappeler aussi que la crainte du Seigneur est un élément-clé dans la relation à Dieu, en référence à Dt 4,9–10 ; 8,6 ; 10,12.

Si 1,11–13 cite une avalanche de bienfaits résultant de la crainte du Seigneur. Le craignant-Dieu peut espérer bénéficier de la bénédiction divine tout au long de sa vie ; ceci pouvait certainement être un facteur motivant pour tout fidèle, de rester dans la bonne voie. Si 1,12cd (GII) revient sur l'importance de l'amour qui est à la base de la crainte de Dieu. Celle-ci est un don de Dieu qui assure une bonne fin de vie.

Si 1,14–27 montre qu'on ne peut pas dissocier la crainte de Dieu et la sagesse : la première constitue la condition pour obtenir la seconde, alors que la seconde représente le fondement de la première. Ce sera encore souligné dans la conclusion du livre de Ben Sira (50,27–29), qui présente la quintessence de son enseignement.

La sagesse vécue au quotidien implique certains comportements, comme la prudence, la patience, la maîtrise de soi, ainsi que l'intelligence de faire usage de la parole à bon escient au moment propice. Les vv. 25 à 27 relient explicitement les trois notions dont il est question dans notre propos : la sagesse s'acquiert par l'observance des commandements et la crainte du Seigneur, qui est déjà sagesse. Par ailleurs, craindre le Seigneur signifie aussi : le suivre (et l'aimer) de tout son cœur, avec toute sa per-

2. Quel est le lien entre la crainte de Dieu, la sagesse et la Loi en Si 1 et 24 ? 273

sonne. Ceci demande une attitude intègre devant Dieu et devant les autres êtres humains (vv. 28-30).

Si 24 est un poème bien construit : par les répétitions de mots, de constructions, les parallélismes synonymiques. Il reprend une partie des affirmations du premier chapitre, tout en allant plus loin. Si 24,23 semble être l'exemple le plus explicite quant à l'interprétation de la sagesse comme Loi. 24,8 situe la sagesse dans un cadre historique, celui d'Israël ; elle fait partie du livre de « l'alliance du Très-Haut » (voir ci-dessus). Il s'agit de la Loi transmise par Moïse (voir aussi 17,11 ; 45,5). Si 24 fait comprendre également le lien de la sagesse avec la création, étant créée elle-même par Dieu, et par sa présence dans l'univers. La Torah d'Israël est ainsi associée à la sagesse universelle perceptible dans la création. Il en résulte une loi universelle inscrite dans la création et dans l'histoire. La nouveauté théologique dans le Siracide est de relier les grandes traditions à propos de la création, de l'histoire, de la Loi et de la sagesse.[88]

Malgré l'affirmation en 24,23, le poème sur la Sagesse n'a rien de légaliste[89]. La Torah ne représente pas ici uniquement les codes légaux, mais tous les cinq livres du Pentateuque. Ceci pourrait expliquer l'allusion à Gn 1,3 en Si 24,3 et la citation de Dt 33,4 en Si 24,23. Les vv. 3-6 du chapitre 24 font référence à l'histoire de la création du monde, et les vv. 7-8 rappellent l'élection d'Israël (voir Dt 10,15 ; 32,8 ; Ps 147,19-20). Si 24,10-12 évoque la centralisation du culte (Dt), et le parfum et la nuée d'encens renvoient à la Tente de la Rencontre dans le livre de l'Exode.

Le fait que la Loi ne fasse pas l'objet de longues péricopes dans le Siracide peut étonner compte tenu du poids que lui donne Si 24,23. En fait, ce verset vient résumer ce que la Sagesse a proclamé à propos d'elle-même. En ce sens, 24,23 est l'occurrence-clé dans le rapport entre Loi et Sagesse. La Loi reste subordonnée à la Sagesse et ne se comprend qu'à travers elle, qui s'est installée dans la « portion du Seigneur ». La Loi se reçoit de la Sagesse (24,23) et la féconde en même temps (24,25-27). Pour Israël, la Sagesse dans son entier (ταῦτα πάντα) n'est vraiment saisissable qu'à travers la Torah qui, elle, représente la Sagesse d'Israël devant les autres nations (Dt 4,5-6). « Toute sagesse vient du Seigneur » (1,1a) ; elle est don du Seigneur, tout comme la Torah. Par elles, le Seigneur est présent dans le monde. En se mettant au service de cette sagesse (24,30-34), en voulant

---

88. Voir aussi Marböck, *Weisheit im Wandel*, 90-92.
89. Gilbert, « L'éloge de la Sagesse », 345.

« diffuser sa lumière au loin », Ben Sira a contribué à joindre les traditions de la foi juive et la sagesse comme donnée universelle.

Gilbert rappelle l'héritage intellectuel que Ben Sira a intégré au chapitre 24.[90] Il distingue surtout deux courants : l'héritage sapientiel et l'héritage deutéronomique.[91] D'une part, les sages essaient de comprendre le monde qu'ils observent et de situer l'homme à l'intérieur de ce monde. Pr 8 reflète la conviction d'un ordre primordial, immanent au monde, selon le dessein de Dieu. Cet ordre primordial indescriptible qui les dépasse est appelé « Sagesse ». Il ne leur est pas enseigné par la Révélation. L'enseignement apporté par le monde est de type sapientiel. Si 24,3-23 s'inspire manifestement de Pr 8,22-31. D'autre part, Si 24,25-26 a repris Dt 4,6-8, qui considère que les préceptes du code deutéronomiste sont pleins de sagesse, ce qui distingue Israël de tous les autres peuples. La Loi deutéronomiste est pour la communauté d'Israël l'expression privilégiée d'un ordre réglant la relation avec Dieu et avec les autres hommes. Cet ordre inclus dans la Loi fait partie de la Révélation ; elle est reçue comme Parole de Dieu transmise par Moïse. Le Siracide aurait transposé l'affirmation de Dt 4, qui concerne seulement le code de lois deutéronomiste, sur l'entièreté de la Torah. À la lumière de Pr 8,27-31, louant la Sagesse présente à la création, Ben Sira a pu suggérer un rapport entre Gn 1-2 et la Sagesse, rapport déjà évoqué en Pr 8. Ainsi, les considérations à propos de l'œuvre de la Sagesse ont pu être étendues à tout le Pentateuque. Selon Gilbert, la thèse implicite du Siracide serait que la Torah qui est rapprochée de la Parole créatrice (Si 24,3), contient la meilleure formulation de l'ordre primordial recherché par les sages. Elle représenterait au mieux ce que recherche le sage. Cependant, Ben Sira n'oublie pas la tradition, la Révélation faite à Israël. Partant de Pr 8, le Siracide attribue à la Sagesse un rôle cosmique, et il lui concède en même temps une place dans l'histoire. L'importance théologique de la Sagesse qui s'installe en Israël (24,8-12) ainsi que sa présence dans la Torah (24,23 ; voir aussi 15,1 ; 17,11 ; 19,20 ; 38,24 ; 45,5) consiste dans le fait de remettre à l'ordre du jour l'idée de l'élection (par les versets 8-12.23 qui rappellent les pérégrinations de la Sagesse jusqu'à son établissement en Sion et son enracinement dans un « peuple plein de gloire, la portion du Seigneur », et le lien presque intrinsèque entre la Sagesse et la Torah).

---

90. Gilbert, « L'éloge de la Sagesse », 346-47.
91. Voir aussi Berg, « Ben Sira, the Genesis Creation Accounts », 140.

2. Quel est le lien entre la crainte de Dieu, la sagesse et la Loi en Si 1 et 24?

Les poèmes Si 1,1-10 et Si 24 ont comme objet la venue dans le monde de la sagesse depuis son origine divine – nous avons noté aussi le statut divin qui lui a été accordé pour la première fois dans la littérature sapientielle par la notion de l'éternité (1,4.15 ; 24,9) – et son installation au milieu des hommes. Sa fonction consiste à faire le lien entre la création et l'histoire d'Israël et à manifester la présence de Dieu dans ce monde à travers un langage accessible aux hommes de l'époque du Siracide. Les autres poèmes sapientiaux sont construits sur le mouvement inverse : c'est l'homme qui se met en mouvement vers la sagesse qui invite à la rechercher (voir Si 24,19). Dans ces poèmes, la sagesse promet l'union personnelle avec elle (4,11-19 ; 6,18-37 ; 14,20-15,10 ; 51,13-30).[92]

Par ailleurs, à travers le prisme de la Sagesse universellement présente et agissante dans la création, la Torah est réinterprétée dans le sens d'une Loi universelle, unissant la création et l'histoire. La nouveauté théologique de l'enseignement du Siracide consiste donc dans l'alliance des traditions relatives à la création, l'histoire, la Loi et la sagesse.[93]

3.2.2. Conclusion

Les notions de « crainte de Dieu » et de « sagesse » comptent parmi les plus importantes dans le livre de Ben Sira. Si 1,1-10 et Si 24 (et 50,27-28) indiquent au début, au milieu (et à la fin) du livre l'importance capitale de la sagesse. Elle vient d'en haut et réside en bas (voir aussi 1,11-30), et elle traverse les âges. Son champ d'action est cosmique et national ; ainsi représente-t-elle à la fois une notion universelle et historique. Dès le premier chapitre, la crainte de Dieu est également mise à l'honneur (1,11-30). Elle est une condition indispensable pour avoir accès à la sagesse, elle en constitue le fondement et la voûte. Cette idée est reprise à la fin du livre (50,29abc).[94]

Même si la Loi ne fait pas l'objet de grands textes dans l'œuvre du Siracide, elle est implicitement ou explicitement présente dans les deux autres notions. En effet, le péché est l'antithèse de la crainte de Dieu (36,14G) et celui qui désire la sagesse est invité à garder les préceptes (1,25.26). Une « race honorable » (10,19) est celle qui vit en accord avec la Loi. Cette

---

92. Voir Marböck, *Weisheit im Wandel*, 96-125.
93. Voir Marböck, *Weisheit im Wandel*, 91-92.
94. Voir l'édition de Ziegler.

« race » qui craint le Seigneur, est en même temps sage, car la Loi déborde de sagesse (24,23.25-29).

À l'aube d'un hellénisme grandissant, Ben Sira a voulu montrer à ses élèves la grandeur du patrimoine d'Israël (répétitions de κληρονομία en Si 24). Il présente la Torah à la fois dans sa richesse, sa fécondité, et comme réservoir de toute la Sagesse. Si 24 accorde à la Sagesse une place de premier choix dans le magnifique poème des vv. 3-22. En donnant sa place à l'héritage sapientiel et religieux d'Israël, il montre que la Torah peut être appréhendée du point de vue sapientiel. De même, la Sagesse créée par Dieu et existant pour l'éternité, exerçant son règne dans toutes les parties de l'univers et faisant partie de l'histoire du salut, a une fonction théologique et dépasse désormais le cadre purement sapientiel. Elle indique où se trouvent les lieux de la présence et de l'action divines. Si 24,23 met en exergue la Torah, comprise comme l'ensemble des commandements et des prescriptions, comme lieu privilégié de cette présence. Ces commandements sont source d'inspiration pour parvenir à la sagesse que le Juif recherche (1,26 ; 24,22b ; voir aussi 6,18-37).

Dans les textes étudiés ci-dessus, Si 1 ; 10,19-11,6 ; 24 (voir aussi l'excursus), le Siracide donne aux trois notions évoquées une nouvelle signification et ampleur en les unissant de façon plus ou moins explicite. Ben Sira se voit l'héritier d'une tradition sapientielle et d'une tradition basée sur la Révélation faite à Israël. Cet héritage, il veut le transmettre au-delà des frontières d'Israël et aux générations suivantes.

4
Synthèse : Trois aspects d'une même réalité ?

Avant de poser la question du lien entre les trois notions dans les textes étudiés ci-dessus, revenons aux termes utilisés dans le livre de Ben Sira pour « sagesse » et « Loi » (pour la « crainte de Dieu », voir la partie 2 ci-dessus). Nous avons constaté que la crainte et la sagesse se conjuguent souvent ensemble. Cette association crainte – sagesse sera brièvement reprise, également par les voix de quelques commentateurs du Siracide. Étant donné que notre étude ne porte pas spécifiquement sur le lien entre sagesse et Loi, nous élargissons nos constats par quelques points de vue de chercheurs qui se sont penchés sur cette question, avant de revenir à la question de la connexion entre les trois notions. Ensuite, nous reprenons les occurrences où les trois termes sont réunis, soit dans un verset, dans un distique ou dans le contexte proche.

Différents termes du champ sémantique de la sagesse

Parmi les termes faisant partie du champ sémantique de la sagesse dans la traduction grecque du livre de Ben Sira se trouvent σοφία, σοφός, σύνεσις, συνετός, διανόημα, διάνοια, ἐπιστήμη, ἐπιστήμων, φρόνησις, φρόνιμος, νόησις, νοήμων, νοεῖν, παιδεία, γνῶσις, βουλή, βουλεύειν. Les termes les plus fréquemment utilisés sont σοφία et σύνεσις.[1] Les textes hébreux existants emploient avant tout les termes dérivant des racines חכם, בין, שכל, ידע, חשב. Le traducteur syriaque se sert le plus souvent des mots dérivés des racines ܚܟܡ, ܣܟܠ, ܝܕܥ, ܒܝܢ, ܪܥܐ, ܦܪܫ. La Vulgate traduit le plus souvent par *sapientia* ou *disciplina, sensus, prudentia*, ainsi que par les adjectifs correspondants.

---

1. Voir aussi Marböck, *Weisheit im Wandel*, 13–15.

La Loi et les commandements

Dans le livre de Ben Sira, les termes prédominants pour la Loi en hébreu, en grec, en syriaque et en latin sont תורה, νόμος, ܢܡܘܣܐ et *lex*. Par ailleurs nous trouvons מצוה, משפט, חק ou דבר, ἐντολή, κρίμα, πρόσταγμα,[2] ܦܘܩܕܢܐ («commandement»), *mandatum* («commandement; précepte»), ܕܝܢܐ («jugement»), *iudicium*.

Crainte de Dieu, sagesse, Loi et leurs associations réciproques

Dans l'introduction de son commentaire, Fritzsche estime que pour le Siracide, la crainte de Dieu est l'attitude fondamentale à rechercher par l'homme, car elle seule est capable de le rendre heureux. La sagesse est le chemin pour y parvenir. Pour Fritzsche, la sagesse de Dieu s'est particulièrement manifestée dans la Loi, car Israël est le peuple élu ; par la Loi, Dieu aurait établi sa sagesse au sein de ce peuple. En ce qui concerne les commandements, l'homme se voit confronté à la liberté du choix (Si 15,14). D'un point de vue éthique, la crainte du Seigneur est l'attitude privilégiée ; c'est elle qui procure le bonheur, une bonne renommée et le salut.[3]

Pour Smend, la «religion» résume ce que signifie la crainte de Dieu dans le Siracide. Pour lui, la religion en tant qu'instance morale de la foi en Dieu, donne à l'homme toute sa valeur. «Pour cette raison, Israël est honoré d'une façon unique par rapport aux autres nations ; le Juif le plus misérable peut s'en glorifier face au monde païen (Si 10,22) ».[4] La crainte de Dieu dépasse la simple piété : le service du Seigneur doit être radical, car la religion ne tolère pas d'hypocrisie (voir Si 1,28-30). Par ailleurs, selon Smend, la religion fait partie de la sagesse dans la mesure où la crainte de Dieu parfaite est accessible avant tout au scribe et que la crainte de Dieu en tant que sagesse devient aussi un moyen d'arriver à ses fins. Mais pour Ben Sira, une morale utilitaire serait de moindre importance ; il se situerait plutôt du côté du scribe de Mc 12,28-44.

---

2. Pour un relevé systématique de tous les termes hébreux et grecs utilisés, voir Schnabel, *Law and Wisdom*, 31-42. Voir aussi Reiterer, «Die Vollendung der Gottesfurcht ist Weisheit», 212-20 et 261; Marböck, *Weisheit im Wandel*, 86.

3. Fritzsche, *Die Weisheit Jesus-Sirach's*, xxvi, xxxiii ; voir aussi Haspecker, *Gottesfurcht bei Jesus Sirach*, 13-15. Pour les motivations d'une «piété éthique», voir aussi Goering, *Wisdom's Root Revealed*, 155-60.

4. Smend, *Die Weisheit des Jesus Sirach. Erklärt*, xxiv-xxvi.

La crainte de Dieu ne peut pas être simplement identifiée avec l'observance des commandements, ce qui a été montré par Haspecker. Si 1,26 oriente celui qui craint Dieu vers cet élément central dans la religion juive. L'observance des commandements est un moyen concret de pratiquer cette crainte du Seigneur.[5] Pour Marböck, il en est de même pour les occurrences où l'accomplissement de la Loi est la condition pour obtenir la sagesse (voir Si 1,26 ; 15,1).

Selon Haspecker, la crainte de Dieu n'a pas de finalité spécifique hormis la sagesse chez Ben Sira[6] (voir Si 21,11). Face à l'influence grandissante de l'hellénisme, Ben Sira propose un enseignement basé sur la tradition juive.[7] Si 19,20a affirme que « toute sagesse est crainte de Dieu » (voir aussi 19,24 ; 1,14a.16a.18a.20a ; Jb 28,28). « Toute » sagesse englobe déjà les sagesses dépassant les frontières d'Israël ; Si 19,20b continue dans ce sens : « en toute sagesse il y a la pratique de la Loi ». Nous ne savons pas si νόμος signifie ici la Torah, mais nous pouvons le supposer. Dans ce cas, Si 19,20 relie toute sagesse, donc aussi celle des philosophes, à ce qui constitue un des piliers de la vie juive : la Loi ; elle est nommée en dernier lieu – chapeautant toute sagesse. La vraie sagesse consiste à craindre le Seigneur et à respecter la Loi (19,24 ; 21,11 ; voir aussi Si 10,19). 19,25–28 montre comment un homme « habile » peut transgresser la Loi.

Pour Di Lella, la sagesse, bien qu'étant un thème majeur dans le livre de Ben Sira, n'a d'importance qu'en lien avec la crainte de Dieu, plus précisément : la sagesse en tant que (« as ») crainte de Dieu.[8] Di Lella trouve dans ce livre, comme dans d'autres livres vétéro-testamentaires, deux catégories de sagesse : une sagesse théorique ou spéculative et une sagesse pratique ou pré-théorique. La première catégorie est acquise par l'éducation ou grâce à l'étude, la réflexion, la lecture, les voyages ou en suivant les conseils des aînés ou des sages. La seconde relève plutôt de choix concrets à faire dans différents domaines de la vie. Quelquefois, ces deux catégories se complètent ou se mélangent et leur distinction n'est pas toujours très

---

5. Haspecker, *Gottesfurcht bei Jesus Sirach*, 327–32; voir aussi Marböck, *Weisheit im Wandel*, 88.

6. Voir Haspecker, *Gottesfurcht bei Jesus Sirach*, 81–84.

7. Voir Reiterer, « Die Vollendung der Gottesfurcht ist Weisheit », 251.

8. Voir Alexander A. Di Lella, « The Meaning of Wisdom in Ben Sira », dans *In Search of Wisdom. Essays in Memory of John G. Gammie*, éd. Leo G. Perdue et al. (Louisville : Westminster John Knox, 1993), 133–48, ici 133; Skehan et Di Lella, *The Wisdom of Ben Sira*, 75–76.

nette, comme en Si 14,20-15,10 (voir aussi 34,9). Pour Di Lella, la sagesse pratique inspirée par la crainte de Dieu est sans nul doute supérieure à toute sagesse théorique ou spéculative.[9]

Dans la pensée des sages, la sagesse est présente dans l'ordre naturel de la création. À la question centrale du chapitre 28 dans le livre de Job, « D'où vient la sagesse et où réside l'intelligence ? » (v. 12), la réponse vient à la fin : Dieu seul a discerné son chemin et connaît les lieux où elle réside : dans le poids du vent, dans la fixation de la mesure des eaux, dans la régulation de la pluie (voir Jb 28,23-27). Présente lors de la création du ciel et de la terre, elle est un « effluve de la puissance de Dieu », « un reflet de la lumière éternelle » (voir Sg 7,25-26). Elle est « un esprit » qui « peut tout » (Sg 7,22.27).

Les réflexions théologiques à propos de la sagesse cherchaient à faire le lien entre les phénomènes du cosmos, la nature avec les mystères de la création et la révélation du salut pour les hommes. C'est la même Parole (*logos*) qui promet le salut et la vie à l'humanité que celle qui était présente dans la sagesse dès la création.[10] Le monde de la sagesse est équivalent au monde de Dieu. La sagesse représente désormais tous les phénomènes visibles de la réalité (voir Jb 28,20-27 ; Si 24). Pour exprimer cette visibilité, la Sagesse a été personnifiée.

Les textes sapientiaux plus récents introduisent la foi en Yahvé. La sagesse fait désormais explicitement partie de l'histoire du salut. Ces textes lui allouent un rôle non négligeable : étant préexistante et ayant une valeur eschatologique, la sagesse fait également fonction de médiatrice de la révélation.[11] Pour Hans Heinrich Schmid, elle représente presque la présence divine parmi les hommes. Seule la Loi portait les mêmes attributs ; d'où l'identification entre Loi et Sagesse (surtout chez Ben Sira).

Dans le livre du Siracide, la sagesse est une notion ouverte : elle est à l'œuvre au-delà des frontières d'Israël (voir Si 1,9-10 ; 17,1-7 ; 24,1-6.32-34 [mais en 24,7-12 : la sagesse a reçu l'ordre de s'installer en Israël, à Jérusalem]).[12] Peters estime que pour Ben Sira la sagesse est la religion d'Israël

---

9. Di Lella, « The Meaning of Wisdom in Ben Sira », 146-47.

10. Hans Heinrich Schmid, *Wesen und Geschichte der Weisheit. Eine Untersuchung zur altorientalischen und israelitischen Weisheitsliteratur* (Berlin : Töpelmann, 1966), 152.

11. Schmid, *Wesen und Geschichte der Weisheit*, 151.

12. Voir Johannes Marböck, *Gottes Weisheit unter uns. Zur Theologie des Buches Sirach*, Herders Biblische Studien 6 (Freiburg : Herder, 1995), 16.

4. Synthèse : Trois aspects d'une même réalité ?

(voir Si 1) – ce que Smend affirme à propos de la crainte de Dieu –, et qu'elle est identique à la Torah (voir Si 24,23). Il s'agirait de défendre la religion des Pères contre des tendances hellénisantes présentes au moins déjà dans les classes sociales supérieures. Ceci expliquerait les multiples louanges de la sagesse, c'est-à-dire de la religion des Pères (voir aussi Si 44–49).[13]

L'acception de la notion de « Loi » ou « Torah » a évolué, et dans le Siracide, nous avons constaté qu'elle reçoit une signification nouvelle dans son association avec la sagesse. Dans le Siracide, la Loi elle-même ne fait pas l'objet d'une grande péricope (hormis éventuellement 32[35],14–24). La Torah est généralement associée à la sagesse, soit en résumé d'un poème de sagesse (15,1 ; 24,23), soit en faisant partie de l'action globale de la sagesse (19,20 ; 39,1–11) ou de l'ordonnancement sage du monde (17,11–12). Pour Bauckmann, l'oeuvre de Ben Sira représente l'écrit classique et le plus ancien d'un enseignement sapientiel lié à la Loi.[14]

La Loi et les commandements sont intégrés dans un ordre divin où la Loi est ordonnée à la Sagesse (15,14–15 ; 16,24–17,17[15] [le texte hébreu manque à partir de 16,28] ; 41,4 ; voir aussi 1,26 ; 15,1) ; dans le texte grec 17,11–14, hormis une allusion générale à la deuxième table de la Loi (en 17,14), il n'y a pas de mention de lois spécifiques de la Torah, ce qui pouvait contribuer à atteindre un public en dehors d'Israël. Finalement, la Torah représente également la Loi révélée à Moïse. Elle est scrutée, étudiée et enseignée (35[32],14–36[33],6 ; 39,1–11).

Pour Ben Sira, qui relie sagesse et Torah (Si 1,26a ; 6,37 ; 15,1a ; 36[33],2a), la Loi sous son acception traditionnelle, c'est-à-dire les ordonnances du Seigneur pour son peuple, fait partie intégrante de l'enseignement sapientiel (voir Si 24,23 ; 45,5 et Prol. 7–14). Contrairement à Pr, où תורה et מצוה peuvent se référer à l'enseignement du sage ou de la mère ou des prescriptions du père (voir Pr 3,1 ; 4,2), chez Ben Sira, תורה tout comme מצוה sans complément désignent la volonté de Dieu que le fidèle est invité à suivre (voir Si 6,37 ; 23,27 ; 45,5).[16]

Reste à savoir si le Siracide, dans son éducation sapientielle, a complètement abandonné les instructions qui prônent avant tout le bien-être de l'homme (voir Pr) au détriment de celles qui orientent vers la volonté divine, car les deux orientations semblent difficilement conciliables. Ou

---

13. Peters, *Das Buch Jesus Sirach oder Ecclesiasticus*, xxxviii.
14. Bauckmann, « Die Proverbien und die Sprüche des Jesus Sirach », 33.
15. Voir aussi Haspecker, *Gottesfurcht bei Jesus Sirach*, 154–55.
16. Voir Bauckmann, « Die Proverbien und die Sprüche des Jesus Sirach », 48.

bien a-t-il donné à la Loi une signification nouvelle en la considérant sous l'aspect sapientiel classique mentionné ? Bauckmann a essayé de saisir la spécificité de l'enseignement sapientiel de Ben Sira à partir de cette problématique. Il constate que les injonctions à suivre la volonté de Dieu sont rares dans le livre de Ben Sira (7,31 ; 28,7 ; 29,9), mais les conseils sapientiaux (qui ne sont pas des commandements de la Torah) suivis de promesses de succès ou de mises en garde, comparables à ceux que nous trouvons dans le livre des Proverbes sont plus fréquents. Ceci est également le cas lorsque la crainte de Dieu ou la Loi font partie du conseil sapientiel (voir Si 1,11-13.16.18.20.21 ; 32,24aH^B).[17]

Si 10,19 s'adresse à l'humanité entière et la divise en deux groupes : ceux qui craignent le Seigneur (et vivent selon les commandements) et ceux qui transgressent les commandements. Il n'est plus question du peuple d'Israël, ni de réminiscences de l'alliance. Si 28,7G associe par contre les commandements à l'alliance dans un parallélisme synonymique (H manque, Syr omet la mention de l'alliance, 28,8La a remplacé « les commandements » par « la crainte de Dieu »). L'alliance est désormais sous-entendue dans la mention des commandements (voir aussi Si 24,23). Bauckmann conclut que dans l'enseignement sapientiel, la Loi a perdu sa destination première de charte pour le peuple de l'alliance ; elle fait partie désormais de l'enseignement sapientiel. Celui-ci a été transformé, par la Loi, en une forme de discours théologique.[18]

La « Loi » est présentée sous différents angles dans le Siracide, selon le contexte. Nous reprenons ici quelques points : la Loi et les commandements constituent la norme d'un agir éthique (voir 28,6b-7 ; 29,9.11a). Ces commandements sont à situer à l'intérieur de l'alliance entre Dieu et les hommes. Le parallélisme entre l'alliance et les commandements montre que Ben Sira a gardé la signification initiale de la Loi à l'intérieur du principe de l'alliance, contrairement au Ps 119 qui ne fait pas référence à l'alliance. La Torah est mentionnée vingt-cinq fois dans ce psaume (voir ci-dessous), « comme un mantra ». Les commandements cependant sont évoqués de manière générale ; il n'y a pas d'exemples de commandements particuliers.[19] Le Siracide fait quelquefois allusion aux lois du Pentateuque. Si 3,1-6 et 7,27G, Syr (7,29La) rappellent le commandement d'honorer

---

17. Bauckmann, « Die Proverbien und die Sprüche des Jesus Sirach », 50.

18. Voir Bauckmann, « Die Proverbien und die Sprüche des Jesus Sirach », 52–55 et 63.

19. John J. Collins, *The Invention of Judaism. Torah and Jewish Identity from*

4. Synthèse : Trois aspects d'une même réalité ?

père et mère (Ex 20,12). Si 4,1-6 évoque les lois sociales décrites en Dt 15,7-11. Nous trouvons une allusion au commandement de ne pas prononcer le nom du Seigneur en vain en Si 23,9-11 (voir Ex 20,7 ; Dt 6,13). Les prescriptions cultuelles sont secondaires (Si 35,1.2), malgré l'importance que Ben Sira accorde aux cérémonies au Temple (voir Si 24,8-11 ; 45,6-22 ; 50,1-21). Si 7,29-31 fait également partie des lois sociales, concernant les prêtres (comparer à Nb 18). « De toute ton âme » (7,29) et « de toute ta force » (7,30) rappellent Dt 6,5. Si 7,30 a adapté sa formulation en exhortant à aimer de toutes ses forces son créateur, sans mentionner « le Seigneur, ton Dieu » de Dt 6,5. La crainte du Seigneur est liée à la mémoire du premier des commandements (Dt 6,5) en Si 7,29-31 (voir aussi les variations selon les différentes versions H, G, Syr, La). Malgré des allusions à des commandements ou prescriptions concrets, la référence à la Torah se fait en termes généraux (voir p. ex. Si 29,9). Mais cette Loi garde la fonction d'un phare pour tous ceux qui veulent vivre concrètement dans la crainte de Dieu et ceux qui sont à la recherche de la sagesse. L'association de la crainte avec l'amour de Dieu centre le fidèle sur le premier commandement. Sans reprendre tout le corpus légal du Pentateuque, la mention des commandements évoque les termes d'une « alliance éternelle » (Si 17,12) entre Dieu et l'homme.

Concernant le lien entre Loi et sagesse, Marböck remonte à l'Ancien Orient : le Codex Hammurapi fait partie des témoignages les plus anciens faisant état de ce lien.[20] En Égypte, c'est la *maat* qui relie les notions de loi universelle et de sagesse. En Israël, un premier lien explicite entre la Loi au sens de Torah et la sagesse semble devenir manifeste à partir du Deutéronome. En Dt 4,6-8, la Loi de Moïse est qualifiée de sagesse d'Israël. Vers la fin du IIIe siècle, nous trouvons des recommandations à méditer et à scruter la Torah (Ps 1 ; et surtout Ps 119).[21] La sagesse divine est à l'œuvre aussi bien dans la création que dans la vie de l'individu (Pr 8,22-36 ; 3,19 ; Jb 28,23-28). Cette sagesse, tout comme la Loi, font partie d'une catégorie englobant la religiosité juive. Dans les Pss 1, 19, 119, la Torah ne représente pas seulement le décalogue ou la partie législative ou les enseignements

---

Deuteronomy to Paul, The Taubman Lectures in Jewish Studies 7 (Oakland : University of California Press, 2017), 87-88.
    20. Marböck, *Weisheit im Wandel*, 81-96.
    21. Voir Ps 1 (v. 2) ; 19 (v. 8) et 119 (vv. 1.18.29.34.44.51.53.55.61.70.72.77.85.92. 97.109.113.126.136.142.150.153.163.165.174 ; voir aussi les fréquentes références aux lois par l'utilisation de tout leur éventail sémantique dans ce psaume).

des sages ou des prêtres, mais pour le psalmiste, elle est partie intégrante de l'histoire d'Israël et elle apparaît donc un peu partout dans les Écritures. Selon Marböck, lorsqu'il est question de « se délecter de la Loi » (voir Ps 119, 70.77.92.174), cette Loi ne doit pas être comprise comme une entité absolue. Cette conception se rapproche déjà de celle du Siracide et de la qualification de la Loi comme sagesse en Si 24,23. Pour Marböck, il n'est pas sûr qu'une identification de la Loi avec la sagesse soit déjà exprimée avant le Siracide (mais voir Ps 119,34.73b.98).[22]

Comme nous l'avons vu, sagesse et Loi sont étroitement liées pour Ben Sira (1,26a ; 24,23 ; et également en 6,37 ; 15,1b ; 36[33],2a ; voir aussi Ps 19,8 ; 37,30-31 ; 111,10 ; 119,97-106). Nous trouvons des formulations ou des expressions analogues concernant la sagesse et la Loi. Par ailleurs, Si 6,32 commence par « Si tu le désires (חפץ), mon fils, tu deviendras sage ». La répétition des « si » (6,32ab.33ab) questionne le désir profond du jeune et cherche son consentement pour se mettre en route vers la sagesse. La méditation des commandements fait partie de cet apprentissage (6,37 ; voir aussi ci-dessus). Si 1,26G reliait déjà le désir de sagesse à la Loi : « Désirant la sagesse, garde les préceptes, et le Seigneur te l'accordera en abondance ». Ici le désir de sagesse est présupposé. L'emploi du verbe « désirer » suggère que la recherche de sagesse va au-delà d'une quête intellectuelle. La volonté, le désir, et donc tout l'être est engagé. Le désir est également questionné à propos de l'observance des commandements, invitant également à un consentement (15,15) : « Si tu le désires, tu garderas le commandement » (singulier en H ; pluriel dans les autres versions). Le désir implique un choix libre en Si 15,15-17 (voir Dt 30). « Ses voies » est une expression pour désigner les commandements du Seigneur, mais elle est également employée pour la sagesse (6,26 ; 14,21). Nous avions constaté que Si 6,26 reprend des formulations concernant le premier commandement en Dt 6,5. Sagesse et Loi vont également de pair en 36(33),2 : le sage s'attache à la Loi. Le scribe se consacre à ces deux dimensions en les étudiant (38,34-39,3). L'expression νόμον ζωῆς en 17,11bG ouvre l'horizon de la Torah, liée à la connaissance (ou « la science », 17,9La), à la vie (voir aussi תורת חיים en Si 45,5d).

D'après Reiterer, l'équivalence entre Loi et sagesse dans le livre de Ben Sira semble trouver un certain consensus parmi les chercheurs. La thèse de l'identification de la sagesse avec la Loi est essentiellement due

---

22. Marböck, *Weisheit im Wandel*, 84-85.

4. Synthèse : Trois aspects d'une même réalité ?

à Marböck,[23] suivi par Schnabel qui s'est arrêté sur la conception du mot « identité » dans ce contexte. Concernant la relation entre sagesse et Loi dans le Siracide, Schnabel y voit une « identité dans la diversité » (« identity in diversity »). Cette identité entre les deux termes serait décelable sur un plan formel et un plan matériel. L'aspect formel serait reconnaissable dans la Révélation de Dieu à travers l'histoire, dans la crainte de Dieu comme expression de la volonté de Dieu pour son peuple, et dans la personne du scribe, expert de la Torah et maître de sagesse. Le plan matériel serait lié à la dimension éthique en ce sens que la Loi et la sagesse seraient à la fois la base et le résultat d'une piété agréable à Dieu.[24] L'expression de l'« identité dans la diversité » nous semble adéquate pour rendre compte de la complexité de la relation entre les deux notions qui ne peuvent pas être simplement échangées entre elles. Nous ne pouvons pas faire ici une analyse cas par cas des endroits où les deux termes sont reliés, étant donné que notre étude part de la notion de la crainte de Dieu, en lien avec les deux autres notions. Par ailleurs, la relation entre la sagesse et la Loi a été suffisamment étudiée par les chercheurs.

En se référant à Si 1,26 et 19,20 (G), Adams affirme que Torah et sagesse sont identiques dans le livre de Ben Sira. En suggérant que la Loi mène à la sagesse, Ben Sira se démarque du livre des Proverbes, qui constitue par ailleurs une source d'inspiration importante pour son écrit. Ben Sira se différencie des enseignements sapientiaux de ses prédécesseurs, car l'observance des commandements n'était pas considérée comme un chemin vers la sagesse (Si 1,26 ; 6,37). Si 1,26 évoque les « commandements » ; s'agit-il ici de la Torah, de la Loi de Moïse ?[25] Cette question peut être posée également pour d'autres occurrences qui mentionnent des dispositions légales sous différents vocables, comme les commandements, les préceptes, les statuts.[26] Pour ce qui est de la conception de la Loi et des commandements

---

23. Reiterer, « Das Verhältnis der חכמה zur תורה im Buch Ben Sira », 225. Marböck, *Weisheit im Wandel*, 90.

24. Schnabel, *Law and Wisdom*, 90-91. Il trouve sept « évidences explicites » de cette association sagesse – Loi en Si 15,1 (Nous trouvons ici les trois termes reliés; Si 15,1 se trouve au centre de la péricope 14,20-15,10) ; 17,11 ; 19,20 ; 21,11 ; 24,23 ; 34,8 et 45,5cd. Douze occurrences sont qualifiées « d´évidence implicite » : 1,26 ; 2,15-16 ; 6,36 ; 15,15 ; 19,24 ; 24,22.32-33 ; 33,2-3 ; 38,34cd/39,8 ; 44,4c ; 51,15cd ; 51,30ab. Et il voit des passages secondaires en 1,5 ; 19,19 ; Prol. 1-3.12-14.29.35-36, 69-79.

25. Adams, *Wisdom in Transition*, 198-200 et 153-54.

26. Nous ne pouvons pas faire ici d'étude approfondie sur toutes les occurrences ayant trait à la Loi.

chez Ben Sira, Schnabel arrive à la conclusion que dans la vaste majorité des cas où les termes les plus usuels pour la Loi sont utilisés, il s'agit de la Torah de Moïse, et que Ben Sira n'avait pas « une conception ouverte » de la Loi.[27] Adams précise que Ben Sira ne se focalisait pas sur un « livre sacrosaint et définitif » de lois. La « loi de la vie » (17,11) dépasse un corpus écrit. Malgré une certaine ouverture aux nouvelles idées véhiculées par l'hellénisme, Ben Sira s'appuie essentiellement sur les traditions légales et narratives pour en tirer un enseignement éthique (voir e. a. Si 9,14b.15H[A], G, Syr; voir aussi la différence dans la traduction syriaque en 9,15a : « hommes intelligents » [H[A], G] devient « celui qui craint Dieu »). Ben Sira n'est pas le premier à avoir associé sagesse et commandements (voir Dt 4,5-6), mais il y voit l'occasion d'allier la fidélité à la Torah et son enseignement sapientiel. Les références à la Torah font partie intégrante de son discours sapientiel. Dans ce contexte, une insistance sur l'importance de se consacrer à l'étude des commandements (voir Si 38,34), et de rester fidèle à l'enseignement des anciens, appuie le caractère apologétique de son œuvre.[28]

Goering demande quelle signification ont la sagesse et la Torah reliées par Ben Sira en Si 24,23.[29] S'agit-il de la sagesse enseignée par les sages du Proche Orient ancien, contenant des maximes accessibles et valables pour chaque être humain, et donc d'une notion universelle ? Et la Torah ne concerne-t-elle que le peuple d'Israël ? Dans ce cas, comment Ben Sira peut-il joindre l'universel au particulier ? Ben Sira aurait hérité cette dialectique du judaïsme, et il aurait essayé de trouver une issue à un problème théologique majeur que la juxtaposition des notions de la sagesse (universelle) et de la Torah (réservée à Israël) ne résoud pas : par la relation entre une révélation générale recevable par tout être humain à travers la création et une révélation particulière pour Israël par ses expériences historiques. Il s'agit du même Dieu qui s'est révélé en Gn et Ex, à la fois dans sa création et à travers le don de la Torah. Les deux sont source de connaissance de Dieu : la création et la Torah (voir aussi Si 16,24-17,14). Concernant le lien entre la sagesse et la Torah dans l'oeuvre de Ben Sira, Goering a donné différentes interprétations, que nous ne reprenons pas à cet endroit.[30]

---

27. Schnabel, *Law and Wisdom*, 29-63. Il fait référence à Marböck, « Gesetz und Weisheit », 11.

28. Adams, *Wisdom in Transition*, 202-3.

29. Voir Goering, *Wisdom's Root Revealed*, 3-9.

30. Voir Goering, *Wisdom's Root Revealed*, 6-8 (un aperçu des grandes tendances d'interprétation).

4. Synthèse : Trois aspects d'une même réalité ?

Marböck relève certains indices permettant de conjecturer que le Siracide s'est adressé également à un public dépassant les frontières d'Israël, comme entre autres l'allusion sommaire aux commandements en Si 17,14 (surtout en G), le fait de ne pas mentionner des lois spécifiquement israélites, comme le sabbat ou la circoncision. Il considère également le fait de qualifier la Torah de Moïse comme sagesse en Si 24,23 et de placer la Torah dans le cadre de l'ordonnancement de la création en 16,24-17,14 comme une réponse sapientielle à l'hellénisme (voir aussi la Sagesse comme une « figure cosmique » en 24,3-6). La question de la préférence (« Vorzug ») et de l'élection d'Israël devenait plus importante ou urgente dans un contexte hellénisant.[31]

Par ailleurs, la notion de σοφία était accessible à l'intérieur comme à l'extérieur d'Israël. Pour Marböck, il semble clair que Ben Sira a juxtaposé תורה et חכמה à l'horizon de conceptions hellénistiques.[32] Marböck fait cependant la différence entre le νόμος des stoïciens et la Torah comme expression de la volonté de Dieu, révélée aux hommes. En présentant la Torah comme concrétisation de la présence divine agissant dans la création et dans l'histoire – ce qui équivaut à la Sagesse –, Ben Sira a voulu renouer avec la certitude de l'élection d'Israël, à travers l'intégration de nouvelles idées dans un monde changeant. Ou, pour le dire en d'autres mots avec Goering : « La manifestation concrète de la sagesse en Israël à travers la Torah constitue une réappropriation de la notion d'élection ». La domiciliation de la Sagesse en Israël (Si 24,8-12) et le lien inconditionnel entre sagesse et Loi (24,23 ; voir aussi 15,1 ; 17,11 ; 19,20 ; 38,34cd-39,3 ;[33] 45,5) remettent à l'ordre du jour et réactualisent l'idée de l'élection d'Israël.[34] L'élection et l'histoire constituent des facteurs essentiels de la tradition d'Israël que Ben Sira veut promouvoir en milieu hellénistique. Ainsi, ses convictions qui s'inscrivent dans la tradition d'Israël, pouvaient être entendues et éventuellement acceptées même dans la diaspora. Pour Israël, la vraie sagesse réside donc dans la Torah (Dt 4,6 ; Si 24,23). Les deux notions sont l'expression de la présence et de l'agir divins dans le monde. Par ailleurs, le Siracide a intégré la sagesse du cosmos dans les

---

31. Marböck, *Weisheit im Wandel*, 93.
32. Voir aussi Kurt Schubert, *Die Religion des nachbiblischen Judentums* (Wien : Herder, 1955), 16–17. Voir aussi Hengel, *Judentum und Hellenismus*, 288–90.
33. Dans l'édition de Ziegler; Si 38cd correspond à 39,1ab dans l'édition de Rahlfs.
34. Goering, *Wisdom's Root Revealed*, 13; traduction personnelle. Voir aussi Marböck, *Weisheit im Wandel*, 130–31.

traditions de la foi en Dieu, et de ce fait il a conféré à la notion de sagesse une valeur théologique.

Concernant la combinaison sagesse-Loi chez Ben Sira, Wicke-Reuter pose la question si cette Loi était considérée plutôt comme un don exclusif à Israël ou si l'auteur la voyait surtout sous l'aspect du νόμος des stoïciens, c'est-à-dire comme une loi universelle.[35] Elle atteste que dans l'identification de la sagesse avec la Loi (de façon concentrée en 24,23), la Torah sort de sa destination nationale pour recevoir une importance universelle et réaffirmer l'élection d'Israël liée à cette Torah.

Nous pouvons nous demander pourquoi le Siracide insiste peu sur la Loi, en tous cas beaucoup moins que sur la sagesse et la crainte de Dieu ? Pourquoi reste-t-il général dans ses allusions à la Torah, si celle-ci doit rester importante dans la vie religieuse des Juifs ? Est-ce que le fait de faire allusion à la Loi aurait trop fait penser un public hellénisant à la loi dans le sens des philosophies grecques[36] et créer des confusions ? La crainte de Dieu avec ses références au Deutéronome par contre est beaucoup plus présente. Elle s'exprime dans la fidélité à la Loi, et est en même temps une notion spécifiquement juive (dans l'acception de Ben Sira). L'insistance sur la crainte comme base et couronnement de la sagesse pouvait peut-être mieux que le lien sagesse-Loi, contribuer à considérer la sagesse enseignée par Ben Sira comme une invitation à revenir aux sources de la tradition juive comme sagesse à part entière ou sagesse ultime.

Notons brièvement le point de vue particulier de Goering concernant ces deux notions, sous l'angle de l'universalité et de la particularité. Pour lui, comme pour d'autres chercheurs, sagesse et Torah ne sont pas identiques dans l'œuvre de Ben Sira, mais bien reliées. Il voit dans cette œuvre deux sortes de sagesse : l'une, plus générale, ayant été distribuée à chaque être humain, et l'autre, particulière, destinée au peuple élu, Israël. Ces deux répartitions (« apportionments ») de sagesse correspondraient en fait à deux sortes de révélation de la sagesse : une sagesse générale aurait été rendue accessible à tous les hommes à travers la création, et une sagesse

---

35. Wicke-Reuter, *Göttliche Providenz*, 188–223 ; plus particulièrement les pages 197–201 sont dédiées à la relation entre sagesse et Loi chez Ben Sira. Nous y trouvons un résumé des différentes positions des chercheurs qui ont analysé ces deux notions et leur relation en lien avec la doctrine des stoïciens, ainsi que la position de l'auteure en la matière.

36. Voir Wicke-Reuter, *Göttliche Providenz*, 197–201.

4. Synthèse : Trois aspects d'une même réalité ?

particulière aurait été destinée à Israël à travers les commandements du Seigneur, donc à travers la Torah.

La notion de « sagesse » réunit à la fois la tradition de la sagesse universelle et la tradition d'Israël, car dans le Siracide la sagesse est reliée à la création (composante universelle) et à la crainte de Dieu (notion capitale pour Israël). Ainsi, la sagesse représente un pont entre l'universel et le particulier. Goering envisage également cette double dimension de la sagesse (l'universel et le particulier). Il voit cependant en plus dans l'emploi de la notion de sagesse deux sortes de sagesse et deux degrés d'attribution de cette sagesse, rejoignant également par ce biais l'universel et le particulier : d'un côté, le Seigneur aurait attribué une sagesse générale à tout être humain, de l'autre côté, il aurait accordé une sagesse particulière à son peuple Israël.[37]

Nous ne pouvons pas adhérer à l'interprétation de Goering qui voit en Si 24,10-22 une allusion au rôle que jouent les élus dans la distribution de la sagesse au monde (en référence à Dt 4,6-7), étant donné que dans la partie citée de Si 24, la Sagesse parle à la première personne, racontant son installation en Israël sur « invitation » du créateur de l'univers. Il n'est donc pas question ici du rôle du peuple élu, mais bien de la Sagesse, porteuse de l'héritage d'Israël (voir 24,8d.20b), qui invite elle-même à la rejoindre. Issue de l'ordre créationnel (24,3), et après un parcours universel (vv. 3-7), elle a élu domicile en Jacob – sur ordre du créateur (v. 8). Elle a ensuite trouvé accueil et épanouissement « chez un peuple plein de gloire » (v. 12a) et elle met « ses produits » à la disposition de ceux qui la désirent (vv. 17.19). La mise à disposition de la Sagesse, son invitation à venir à elle mène vers la Torah (24,22.23), qui elle-même est empreinte de sagesse (24,25).

Cette sélectivité dans la distribution de la sagesse,[38] destinée pour une part, d'une manière générale, à toute créature humaine, et pour une autre part, d'une manière particulière, à un groupe de personnes choisies, pose la question de la partialité de Dieu. Pourquoi ferait-il bénéficier d'une sagesse particulière un certain nombre de personnes choisies, tandis que la majorité des humains n'en aurait pas été gratifiée, devant se contenter en quelque sorte d'une sagesse générale ? Dieu ferait-il des différences, ou est-ce la tâche des élus de transmettre leur sagesse aux nations, comme le

---

37. Goering, *Wisdom's Root Revealed*, 9 et surtout le deuxième chapitre.
38. Goering, *Wisdom's Root Revealed*, 14, 21-25.

prétend Goering (chap. 5) ? Il reconnaît que le Seigneur, dans sa souveraineté, dispense sa sagesse à qui et dans quelle quantité il veut.[39] Sa théorie d'une sagesse particulière réservée à Israël renforce l'impression d'un Dieu partial. Par ailleurs, n'est-ce pas trop interpréter les paroles de Ben Sira, le faisant exprimer ce qui n'est pas clairement affirmé par lui. Est-ce que Ben Sira ne se « contente » pas plutôt de faire écho des traditions pour les faire revivre dans un contexte hellénisant et pour les proposer à « ceux du dehors » ou aux sympathisants en s'adressant à la grande famille humaine créée par Dieu, avec laquelle il a noué également une alliance (voir Prologue du Siracide et Si 16,24–17,14). Par ailleurs, Ben Sira rappelle que le *summum* de la sagesse se trouve dans la Torah (24,23) qui reste la charte par excellence pour le Juif fidèle. Ce rappel s'adresse à ceux qui pourraient être tentés par l'idéal grec.

Les liens entre les trois notions

Des relations entre les trois notions se sont avérées plus ou moins évidentes ou explicites dans les textes examinés ci-dessus. Relevons d'abord les occurrences les plus explicites et ensuite celles qui sont moins évidentes :

L'enseignement des stiques ajoutés à 1,20abSyr réunit les trois termes dès le premier chapitre (1,20*2[ef]*7a[o]*10[uv]Syr). Aux stiques [ef] nous avons un macarisme associant la sagesse et les commandements : « Heureux est l'homme qui s'avance vers elle,[40] et qui se consacre à ses commandements » (pour les autres stiques, voir ci-dessus). Nous remarquons qu'il est question de « ses » commandements, se référant à la sagesse, comme si la sagesse était identifiée à la Loi (voir Si 24,23). Comme la sagesse a été donnée en abondance à ceux qui craignent Dieu (1,10bSyr), cet enseignement s'adresse à eux (*7a[o]), afin qu'ils s'imprègnent des paroles du sage (*7b[p]) et qu'ils s'enracinent davantage dans cette crainte (*10ab[uv]) qui se traduit par l'observance des commandements. Ces versets de la version syriaque soulignent que la sagesse est proposée dans toute son envergure à ceux qui craignent le Seigneur. « Ses » commandements font partie de toute l'ampleur de la sagesse qui s'exprime également à travers la Loi (voir chapitre 24).

---

39. Goering, *Wisdom's Root Revealed*, 18.
40. C'est-à-dire la sagesse.

4. Synthèse : Trois aspects d'une même réalité ?

Si 1,25-27G montrent à quel point les trois notions sont intrinsèquement liées. Ces versets s'adressent à celui qui désire et cherche la sagesse. Il la trouve dans l'observance des préceptes ; la crainte du Seigneur est également un moyen pour y arriver.

Après une série d'injonctions négatives commençant par μή au chapitre 9 (vv. 1-12 ; voir aussi les chapitres précédents), les versets suivants sont formulés positivement. Si 9,14-16G ; 9,21-23La proposent de chercher conseil auprès des sages, de converser avec des hommes intelligents à propos de la « Loi du Très-Haut » et, recherchant la compagnie des justes, de mettre sa fierté dans la crainte du Seigneur. Les trois notions semblent constituer les éléments essentiels pour guider le jeune dans sa vie. 9,17G ; 9,24La réunit les deux formes de sagesse, la sagesse pratique et la sagesse théorique, toutes deux louables.

Celui qui craint le Seigneur se mettra en route vers la sagesse, et celui qui est maître de la Loi (La a substitué le terme de « Loi » par « justice »), est déjà sur le chemin de la sagesse (15,1H^{AB}, G, Syr). Ainsi la crainte de Dieu semble être la base pour approcher la sagesse de tout son être, et celui qui saisit (dans le sens « comprendre », H), possède (G) ou étudie (Syr) la Loi, y trouve la sagesse. Il sera même rejoint par elle et elle le couvrira de toutes ses attentions et de ses bienfaits (vv. 2-6). Si 15,5-6 assure que la sagesse l'élèvera (voir aussi 11,1) ; elle lui procurera « joie et une couronne d'allégresse », ce qui était également promis à celui qui craint le Seigneur en 1,11b. Mais la sagesse reste étrangère aux insensés, aux pécheurs, aux orgueilleux et aux menteurs, ceux qui se distinguent du craignant-Dieu (15,7-8). Le stique 15,1b peut concerner le scribe, connaissant à fond la Loi et ayant trouvé la sagesse en elle. Le verset entier peut s'adresser à tout Juif pieux en quête de sagesse ; il se consacre à l'étude de la Loi (voir aussi 19,19GII). La fin du chapitre 15 revient sur ceux qui craignent le Seigneur qui, dans sa sagesse, tourne son regard vers eux, non pour scruter s'ils sont devenus infidèles, mais parce qu'ils font partie de ceux qui choisissent d'observer les commandements (15,14-20 ; voir aussi 15,13).

Si 19,20G ; 19,18La résume en quoi consiste le lien entre entre les trois notions, affirmant d'abord que toute sagesse se trouve dans la crainte, et qu'en toute sagesse il y a la pratique de la Loi ; 19,20cGII ajoute καὶ γνῶσις τῆς παντοκρατορίας αὐτοῦ. La sentence commençant par « mieux que » en 19,24G (19,21La) revient sur la même affirmation en lui donnant toute sa densité : toute sagesse sans les deux autres termes (crainte de Dieu et Loi) est vidée de sa substance (voir aussi 19,17-19G). La sagesse décrite en 19,20G englobe toute forme de sagesse, également la connaissance de l'omnipotence du Seigneur (19,20cGII). Ceci s'adressait probablement aux Juifs attirés par la culture hellénistique et tentés d'abandonner la foi de leurs pères.

En Si 21,11aG, celui qui garde la Loi se distingue du pécheur (voir aussi les versets précédents), tout comme celui qui craint le Seigneur (voir 21,6.10). Et la finalité ou l'accomplissement de la crainte du Seigneur est sagesse (21,11bG ; 21,13*La*). Ceci n'est pas à la portée du sot, de l'insensé, du débauché (21,14-26G ; 21,15-27Syr ; 21,14-29*La*).

Si 39,1Syr relie les trois notions en une personne qui se consacre à la fois « à la crainte de Dieu et à la compréhension de la Loi de la vie » (voir aussi 39,8Syr) et qui se tournera vers la sagesse des anciens. 39,2-11 décrit plus longuement le portrait de cet homme. Il est vraisemblablement question du scribe qui a tout le loisir d'acquérir la sagesse théorique (38,24G, Syr ; 38,25*La*), contrairement aux artisans qui s'emploient au travail manuel et y acquièrent un savoir-faire, une autre forme de sagesse (pratique ; voir 38,25-32G, Syr ; 38,26-37*La*).

Un lien moins explicite entre les trois notions se trouve en Si 17,5-14G ;[41] 17,3.7-14Syr qui est placé dans le cadre d'un retour à la création et à l'alliance, élargie ici à l'horizon universel (16,24-17,14). Ceci élargit également le sens des trois notions. Contrairement au récit de la création, la connaissance du bien et du mal (venant de l'arbre de la connaissance, selon Gn 2,9) n'est plus défendue aux humains (voir Gn 2,17). Elle leur est accessible et ils la trouvent dans la « Loi de vie » (Si 17,11 ; voir aussi 17,14 ; 19,19aGII). Ici, le νόμος ζωῆς se démarque du νόμος τῆς φύσεως, la norme éthique suprême des stoïciens, comme Zénon, Chrysippe et Cléanthe. Cette Loi de vie leur a été donnée par le Seigneur, tout comme la crainte révérencielle (Si 17,8G ; 17,3Syr) qui les introduit dans la compréhension de ses œuvres (17,8bSyr est un ajout explicatif de 17,8bG ; 17,8aSyr). Cette crainte révérentielle devant Dieu a été répandue sur tout être humain qui pourra entrer dans une « alliance éternelle » (17,12aG, Syr ; 17,10*La*). L'allusion à la Loi dans le cadre de cette alliance universelle est formulée en des termes généraux, se référant avant tout à la deuxième table de la Loi (17,14G, Syr ; 17,11*La*). En 19,19bGII, il est question des « fruits de l'arbre de l'immortalité » que récolteront ceux qui font ce qui est agréable au Seigneur, en mettant en application ses commandements qu'ils auront appris

---

41. Dans l'édition de Ziegler.

(19,19aGII). La connaissance des commandements du Seigneur est une παιδεία ζωῆς. La Loi est ici élargie à un dénominateur commun accessible à un public hellénisé.

Tout comme la crainte de Dieu mène à la sagesse, celle-ci est également présente dans la Loi (24,23). L'autorité de la sagesse est exprimée par son éloge personnel, ainsi qu'à travers le verbe « obéir » (ὑπακούω ; voir aussi 4,15) en 24,22. Ceci lui confère un pouvoir sur celui qui est à sa recherche, et elle promet à celui qui le fait de façon active de ne pas pécher. L'ami de la sagesse qui travaille avec elle (24,22) agit en conformité avec la Loi. Il ne péchera pas et ainsi, il vit dans la crainte de Dieu. Le chapitre 24 réunit donc les trois thèmes, sans mention explicite de la crainte du Seigneur.

Dans la version syriaque de Si 32,16(20), le lien entre crainte, sagesse et Loi (au sens large) est plus apparent que dans les autres versions. Le premier stique le résume : « Ceux qui craignent Dieu deviendront sages dans ses jugements ». En d'autres termes : Ceux qui craignent Dieu trouveront la sagesse dans la volonté de Dieu, c'est-à-dire dans ses commandements. Si 33(36),1H^F, G, Syr, *La* mis dans son contexte (32[35],14–33[36],15), relie les trois notions de crainte, sagesse et Loi. La crainte de Dieu est ici incompatible avec le mal (רע). Exprimé positivement, la crainte sympathise avec le bien (טוב ; voir aussi 36[33],14G). Elle comporte une acception morale, connaissant les règles d'une conduite juste (35[32],16). Mais elle dépasse le cadre éthique, pouvant être identifiée à une vie selon la Loi : Si 35[32],24a et Si 36[33],1a forment des parallèles, de sorte que « celui qui garde la Loi » est aussi « celui qui craint le Seigneur ». 36(33),2 exprimé positivement, va encore plus loin, affirmant que celui qui aime la Loi est sage (voir aussi 33,3*La* et Si 33,1H^{BEF} ; 36,1G ; 33,1Syr, *La* ci-dessus).

Conclusion générale

Le texte Si 10,19–11,6 étudié au départ s'adresse à la « race » humaine en général. Nous y trouvons déjà une adresse universelle. Cette race est digne d'honneur si elle craint le Seigneur et si elle ne transgresse pas les commandements. L'homme qui vit dans la crainte est donc sur la « bonne voie ». Par ailleurs, ce texte met en exergue la supériorité de la crainte ; elle abolit les différences sociales et apparaît comme un lien entre des hommes de tous horizons. La crainte de Dieu et la sagesse élèvent des hommes de provenance modeste. Nous voyons donc d'un côté des liens entre la crainte de Dieu et la Loi, et de l'autre côté entre la crainte et la sagesse dans cette péricope.

Dans les versions G, Syr et *La*, la crainte de Dieu est un thème récurrent, dans des textes souvent absents en H. Elle constitue la base et l'aboutissement de la sagesse (Si 1,11-30 ; 50,29 ; voir aussi 43,33 et 50,29cGII). Pour parvenir à la sagesse, cette crainte du Seigneur est la condition, le passage obligé (1,14.20 ; 15,1 ; 21,11 ; 35[32],14G). Et l'affirmation « toute sagesse est crainte de Dieu » (19,20a) indique que les deux notions dépendent non seulement l'une de l'autre, mais également que l'une donne son sens à l'autre et vice versa. Si 19,20a suggère que la plénitude de la sagesse se trouve dans la crainte de Dieu (voir aussi 1,16). Et celle-ci n'a de sens qu'en étant orientée vers la sagesse. L'une et l'autre sont des dons de Dieu.

Ben Sira s'adresse à des personnes en quête de sagesse (1,26). Celle-ci peut s'acquérir avant tout par la crainte du Seigneur (voir 1,14.16.18.20 ; 19,20a), et la vraie sagesse réside dans la Loi (24,23 ; 19,20b). Il y a un lien de réciprocité entre la crainte de Dieu et la sagesse, et il y des liens entre la sagesse et la Loi, mais également entre la crainte de Dieu et l'observance de ses commandements (voir e.a. 1,26-27 ; 2,15-16). L'amour du Seigneur s'ajoute comme quatrième élément dans le triangle des trois notions de crainte de Dieu – sagesse – Loi, surtout dans GII, en tant que complément de la crainte.

Certains emprunts ou des écarts par rapport au Deutéronome ont pu être relevés. Par exemple, l'apposition de « ton Dieu » ou « votre Dieu » au verbe « craindre » au Deutéronome fait référence à la fidélité au Dieu de l'alliance. Au Siracide, nous n'avons plus cette apposition. Si 7,30 invite, en allusion à Dt 6,5 : « De toute ta force aime celui qui t'a fait [...] ». Le Dieu de l'alliance est ici le créateur, ce qui est un indice que l'alliance est vue dans un cadre plus large, universel (voir 16,24-17,14). Au Deutéronome, la crainte de Dieu est liée à l'observance des commandements dans le cadre de l'alliance ; ceci fait partie du formulaire de l'alliance. Le Siracide a donné à cette crainte une acception « nomiste » (Becker) dans le sens que la crainte de Dieu correspond à l'observance formelle de la Loi, de sorte que nous pourrions dire que la crainte de Dieu s'extériorise par la pratique des commandements. L'association de la Loi à la sagesse que nous trouvons dans le Siracide n'est cependant pas neuve (voir Dt 4,6). Dans les deux livres, la Torah reste un pilier de la foi juive, bien que le Siracide soit plus discret à ce sujet en réservant moins d'espace à l'évocation de la Loi et en l'enrobant d'un enseignement sapientiel. Si 24,23, alliant sagesse et Torah, est un verset-clé de la théologie du Siracide, suggérant que la véritable sagesse se trouve dans la Loi transmise par Moïse (citation de Dt 33,4).

4. Synthèse : Trois aspects d'une même réalité ?

Au Deutéronome, la crainte est souvent liée à l'apprentissage ou à la transmission (verbe למד). Cette transmission est le but de la παιδεία (מוסר) du Siracide (voir Prol. 5 ; Si 24,32-34 ; 50,27) qui joint l'apprentissage de la sagesse et la transmission des valeurs juives par la crainte de Dieu (35[32],14-16). Cet apprentissage ou enseignement sapientiel du Siracide et la transmission de la foi juive s'adressent à des individus (6,18 ; 16,24), susceptibles de perpétuer la chaîne de la transmission. Le souci de la transmission intergénérationelle est exprimé clairement en 24,32-34 ; il est sous-jacent en 10,19 et 16,2.3.

Concernant l'enseignement sur la crainte de Dieu, le Siracide a hérité des tendances deutéronomistes, mais également de la littérature sapientielle (Pr, Ps, Jb et Qo). L'orientation vers l'observance des commandements veut inciter à la fidélité au Dieu des Pères (voir l'exemple d'hommes illustres dans l'éloge des Pères en Si 44-50). L'engagement personnel envers le Seigneur est visé. Ceci exige des attitudes adéquates comme la droiture, la justice, l'intégrité devant Dieu (1,28 ; 2,2 ; 35[32],15-17 ; voir aussi Pr 8,13), comme devant les autres (1,29 ; 5,9 ; 6,1.17 ; voir aussi 28,7.13). Pr 1-9 relient déjà la crainte de Dieu à la sagesse, et également à la Loi (voir aussi Jb 28,28 ; Qo 12,13).

Grâce à la crainte de Dieu, l'homme peut trouver ce à quoi il aspire : joie, bonheur, miséricorde, longue vie (voir aussi les récompenses relevées en Dt 6,2-3.18.24 ; 10,13 ; 11,27 et en Pr 10-30). Il apparaît donc sage de craindre le Seigneur. Ces promesses évoquent les faveurs du Seigneur accordées à ceux qui marchent dans ses voies (Dt 6 ; 10,12.13). Nous sommes donc loin d'une acception de frayeur ou de vénération devant le numineux, bien que la vie dans la crainte implique un grand respect devant le Seigneur (7,29aG a traduit פחד par εὐλαβοῦ), respect qui se traduit par l'amour. En effet, la crainte et l'amour, des dons de Dieu, se complètent pour suivre les voies du Seigneur (2,15-17). Crainte et amour du Seigneur sont orientés vers sa Loi. La crainte de Dieu suppose également une relation personnelle avec le Seigneur et implique des attitudes comme la droiture, la confiance, l'humilité (1,28-2,18 ; voir aussi 3,18 ; 35[32],17). Foi et espérance dans le Seigneur s'ajoutent à la crainte et à l'amour. La relation individuelle avec le Seigneur constitue le cœur de cette notion de crainte dans le Siracide.

La supériorité de la crainte de Dieu relevée dans le Siracide (le plus souvent dans la traduction syriaque) met en évidence que cet aspect est capital dans cette œuvre. Cette crainte, dont il affirme qu'elle élève l'homme, même le plus marginal, au-dessus des autres, et qu'il place au-dessus de toute chose, même au-dessus de la sagesse, représente sans aucun doute un thème majeur chez Ben Sira. La crainte de Dieu aide à maintenir et à raviver la foi, dans une relation personnelle et privilégiée avec le Seigneur (2,7-9.15-17). Elle est une expression de la volonté du Seigneur qu'il s'agit de suivre par l'observance de ses commandements et de ses prescriptions. Ainsi, sans devoir trop insister sur la Loi (beaucoup moins présente dans l'œuvre que les deux autres notions), l'insistance sur la crainte de Dieu peut constituer un renvoi implicite à la tradition – en lien avec la sagesse. Dans le Siracide, l'observance des commandements n'est pas inculquée de façon apodictique ; il s'agit d'une option selon le désir personnel de suivre les chemins du Seigneur ou non (voir 15,15-17 ; Dt 30,15.16.19.20).

La question de l'alliance est posée à nouveau à une époque où le peuple d'Israël n'est plus au centre de l'œuvre du Siracide. La première mention d'Israël (dans la version grecque) après le Prologue se trouve en Si 17,17 ; ensuite au chapitre 24 (v. 8), et treize fois dans l'éloge des Pères. Le Siracide s'adresse à des individus, en l'occurrence à de jeunes hommes du IIe siècle avant Jésus-Christ, donc de l'époque du Second Temple. L'alliance et l'élection sont des notions qui ont gardé leur importance. Nous avons plusieurs références à une « alliance éternelle » (17,12 ; 45,7) ou à « l'alliance » tout court (voir sous « Excursus ») qui rappelle que l'alliance de Dieu avec les hommes reste d'actualité et qu'il s'agit de l'entretenir, même si elle est vue dans un cadre élargi (voir 16,24-17,14). Craindre et aimer le Seigneur restent des moyens privilégiés pour perpétuer cette alliance, dont l'horizon a été déplacé vers les débuts de la création, et il devient ainsi universel, concernant l'humanité entière depuis ses débuts. L'humanité entière constitue le « peuple de l'alliance ». 10,19 s'adresse à la « race humaine » en général ; elle est digne d'honneur, dans la mesure où elle craint le Seigneur et garde ses commandements. Plutôt que d'« exclusivisme »,[42] on peut parler d'un enseignement inclusif dans le Siracide (voir aussi 10,22G qui a élargi le cercle de ceux qui craignent le Seigneur).

Dans cet enseignement sapientiel inclusif, nous constatons que les noms du Dieu d'Israël sont adaptés également. Si 7,30 reprend l'injonction de Dt 6,5 d'aimer de toute sa force « le Seigneur, ton Dieu » en la reformulant : « De toute ta force aime celui qui t'a fait [...] ». En Si 50,22 le nom du

---

42. Voir Adams, *Wisdom in Transition*, 199. Mais voir aussi Samuel L. Adams, « Reassessing the Exclusivism of Ben Sira's Jewish *Paideia* », dans *Second Temple Jewish « Paideia » in Context*, éd. Jason M. Zurawski et Gabriele Boccaccini, BZNW 228 (Berlin : de Gruyter, 2017), 50.

Seigneur, « le Dieu d'Israël » dans la version H, a été modifié dans la traduction grecque en τῷ θεῷ πάντων, « le Dieu de toutes choses ». Le mot de la fin du discours sur Dieu depuis Si 42,15 est : « Il est le tout » (43,27H^B, G ; 43,29La : *ipse est in omnibus*). Aux « pieux » a été donnée la sagesse pour reconnaître Dieu et sa sagesse (voir 43,33G et 50,29cGII).

Malgré une ouverture au-delà des frontières d'Israël, le Siracide veut montrer que la tradition a encore sa raison d'être, la religion juive ne doit pas céder la place aux pensées hellénistiques, même s'il y fait quelquefois référence. « Toute sagesse vient du Seigneur » (1,1a) ainsi que « toute sagesse est crainte du Seigneur, et en toute sagesse, il y a la pratique de la Loi » (19,20) orientent vers une sagesse aux accents nouveaux, englobant la sagesse d'Israël (voir Prol. 3), la sagesse des anciens (39,1) et la sagesse des grecs. Le Seigneur l'a répandue sur toutes ses œuvres (1,9). L'enseignement du Siracide est sage, c'est-à-dire intelligent, pondéré (voir 16,24–25) et ouvert. Il affirme que la sagesse peut également s'acquérir par les voyages, comme il en a probablement fait l'expérience lui-même (31[34],9–12 ; 39,4), et pas uniquement dans une « maison d'instruction » (51,23), bien que celle-ci représente un pendant au gymnase des grecs, destiné à cultiver et à préserver l'identité hellénistique. La « maison d'instruction » de Ben Sira, malgré son importante fonction pédagogique, n'est pas l'unique pépinière pour apprendre la sagesse. Le contact avec des personnes d'autres horizons et leurs cultures (la sagesse d'en bas [cette expression ne doit pas être comprise dans un sens péjoratif]) est également un lieu d'apprentissage. De même l'ordre cosmique et la nature regorgent de témoignages de la sagesse divine (la sagesse d'en haut). Cette ouverture du Siracide aux apports d'au-delà des frontières d'Israël ne fait pas perdre la foi en un Dieu unique qui, même s'il peut être appelé « le Dieu de toutes choses » (50,22G) ou « le tout » (43,27), reste le Dieu d'Israël.

L'attachement des élus au Dieu de l'alliance continue à travers la crainte et l'amour du Seigneur, ainsi qu'en suivant ses voies (voir Dt 6 ; 10,12.15.20). Le Siracide a repris ces mêmes exhortations, dans un contexte actualisé (voir p. ex. Si 7,30). L'idée de l'élection n'est pas directement évoquée dans le Siracide ; elle l'est indirectement à travers la figure de la Sagesse qui, sur ordre du créateur, s'est installée en Israël, sa « portion » (24,8.11.12). Malgré la résidence définitive de la Sagesse en Israël, celle-ci est présente dans l'univers entier. Elle est accessible à tous et se révèle dans la création et son ordonnancement (Si 1,1–10 ; 24,3–6 ; voir aussi 39,16–21 ; 42,15–43,33). Alors que, en Si 1,10a, on reconnaît que le Seigneur a accordé la sagesse à tous, selon 1,10b, elle fut déversée en abondance sur ceux qui l'aiment (sur ceux qui le craignent en 1,10Syr). Cet amour du Seigneur, le premier commandement, est reconnu comme une « sagesse glorieuse » dans l'addition grecque ; nous y trouvons également l'idée d'une révélation du Seigneur à ceux qu'il a choisis (1,10cdGII). Si 1,10G exprime ainsi d'une façon moins voilée qu'en Si 24 l'idée de l'élection, liée à l'amour du Seigneur.

Si 1,1-10 et Si 24 font ressortir la fonction de la sagesse de relier la création à l'histoire. La sagesse est une notion universelle, tout comme la Torah (débuts de Si 1 et 24 ; 17,1-12). La sagesse, présente en abondance dans la Torah (24,23.25-29 ; 19,20), perpétue la notion de l'élection qui concerne maintenant toute l'humanité. Avec le Siracide, l'idée de l'élection est repensée et actualisée à travers l'enracinement de la Sagesse en Israël (24,8-12 ; 17,11-12 ; l'éloge des Pères [44-50], plus particulièrement 45,5) et l'accomplissement de la Sagesse dans la Loi (24,23 ; 15,1 ; 17,11 ; 19,20 ; 45,5). Dans la littérature sapientielle, Ben Sira aurait été le premier à rendre à l'idée de l'élection une importance et une actualité.

À travers la figure de la Sagesse en Si 24 (voir aussi Si 1 et 16,24-17,14), le Siracide arrive à joindre l'universel au particulier. Cette fonction revient également à la Loi, appelée « loi de la vie » (17,11 ; voir aussi 19,19GII), et également à la crainte de Dieu en 17,8, où la réminiscence des événements du Sinaï se trouve côte à côte avec le retour aux débuts de la création. Ce pont établi par la sagesse et la Torah en général, mais également par la crainte du Seigneur, sert l'enseignement inclusif du Siracide qui veut transmettre la tradition des anciens dans un milieu hellénisant.

Pour atteindre cet objectif, chacune des trois notions joue son rôle, en s'associant soit à l'une, soit à l'autre, soit en étant reliées toutes les trois. Considérer la crainte de Dieu comme le thème général (Haspecker) ou la sagesse comme la notion centrale (Marböck) du livre de Ben Sira, ne nous semble pas correspondre à l'intention de l'auteur. Les nombreuses associations à d'autres thèmes et les parallélismes, typiques pour la littérature sapientielle, invitent à combiner chacune des trois notions avec l'une ou l'autre, et à élargir le regard qui peut considérer une pensée sous différents aspects. C'est ce qui fait de cet écrit un enseignement empreint d'intelligence et de sagesse.

Nous devons également au Siracide une interprétation théologique de la sagesse. Elle vient de Dieu et elle est présentée comme un don de Dieu (1,1-10 ; 17,7-11 ; 24,1-29 ; 39,6 ; 43,33). La sagesse indique les lieux de présence et d'action de Dieu (le cosmos, le monde, Israël, plus particulièrement Jérusalem, la Torah). Avec Si 24, elle est intégrée dans l'histoire du

4. Synthèse : Trois aspects d'une même réalité ?

salut. La Loi et la Sagesse sont presque l'équivalent de la présence divine au milieu des hommes. Les deux ont une fonction médiatrice de la révélation. Leurs attributs communs ont permis de les associer étroitement, dans un lien où chaque notion garde sa spécificité. Nous évoquions l'expression « identité dans la diversité », venant de Schnabel. Avec l'œuvre de Ben Sira, les thèmes de l'histoire du salut, de la Loi et de l'alliance sont de nouveau abordés. Certains qualifient Ben Sira de « premier théologien », comme Daniel J. Harrington, l'appelant « le premier des théologiens des traditions juive et chrétienne » parce qu'il a relié la sagesse séculaire et la révélation divine.[43]

Les commandements de la Torah auxquels le Siracide fait allusion ne sont pas énumérés dans une charte sous forme apodictique, mais ils font partie d'un enseignement sapientiel. Il reprend des commandements de la première et de la deuxième table de la Loi, avec une insistance plus particulière sur le premier commandement (Dt 6,5). Si 17,14 et 28,7 font allusion d'une manière générale à la deuxième table. Mais nous trouvons aussi des références plus concrètes à la Torah, comme par exemple le commandement d'honorer ses parents (Ex 20,12 ; Dt 5,18 ; Si 3,1-16 ; 7,27), ou les cas d'adultère (voir Ex 20,14 ; Dt 5,18 ; Si 23,18.22.23). En Si 3,1-16 (honorer ses parents), les conseils s'adressent au « fils » ou aux « enfants » (comme en 4,1 ; 23,7) ; le Siracide y explique également pourquoi il est préférable d'agir de la sorte. Ce même commandement, repris en 7,27, est également intégré dans une leçon de conseils sapientiaux, formulés d'abord négativement (« Ne ... pas »), ensuite sous forme de question-réponse, et puis positivement, reprenant les formules de Dt 6,5 « de tout ton cœur, de toute ton âme, de toute ta force », faisant un lien explicite avec la Torah (7,29.30). Si 18,2bGII et Si 36[33],5b[44] pourraient être des allusions au commandement « Tu n'auras pas d'autres dieux face à moi » (Ex 20,3 ; Dt 5,7). Le commandement de la première table de la Loi de ne pas prononcer à tort le nom du Seigneur en Si 23,9-10 (voir Ex 20,7 ; Dt 5,11 ; voir aussi Dt 6,13) fait partie d'un enseignement autour du bon usage de la parole. Ainsi des conseils sapientiaux généraux côtoient les conseils orientés vers les lois de la Torah. Ceci contribue à voir la notion de la Loi dans un cadre plus large, faisant partie d'un enseignement sapientiel.

---

43. Daniel J. Harrington, *Jesus Ben Sira of Jerusalem. A Biblical Guide to Living Wisely* (Collegeville, MN : Liturgical Press, 2005), 3.
44. Si 33,4b dans l'édition de Rahlfs.

De même, quand le Siracide fait référence à la Loi, en lien avec la sagesse, cette Loi sous son acception traditionnelle, est intégrée dans un discours sapientiel (1,26a ; 6,37 ; 15,1a ; 36[33],2a ; voir aussi 24,23 ; 45,5 ; Prol. 7-14). תורה et מצוה et les équivalents dans les autres versions orientent vers la volonté de Dieu (6,37 ; 23,27 ; 45,5), contrairement au livre des Proverbes où il peut s'agir de l'enseignement du sage ou des prescriptions du père (Pr 3,1 ; 4,2). Observer les commandements ou prescriptions du Seigneur ou marcher dans ses voies est synonyme de « faire sa volonté ». Craindre le Seigneur peut prendre la même acception, ce qui nous permet dans certains cas d'associer la crainte à l'observance de la Loi. La notion de crainte de Dieu peut inclure, sans la nommer, l'idée de la volonté de Dieu qui se concrétise dans le respect de ses ordonnances. Cette volonté de Dieu n'est jamais évoquée directement dans ce sens dans le Siracide (en 43,16G [43,17*La*], la volonté signifie l'ordre du Seigneur qui dirige les éléments de la nature). Sous l'acception mentionnée ci-dessus, la crainte du Seigneur englobe aussi l'idée de l'alliance, sans la nommer, au milieu de conseils sapientiaux. L'évocation des commandements est également une référence à l'alliance (voir 28,7G qui met en parallèle les commandements et « l'alliance du Très-Haut » ; 24,23 parle du « livre de l'alliance du Très-Haut » qu'est la Torah de Moïse). Tout en dispensant une « instruction d'intelligence et de savoir » (50,27 ; voir aussi Prol. 12-13 ; 24,32-34) pour « ceux du dehors » (Prol. 5), le Siracide fait œuvre de théologien.

Nous avons pu constater que les trois notions sont reliées plus ou moins explicitement dans le Siracide, surtout aux chapitres 1, 9, 15, 16-17, 19, 21, 23 (fin) et 24, 32[35]-33[36]. Des rapprochements entre ces thèmes sont certainement encore possibles dans un sens plus large, sans mentions explicites des vocables que nous avons pris en compte. En résumant fortement, la « crainte de Dieu », un thème majeur dans le livre de Ben Sira qui a voulu dispenser un enseignement de sagesse (50,27-29G), est de ce fait-même liée à la sagesse. Elle est une notion capitale dès le départ, et elle est nommée à des endroits-clé de l'œuvre (voir e. a. 50,29H^B ; 50,28cdSyr qui la mettent en valeur également à la fin). Pouvant signifier l'antithèse du péché et de ce fait aussi l'expression de la volonté de Dieu, une vie dans la crainte de Dieu est également synonyme d'observance des commandements. Ainsi, dans la conception générale des ces trois termes « crainte de Dieu », « sagesse » et « Loi », il y a une connivence interne qui les unit. Nous pourrions parler d'une entité sous trois expressions. Il est difficile de décrire ou de circonscrire en quelques mots chacun de ces termes. Ils ne sont pas définissables. Chaque terme étant associé à un ou plusieurs

4. Synthèse : Trois aspects d'une même réalité ?

autres termes qui augmentent son sens, les trois notions sont à considérer généralement dans la globalité de leurs liens mutuels. Pour chaque terme, non seulement un monde, mais des mondes s'ouvrent. Les champs sémantiques dépassent les simples vocables, ce qui est un reflet de la complexité de l'enseignement sapientiel.

L'écrit du Siracide peut certes être considéré comme une œuvre apologétique, mais assurément pas polémique, comme l'affirmait Smend, suivi par Hengel.[45] Apologétique dans le sens où le Siracide transmet un plaidoyer pour le maintien des traditions de la foi juive, non par des joutes oratoires tonitruantes, mais souvent en sourdine ou de façon implicite. Dans ce plaidoyer, la crainte de Dieu, la sagesse et la Torah, avec leurs corrélations, jouent un rôle essentiel. Ceci constitue peut-être également une nouveauté : aucune de ces trois notions n'est mise en évidence pour elle-même. C'est pourquoi nous ne pouvons pas faire valoir l'une avant l'autre. La crainte de Dieu, tout comme la sagesse sont des thèmes majeurs dans le Siracide, et la Loi est liée aux deux. La fonction de la crainte de Dieu ne prend tout son sens qu'en vue de la sagesse ou par la mise en pratique des commandements. La sagesse est accessible à tous ; elle établit un pont entre les hellénisants et les Juifs. Elle est un don de Dieu pour tous. À la fois figure cosmique et figure historique, la plénitude de sa richesse se trouve dans la Torah qui, elle, déborde de sagesse (Si 24). La crainte de Dieu établit un pont vers la sagesse qui à son tour établit un pont vers la Loi ; celle-ci est pleine de sagesse et donne sens à la crainte de Dieu. Chacune des notions est enrichie par les ponts tendus vers l'autre. Telle est aussi la fonction du Siracide qui essaie de concilier ce qu'il a appris de la Loi, des Prophètes et des autres écrits avec ce qu'il a appris des autres sages et à travers ses propres expériences, pour transmettre à son tour sa sagesse également à « ceux du dehors » et pour faire progresser les amis du savoir dans leur vie selon la Loi (voir Prol.).

Le livre de Ben Sira essaie de concilier la foi juive avec une sympathie croissante envers les valeurs prônées par l'hellénisme. Le Siracide, même s'il n'est encore considéré que par peu de chercheurs comme le premier théologien des maîtres de sagesse, construit son enseignement sapientiel, mais également sa théologie autour des trois notions de « crainte de Dieu », « sagesse » et « Loi », visant par là à maintenir les valeurs traditionnelles de la foi juive dans un milieu hellénisant. Nous considérons

---

45. Voir ci-dessus dans la partie « Introduction ».

cette importance reconnue aux trois notions dans leur corrélation comme des facteurs essentiels de l'enseignement sapientiel, porteur d'une théologie reliant l'universel (signe de l'ouverture vers le monde hellénisant) et le particulier (la tradition d'Israël), comme une donnée peu exploitée encore dans l'exégèse du livre du Siracide. Nous pensons en effet que cette vue triangulaire dépasse les positions classiques prônant soit la crainte de Dieu, soit la sagesse comme thème essentiel du livre du Siracide.

Ce travail ne prétend pas avoir épuisé les questions sur la particularité des trois notions dans leur interactivité, ni sur les implications sur l'enseignement du Siracide. Un certain nombre de sujets n'ont pas pu être traités ou approfondis dans le cadre de ce travail, comme par exemple la sagesse sous ses différentes facettes aux endroits qui ne sont pas explicitement reliés à la crainte de Dieu, tout comme la Loi dans le Siracide. La sagesse comme ordre dans la création et dans l'histoire aurait mérité un détour (Si 16,26-28 ; 39,16-33 ; 42,18-25 ; 43). L'éloge des Pères (Si 44-50) a certes été mentionné, mais ces chapitres pourraient être explorés davantage quant à la pertinence des trois notions dans cette partie et quant à la vue de Ben Sira sur l'histoire d'Israël, sous le prisme de grandes figures de la tradition. En ce qui concerne la sagesse, Marböck a entre autres suffisamment analysé cette notion chez Ben Sira dans *Weisheit im Wandel*. Pour la conception de la Loi, nous pouvons consulter ceux qui ont abordé ces deux thèmes et leur lien chez Ben Sira.

L'histoire de la réception des textes étudiés mentionnés dans les écrits apocryphes, la littérature intertestamentaire, le Nouveau Testament, les écrits rabbiniques, les écrits des Pères de l'église et de grands théologiens mériterait également un approfondissement. Nous espérons en tous cas, que l'enseignement de Ben Sira puisse continuer à susciter de l'intérêt comme bâtisseur de ponts.

Fear of God, Wisdom, and Law: Theological Aspects on the Basis of Sir 10:19–11:6

Studying the book of Ben Sira in its different versions (Hebrew, Greek, Syriac, Latin[1]) has gained a certain interest during at least the past ten years. The redaction of the Hebrew original text is generally dated around 190 BCE, and the Greek translation of Ben Sira's grandson should be situated between 132 and 116 BCE. Until the end of the nineteenth century, this book was known essentially through the Greek, Latin, and Syriac versions. The existence of a Hebrew original is suggested by, among others, the Prologue of the Greek version (Prol. 22, 30). For centuries the Hebrew text was passed on through a few quotations in the talmudic and rabbinic literature. Later on, the Hebrew original disappeared, with the result that the Greek and Syriac versions became the main sources of knowledge of the book.[2] At the end of the nineteenth century, fragments of four medieval manuscripts (MSS A, B, C, and D) were identified and allowed scholars to recover almost two-thirds of Ben Sira's Hebrew text.[3] In the twentieth century, fragments of two additional manuscripts (E and F), discovered in the Cairo Genizah (1931 and 1982), and the fragments found during excavations at Masada and Qumran (1962–1964) helped scholars to make progress in the study of the Hebrew text. The deciphering of fragments revealing lost Hebrew texts of the book of Ben Sira continues to interest scholars in the twenty-first century.[4]

---

1. Abbreviated H, G, Syr, and *La*.
2. Patrick W. Skehan and Alexander A. Di Lella, *The Wisdom of Ben Sira*, AB 39 (New York, Doubleday, 1987), 51.
3. See Maurice Gilbert, "Methodological and Hermeneutical Trends in Modern Exegesis on the Book of Ben Sira," in Gilbert, *Ben Sira: Recueil d'études – Collected essays*, BETL 264 (Leuven: Peeters, 2014), 3–21.
4. See Eric D. Reymond, "New Hebrew Text of Ben Sira Chapter 1 in MS A (T-S 12.863)," *RevQ* 105 (2015): 83–98; Gerhard Karner, "Ben Sira MS A Fol. I Recto and Fol. VI Verso (T-S 12.863) Revisited," *RevQ* 106 (2015): 177–203.

If we assume that Ben Sira was born around 250 BCE or earlier, he lived for most of his life under Ptolemaic rule in Palestine and from 198 BCE on under Seleucid rule until his death.[5] The work of Ben Sira the sage, which is to be set at the crossroads of two currents, merits our attention. As a wisdom teacher (see Sir 51:23–28), he considered himself as a link of the chain passing on the fathers' tradition (see the Prologue) and the wisdom of the elders (see Sir 24) within a growing Hellenistic influence. Ben Sira's work provided sapiential and ethical councils to the young Jews of the Seleucid period. It can be considered a sort of manual for those searching for wisdom, in which Ben Sira drew the attention of his disciples toward what is essential for a sage. This work focuses on texts relevant to how Ben Sira positioned himself in this Greek-friendly milieu, without deepening the issue concerning the influences of Greek philosophies, which has been examined by scholars such as Martin Hengel, Theophil Middendorp, and Victor Tcherikover. Obviously, it remains a debated subject.

First, our attention focuses on the pericope of Sir 10:19–11:6, since, apart from the articles of Alexander A. Di Lella and Maurice Gilbert,[6] few specific studies have been devoted to this text. This text highlights what constitutes the real glory/honor of humans: primarily the fear of God (Sir 10:19, 20, 22, 24) but also wisdom (11:1). Those who fear the Lord belong to an honorable offspring, whereas the offspring of those who transgress the commandments is dishonorable (10:19). On the basis of this pericope, three important themes in Ben Sira are identified: the fear of God, wisdom, and law. They are already united in this text.

Nowadays textual criticism abandons the idea of the reconstruction of a lost "original" text.[7] It favors the consideration of each version in its

---

5. Skehan and Di Lella, *The Wisdom of Ben Sira*, 16.

6. Alexander A. Di Lella, "Sirach 10:19–11:6: Textual Criticism, Poetic Analysis, and Exegesis," in *The Word of the Lord Shall Go Forth: Essays in Honor of David Noel Freedman in Celebration of His Sixtieth Birthday*, ed. Carol L. Meyers and Michael O'Connor (Winona Lake, IN : Eisenbrauns, 1982), 157–64; Maurice Gilbert, "Wisdom of the Poor: Ben Sira 10,19–11,6," in *The Book of Ben Sira in Modern Research: Proceedings of the First International Ben Sira Conference, 28–31 July 1996, Soesterberg, Netherlands*, ed. Pancratius C. Beentjes, BZAW 255 (Berlin: de Gruyter, 1997), 153–69.

7. See, e.g., Pancratius C. Beentjes, "Reconstructions and Retroversions: Chances and Challenges to the Hebrew Ben Sira Text," in *The Texts and Versions of the Book of Ben Sira: Transmission and Interpretation*, ed. Jean-Sébastien Rey and Jan Joosten (Leiden: Brill, 2011), 23–35.

specificity. This is why the four major versions (H, G, Syr, *La*) of the above-mentioned text are examined: to identify their main differences and their respective fundamental orientations.

This monograph is divided into three parts. The analysis of Sir 10:19–11:6 in its four versions (H, G, Syr and *La*) constitutes the first part, with more detailed attention to the first two versions. After a verse-by-verse examination, I underscore some fundamental orientations in each version. The second part is dedicated to the three notions fear of God/the Lord, wisdom, and law. Our particular interest lies with the fear of the Lord in the book of Ben Sira for two reasons: it is one of the major themes of this book, and since Josef Haspecker's 1967 monograph,[8] few studies have focused their interest on this notion in this particular sapiential work. I first consider it more generally in the Old Testament, then in the book of Ben Sira, picking up the Old Testament meanings of ירא ("to fear") as approaching or preparing for the use made by Ben Sira in the four versions H, G, Syr, and *La*. The fear of God may bear different accents in the Hebrew, Greek, Syriac, or Latin versions of this book. Often this notion is linked to other themes, such as wisdom, law, or love, which broaden its sense. As Sir 16:24–17:14 (not extant in H) appears to be a pivotal text in this book for the comprehension of fear of God, wisdom, and law from a theological point of view, I devote an excursus to this pericope with the title "L' « alliance éternelle » et les trois notions en Si 16,24–17,14." In this text we find the rare expression "perpetual covenant" (Sir 17:12); even the name of Israel is mentioned for the first time in Sir 17:17 (G and Syr; 17:15 *La*). The third part of the study focuses on the question of the link between the three notions in two essential texts: Sir 1 and 24 (mainly in the Greek versions). In a sort of conclusion or synthesis, I return to the meaning of each of the three themes in the book of Ben Sira, especially in their connection, asking whether they finally represent three aspects of only one reality.

---

8. Josef Haspecker, *Gottesfurcht bei Jesus Sirach: Ihre religiöse Struktur und ihre literarische und doktrinäre Bedeutung*, AnBib 30 (Rome: Päpstliches Bibelinstitut, 1967).

1. Four Versions of Sir 10:19–11:6 and Their Basic Orientations[9]

1.1. The Hebrew Texts

Until 1960, Sir 10:19–11:6 was known in Hebrew only through MS A (MS A or H^A). This manuscript, recovered in the eleventh century CE, contains more or less a quarter of the whole book (Sir 3:6–16:26). Thus, the annotated texts and commentaries of Israel Lévi (1898, 1901), Norbert Peters (1902), and Rudolf Smend (1906), as well as their handbooks published between 1904 and 1906,[10] were based only on this manuscript. The transcription of new folios belonging to the manuscript B, identified by Jefim Schirmann (Hebrew University of Jerusalem),[11] opens new perspectives of comprehension and interpretation.

Our study of Sir 10:19–11:6 is based on the textual editions of Lévi, Peters, Moshe Tsvi Segal, Hermann L. Strack, and Jules Touzard for MS A and the editions of Pancratius C. Beentjes, Alexander A. Di Lella, Antonino Minissale, Hans Peter Rüger and Francesco Vattioni for MSS A and B (see bibliography). We take into account and integrate the contribution of Jean-Sébastien Rey in his analysis of the second folio of the new edition of Elkan Natan Adler's fragment (ENA 2536-2 recto) containing Sir 10:12–12:1.[12]

The book of Ben Sira often presents a compilation of wisdom sayings, which makes its structure difficult to discern. For our pericope, I propose the following structure:

10:19–22: what makes the real glory of the human race?
10:23–25: the wisdom and the fear of God elevate the human being
10:26–27: the behavior of a sage
10:28–29: the good attitude toward oneself
10:30–31: honor of the poor and the rich
11:1–3: do not judge according to appearances
11:4–6: because God may reverse the situations

---

9. For the Syriac and the Latin versions, see pages 79–99 above.
10. See Gilbert, "Wisdom of the Poor," 153–55.
11. See Jefim Schirmann, "Some Additional Leaves from Ecclesiasticus in Hebrew," *Tarbiz* 29 (1960): 125–34.
12. Jean-Sébastien Rey, "Si 10,12–12,1: Nouvelle édition du fragment d'Adler (ENA 2536-2)," *RevQ* 25 (2012): 575–603.

FEAR OF GOD, WISDOM, AND LAW

Below I present the text in the Greek version from Joseph Ziegler's edition and the NETS translation by Benjamin G. Wright III.[13]

10:19a	Σπέρμα ἔντιμον ποῖον; σπέρμα ἀνθρώπου.	What kind of offspring is honorable? Human offspring.
10:19b	Σπέρμα ἔντιμον ποῖον; οἱ φοβούμενοι κύριον.	What kind of offspring is honorable? Those who fear the Lord.
10:19c	Σπέρμα ἄτιμον ποῖον; σπέρμα ἀνθρώπου.	What kind of offspring is dishonorable? Human offspring.
10:19d	Σπέρμα ἄτιμον ποῖον; οἱ παραβαίνοντες ἐντολάς.	What kind of offspring is dishonorable? Those who transgress the commandments.
10:20a	ἐν μέσῳ ἀδελφῶν ὁ ἡγούμενος αὐτῶν ἔντιμος,	In the midst of kin their leader is honorable,
10:20b	καὶ οἱ φοβούμενοι κύριον ἐν ὀφθαλμοῖς αὐτοῦ.	and those who, in his eyes, fear the Lord.
10:21a	προσλήψεως ἀρχὴ φόβος κυρίου,	The beginning of acceptance is fear of the Lord,
10:21b	ἐκβολῆς δὲ ἀρχὴ κληρυσμὸς καὶ ὑπερηφανία.	but the beginning of rejection is obduracy and arrogance.
10:22a	προσήλυτος καὶ ξένος καὶ πτωχός,	Guest and stranger and poor person—
10:22b	τὸ καύχημα αὐτῶν φόβος κυρίου.	their boast is fear of the Lord.
10:23a	οὐ δίκαιον ἀτιμάσαι πτωχὸν συνετόν,	It is not right to dishonor an intelligent poor person,
10:23b	καὶ οὐ καθήκει δοξάσαι ἄνδρα ἁμαρτωλόν.	and it is not proper to glorify a sinful man.
10:24a	μεγιστὰν καὶ κριτὴς καὶ δυνάστης δοξασθήσεται,	Noble and judge and ruler will be glorified,

---

13. Joseph Ziegler, ed., *Septuaginta: Sapientia Iesu Filii Sirach*, vol. 12.2 of *Vetus Testamentum Graecum Auctoritate Societatis Litterarum Gottingensis editum* (Göttingen: Vandenhoeck & Ruprecht, 1965); Albert Pietersma and Benjamin G. Wright III, éds., *A New English Translation of the Septuagint and the Other Greek Translations Traditionally Included under That Title* (New York: Oxford University Press, 2007).

10:24b	καὶ οὐκ ἔστιν αὐτῶν τις μείζων τοῦ φοβουμένου τὸν κύριον.	but none of them is greater than he who fears the Lord.
10:25a	οἰκέτῃ σοφῷ ἐλεύθεροι λειτουργήσουσιν,	Free persons will attend to a wise domestic,
10:25b	καὶ ἀνὴρ ἐπιστήμων οὐ γογγύσει.	and a knowledgeable man will not grumble.
10:26a	Μὴ σοφίζου ποιῆσαι τὸ ἔργον σου	Do not craftily perform your task,
10:26b	καὶ μὴ δοξάζου ἐν καιρῷ στενοχωρίας σου.	and do not extol yourself in your time of difficulty.
10:27a	κρείσσων ἐργαζόμενος καὶ περισσεύων ἐν πᾶσιν	Superior is a person who works and excels in all things
10:27b	ἢ περιπατῶν δοξαζόμενος καὶ ἀπορῶν ἄρτων.	to one who struts about extolling himself and lacks bread.
10:28a	τέκνον, ἐν πραΰτητι δόξασον τὴν ψυχήν σου	Child, in meekness give repute to your soul,
10:28b	καὶ δὸς αὐτῇ τιμὴν κατὰ τὴν ἀξίαν αὐτῆς.	and give it value according to its worth.
10:29a	τὸν ἁμαρτάνοντα εἰς τὴν ψυχὴν αὐτοῦ τίς δικαιώσει;	Him who errs against his own soul— who will vindicate?
10:29b	καὶ τίς δοξάσει τὸν ἀτιμάζοντα τὴν ζωὴν αὐτοῦ;	And who will give repute to him who devalues his own life?
10:30a	πτωχὸς δοξάζεται δι᾽ ἐπιστήμην αὐτοῦ,	A poor person has repute because of his knowledge,
10:30b	καὶ πλούσιος δοξάζεται διὰ τὸν πλοῦτον αὐτοῦ.	and a rich person has repute because of his wealth.
10:31a	ὁ δεδοξασμένος ἐν πτωχείᾳ, καὶ ἐν πλούτῳ ποσαχῶς;	He who has repute in poverty, how much more also in wealth?
10:31b	καὶ ὁ ἄδοξος ἐν πλούτῳ, καὶ ἐν πτωχείᾳ ποσαχῶς;	And he who is held in disrepute in wealth, how much more also in poverty?
11:1a	σοφία ταπεινοῦ ἀνυψώσει κεφαλὴν αὐτοῦ	A humble person's wisdom will raise up his head,
11:1b	καὶ ἐν μέσῳ μεγιστάνων καθίσει αὐτόν.	and it will seat him in the midst of nobles.

11:2a	Μὴ αἰνέσῃς ἄνδρα ἐν κάλλει αὐτοῦ	Do not praise a man for his good looks,
11:2b	καὶ μὴ βδελύξῃ ἄνθρωπον ἐν ὁράσει αὐτοῦ.	and do not loathe a man for his appearance.
11:3a	μικρὰ ἐν πετεινοῖς μέλισσα,	Small among flying creatures is a bee,
11:3b	καὶ ἀρχὴ γλυκασμάτων ὁ καρπὸς αὐτῆς.	and the origin of sweet things is its produce.
11:4a	ἐν περιβολῇ ἱματίων μὴ καυχήσῃ	Do not boast about the putting-on of clothes,
11:4b	καὶ ἐν ἡμέρᾳ δόξης μὴ ἐπαίρου,	and do not exalt yourself in a day of glory,
11:4c	ὅτι θαυμαστὰ τὰ ἔργα κυρίου,	because the works of the Lord are wonderful,
11:4d	καὶ κρυπτὰ τὰ ἔργα αὐτοῦ ἀνθρώποις.	and his works are hidden among humans.
11:5a	πολλοὶ τύραννοι ἐκάθισαν ἐπὶ ἐδάφους,	Many tyrants have sat on the ground,
11:5b	ὁ δὲ ἀνυπονόητος ἐφόρεσεν διάδημα.	but one not expected to was wearing a diadem.
11:6a	πολλοὶ δυνάσται ἠτιμάσθησαν σφόδρα,	Many dynasts have been utterly dishonored,
11:6b	καὶ ἔνδοξοι παρεδόθησαν εἰς χεῖρας ἑτέρων.	and people of high repute have been given over into the hands of others.

The entire analysis of each verse can neither be reproduced nor summarized here. I only underscore some noteworthy points of this text.

Several lines of the Greek text are lacking in the Hebrew version, in MS A, MS B, or both. Even if we consider each text in its proper and present version, the question of the *Vorlage* remains: Which original text was used by the transcriber? As a matter of fact, most of the time this question cannot be answered, or the answers are rather speculative. That is why I sometimes mention scholarly conjectures (mainly of the first half of the twentieth century), without delving further into the matter. As an example, I present Sir 10:19 in both manuscripts:

	MS A	MS B
19a	זרע נכבד מה זרע לאנוש	
19b		
19c		זרע נקלה מה זרע לאנוש
19d	זרע נקלה/ עובר מצוה:	זרע נקלה עובר מצוה:

19a^A What kind of offspring is honorable? The human offspring.
19c^B What kind of offspring is dishonorable? The human offspring.
19d^{AB} A dishonorable offspring is transgressing the commandment.

In MS A, 10:19bc is lacking, and in MS B 10:19ab is absent. Some scholars presume for different reasons (*homoiarkton* and *homoioteleuton*) that the lacking lines were present in another *Vorlage* available to the Greek translator disposed. They conjecture a Hebrew *Vorlage* in which 10:19 had four stichoi (Box and Oesterley; Lévi) or at least three: 19acd (Di Lella; Rüger). The four stichoi in 10:19G have an antithetical parallelism, which is a classical literary device in Old Testament sapiential books. Sirach 10:19 suggests the idea of the two ways (cf. Ps 1) through the contrast of honor and dishonor (19a–19c) and implicitly also the idea of the choice to fear God and to live according to the commandments or not, a choice that has consequences even for the generations to come (see also Sir 15:14–17; Deut 11:26–28; 30:15–20). The idea of the free decision to walk along the path the Lord proposes or not can also be detected on other places of the book.

If we consider the editions of Beentjes and Ben-Ḥayyim, the Hebrew text does not mention the fear of the Lord as a reason to be honored (10:19b), nor does it have the perfect antithetical parallelisms that we find in the Greek version: *What kind of offspring is honorable? / What kind of offspring is dishonorable? – Those who fear the Lord. / Those who transgress the commandments*. As a result, two important features for our topic are lacking: the stipulation that the fear of the Lord honors people and even the whole human race, and the implicit link of the fear of the Lord to the observance of the commandments through the antithetic parallelism in 10:19bd.

As a matter of fact, the fear of the Lord is highlighted in the chosen text as a relationship to God that provides a certain value to the God-fearer (10:19 [as we have seen, it is not extant in the Hebrew versions]; 10:20, 22, 24). The Greek text of Sir 10:19 formulates that this fear consists of observing the commandments. The fear of the Lord abolishes social (10:22, 24) and even religious differences (10:22) in the Greek version:[14]

10,22a: προσήλυτος καὶ ξένος καὶ πτωχός,
10,22b: τὸ καύχημα αὐτῶν φόβος κυρίου.

It gives a social status equal to the most important persons; it may even place the God-fearer above them all (10:24b). Through these verses of Sir 10, we can catch a glimpse of the importance Ben Sira dedicates to the concept of "the fear of the Lord." In this text we see how the author does a sort of advertising for this notion through a certain promise of a promotion for the God-fearer. He is greater than anyone, whether in the eyes of fellow humans or in the eyes of God.

As we saw a link between the fear of the Lord and the observance of the law in 10:19G, another connection could be proposed—between the fear of the Lord and wisdom—because both elevate persons of all social conditions (10:23a; 11:1). Sirach 10:23 (in MSS B and G) suggests, through antithetical parallelism, that wisdom (expressed here by the notion of intelligence) and fear of God go together. Wisdom, in its different components, is thus the second notion that raises up a humble person (G) or a person of humble condition (H), and it makes that one sit among noble persons (11:1; 10:25, 30a). In a certain sense, wisdom ennobles those who have it. So, the value of the notions of the fear of God, wisdom, and the law is expressed by means of "honor" and "dishonor" (through different verbal forms). These two concepts help to shed a particular light on the three notions studied in the present work. John J. Collins notes that these two fundamental values of Greek culture are integrated in the work of Ben Sira more frequently than in any other earlier sapiential book (Sir 3:1–16 [3:1–6a not extant in H]; especially 3:7aG [added text GII]; 4:20–28; 10:19–11:6; 20:21–23; 41:14–42:8).[15]

Other texts in the book of Ben Sira show what the sage understands by *wisdom*. I approach this topic only in some key texts, because a certain number of studies have already been dedicated to the subject (see ch. 3).

---

14. In Ziegler's *Septuaginta*; the edition of Rahlfs (Alfred Rahlfs, and Robert Hanhart, eds., *Septuaginta: Editio altera* [Stuttgart: Deutsche Bibelgesellschaft, 2006]) has: πλούσιος καὶ ἔνδοξος καὶ πτωχός τὸ καύχημα αὐτῶν φόβος κυρίου.

15. John J. Collins, *Jewish Wisdom in the Hellenistic Age* (Louisville: Westminster John Knox, 1997), 34.

The circle of the "brothers" has broadened to include immigrants, strangers, and foreigners (10:22a^(AB)). MS B adds to these three categories of people a fourth one: the poor. They all may be a part of that "honorable offspring" as a result of the fear of God that they share (10:22b).

	MS A	MS B
22a	גר וזר נכרי ורש	גר זר נכרי ורש
22b	תפארתם י[ר]את אלהים	תפארתם יראת ייי

In 10:26-29, Ben Sira gives some sapiential advice, showing that wisdom is not only acquired in wisdom schools (see also Sir 51:23), but also in concrete life, through daily experiences.

On the basis of Sir 10:19–11:6, we may say that for Ben Sira, the fear of God and wisdom abolish all social differences, because both of the two notions elevate each human being.

1.2. The Greek Texts

The book of Ben Sira in Greek has at least two versions: a short one (GI) and a longer one (GII). GI, the first translation of the lost Hebrew text (see Prologue of the book), is based mainly on the uncials B (Codex Vaticanus), S (Codex Sinaiticus), and A (Codex Alexandrinus) and on a number of important minuscules.[16] The second Greek version (GII) is a revised and expanded version of GI, including manuscripts from the recensions of Lucian of Antioch (the Lucianic group *L'* [*L* and *l*]) and Origen (the Origenistic group *O*). An old Hebrew text[17] served as a model (called *Vorlage*) for the additions of GII.

According to Ziegler, we should not speak of a single expanded Greek text; we may presume that several versions were circulating. The Septuagint edition of Göttingen (Ziegler) is based on GII, whereas the edition of Rahlfs has the shorter version of GI. Of all the Septuagint books, "Sirach has the greatest number of emendations and conjectures."[18]

---

16. See Ziegler, *Septuaginta*, 70.

17. Called HTII (Hebrew Text II; see Skehan and Di Lella, *The Wisdom of Ben Sira*, 55, 59) or Hb II (Maurice Gilbert, "Siracide," *DBSup* 12:1408; Hans Peter Rüger, *Text und Textform im hebräischen Sirach* [Berlin: de Gruyter, 1970], 115).

18. Skehan and Di Lella, *The Wisdom of Ben Sira*, 55.

Part of the Greek text has already been compared to the Hebrew text of Sir 10:19–11:6, mentioning some differences. Another major particularity of the Greek text can be observed in 10:21, which is absent in H, Syr, and *La* (also in the edition of Rahlfs, because this verse is missing in the uncials B, S, and A). This additional verse brings out the fear of the Lord as a way leading to acceptance, whereas two particular attitudes have the opposite effects: "obduracy and arrogance." Sirach 10:21a is repeated in 19:18a (also missing in the edition of Rahlfs), except for an inversion of words: φόβος κυρίου ἀρχὴ προσλήψεως.

The variant ἐπὶ ἐδάφους ("on the ground") in Sir 11:5a seems to be corrupt or a correction of ἐπὶ δίφρου ("on a throne"; see also H: על כסא; Syr: ܠܘܪܣܝܐ, ܟܘܪܣܝܐ ܥܠ; *La: in throno*). The idea of a reversal of a situation, described in Sir 11:5–6, is already mentioned in Sir 10:14: θρόνους ἀρχόντων καθεῖλεν ὁ κύριος καὶ ἐκάθισεν πραεῖς ἀντ' αὐτῶν ("Thrones of rulers the Lord brought down, and he seated the gentle in their place"). This calls 1 Sam 2:7–8 to mind (see also Luke 1:52). The Hebrew (MS A) text had "the proud" (גאים) in Sir 10:14a, where the Greek translator wrote "the rulers." Could this be a hidden criticism against the Hellenistic rulers?

Intermediate Conclusions

The initial question of Sir 10:19a (H, G, Syr; *La* has no question) is open: "What kind of offspring is honorable?" The answer, "human offspring," indicates that the text is aimed at the whole of humanity. Furthermore, that humanity seems to be split into two categories of people (G, Syr; *La* 10:23): the honorable and the dishonorable—the first on account of their fear of the Lord, the others because they transgress the commandments. The terms of honor and dishonor help to evaluate them.

In the text of Sir 10:19–11:6, the fear of God appears to be an important notion that elevates human beings of all social levels. It unites people of different social and religious horizons (10:22). The fear of God can take concrete contours through the observation of the commandments. We can say that "the fear of God" has mediatory functions: on the one side, because it links people; on the other side, because it is a means to maintain the values of the Jewish tradition at times of an increasing Hellenization.

Beside the fear of God, the notions of wisdom and law seem to be key concepts in the above-mentioned text, as well as through the whole of Ben Sira. That explains why we explore the first notion (fear of God) and see if there is a link with the two other concepts (wisdom and law). The semantic field of wisdom is broad, and *law* is a generic term for different expressions (see the last part: "Synthesis"). The fear of God is first observed in the Old Testament books Deuteronomy, Proverbs, Psalms, Job (and Ecclesiastes), then in the book of Ben Sira (in the four versions H, G, Syr, *La*).

2. Fear of God, Wisdom, and Law

2.1. In the Old Testament

In the Old Testament the fear of God or fear of the Lord is a fundamental concept. This expression refers to the attitude of a human being who, faced with manifestations of the divine presence or power, experiences his or her own pettiness or weakness in the face of the Almighty. The experience of the *numen tremendum* within the framework of the revelation of God has consequences on the relation between God and humans, who may answer the divine call in obedience to God´s will by living according to his commandments.

At the time of the redaction of Ben Sira's book, the classical sense of "revelation" belonged to the past. The manifestation of God's presence was now expressed in a new manner for a new public that was situated in a time and space in which Jews were confronted with growing Hellenistic influences. The author of this sapiential book tried to find a compromise between these two tendencies, yet without denying Jewish tradition. The three concepts mentioned above played their role in this endeavor.

The phrase "fear of God" may have different significations in the Old Testament.[19] I focus here on texts in the books of Deuteronomy, Proverbs, Psalms, Job (and Ecclesiastes), where the verbal root ירא with the explicit or implicit complement of "God" or "Lord" does not mean the numinous fear in front of God Almighty, because this sense is nearly absent in Ben Sira's book.

Most of the occurrences of ירא with the complement יי can be found in Deuteronomy (and in the texts that have been influenced by it/under Deuteronomistic influence). In Deuteronomy, the verb ירא must be considered in the context of the covenant between God and his people. The

---

19. See Louis Derousseaux, *La crainte de Dieu dans l'Ancien Testament*, LD 63 (Paris: Cerf, 1970), 5–11, especially ch., pp. 67–105 ; see also Joachim Becker, *Gottesfurcht im Alten Testament* Rome, AnBib 25 (Rome: Päpstliches Bibelinstitut, 1965), 1–18.

particular relationship between the two partners is expressed by, among others, the term *fear*. We only find almost exclusively the verbal form of ירא in Deuteronomy (except for 2:25), with the apposition "your [singular or plural] God," meaning "to be faithful to the God of the covenant." Observing the commandments is part of that faithfulness.

I highlight here only some major examples. Deuteronomy 4:10 invites the people to fear the Lord. Israel must remember the covenant and pass on the terms of the covenant to future generations. The formulation inviting hearers to the fear of the Lord may be apodictic, as in Deut 6:13 ("The Lord your God you shall fear, and him you shall serve, and to him you shall cling, and by his name you shall swear") and 10:20 ("You shall fear the Lord your God, and him you shall serve, and to him you shall hold fast, and by his name you shall swear"), as if it is a commandment. The exclusive attachment to God derives from the particular relationship between God and the elect people (10:15; see also 7:6–7). In Deuteronomy, the notion of election is related to the exhortation to fear the Lord (10:12). Deuteronomy 10:12–13 indicate how Israel is to fear him: "And now, O Israel, what does the Lord your God ask from you but to fear the Lord your God, to go in all his ways and to love him and to serve the Lord your God with your whole heart and with your whole soul, to keep the commandments of the Lord your God and his statutes that I command you today so that it may be well with you?"

That fear must be learned (למד, *qal*) or trained in order to be transmitted (למד, *piel*). Five occurrences make a link between the verb ירא and the verb למד (*qal* or *piel*): Deut 4:10; 14:23; 17:19; 31:12, 13. This learning process involves the knowledge and the assimilation of the words of the Lord in the context of covenant. Israel must integrate these words, to live according to them and to transmit them to the future generations. The fear is thus linked to the law (17:19; 31:12–13), which is full of wisdom (4:6–10).

Several verbs are associated with ירא, such as "serve," "observe the commandments," "love," or "become attached." This seems to be particularly the case in Deuteronomic and Deuteronomistic texts (see Deut 10:20; 11:22; 13:5; 30:20; Josh 22:5; 2 Kgs 18:6).[20] "To fear" and "to love" are used in a synonymous parallelism in Deut 10:12. These two verbs are not only

---

20. See Derousseaux, *La crainte de Dieu*, 217–21; Becker, *Gottesfurcht im Alten Testament*, 107–11.

complementary but may also be identical in the book of Deuteronomy. They signify the attitude of loyalty of Israel toward its God within the covenantal relationship. The notion of "fear of God" in Deuteronomy must be understood in the context of election and covenant between the Lord and his people.

In the sapiential literature, the notion of "fear of God" is widespread, more than in any of the other Old Testament collections of books. The book of Proverbs generally uses the locution יראת יהוה; it privileges the nominal form.

In the section of the book generally considered the oldest (Prov 10–30), fear of God is a moral behavior (10:27; 16:6; 23:17–18) frequently associated with the idea of (individual) retribution. In Prov 1–9, the link between the fear of God and wisdom is more present than in the rest of this sapiential work (above all in 1:7, 29; 2:5; 9:10); sometimes the notion of law is included. The parallels with the book of Ben Sira are evident.

The sapiential education in the book of Proverbs tries to appeal to common sense in order to make the reader understand why it is "reasonable" to live according to God's will, whereas the legislative texts, in their apodictic form, require unconditional obedience (see Exod 20). In the book of Proverbs, knowledge or comprehension may constitute necessary elements of the fear of the Lord (1:7, 29; 2:5; 9:10), which relates it to a sort of theoretical or speculative wisdom.

In Deuteronomy, the chosen people are concerned with statutes and judgments (4:1; 5:1; 6:4); in the book of Proverbs, humanity in general is addressed (see, e.g., Prov 3:13, 30; 8:4, 31, 34; 16:9).

The Psalms emphasize more than Deuteronomy the benefits the Lord grants to those who fear him (Pss 31:20; 33:18; 34:8, 10; 85:10; 103:11, 13, 17; 112:1; 115:11, 13; 128:1, 4; 145:19; 147:11). The covenant engages the two partners to mutual fidelity: the Lord and those who fear him (Pss 25:14; 111:5).

Psalm 111:10 is one of the rare occurrences in this book where the fear of the Lord is associated with wisdom (ראשית חכמה יראת יהוה; compare to Prov 1:7; 9:10; Sir 1:14G). In this psalm we can observe that the fear of the Lord is seen in the horizon of the covenant (Ps 111:5; see also 111:9); through that statement, the law is included in the conception of the fear of the Lord.

At the beginning of the book of Job, the protagonist is described as a "righteous," "God-fearing" (ירא אלהים; translated here by θεοσεβής) man, "staying away from every evil thing" (Job 1:1, 8; 2:3). Job's fear of God may be seen from a moral and a religious point of view through his qualifications as "genuine, blameless, righteous" and "staying away from every evil thing."[21] The latter may be understood as living according to God's law. Job 1:9 suggests that Job's attitude was "interested" and that he could easily fear God because of his happy life (1:10). Retribution is a recurring issue in the Old Testament. The book of Job reassesses or reexamines it in the light of Job's life story. This questions also the genuineness of the attitude of those who fear the Lord as well as a certain two-way retribution: a person fears the Lord, and he grants all sorts of benefits; he assures a happy life, and so the person lives according to his will.

In the book of Job, the fear of God is generally an ethical concept, but in the expression "staying away from every evil thing" (1:1, 8) or "from all wrong" (2:3G) we may discern a nomistic hint. The final verse of Job 28 (v. 28), giving an answer to the question posed in 28:12 ("But wisdom, where is it found? And of what sort is the place of knowledge? [repeated in 28:20]), states that "the worship of God is wisdom, and to stay away from evil is knowledge." We have here an association of the fear or worship of God (יראת אדני; θεοσέβεια) with wisdom and implicitly with the law.

At the end of the book of Ecclesiastes (12:13),[22] the writer places the concepts of the fear of God and the observance of the commandments side by side in an imperative formulation, as a sort of conclusion or summary of the basic essentials. We could even call it an apothegm. The writer ends with a plea for the fear of God (see also Eccl 8:12, 13) and the observance of the commandments.

The comprehension of the notion of "fear of God" within the sapiential current seems to evolve from an ethical point of view in the older works to a nomistic conception in the latter. Wisdom and law are no longer two separate entities.[23]

2.2. In the Book of Ben Sira

The fear of God in the book of Sirach has been examined in detail by Josef Haspecker. He considers it *the* major theme of Ben Sira's work, especially since, for him, the introduction (1:1–2:18) and the ending of the book (Sir 50:27–29) put the focus on that fear, identifying it at the same time as the

---

21. Translation from NETS.
22. The originality of this verse is disputed.
23. See Becker, *Gottesfurcht im Alten Testament*, 262–68.

central notion. The first two chapters account for two-thirds of the occurrences of *fear* in the book. After the book of Psalms, Ben Sira mentions the fear of the Lord most frequently.[24] Haspecker considers the fear of God in Sirach a fundamental religious and ethical attitude. His analysis concerns mostly piety in that context.

As we have already seen in the text of Sir 10:19–11:6, the author emphasizes the importance of the fear of the Lord, but he also gives room to wisdom. Both elevate humans. The concrete manifestation of that fear appears in the observance of the commandments. As that fear is sometimes linked to wisdom, and because the work is of sapiential nature, we notice a certain interaction of the fear of God with wisdom and with the law. That is why I skimmed through the book to see how Ben Sira understood that fear, especially in relation to the two other concepts (wisdom and law).

I have considered "fear of God" in the four versions (H, G, Syr, *La*), comparing them and trying to discern what makes the specificity of that concept in this book. Many references to fear are lacking in the Hebrew version, especially because the chapters where we find a concentration of that term are absent: Sir 1–2[25] and Sir 17, to which I dedicate an excursus.[26] The question of the *Vorlage* might be posed here, but my interest went above all to the existing texts.

Ben Sira goes beyond the purely nomistic sense of that notion, advancing from the beginning a personal relationship with the Lord based on trust and love (Sir 2). The fear of the Lord seems to guarantee life, happiness, and prosperity (1:11–13; 31:14–17; 40:26–27). Especially in the Syriac version, the high value of the fear of the Lord is stressed, putting it above not only wisdom but even above everything.

The fear of the Lord is frequently linked to other notions or fields, primarily to wisdom or law or both. The other most commonly associated topics include: love of God, the question of retribution, honor or glory, moral and religious value, and one's inner attitude. These associations lead

---

24. See Siegfried Plath, *Furcht Gottes: Der Begriff* ירא *im Alten Testament*, Arbeiten zur Theologie 2/2 (Stuttgart: Calwer, 1963), 32; Haspecker, *Gottesfurcht bei Jesus Sirach*, 50.

25. Reymond has set out his new discoveries concerning the Hebrew text of the first chapter in "New Hebrew Text of Ben Sira," 83–98, particularly 90–98; see also Karner, "Ben Sira MS A."

26. See §2.1.2.3, beginning on p. 168.

to the conclusion that the sense of the fear of God is not unequivocal. It should not be considered in an isolated manner but within its context and taking into account its link to other subjects. The importance of the fear of God in the book of Ben Sira grows, thanks to these associations.

Trying to find what Ben Sira understands by fear, wisdom, and law and their eventual mutual dependence, I focus attention on two key texts, Sir 1 and 24, situated at the beginning and in the middle of the book.

3. What Link Exists between the Fear of God, Wisdom, and Law in Sir 1 and 24?

As these two chapters are absent in the existing editions of the Hebrew texts, I consider mainly the Greek texts.[27]

3.1. Sir 1:1–30

1. All wisdom is from the Lord, and with him it exists forever.
2. Sand of seas and drops of rain and days of eternity—who shall enumerate?
3. The sky's height and earth's breadth and abyss and wisdom—who will track?
4. Before all things wisdom has been created, and understanding of prudence is from eternity.
5. Wisdom's spring is God's word in the highest, and her journeys are everlasting commandments.
6. Wisdom's root—to whom was it revealed? And her wondrous feats—who knew?
7. Wisdom's skill—to whom was it manifested? And her great experience—who has understood it?
8. One who is wise, greatly feared, seated upon his throne.
9. The Lord, he created her, and he saw and enumerated her and poured her out upon all his works,
10. among all flesh according to his giving, and he furnished her abundantly to those who love him. Loving the Lord is esteemed wisdom, but to whomever he appears, he apportions her as a vision of himself.

---

27. The edition of Ziegler. All translations are from NETS.

¹¹ Fear of the Lord is reputation and boasting and gladness and a garland of rejoicing.
¹² Fear of the Lord will delight the heart, and it will give gladness and joy and length of days. Fear of the Lord is a gift from the Lord, for he also establishes paths for love.
¹³ For the one who fears the Lord, it will be well at the end, and in the day of his death he will be blessed.
¹⁴ Wisdom's beginning is to fear the Lord, and with the faithful in the womb—she was created together with them.
¹⁵ Among human beings she built her nest as an eternal foundation, and among their offspring she will be trusted.
¹⁶ Wisdom's fullness is to fear the Lord, and she inebriates them with her fruits.
¹⁷ Their every house she will fill with desirable things, and the reception halls from her produce.
¹⁸ Wisdom's garland is fear of the Lord, sprouting peace and well-being for healing. And both are gifts of God for peace, and boasting creates space for those that love him.
¹⁹ And he saw and enumerated her. Skill and knowledge of understanding she rained down, and the reputation of people who hold her fast she exalted.
²⁰ Wisdom's root is to fear the Lord, and her branches are length of days.
²¹ The fear of the Lord repels sins, and when it endures, it will turn away all wrath.
²² Unjust anger can never be justified, for the weight of his anger is his downfall.
²³ Until the right time a patient person will restrain himself, and afterwards gladness will pay him back.
²⁴ Until the right time he will hide his words, and the lips of many will tell of his discernment.
²⁵ Among wisdom's treasures there is illustration of intelligence, but godliness is an abomination to a sinner.
²⁶ If you desire wisdom, keep the commandments, and the Lord will furnish her abundantly to you.
²⁷ For wisdom and education are the fear of the Lord, and his delight is fidelity and gentleness.
²⁸ Do not disobey the fear of the Lord, and do not approach him with a double heart.

²⁹ Do not be a hypocrite in the mouths of humankind, and with your lips pay heed.
³⁰ Do not exalt yourself, lest you fall and bring dishonor to your soul, and the Lord will reveal your secrets, and in the midst of a gathering he will overthrow you, because you did not approach in the fear of the Lord and your heart was full of deceit.

Sirach 1:1–10 may be considered a poetic introduction to this sapiential book, where wisdom makes her entry. The second part of the chapter (1:11–30) brings together two major themes: wisdom and the fear of the Lord. I propose the following structure:

I. 1:1–10: Hymn to wisdom
II. 1:11–30: The fear of God is wisdom
    A. 1:11–21: Importance of the fear of God
        11–13: the fear of God and the benefits it brings
        14–20: the fear of God is wisdom
        21: the effects of the fear of God
    B. 1:22–30: Sapiential lessons
        22–24: the behavior of a sage
        25–27: recommendations: maxims and positive orders
        28–30: recommendations: maxims and negative orders

3.2. Sir 24:1–34

¹ Wisdom will praise her soul, and in the midst of her people she will boast.
² In an assembly of the Most High she will open her mouth, and before his power she will boast.
³ "I came forth from the mouth of the Most High, and like a mist I covered earth.
⁴ I encamped in the heights, and my throne was in a pillar of cloud.
⁵ A circle of sky I encircled alone, and in the deep of abysses I walked.
⁶ In the waves of the sea and in all the earth and in every people and nation I led.
⁷ With all these I sought repose, and in whose inheritance I would settle.
⁸ Then the creator of all commanded me, and he who created me put down my tent and said, 'Encamp in Iakob, and in Israel let your inheritance be.'

9. Before the age, from the beginning, he created me, and until the age I will never fail.
10. In a holy tent I ministered before him, and thus in Sion I was firmly set.
11. In a beloved city as well he put me down, and in Ierousalem was my authority.
12. And I took root among a glorified people, in the portion of the Lord is my inheritance.
13. Like a cedar I was raised up in Lebanon, and like a cypress in the mountains of Aermon.
14. Like a palm I was raised up in Aiggada, and like rosebushes in Iericho, like a good-looking olive tree in a plain, and I was raised up like a plane tree.
15. Like cinnamon and camel's thorn for spices, and like choice myrrh I gave forth a fragrance, like galbanum and onycha and stacte and like the vapor of frankincense in a tent.
16. I, like a terebinth, spread out my branches, and my branches were branches of glory and grace.
17. I, like a vine, budded forth favor, and my blossoms were the fruit of glory and wealth.
18. I am a mother of love that is beautiful, and of reverence and of knowledge and of devout hope, and I give it together with all my children; they are ever-generating, to those who are being picked by him.
19. Come to me, you who desire me, and from my produce be filled.
20. For the memory of me is sweet beyond honey, and the inheritance of me beyond a honeycomb of honey.
21. Those who eat me will hunger for more, and those who drink me will thirst for more.
22. He who obeys me will not be ashamed, and those who work with me will not sin."
23. All these things are the book of the covenant of the Most High God, a law that Moyses commanded us, an inheritance for the gatherings of Iakob.
24. Do not cease to be strong in the Lord, and cling to him so that he might strengthen you. The Lord Almighty alone is God, and there is no savior beside him.
25. It fills wisdom like Phison and like Tigris in days of new things.
26. It supplies understanding like Euphrates and like Jordan in days of harvest,
27. It shines forth education like light, like Geon in days of vintage.

²⁸ The first man did not complete knowing her, and so the last one did not track her out;
²⁹ for her thought was filled from the sea, and her counsel from the great abyss.
³⁰ And I, like a canal from a river and a water channel, issued forth into an orchard.
³¹ I said, "I will water my garden, and I will drench my flower bed." And look! The canal turned into a river for me, and my river turned into a sea.
³² Still I will again make education enlighten like dawn, and I will shine them forth to far off.
³³ Still I will again pour out teaching like prophecy, and I will leave it behind for generations of eternity.
³⁴ See that I have not toiled for myself alone but for all who seek it out.

This chapter has a central position in the book, not only from the structural point of view—it is situated at the end of the first part (Sir 1–23) and introduces the second part (Sir 24–51)—but also from a theological and sapiential point of view. I propose the following structure:

    24:1–2: Introduction or Prologue
I. 24:3–22: Eulogy of Wisdom
    A. 24:3–7: Peregrinations
        3–4: The origin of Wisdom
        5–6: Its journey
        7: Its search for a permanent dwelling place
    B. 24:8–12: Theological importance
        8: The command to encamp in Jacob-Israel
        9: Its creation before the age; its existence for eternity
        10–12: Its settlement in Jerusalem
    C. 24:13–15: Wisdom's influence
        13–14: Its growth
        15: Its good smell
    D. 24:16–22: Motivations to follow Wisdom
        16–18: Its benefits
        19–22: The invitation to follow Wisdom and justifications
II. 24:23–29: The law is wisdom
        23, 25–27: Connections between the law and Wisdom
            24: Exhortation to cling to the one God

28–29: The unfathomable mystery of Wisdom
24:30–34: Epilogue of the author

Sirach 24 is often called "the praise of Wisdom." The first two verses introduce a hymn coming from the mouth of Wisdom itself, proclaiming its own praise. It is the longest pericope dedicated to wisdom in Sirach. It goes back to the affirmations of Sir 1:1–10, deepening what the introduction of the book declared in shorter terms. So, we can consider chapters 1 and 24 as a broad *inclusio*.

In the epilogue (24:30–34), the author expresses himself also in the first-person—as Wisdom did in the first part of the chapter (24:3–22). Ben Sira describes how he conceived his function as a wisdom master, being a master and a servant at the same time (see also 51:13–30). This is why we see a second major *inclusio* going from Sir 24:30–34 to 51:13–30.

3.3. Sir 1 and 24

From the very beginning, Ben Sira announces the object of his work: all wisdom has its origin in God and it remains with him. *All* wisdom encompasses also wisdom beyond the borders of Israel. Ben Sira's openness to other sapiential sources is stated from the beginning. Wisdom in Greek philosophy may be integrated in Israel's wisdom.

That wisdom is melting into the cosmos; on the one hand, it is not accessible to any human; on the other hand, humanity may discern, in the cosmos or in creation, traces of divine wisdom. Having its origin in God, wisdom belongs to the divine area (Sir 1:1–9); even if it is presented as a primordial creature stemming from God, wisdom does not have the same rank as other creatures.

Even if the universality of wisdom appears in Sir 1:10a, a nuance is added in the following line (Sir 1:10b): especially those who love the Lord,[28] that is, those who are faithful and thus belong to those who fear him, receive a large amount of wisdom. The added text of GII gives a sort of explanation in Sir 1:10c: to love the Lord is already a glorious wisdom (the following line remains a bit obscure). To love the Lord refers to the first of the commandments (Deut 6:5). In other words, the law is already intro-

---

28. Some witnesses of the Lucianic recension *l* and the Syriac version have the variant "those who fear him."

duced in the first chapter of Sirach and linked to wisdom. Sir 24 develops that relationship.

The following verses, Sir 1:11–30, deal with the intrinsic relationship between wisdom and the fear of the Lord. The importance of these two notions appears also in the large number of times they are mentioned: twelve times for wisdom, and seven times for the fear of the Lord.

Sirach 24 returns to some affirmations of the first chapter and deepens them. Sirach 24:23 is the most explicit concerning the relationship between wisdom and the law. Some scholars consider this verse a clear statement of their identity;[29] others nuance this, considering that there is a strong connection between them. Eckhard J. Schnabel calls it an "identity in diversity."[30] Although these two concepts are linked, for Greg Schmidt Goering they are not identical. He recognizes in Ben Sira's work a "two-tiered wisdom,"[31] and he speaks about two "apportionments" of wisdom: one for humankind in general and one for the chosen people. The latter, the special wisdom, would have been destined to Israel through the torah.

In Sir 24 we also find a link between wisdom and creation: wisdom itself has been created and is present in the whole universe (24:3–6). In this text, the torah of Israel is associated with the universal wisdom that is discernable in creation. Sirach 24:7–8 recall the election of Israel (see Deut 10:15; 32:8; Ps 147:19–20), and wisdom is placed in a historical framework.

On the basis of Prov 8, Sirach assigns a cosmic role to wisdom; at the same time, he grants it a place in history. The poetic texts Sir 1:1–10 and Sir 24 speak of the divine origin of wisdom, her peregrination through the cosmos, and her final residence in the middle of a people "full of glory" (24:12). Her function is to make the link between the creation and the his-

---

29. Friedrich V. Reiterer, "Das Verhältnis der חכמה zur תורה im Buch Ben Sira: Kriterien zur gegenseitigen Bestimmung," in Reiterer, « *Die Vollendung der Gottesfurcht ist Weisheit* » *(Sir 21,11): Studien zum Buch Ben Sira (Jesus Sirach)*, SBAB AT 50 (Stuttgart: Katholisches Bibelwerk, 2011), 225; Johannes Marböck, *Weisheit im Wandel: Untersuchungen zur Weisheitstheologie bei Ben Sira*, 2nd ed., BZAW 272 (Berlin: de Gruyter, 1999), 90. Samuel L. Adams refers to Sir 1:26 and 19:20 to support the identity between the law and wisdom (*Wisdom in Transition: Act and Consequence in Second Temple Instructions*, SJSJ 125 [Leiden: Brill, 2008]), 198–200 and 153–54.

30. For further explanations concerning his point of view, see Eckhard J. Schnabel, *Law and Wisdom from Ben Sira to Paul: A Tradition Historical Enquiry into the Relation of Law, Wisdom and Ethics*, WUNT 2/16 (Tübingen: Mohr Siebeck, 1985), 90–91.

31. Greg Schmidt Goering, *Wisdom's Root Revealed: Ben Sira and the Election of Israel*, SJSJ 139 (Leiden: Brill, 2009), 13.

tory of Israel and to manifest the presence of God in this world. For the first time in sapiential literature, the divine status of wisdom is expressed through the allusion to its eternity (Sir 1:4, 15; 24:9).

Through the prism of wisdom, universally present and active in creation, the torah receives a new signification as a universal law that unites creation and history. The theological novelty of Ben Sira's teaching consists in combining traditions on creation, history, law, and wisdom.[32]

On the eve of growing Hellenization, Ben Sira wants to show the greatness of Israel's heritage to his disciples (repetitions of κληρονομία in Sir 24). The torah he presents is rich and full of wisdom. Doing this, Ben Sira makes clear that the law may be comprehended from a sapiential point of view. At the same time, the notion of wisdom presented by him goes beyond the mere sapiential frame by receiving a theological function: wisdom indicates the places of God's presence and action.

In the first chapter, the importance of the fear of God is highlighted: it leads to wisdom; the fear of God represents the foundation and the vault of wisdom (Sir 1:11–30). At the end of the book, this idea has been taken up again: "For if he does them,[33] he will have strength for anything, because his route is the fear of the Lord, and to the pious he gave wisdom" (Sir 50:29abc).[34]

The texts of Sir 1; 10:19–11:6; and 24 show that the three notions the fear of God, wisdom, and the law count among the most important in this work. Their signification may depend on their mutual links, and their importance may grow according to these connections.

Synthesis: Three Aspects of One reality?

The final part of my monograph considers the three notions in their interdependence in order to ascertain their significance. Given the fact that sometimes the different notions are so closely related that they appear to be identical, one wonders: Does their relationship finally mean that they function as or serve to express one reality by means of different terms?

For Otto Fridolin Fritzsche, wisdom leads to the fear of God; at the same time, the wisdom of God reveals itself in the law he gave to the chosen

---

32. See Marböck, *Weisheit im Wandel*, 91–92.
33. I.e., "Instruction of understanding and knowledge [...]"; see Sir 50:27.
34. See the edition of Ziegler.

people.³⁵ Rudolf Smend summarizes the comprehension of the fear of God under one word: "religion." For him, religion is a part of wisdom because the perfect fear is accessible above all to the scribe.³⁶

Most scholars agree that for Ben Sira the fear of the Lord is linked to wisdom (see Sir 1:14a, 16a, 18a, 20a; 19:20a, 24). Haspecker sees no other specific finality in the fear of God than wisdom (see 21:11b: "consummation of the fear of the Lord is wisdom"). "All wisdom" in 1:1a ("All wisdom is from the Lord...") and in 19:20 (πᾶσα σοφία φόβος κυρίου καὶ ἐν πάσῃ σοφίᾳ ποίησις νόμου καὶ γνῶσις τῆς παντοδυναμίας αὐτοῦ: "All wisdom is fear of the Lord, and in all wisdom there is doing of the law *and knowledge of his omnipotence*"³⁷) encompasses also wisdom coming from beyond the borders of Israel (see also 1:9-10; 17:1-7; 24:1-6, 32-34).³⁸ We may suppose that νόμος in Sir 19:20b refers to the torah. In other words, Sir 19:20 links all wisdom—also that of the philosophers—to one of the pillars of Jewish life: the law (see also 24:23). Here we have a glimpse of Ben Sira's building of bridges between Greek culture and Jewish tradition.

The author does not dedicate a long pericope to "the law" (except for 35[32]:14-24), but the notion of the law receives a new signification in the book of Sirach through the intimate association with wisdom in 24:23. In general, the torah is associated with wisdom in Sirach (15:1; 17:11-12; 19:20; 24:23; 39:1-11). The law and the commandments are integrated in a divine order in which the law is subordinated to wisdom (15:14-15; 16:24-17:14; 41:4; see also 1:26; 15:1).

In the sapiential teaching, the law has lost its first destination as a charter for the people of the covenant; it has been integrated into that teaching and is now a part of it. Nevertheless, the commandments must be situated within that covenant between God and humanity.

---

35. Otto Fridolin Fritzsche, *Die Weisheit Jesus-Sirach's*, KEH 5 (Leipzig: Hirzel, 1859), xxvi, xxxiii; see also Haspecker, *Gottesfurcht bei Jesus Sirach*, 13-15.

36. Rudolf Smend, *Die Weisheit des Jesus Sirach: Erklärt* (Berlin: Reimer, 1906), xxiv-xxvi.

37. Italicized text is an addition (GII).

38. See, among others, Haspecker, *Gottesfurcht bei Jesus Sirach*, 81-84; Reiterer, « Die Vollendung der Gottesfurcht ist Weisheit », 251; Alexander A. Di Lella, "The Meaning of Wisdom in Ben Sira," in *In Search of Wisdom: Essays in Memory of John G. Gammie*, ed. Leo G. Perdue et al. (Louisville: Westminster John Knox, 1993), 133-48, here 133; Skehan and Di Lella, *The Wisdom of Ben Sira*, 75-76.

Conclusion

In my conclusion, I return to the main points of the work, including some of them not mentioned above. The teaching of the text we have analyzed, Sir 10:19–11:6, is addressed to humankind in general: "What kind of offspring is honorable? The human offspring" (10:19a). Those who fear the Lord and do not transgress the commandments are honorable. This message must be transmitted to future generations. The fear of God and wisdom elevate humans and make those of humble condition as important as princes. That fear unites people of different social and religious horizons.

The fear of the Lord is frequently mentioned in the book of Sirach (mostly in G, Syr, and *La*, because many of these texts are absent in our Hebrew editions). As Ben Sira addresses himself to those who are looking for wisdom, he recommends them to fear the Lord as the best way to acquire wisdom. For him, the quintessence of wisdom resides in the law, the torah that Moses prescribed (Sir 24:23; 19:20b). There is a reciprocal relationship between the fear of God and wisdom and between wisdom and law. At the same time, there is a connection between the fear of God and the observation of his precepts: in some expanded Greek texts (GII), the love of the Lord is an ally of the fear of the Lord, and it is thus a part of the triangle of the three notions: fear of God—wisdom—the law.

Even if the people of Israel are not the addressee of Ben Sira's education, the idea of the covenant between the Lord and the faithful—those who fear and love him—is not completely absent. The invitation of Sir 7:30 ("With your whole might, love him who made you") is an allusion to Deut 6:5 ("And you shall love the Lord your God with your whole mind and with your whole soul and with your whole power"). God, who revealed himself and made a covenant with Israel, is replaced here by "him who made you," in other words, by the creator. In Sirach, covenant is seen in a larger frame, a universal frame (see Sir 16:24–17:14 and the excursus). This opens the circle of the God-fearers to those living in the diaspora or beyond the borders of Israel and to those who are in touch with Greek culture. The Prologue announced that the book was also meant to be brought to "those who are living abroad" (Prol. 30). The instruction should also reach future generations (Prol. 5: "that those who love learning be capable of service to outsiders, both when they speak and when they write"; see also 24:32–34; 50:27). In the book of Ben Sira, the sapiential teaching is joined to the passing on of Jewish faith through the fear of God.

In his references to the fear of God, Ben Sira has drawn from the Deuteronomistic and sapiential heritages (Proverbs, Psalms, Job). The orientation toward the observance of the commandments through the fear of the Lord seeks to encourage faithfulness to the God of the ancestors (see the example of illustrious men in the Praise of the Fathers in Sir 44–50). It aims at a personnel commitment to the Lord. This involves adequate attitudes such as uprightness, fairness, integrity (1:28, 29; 2:2; 5:9; 6:1, 17; 35(32):15–17; see also 28:7, 13), as well as confidence and humility (1:28–2:18; see also 3:18; 35[32]:17).

Those who fear the Lord will find what they long for: joy, happiness, mercy, long life (some of these benefits were already mentioned in Deut 6:2–3, 18, 24; 10:13; 11:27 and in Prov 10–30). It thus seems wise to fear the Lord. The fear Ben Sira is talking about is far from the sense of fright. It helps to support and to rekindle faith, in a personal and privileged relationship with the Lord (Sir 2:7–9; 15–17). Faith and hope go together with the fear of the Lord (2:7–9), and love is presented as an ally to fear in synonymous parallelisms (2:15–17). To fear the Lord means to obey his will, which means to observe his commandments and precepts. The fear of the Lord takes thus concrete shape by putting the law into practice.

The question of the covenant is not avoided, even though the people of Israel are not at the center of Ben Sira's work. The first mention of Israel (in the Greek version) after the Prologue can be found in Sir 17:17, then in 24:8, and thirteen times in the Praise of the Fathers (Sir 44–50). References to a "perpetual" or an "everlasting covenant" (17:12; 45:7) or simply to the covenant (16:22; 44:20; 45:5, 24, 25) remind us that God's covenant with humanity is still in mind and that it must be kept, even if it is seen in a broader scope (see 16:24–17:14). To fear and to love the Lord remains the privileged means of perpetuating that covenant, whose horizon has been moved toward the beginnings of creation; thus the covenant becomes universal because it concerns humankind from the beginning on. All of humanity forms the "people of the covenant." Sirach 10:19 addressed itself also to the human offspring in general, putting forward the fear of the Lord and observing his commandments. We may consider the sapiential instruction of Sirach as an inclusive one (see 10:22);[39] at the same time, his

---

39. See also Adams, *Wisdom in Transition*, 199. Compare to Samuel L. Adams, "Reassessing the Exclusivism of Ben Sira's Jewish *Paideia*," in *Second Temple Jewish "Paideia" in Context*, ed. Jason M. Zurawski and Gabriele Boccaccini, BZNW 228 (Berlin: de Gruyter, 2017), 50.

theological point of view becomes inclusive. In this work I show that Ben Sira acted as a theologian on more than one account.

In that inclusive instruction, the names of Israel's God are also adapted to a multicultural audience. Sirach 7:30a changes the injunction of Deut 6:5 ("And you shall love the Lord your God with your whole mind and with your whole soul and with your whole power") to, "With your whole might, love him who made you." In Sir 50:22, the name of the Lord in the Hebrew version, "the God of Israel," has been translated in Greek by τῷ θεῷ πάντων ("the God of all things"). The last words of the speech about God in Sir 42:15–43:27 is "He is the all" (H^B, G43:27; La43:29: *ipse est in omnibus*). He reveals his glory in the whole creation. We could say that Ben Sira practiced what we nowadays would call "enculturation."

Despite the broadening view of Ben Sira on covenant theology, he communicates the importance of the tradition of the ancestors. The religion of the Jews has not lost its importance, and it must not let the Hellenistic thoughts have precedence. "All wisdom is from the Lord, and with him it exists forever" (Sir 1:1) and "All wisdom is fear of the Lord, and in all wisdom there is doing of the law and knowledge of his omnipotence" (19:20) direct us to wisdom with new accents, including the wisdom of Israel (see Prol. 3), the wisdom of the ancients (39:1), and the wisdom of the Greek. Wisdom has been poured out on all his works and distributed on all flesh (1:9–10).

The idea of "election" is introduced implicitly through the figure of Wisdom in Sir 24. Following the commandment of the creator, Wisdom settled down in Israel, the Lord's "portion" (24:8–12). In spite of the definitive residence of Wisdom in Israel, it is present in the whole universe. It is accessible to all humans and it reveals itself in creation (1:1–10; 24:3–6; see also 39:16–21; 42:15–43:33). Sirach 1:10 also refers to election in the expanded Greek text (GII 1:10cd: "Loving the Lord is esteemed wisdom, but to whomever he appears, he apportions her as a vision of himself").

According to Sir 1:1–10 and Sir 24, the function of wisdom is to link creation to history. Wisdom is a universal notion, as well as the torah (beginning of Sir 1 and 24; 17:1–12). Wisdom is abundantly present in the torah (14:23, 25–29; 19:20); this implies that the notion of election is perpetuated and concerns now the whole of humanity. In Sirach, the conception of election is reconsidered and actualized through the image of Wisdom taking root in Israel (24:8–12; 17:11–12; the Praise of the Fathers [Sir 44–50], particularly 45:4), and the accomplishment of wisdom in the torah (24:23; 15:1; 17:11; 19:20; 45:5).

We are indebted to Sirach for his theological interpretation of wisdom. Its origin is in God, and it is presented as a gift from God (1:1–10; 17:7–11; 24:1–29; 39:6; 43:33). Wisdom indicates where God is present and at work (in the cosmos, the world, Israel, the torah). Sirach 24 integrates Wisdom into the history of salvation. Wisdom and the torah have a mediatory function of revelation, which is another reason to associate them. Further, the commandments of the torah are not presented in a charter, but the allusions to several commandments are embedded in a sapiential instruction, a sign of the near relationship between the law and wisdom.

More than once we have noticed the more or less explicit connection between the three notions of the fear of God, wisdom, and the Law, especially in Sir 1, 9, 15, 16–17, 19, 21, 23 (at the end) and 24, 32[35]-33[36]. More links could certainly be discovered in a broader sense of these concepts; indeed, we could not exploit the whole semantic field of the notions of wisdom and law in Sirach. We could summarize by saying that the fear of God is a major theme in the sapiential work of Ben Sira, which indicates already a strong link between that fear and wisdom. To fear the Lord implies at the same time living according to the commandments, thus indicating the link to the law. We have seen through a certain number of examples that there finally exists a strong link between the three notions we have considered, so that, in some cases, we could call it a sort of inner connection and speak of an entity with three expressions. It is difficult to give a definition of each notion because the meaning of each depends on their mutual connections or on the links to the other terms. Each notion opens the door not only to one world but to worlds.

Bibliographie

1. Editions textuelles

Beentjes, Pancratius C., *The Book of Ben Sira in Hebrew. A Text Edition of All Extant Hebrew Manuscripts and a Synopsis of all Parallel Hebrew Ben Sira Texts*. VTSup 68. Leiden : Brill, 1997.

Ben-Ḥayyim, Zeʾev, éd. ספר בן סירא. *The Book of Ben Sira: Text, Concordance, and an Analysis of the Vocabulary*. Jérusalem : Academy of the Hebrew Language and Shrine of the Book, 1973.

Box, George H., et W. O. E. Oesterley. *The Book of Sirach*. Pages 268–517 dans vol. 1 de *The Apocrypha and Pseudepigrapha of the Old Testament in English*. Édité par R. H. Charles. Oxford : Clarendon , 1913.

Calduch-Benages, Núria, Joan Ferrer, et Jan Liesen. *La Sabiduría del Escriba. Edición diplomática de la version siriaca del libro de Ben Sira según el Códice Ambrosiano, con traducción española e inglesa ; Wisdom of the Scribe. Diplomatic Edition of the Syriac Version of the Book of Ben Sira according to Codex Ambrosianus, with Translations in Spanish and English*. 2e éd. Biblioteca Midrásica 26. Estella, Navarra : Editorial Verbo Divino, 2015.

Facsimiles of the Fragments Hitherto Recovered of the Book of Ecclesiasticus in Hebrew, Oxford : Oxford University Press, 1901 (MS A: 6,25a–b.27a–7,8b.15a–b.10a–26b.29a–10,8b°.9a–12b.14b.16a–19b°.20a–b.22a–11,25b.27a–33b.34c-d; Manuskriptblatt 10,12b°.14b.16a–19b°.20a–b.22a–11,10d).

Hart, J. H. A. *Ecclesiasticus. The Greek Text of Codex 248 Edited with a Commentary and Prolegomena*. Cambridge : Cambridge University Press, 1909.

Lagarde, Paul de. *Libri Veteris Testamenti Apocryphi Syriace*. Leipzig : Brockhaus ; London : Williams & Norgate, 1861.

Lévi, Israel. *The Hebrew Text of the Book of Ecclesiasticus*. Semitic Study Series 3. Leiden : Brill, 1904.

Minissale, Antonino. *La versione greca del Siracide. Confronto con il testo ebraico alla luce dell'attività midrascica e del metodo targumico.* AnBib 133. Rome : Editrice Pontificio Istituto Biblico, 1995.

Morla, Víctor. *Los manuscritos hebreos de Ben Sira. Traducción y notas.* Asociación Bíblica Española Monografías 59. Navarra : Verbo Divino, 2012.

Peters, Norbert. *Liber Iesu Filii Sirach sive Ecclesiasticus Hebraice.* Freiburg : Herder, 1905.

Rahlfs, Alfred, et Robert Hanhart. *Septuaginta. Editio altera,* Stuttgart : Deutsche Bibelgesellschaft, 2006.

Segal, Moshe Tsvi. השלם ספר בן סירא. Jérusalem : מוסד ביאליק, 1972.

Smend Rudolf, éd. *Die Weisheit des Jesus Sirach. Hebräisch und Deutsch.* Berlin : Reimer, 1906.

Strack Hermann L. *Die Sprüche Jesus, des Sohnes Sirachs. Der jüngst gefundene hebräische Text mit Anmerkungen und Wörterbuch.* Leipzig : Deichert, 1903.

Swete, Henry Barclay. *I Chronicles–Tobit.* Vol. 2 de *The Old Testament in Greek according to the Septuagint.* Cambridge : Cambridge University Press, 1896.

Vattioni, Francesco, éd. *Ecclesiastico. Testo ebraico con apparato critico e versione greca, Latina e siriaca.* Napoli : Istituto Orientale di Napoli, 1968.

Vigouroux, Fulcran. *La Sainte Bible Polyglotte, Ancien Testament* V. Contenant le texte hébreu original (Jules Touzard), le texte grec des Septante (François Nau), le texte latin de la Vulgate, et la traduction française de m. l'Abbé Glaire. Paris : Roger et Chernoviz, 1904.

Weber, Robert, éd. *Sacra Biblia Iuxta Vulgatam Versionem.* 2 vols. Stuttgart : Württembergische Bibelanstalt, 1975.

Ziegler, Joseph, éd. *Septuaginta. Sapientia Iesu Filii Sirach.* Vol. 12.2 de *Vetus Testamentum Graecum Auctoritate Societatis Litterarum Gottingensis editum.* Göttingen : Vandenhoeck & Ruprecht, 1965 ; 2e éd., 1980.

2. Traductions, commentaires, monographies et articles

Adams, Samuel L. « Reassessing the Exclusivism of Ben Sira's Jewish *Paideia* ». Pages 47–58 dans *Second Temple Jewish "Paideia" in Context.* Édité par Jason M. Zurawski et Gabriele Boccaccini. BZNW 228. Berlin : de Gruyter, 2017.

———. *Wisdom in Transition. Act and Consequence in Second Temple Instructions*. JSJSup 125. Leiden : Brill, 2008.
Alonso Schökel, Luis, « The Vision of Man in Sirach 16:24–17:14 ». Pages 235–45 dans *Israelite Wisdom. Theological and Literary Essays in Honor of Samuel Terrien*. Édité par John G. Gammie et al. New York : Scholars Press, 1978.
Auwers, Jean-Marie. *Concordance du Siracide (GII et Sacra Parallela)*. CahRB 58. Paris : Gabalda, 2005.
Barthélemy, Dominique, et Otto Rickenbacher, éds. *Konkordanz zum hebräischen Sirach. Mit syrisch-hebräischem Index*. Göttingen : Vandenhoeck & Ruprecht, 1973.
Bauckmann, Ernst Günter. « Die Proverbien und die Sprüche des Jesus Sirach. Eine Untersuchung zum Strukturwandel der israelitischen Weisheitslehre ». *ZAW* 72 (1960) : 33–63.
Becker, Joachim. *Gottesfurcht im Alten Testament*. AnBib 25. Rome : Päpstliches Bibelinstitut, 1965.
Beentjes, Pancratius C. *Happy the One Who Meditates on Wisdom (Sir 14,20). Collected Essays on the Book of Ben Sira*. CBET 43 Leuven : Peeters, 2006.
———. "Reconstructions and Retroversions: Chances and Challenges to the Hebrew Ben Sira Text." Pages 23–35 dans *The Texts and Versions of the Book of Ben Sira: Transmission and Interpretation*. Édité par Jean-Sébastien Rey et Jan Joosten. JSJSup 150. Leiden : Brill, 2011.
Ben-Ḥayyim, Ze'ev. *The Historical Dictionary of the Hebrew Language. The Book of Ben Sira, Text, Concordance and an Analysis of the Vocabulary*. Jerusalem : Academy of the Hebrew Language and the Shrine of the Book, 1973.
Berg, Shane. « Ben Sira, the Genesis Creation Accounts, and the Knowledge of God's Will ». *JBL* 132 (2013) : 139–57.
Bussino, Severino. *The Greek Additions in the Book of Ben Sira*. Traduit de l'italien par Michael Tait. AnBib 203. Rome : Gregorian & Biblical Press, 2013.
Calduch-Benages, Núria. « Ben Sira 23:27: A Pivotal Verse ». Pages 186–200 dans *Wisdom for Life. Essays Offered to Honor Prof. Maurice Gilbert, SJ on the Occasion of His Eightieth Birthday*. Édité par Núria Calduch-Benages. BZAW 445. Berlin : de Gruyter, 2014.
———. « A Wordplay on the Term *mûsar* (Sir 6:22) ». Pages 13–26 dans *Weisheit als Lebensgrundlage. Festschrift für Friedrich V. Reiterer zum*

65. Geburtstag. Édité par Renate Egger-Wenzel, Karin Schöpflin, et Johannes Friedrich Diehl. DCLS 15. Berlin : de Gruyter, 2013.

Collins, John J. *Between Athens and Jerusalem. Jewish Identity in Hellenistic Diaspora.* 2e éd. Biblical Resource Series. Grand Rapids : Eerdmans, 2000.

———. *The Invention of Judaism. Torah and Jewish Identity from Deuteronomy to Paul.* The Taubman Lectures in Jewish Studies 7. Oakland : University of California Press, 2017.

———. *Jewish Wisdom in the Hellenistic Age.* Louisville : Westminster John Knox, 1997.

———. *Seers, Sybils and Sages in Hellenistic-Roman Judaism.* Leiden : Brill, 2001.

Costaz, Louis. *Dictionnaire Syriaque-Français. Syriac-English Dictionary.* 3e éd. Beyrouth : Dar El-Machreq, 2002.

Derousseaux, Louis. *La crainte de Dieu dans l'Ancien Testament.* LD 63. Paris : Cerf, 1970.

Di Lella, Alexander A. « Authenticity of the Geniza Fragments of Sirach ». *Bib* 44 (1963) : 184–87.

———. « Fear of the Lord as Wisdom : Ben Sira 1,11–30 ». Pages 113–33 dans *The Book of Ben Sira in Modern Research. Proceedings of the First International Ben Sira Conference, 28–31 July 1996, Soesterberg, Netherlands.* Édité par Pancratius C. Beentjes. BZAW 255. Berlin, de Gruyter, 1997.

———. *The Hebrew Text of Sirach. A Text-Critical and Historical Study.* Studies in Classical Literature 1. The Hague : Mouton, 1966.

———. « The Meaning of Wisdom in Ben Sira ». Pages 133–48 dans *In Search of Wisdom. Essays in Memory of John G. Gammie.* Édité par Leo G. Perdue et al. Louisville : Westminster John Knox, 1993.

———. « Qumrân and the Geniza Fragments of Sirach ». *CBQ* 24 (1962) : 259–63.

———. « The Recently Identified Leaves of Sirach in Hebrew ». *Bib* 45 (1964) : 153–67.

———. « Sirach 10:19–11:6: Textual Criticism, Poetic Analysis, and Exegesis ». Pages 157–64 dans *The Word of the Lord Shall Go Forth. Essays in Honor of David Noel Freedman in Celebration of His Sixtieth Birthday.* Édité par Carol L. Meyers et Michael O'Connor. Winona Lake, IN : Eisenbrauns, 1982.

Egger-Wenzel, Renate, éd. *Ben Sira's God. Proceedings of the International Ben Sira Conference, Durham - Ushaw College 2001.* BZAW 321. Berlin : de Gruyter, 2002.

Egger-Wenzel, Renate, Karin Schöpflin, et Johannes Friedrich Diehl, éds. *Weisheit als Lebensgrundlage. Festschrift für Friedrich V. Reiterer zum 65. Geburtstag.* DCLS 15. Berlin : de Gruyter, 2013.

Fabry, Heinz-Josef. « Fehler, die es eigentlich nicht geben sollte. Anmerkungen zum Text des griechischen Sirach ». Pages 139–49 in *Interpreting Translation. Studies on the LXX and Ezekiel in Honour of Johan Lust.* Édité par García Martínez Florentino et Vervenne Marc. BETL 192. Leuven : Leuven University Press and Peeters, 2005.

Fox, Michael V. *Proverbs. An Eclectic Edition with Introduction and Textual Commentary.* HBCE 1. Atlanta : SBL Press, 2015.

Fritzsche, Otto Fridolin. *Die Weisheit Jesus-Sirach's.* KEH 5. Leipzig : Hirzel, 1859.

Gesenius, Wilhelm. *Hebräisches und Aramäisches Handwörterbuch über das Alte Testament.* 17e éd. Berlin : Springer, 1962.

———. *Hebräisches und Aramäisches Handwörterbuch über das Alte Testament.* 18e éd. Berlin : Springer, 1987–2009.

Gilbert, Maurice. « L'addition de Siracide 1,21 : Une énigme ». Pages 223–32 dans Gilbert, *Ben Sira. Recueil d'études - Collected Essays.* BEThL 264. Leuven : Peeters, 2014.

———. « Les additions grecques et latines à Siracide 24 ». Pages 233–46 dans Gilbert, *Ben Sira. Recueil d'études - Collected Essays.* BEThL 264. Leuven : Peeters, 2014.

———. *Ben Sira. Recueil d'études - Collected Essays.* BEThL 264. Leuven : Peeters, 2014.

———. « L'ecclésiastique. Quel texte ? Quelle autorité ? ». Pages 23–37 dans Gilbert, *Ben Sira. Recueil d'études - Collected Essays.* BEThL 264. Leuven : Peeters, 2014.

———. « L'éloge de la Sagesse (Siracide 24) ». *RTL* 5 (1974) : 326–48.

———. « God, Sin and Mercy : Sirach 15 :11 to 18 :14 ». Pages 118–35 dans *Ben Sira's God. Proceedings of the International Ben Sira Conference, Durham - Ushaw College 2001.* Édité par Renate Egger-Wenzel. BZAW 321. Berlin : de Gruyter, 2002.

———. « Siracide ». *DBSup* 12.1389–1437.

———. « Wisdom of the Poor: Ben Sira 10,19–11,6 ». Pages 153–69 dans *The Book of Ben Sira in Modern Research. Proceedings of the First International Ben Sira Conference, 28–31 July 1996, Soesterberg, Neth-*

erlands. Édité par Pancratius C. Beentjes. BZAW 255. Berlin : de Gruyter, 1997.

Goering, Greg Schmidt. *Wisdom's Root Revealed. Ben Sira and the Election of Israel*. JSJSup 139. Leiden : Brill, 2009.

Goff, Matthew J. *Discerning Wisdom. The Sapiential Literature of the Dead Sea Scrolls*. VTSup 116. Leiden : Brill, 2007.

Hadot, Jean. *Penchant mauvais et volonté libre dans la Sagesse de Ben Sira (L'Ecclésiastique)*. Bruxelles : Presses Universitaires, 1970.

Haspecker, Josef. *Gottesfurcht bei Jesus Sirach. Ihre religiöse Struktur und ihre literarische und doktrinäre Bedeutung*. AnBib 30. Rome : Päpstliches Bibelinstitut, 1967.

Hengel, Martin. *Judentum und Hellenismus. Studien zu ihrer Begegnung unter besonderer Berücksichtigung Palästinas bis zur Mitte des 2. Jh. v. Chr.* WUNT 10. Tübingen: Mohr Siebeck, 1969.

Jacob, Edmond, « Wisdom and Religion in Sirach ». Pages 247–60 dans *Israelite Wisdom. Theological and Literary Essays in Honor of Samuel Terrien*. Édité par John G. Gammie et al. New York : Scholars Press, 1978.

Joosten, Jan. « Language and Textual History of Syriac Ben Sira ». Pages 189–97 dans *Texts and Contexts of the Book of Sirach. Texte und Kontexte des Sirachbuches*. Édité par Gerhard Karner, Frank Ueberschaer, et Burkard M. Zapff. SCS 66. Atlanta : SBL Press, 2017.

Joüon, Paul, et Takamitsu Muraoka. *A Grammar of Biblical Hebrew. Third Reprint of the Second Edition, with Corrections*. Subsidia Biblica 27. Rome : Gregorian & Biblical Press, 2011.

Kaiser, Otto. « Die Furcht und die Liebe Gottes. Ein Versuch, die Ethik Ben Siras mit der des Apostels Paulus zu vergleichen ». Pages 39–75 dans in *Ben Sira's God. Proceedings of the International Ben Sira Conference, Durham – Ushaw College 2001*. Édité par Egger-Wenzel Renate. BZAW 321. Berlin : de Gruyter, 2002.

———. *Der Mensch unter dem Schicksal. Studien zur Geschichte, Theologie und Gegenwartsbedeutung der Weisheit*. BZAW 116. Berlin : de Gruyter, 1985.

———. *Vom offenbaren und verborgenen Gott. Studien zur spätbiblischen Weisheit und Hermeneutik*. BZAW 392. Berlin : de Gruyter, 2008.

Karner, Gerhard. « Ben Sira MS A Fol. I Recto and Fol. VI Verso (T-S 12.863) Revisited ». *RevQ* 106 (2015) : 177–203.

Kearns, Conleth. *The Expanded Text of Ecclesiasticus. Its Teaching on the Future Life as a Clue to Its Origin*. DCLS 11. Berlin : de Gruyter, 2011.

Kieweler, Hans Volker. *Ben Sira zwischen Judentum und Hellenismus. Eine kritische Auseinandersetzung mit Th. Middendorp.* BEATAJ 30. Frankfurt am Main : Lang, 1992.

Kister, Menahem. « Some Notes on Biblical Expressions and Allusions and the Lexicography of Ben Sira ». Pages 160–87 dans *Sirach, Scrolls and Sages. Proceedings of a Second International Symposium on the Hebrew of the Dead Sea Scrolls, Ben Sira, and the Mishnah, Held at Leiden University, 15–17 December 1997*. Édité par Takamitsu Muraoka et John F. Elwolde. STDJ 33. Leiden : Brill, 1999.

Kutsch, Ernst. « Gesetz und Gnade. Probleme des alttestamentlichen Bundesbegriffs ». *ZAW* 79 (1967) : 18–35.

Legrand, Thierry. « La version latine de Ben Sira: Etat de la question, essai de classement thématique des ‚additions'' ». Pages 215–34 dans *The Texts and Versions of the Book of Ben Sira. Transmission and Interpretation*. Édité par Jean-Sébastien Rey et Jan Joosten. JSJSup 150. Leiden : Brill, 2011.

Lévi, Israel. *L'Ecclésiastique ou la Sagesse de Jésus, Fils de Sira. Texte original hébreu édité, traduit et commenté*. BEHE.R 10.1-2. 2 vols. Paris : Leroux, 1898–1901.

Lisowsky, Gerhard. *Konkordanz zum Hebräischen Alten Testament*. Stuttgart : Württembergische Bibelanstalt, 1958.

Marböck, Johannes. « Gesetz und Weisheit. Zum Verständnis des Gesetzes bei Jesus Ben Sira ». *BZ* 20 (1976) : 1–21.

———. *Gottes Weisheit unter uns. Zur Theologie des Buches Sirach*. Herders Biblische Studien 6. Freiburg : Herder, 1995.

———. *Weisheit im Wandel. Untersuchungen zur Weisheitstheologie bei Ben Sira*. 2e éd. BZAW 272. Berlin : de Gruyter, 1999.

Marttila, Marko. *Foreign Nations in the Wisdom of Ben Sira. A Jewish Sage between Opposition and Assimilation*. DCLS 13. Berlin : de Gruyter, 2012.

Mattila, Sharon. « Ben Sira and the Stoics: A Reexamination of the Evidence ». *JBL* 119 (2000) : 473–501.

Mermelstein, Ari. *Creation, Covenant, and the Beginnings of Judaism. Reconceiving Historical Time in the Second Temple Period*. JSJSup 168. Leiden : Brill, 2014.

Middendorp, Theophil. *Die Stellung Jesu Ben Siras zwischen Judentum und Hellenismus*. Leiden : Brill, 1973.

Mopsik, Charles. *La Sagesse de ben Sira. Les dix paroles*. Lagrasse : Verdier, 2003.

Muraoka, Takamitsu. *A Greek-English Lexicon of the Septuagint*. Leuven : Peeters, 2009.
Nissen, Andreas. *Gott und der Nächste im antiken Judentum. Untersuchungen zum Doppelgebot der Liebe*. WUNT 15. Tübingen : Mohr Siebeck, 1974.
Owens Robert J. « Christian Features in the Peshitta Text of Ben Sira: The Question of Dependency on the Syriac New Testament ». Pages 177–96 dans *The Texts and Versions of the Book of Ben Sira. Transmission and Interpretation*. Édité par Jean-Sébastien Rey et Jan Joosten. JSJSup 150. Leiden : Brill, 2011.
Payne Smith, Jessie, éd. *A Compendious Syriac Dictionary. Founded upon the Thesaurus Syriacus of R. Payne Smith*. Oxford : Clarendon, 1903.
Perdue, Leo G. *Wisdom and Creation. The Theology of Wisdom Literature*. Nashville : Abingdon, 1994.
Peters, Norbert. *Das Buch Jesus Sirach oder Ecclesiasticus*. EHAT 25. Münster in Westfalen : Aschendorffsche Verlagsbuchhandlung, 1913.
Peursen, Wido Th. van. « Ben Sira in the Syriac Tradition ». Pages 143–65 dans *The Texts and Versions of the Book of Ben Sira. Transmission and Interpretation*. Édité par Rey Jean-Sébastien et Jan Joosten. JSJSup 150. Leiden : Brill, 2011.
———. *Language and Interpretation in the Syriac Text of Ben Sira. A Comparative Linguistic and Literary Study*. Monographs of the Peshitta Institute Leiden 16. Leiden : Brill, 2007.
———. *The Verbal System in the Hebrew Text of Ben Sira*. Studies in Semitic Languages and Linguistics 41. Leiden : Brill, 2004.
Pietersma, Albert, et Benjamin G. Wright III, éds. *A New English Translation of the Septuagint and the Other Greek Translations Traditionally Included under That Title*. New York : Oxford University Press, 2007.
Plath, Siegfried. *Furcht Gottes. Der Begriff* ירא *im Alten Testament*. Arbeiten zur Theologie 2/2. Stuttgart : Calwer, 1963.
Rad, Gerhard von. *Die Theologie der geschichtlichen Überlieferungen Israels*. Vol. 1, *Theologie des Alten Testaments*. 6e éd. Einführung in die evangelische Theologie 1. München : Kaiser, 1969.
———. *Weisheit in Israel*. Neukirchen-Vluyn : Neukirchener Verlag, 1970.
Reiterer, Friedrich V. « *Die Vollendung der Gottesfurcht ist Weisheit* » *(Sir 21,11). Studien zum Buch Ben Sira (Jesus Sirach)*. SBAB AT 50. Stuttgart : Katholisches Bibelwerk, 2011.
———. « Neue Akzente in der Gesetzesvorstellung: תורת חיים bei Ben Sira ». Pages 203–23 dans Reiterer, « *Die Vollendung der Gottesfurcht*

ist Weisheit » *(Sir 21,11). Studien zum Buch Ben Sira (Jesus Sirach).* SBAB AT 50. Stuttgart : Katholisches Bibelwerk, 2011. Publié à l'origine aux pages 851-71 dans *Gott und Mensch im Dialog. Festschrift für Otto Kaiser zum 80. Geburtstag.* Édité par Markus Witte. BZAW 2/345. Berlin : de Gruyter, 2004.

———. « Das Verhältnis der חכמה zur תורה im Buch Ben Sira. Kriterien zur gegenseitigen Bestimmung ». Pages 225-63 dans Reiterer, « *Die Vollendung der Gottesfurcht ist Weisheit* » *(Sir 21,11). Studien zum Buch Ben Sira (Jesus Sirach).* SBAB AT 50. Stuttgart : Katholisches Bibelwerk, 2011.

Rey, Jean-Sébastien. « La conception de l'étranger dans les différentes versions du livre de Ben Sira ». Pages 273-94 dans *Identité et altérité. La norme en question ? - Hommage à Pierre-Marie Beaude.* Édité par Fantino Jacques. Paris : Cerf, 2010.

———. « Si 10,12-12,1 : Nouvelle édition du fragment d'Adler (ENA 2536-2) ». *RevQ* 100 (2012) : 575-603.

Reymond, Eric D. « New Hebrew Text of Ben Sira Chapter 1 in MS A (T-S 12.863) ». *RevQ* 105 (2015) : 83-98.

Rickenbacher, Otto. *Weisheitsperikopen bei Ben Sira.* OBO 1. Fribourg : Universitätsverlag ; Göttingen : Vandenhoeck & Ruprecht, 1973.

Rizzi, Giovanni. « Christian Interpretation in the Syriac Version of Sirach ». Pages 277-308 dans *The Wisdom of Ben Sira. Studies on Tradition, Redaction and Theology.* Édité par Passaro Angelo et Bellia Giuseppe. DCLS 1. Berlin : de Gruyter, 2008.

Rüger, Hans Peter. *Text und Textform im hebräischen Sirach.* BZAW 112. Berlin : de Gruyter, 1970.

Sander, Reinhold. *Furcht und Liebe im palästinischen Judentum.* BWANT 4/16. Stuttgart : Kohlhammer, 1935.

Sauer, Georg. *Jesus Sirach.* JSHRZ 3.5. Gütersloh : Mohn, 1981.

———. *Jesus Sirach/Ben Sira.* ATDA 1. Göttingen : Vandenhoeck & Ruprecht, 2000.

———. *Studien zu Ben Sira.* BZAW 440. Berlin : de Gruyter, 2013.

Schmid, Hans Heinrich. *Wesen und Geschichte der Weisheit. Eine Untersuchung zur altorientalischen und israelitischen Weisheitsliteratur.* Berlin : Töpelmann, 1966.

Schnabel, Eckhard J. *Law and Wisdom from Ben Sira to Paul. A Tradition Historical Enquiry into the Relation of Law, Wisdom and Ethics.* WUNT 2/16. Tübingen : Mohr Siebeck, 1985.

Schubert, Kurt. *Die Religion des nachbiblischen Judentums*. Wien : Herder, 1955.
Sheppard, Gerald T. *Wisdom as a Hermeneutical Construct. A Study in the Sapientializing of the Old Testament*. Berlin : de Gruyter, 1980.
Skehan, Patrick W., et Alexander A. Di Lella. *The Wisdom of Ben Sira*. AB 39. New York : Doubleday, 1987.
Smend, Rudolf. *Die Weisheit des Jesus Sirach. Erklärt*. Berlin : Reimer, 1906.
Swart, Ignatius. « In Search of the Meaning of Ḥamas : Studying an Old Testament Word in Context ». *Journal for Semitics* 3/2 (1991) : 156–66.
Tcherikover, Victor. *Hellenistic Civilization and the Jews*. Philadelphia : Jewish Publication Society of America, 1961.
Thackeray, Henry St. John. *A Grammar of the Old Testament in Greek. Introduction, Orthography and Accidence*. Cambridge : Cambridge University Press, 1909.
Ueberschaer, Frank. *Weisheit aus der Begegnung. Bildung nach dem Buch Ben Sira*. BZAW 379. Berlin : de Gruyter, 2007.
Veijola, Timo. *Leben nach der Weisung. Exegetisch-historische Studien zum Alten Testament*. Édité par Walter Dietrich avec Marko Marttila. FRLANT 224. Göttingen : Vandenhoeck & Ruprecht, 2008.
Wagner, Christian. *Die Septuaginta – Hapaxlegomena im Buch Jesus Sirach. Untersuchungen zu Wortwahl und Wortbildung unter besonderer Berücksichtigung des textkritischen und übersetzungstechnischen Aspekts*. Berlin : de Gruyter, 1999.
Weitzmann, Michael P. *The Syriac Version of the Old Testament. An Introduction*. University of Cambridge Oriental Publications 56. Cambridge, Cambridge University Press, 1999.
Wénin, André. « De la creation à l'alliance sinaïtique. La logique de Si 16,26–17,14 ». Pages 147–58 dans *Treasures of Wisdom. Studies in Ben Sira and the Book of Wisdom ; Festschrift M. Gilbert*. BETL 143. Leuven : University Press/Peeters, 1999.
Wicke-Reuter, Ursel. *Göttliche Providenz und menschliche Verantwortung bei Ben Sira und in der Frühen Stoa*. BZAW 298. Berlin : de Gruyter, 2000.
Winter, Michael M. *A Concordance to the Peshiṭta Version of Ben Sira*. Monographs of the Peshiṭta Institute 2. Leiden : Brill, 1976.
———. « Peshitta Institute Communication XII: The Origins of Ben Sira in Syriac (Part I) ». *VT* 27 (1977) : 237–53.
———. « Theological Alterations in the Syriac Translation of Ben Sira ». *CBQ* 70 (2008) : 300–312.

Witte, Markus. *Texte und Kontexte des Sirachbuchs*. FAT 98. Tübingen : Mohr Siebeck, 2015.
Wright, Benjamin G., III. *Praise Israel for Wisdom and Instruction. Essays on Ben Sira and Wisdom, the Letter of Aristeas and the Septuagint*. JSJSup 131. Leiden : Brill, 2008.
———. « Torah and Sapiential Pedagogy in the Book of Ben Sira ». Pages 157–86 dans *Wisdom and Torah. The Reception of 'Torah' in the Wisdom Literature of the Second Temple Period*. Édité par Bernd U. Schipper et D. Andrew Teeter. JSJSup 163. Leiden : Brill, 2013.
Ziegler, Joseph. « Ursprüngliche Lesarten im griechischen Sirach ». Pages 461–87 dans *Écriture Sainte – Ancien Orient*. Vol. 1 de *Mélanges Eugène Tisserant*. Studi e Testi 231. Città del Vaticano : Biblioteca apostolica vaticana, 1964.

Index de certains textes dans le livre de Ben Sira/Siracide

Hébreu		1,1-30	319-21, 324-26
6,16.37	149-52	1,11-30	130-32, 135-42, 237-49,
9,16	153-55		272-75
10,19	15-18, 310	2,7-10.15-17	142-43, 145-48
10,20.22.24	155-56, 158	3,7	148-49
10,19-11,6	46-53, 99-100, 306	6,16-17	149-52
10,20	18-20	7,31	152-53
10,22	20-22, 312	9,16	153-55
10,23	22-23	10,19	55-59
10,24	24	10,19-22.24	156, 158
10,25	25-27	10,19-11,6	78-79, 100-101, 307-9
10,26	27-28	10,20	59-60
10,27	28-29	10,21	60-61
10,28	30-31	10,22	66-67, 311
10,29	31-32	10,23	68
10,30	32-33	10,24	68-69
10,31	33-35	10,25	69
11,1	35-36	10,26	70
11,2	36-38	10,27	70-71
11,3	38-40	10,28	71-72
11,4	40-42	10,29	72
11,5	42-44	10,30	72-73
11,6	44-46	10,31	73
15,1.13.19	159-62	11,1	73-74
16,2.4	162-66	11,2	74
26,3	191-93	11,3	74-75
32,12	199-200	11,4	75-76
32,16	201-3	11,5	76-77
33,1	203-5	11,6	77
37,12	205-7	15,1.13.19	159-62
40,26-27	208-12	16,2	163-66
50,29	215-17	17,8	166-68
		17,11-14	168-79
Grec		19,18-24	179-83
1,1-10	231-37	21,6.11	183-84

23,27	184–87	17,3.8	166–68
24,1–34	249–75, 321–26	17,11–14	169–79
24,18	187–88	19,20	180–83
25,6.10–12	188–91	21,6.11	183–84
26,3.23.25	191–93	23,27	185–87
27,3	194–95	25,6.11–12	189–91
31,14–19	197–99	26,3.23.25	191–93
32,14	200–201	26,28–27,1	193–94
32,16	202–3	27,3	194–95
36,1	203–5	28,23	196
37,12	205–7	32,11–12	200
40,26–27	209–12	32,16	201–3
45,23	212–14	33,1	203–5
50,29	215–17	34,14–15.17–19	197–99
		39,1	207–8
Syriaque		40,26–27	208–12
1,10–30	132–42	50,28	215–17
2,1.3.7–9.15–17	143–48		
6,16–17.37	149–52	Latin	
7,29	152–53	1,11–36	134–42
9,15–16	153–55	2,1.6–10.18–21	144–48
10,5	155	3,8	148–49
10,19	84	6,16–17	150–52
10,19–20.22.24	157–58	7,21	152
10,19–11,6	93, 101–2	7,31	152–53
10,20	84–85	9,22	153–55
10,22	85	10,23	94
10,23	85–86	10,23–25.27.33	157–58
10,24	86	10,23–11,6	96–99, 102
10,25	86–87	10,24	94
10,26	87	10,25	94
10,27	87–88	10,26	94
10,28	88	10,27	94
10,29	88–89	10,28	94
10,30	89	10,29	94–95
10,31	89	10,30	95
11,1	90	10,31	95
11,2	90–91	10,32	95
11,3	91	10,33	95
11,4	91–92	10,34	95
11,5	92	11,1	95
11,6	93	11,2	95
11,17	159	11,3	95
15,1	160–62	11,4	96
16,2.4	163–66	11,5	96

INDEX DE CERTAINS TEXTES DANS SIRACH

11,6	96
15,1.13.20	160–62
16,1.3	163–66
17,11–14	168–79
19,18.21	180–83
21,7.13	183–84
23,27.31.37	185–87
24,24	187–88
25,8.13–16	189–91
26,3	192–93
27,4	195
28,8	195–96
32,18	201
32,20	202–3
33,1	204–5
34,14–19	197–99
37,15	205–7
40,26–28	208–12
45,28	212–14
49,6	214
50,31	215–17

Index des auteurs

Adams, Samuel L.   3, 11, 260, 285–86, 296, 325, 329
Alonso Schökel, Luis   171, 173–74
Auwers, Jean-Marie   128, 233
Barthélemy, Dominique   17, 127
Bauckmann, Ernst Günter   117–19, 281–82
Becker, Joachim   10, 106–7, 110–13, 116–17, 119–21, 123, 125, 142, 154–55, 217, 229, 294, 314–15, 317
Beentjes, Pancratius C.   7–8, 11, 14–15, 19–21, 26–29, 41, 44, 46, 60, 64, 106, 149–50, 159, 181–83, 200, 215, 304, 306, 310
Ben-Ḥayyim, Ze'ev   15, 20–28, 30, 32–33, 35–36, 40, 44, 310
Berg, Shane   119, 172, 173, 274
Box, George H.   16, 19, 22, 28, 31, 34, 41, 42, 43, 59, 70, 71, 72, 73, 76, 80, 99, 151, 256, 261, 310
Bussino, Severino   60–61, 63, 65, 137, 164, 180, 188, 217, 234
Calduch-Benages, Núria   80–83, 88, 130, 186–87, 196, 219, 271
Collins, John J.   2, 11, 51, 78, 175, 282, 311
Costaz, Louis   88
Derousseaux, Louis   10, 106–13, 115–16, 123, 125, 217, 314–15
Di Lella, Alexander A.   7–8, 11, 13–14, 16, 18–22, 25–26, 28–34, 36–37, 39–42, 44–46, 53–56, 58–59, 64, 66, 79, 82, 89, 123, 126, 138, 148–51, 161–62, 165–66, 168, 179, 192, 198, 201, 206, 210, 212–13, 241–42, 247, 255, 269,-70, 279–80, 303–4, 306, 310, 312, 327

Diehl, Johannes Friedrich   219
Egger-Wenzel, Renate   2, 20, 27, 124, 153, 171, 219
Fabry, Heinz-Josef   14, 54
Ferrer, Joan   80–83, 88, 130, 196
Fox, Michael V.   117
Fritzsche, Otto Fridolin   6, 51, 54–55, 59, 67–72, 74–77, 256, 278, 326–27
Gesenius, Wilhelm   16–17, 27, 30–31, 37, 41–42, 68, 75, 77, 212
Gilbert, Maurice   1, 5–6, 8, 13–14, 53–55, 79, 85, 93, 131, 140–41, 171, 186, 188, 239, 249, 256, 259, 262–63, 265–66, 268–69, 271, 273–74, 303–4, 306, 312
Goering, Greg Schmidt   10–12, 124–26, 158, 170, 278, 286–90, 325
Goff, Matthew J.   267
Hadot, Jean   3, 78, 165
Hanhart, Robert   311
Hart, J. H. A.   188
Haspecker, Josef   10–11, 31, 123–27, 141, 151, 159, 181, 192, 213, 216, 221, 229, 236–37, 278–79, 281, 298, 305, 317–18, 327
Hengel, Martin   2–3, 287, 301, 304
Jacob, Edmond   3
Joüon, Paul   27
Kaiser, Otto   123–26, 170–71, 175, 177
Karner, Gerhard   6, 140, 230, 303, 318
Kearns, Conleth   188
Kieweler, Hans Volker   2
Kister, Menahem   29
Kutsch, Ernst   268
Lagarde, Paul de   180, 192, 197, 203

Legrand, Thierry   2, 7, 14, 98, 140
Lévi, Israel   2-3, 5, 13-14, 16-17, 19, 21-22, 25-26, 28-30, 32-35, 37, 39, 41, 43, 45, 99, 111, 149-51, 155, 159, 162, 165-66, 200-201, 205-6, 208, 210-12, 215-16, 306, 310
Liesen, Jan   80-83, 88, 130, 196
Lisowsky, Gerhard   120
Marböck, Johannes   1, 10-11, 168, 174-77, 229, 233, 236, 255-56, 258-62, 267-69, 273, 275, 277-80, 283-87, 298, 302, 325-26
Marttila, Marko   2-3, 106, 113, 172, 177-78
Mattila, Sharon   2
Mermelstein, Ari   170-71, 257, 267
Middendorp, Theophil   1-2, 31, 304
Minissale, Antonino   7-8, 14, 16, 19-22, 24-26, 28-34, 37, 39-43, 45, 56, 306
Mopsik, Charles   19, 36, 146, 164
Morla, Víctor   208, 210
Muraoka, Takamitsu   27, 29, 63, 78, 87, 142, 206, 245, 250, 259
Nissen, Andreas   105, 113, 170, 172
Oesterley, W. O. E.   16, 19, 22, 28, 31, 34, 41-43, 59, 70-73, 76, 80, 99, 151, 256, 261, 310
Owens Robert J.   82
Payne Smith, Jessie   88
Perdue, Leo G.   178-79, 256, 263
Peters, Norbert   13-14, 16, 19, 21-22, 24-25, 28-30, 33-37, 39, 41, 43, 45, 58-60, 65, 67, 71-72, 75-77, 79, 89, 97, 98, 101, 126, 151, 167, 182, 206, 210, 213, 245, 280, 281, 306
Peursen, Wido Th. van   27, 31, 32, 35, 79-80, 82, 92
Pietersma, Albert   232, 307
Plath, Siegfried   106, 108, 112, 115, 123, 127, 318
Rad, Gerhard von   10-11, 125-26, 177, 229, 268
Rahlfs, Alfred   11, 21, 55, 57-58, 60, 67, 73-74, 97, 166-67, 172, 177, 198-99, 205, 208, 215-24, 231, 241, 246, 248,

249, 252-53, 258, 261, 268, 287, 299, 311-13
Reiterer, Friedrich V.   11, 113, 153, 174-75, 219, 278-79, 284-85, 325, 327
Rey, Jean-Sébastien   1, 5, 7, 14-15, 18-19, 21-22, 24, 28-30, 33, 38, 64-65, 79, 82, 304, 306
Reymond, Eric D.   5, 7, 140, 230, 303, 318
Rickenbacher, Otto   17, 19, 127, 175, 232, 235-36, 244, 249, 255-56, 266
Rizzi, Giovanni   81
Rüger, Hans Peter   7, 14-16, 18, 20-22, 24-26, 28-33, 35, 37-42, 44-45, 54, 306, 310, 312
Sander, Reinhold   113
Sauer, Georg   1-2, 38-39, 179, 232-33, 235, 244-45, 248, 255, 257, 260, 262, 266-67, 269
Schmid, Hans Heinrich   280
Schnabel, Eckhard J.   12, 176-77, 278, 285-86, 299, 325
Schöpflin, Karin   219
Schubert, Kurt   287
Segal, Moshe Tsvi   14, 16, 19-20, 22, 25, 28-30, 33, 41, 43, 306
Sheppard, Gerald T.   173, 257-61, 263
Skehan, Patrick W.   11, 14, 16, 19, 26, 32, 37, 39, 40, 42, 45, 53-55, 64-66, 79, 82, 123, 126, 138, 148, 151, 161-62, 165-66, 168, 179, 192, 198, 201, 206, 212-13, 242, 247, 255, 269-70, 279, 303-4, 312, 327
Smend, Rudolf   3, 13, 16-17, 19-25, 28-31, 33-35, 37-38, 40, 42-43, 45, 54, 59, 64-65, 67-70, 72-77, 79-81, 85-86, 89-90, 92, 97, 119, 126, 140, 150-51, 153, 159, 161-62, 166-67, 181, 193, 199-201, 204, 230, 232-36, 244-45, 248, 255-58, 278, 281, 301, 306, 327
Strack, Hermann L.   14, 19, 21-22, 41, 43, 210, 306
Swart, I.   23

Swete, Henry Barclay   21, 55, 67–68, 73–74
Tcherikover, Victor   2–4, 304
Thackeray, Henry St. John   77
Touzard, Jules   14, 17, 19–21, 25, 30, 41, 43, 45, 159, 306
Ueberschaer, Frank   167
Vattioni, Francesco   14, 19, 21–22, 25, 28–29, 33, 35–37, 40–41, 44, 306
Veijola, Timo   110, 113–14
Vigouroux, Fulcran   20, 33, 36, 43, 159
Wagner, Christian   60–61, 63, 100, 154, 181, 190
Weber, Robert   96
Weitzmann, Michael P.   82, 83
Wénin, André   172
Wicke-Reuter, Ursel   2, 11, 171, 288
Winter, Michael M.   79, 81–82, 84–85, 90, 92, 102, 129
Witte, Markus   174–75
Wright, Benjamin G., III   12, 67, 232, 307
Ziegler, Joseph   7, 11, 14, 21, 27, 37–38, 54–60, 63–64, 67–68, 73–74, 76, 78–80, 85, 93–94, 98, 100, 131, 141, 161, 166–67, 172, 177, 184, 188, 192, 198–99, 205, 208, 215–17, 219, 222, 231, 234, 236, 239, 241, 248–49, 275, 287, 292, 307, 311–12, 319, 326

www.ingramcontent.com/pod-product-compliance
Lightning Source LLC
Chambersburg PA
CBHW021932290426
44108CB00012B/808